T0106934

Langenscheidt
Universal Dictionary
Swedish

Swedish – English
English – Swedish

Langenscheidt

1. Auflage 2018 (1,04 - 2023)
© PONS Langenscheidt GmbH,
Stöckachstraße 11, 70190 Stuttgart 2018
All Rights Reserved.

www.langenscheidt.com

Print: Druckerei C. H. Beck, Nördlingen
Printed in Germany

ISBN 978-3-12-514038-7

Contents
Innehållsförteckning

Preface

In selecting the vocabulary and phrases for this dictionary, the editors have had the traveller's needs foremost in mind. This book will prove a useful companion to casual tourists and business travellers alike who appreciate the reassurance a small and practical dictionary can provide. It offers them – as well as beginners and students – all the basic vocabulary they will encounter and have to use, providing them with the key words and expressions to allow them to cope in everyday situations.

This dictionary is designed to slip into a pocket or bag so that it's always at hand.

It contains just about everything you would normally find in dictionaries, including these extras:

- simplified pronunciation after each foreign entry, making it easy to read and enunciate words with tricky spelling

- useful information on how to tell the time and how to count, on conjugating irregular verbs, common abbreviations and converting to the metric system, in addition to basic phrases.

While no dictionary of this size can claim to be complete, we are confident this dictionary will help you get the most out of your trip abroad.

Förord

När vi valt ut ord och uttryck för varje språk har vi framför allt tänkt på resenärens behov. Denna ordbok blir säkert ovärderlig för alla resenärer, turister och affärsfolk som uppskattar en liten, tillförlitlig och praktisk bok. Men inte bara resenärer utan även studerande och nybörjare kan ha nytta av det basordförråd som ordboken erbjuder.

Utöver det som man vanligen hittar i ordböcker kan den här boken erbjuda:

- en ljudskrift som följer det internationella fonetiska alfabetet (IPA)

- praktiska upplysningar om hur man anger klockslag, räkneord, oregelbundna verb, vanliga förkortningar och några användbara uttryck.

Ingen ordbok i detta format kan anses vara fullständig, men vi hoppas ändå att du känner dig väl rustad att göra en resa utomlands.

Introduction

This dictionary has been designed to take account of your practical needs. Unnecessary linguistic information has been avoided. The entries are listed in alphabetical order, regardless of whether the entry is printed as a single word or as two or more separate words. The only exception to this rule is that a few idiomatic expressions are listed alphabetically as main entries, according to the most significant word of the expression. When an entry is followed by sub-entries, such as expressions and locutions, these are also listed in alphabetical order*.

Each headword is followed by a phonetic transcription (see guide to pronunciation). Following the transcription the part of speech of the headword is provided whenever applicable. If a headword is used as more than one part of speech, the translations are grouped together after the respective part of speech.

Irregular plurals are given in brackets after the part of speech.

Whenever a headword is repeated in irregular forms or sub-entries, a tilde (~) is used to represent the full word. With plurals of long words, only the part that changes is written out fully, whereas the unchanged part is represented by a hyphen (-).

Entry word: behållare (pl ~)   Plural: behållare
            anställd (pl ~a)   anställda
            antibiotikum (pl -ka)   antibiotika

An asterisk (*) in front of a verb indicates that it is irregular. For more details, refer to the list of irregular verbs.

---

* Note that Swedish alphabetical order differs from our own for three letters: å, ä and ö. These are considered independent characters and come after z, in that order.

Inledning

Vid utarbetandet av denna ordbok har vi framför allt strävat efter att göra den så praktisk och användbar som möjligt. Mindre viktiga språkliga upplysningar har utelämnats. Uppslagsorden står i alfabetisk ordning oavsett om uppslagsordet skrivs i ett, två eller flera ord eller med bindestreck. Det enda undantaget från denna regel är några få idiomatiska uttryck som i stället står under huvudordet i uttrycket. När ett uppslagsord följs av flera sammansättningar och uttryck har dessa också satts i alfabetisk ordning.

Varje huvuduppslagsord följs av ljudskrift (se Uttal) och i de flesta fall av ordklass. Då uppslagsordet kan tillhöra mer än en ordklass står de olika betydelserna efter respektive ordklass. Oregelbundna pluralformer av substantiv har angivits och vi har också satt ut pluralformen i en del fall där tvekan kan uppstå. I stället för att upprepa uppslagsordet vid oregelbundna pluralformer eller i sammansättningar och uttryck används en symbol (~) som står för hela uppslagsordet i fråga.

Vid oregelbundna pluralformer av sammansatta ord skrivs endast den del ut som förändras, medan den oförändrade delen ersätts med ett streck (–).

En asterisk (*) före ett verb anger att detta är oregelbundet och att dess böjningsmönster återfinns i listan över oregelbundna verb. Ordboken är baserad på brittisk engelska. Amerikanska ord och uttryck har markerats med *Am*.

Guide to Pronunciation

Each main entry in this part of the dictionary is followed by a phonetic transcription which shows you how to pronounce the words. This transcription should be read as if it were English. It is based on Standard British pronunciation, though we have also tried to take account of General American pronunciation. Below is a list of those letters and symbols which we consider likely to be ambiguous or not immediately understood.

Syllables are separated by hyphens, and stressed syllables are printed in *italics*.

Of course, the sounds of any two languages are never exactly the same, but if you follow our instructions carefully, you should be able to pronounce the foreign words in such a way that will make you understood. To make your task easier, our transcriptions occasionally simplify the sound system of the language slightly while still reflecting the essential sound differences.

Consonants

g	always hard, as in **g**o
s	always hard, as in **s**o
t^y	more or less as in hi**t y**ou: sometimes rather like **h** in huge

The consonants **d**, **l**, **n**, **s**, **t**, if preceded by **r**, are generally pronounced with the tip of the tongue turned up well behind the front teeth. The **r** then ceases to be pronounced.

Vowels and diphthongs

aa	long **a**, as in c**a**r, but without any **r**-sound
ah	a short version of **aa**; between **a** in c**a**t and **u** in c**u**t
æ	like **a** in c**a**t
ææ	a long **æ**-sound
ai	as in **air**, without any **r**-sound
eh	like **e** in g**e**t
er	as in oth**er**, without any **r**-sound
ew	a "rounded **ee**-sound". Say the vowel sound **ee** (as in s**ee**), and while saying it, round your lips as for **oo** (as in s**oo**n), without moving your tongue; when your lips are in the **oo** position, but your tongue in the **ee** position, you should be pronouncing the correct sound
igh	as in s**igh**
o	as in h**o**t (British pronunciation)
ou	as in l**ou**d
ur	as in f**ur**, but with rounded lips and no **r**-sound

1) A bar over a vowel symbol (e.g. $\overline{ew}$) shows that this sound is long.
2) Raised letters (e.g. ᵛ**aa**) should be pronounced only fleetingly.

Tones

In Swedish there are two tones: one is falling, the other consists of two falling pitches, with the second starting higher than the first. As these tones are complex and very hard to copy, they have not been indicated, but their position has been marked as stressed.

Uttal

I denna del av ordboken anges uttalet av huvuduppslagsorden med internationell ljudskrift (IPA). Varje tecken i ljudskriften står för ett bestämt ljud. De tecken som inte närmare förklaras här uttalas ungefär som motsvarande svenska ljud.

Konsonanter

ð	tonande läspljud, dvs. med tungspetsen mot övre framtändernas baksida
g	alltid som i **g**å
k	alltid som i **k**all
ŋ	som **ng** i lå**ng**
r	som slappt **r** i **r**a**r** (ung. som **r** uttalas i Stockholmstrakten)
ʃ	tonlöst **sje**-ljud (ung. som i mellansvenskt uttal av **rs** i fo**rs**)
θ	tonlöst läspljud, dvs. med tungspetsen mot övre framtändernas baksida
w	mycket kort **o**-ljud (ung. som **oä** i o**ä**ndlig)
z	tonande **s**-ljud
ʒ	som **g** i **g**elé, men tonande

Obs! [sj] skall läsas som [s] följt av ett [j]-ljud och *inte* som **sj** i **sj**ö.

Vokaler

ɑː	som **a** i d**a**g
æ	som **ä** i sm**ä**rre
ʌ	ung. som **a** i k**a**tt
e	som i b**e**tt
ɛ	som **ä** i k**ä**lla
ə	som **e** i goss**e** (med dragning åt **ö**)
i	som i s**i**tt
ɔ	som **å** i f**å**tt
u	som **o** i b**o**tt

1) Kolon [ː] efter vokalljudstecknet anger lång vokal.
2) Ett fåtal franska låneord innehåller nasala vokaler, vilket anges med en til [˜] över vokalen (t. ex. [ũ]). Nasala vokaler uttalas samtidigt genom munnen och näsan.

11

Diftonger

En diftong är en förening av två vokaler, varav en är starkare (betonad) och en svagare (obetonad). De uttalas tillsammans glidande, ung. som **au** i mj**au**. I engelska språket är alltid andra vokalen svagare.

Betoning

Tecknet ['] står framför betonad stavelse och [ˌ] framför stavelse med biaccent.

Amerikanskt uttal

Vår ljudskrift återger brittiskt-engelskt riksspråk. Det amerikanska uttalet skiljer sig från engelska på några punkter (det finns även en mängd lokala variationer, som vi inte tar upp här).

1) I motsats till brittiskt-engelskt uttal uttalas r även före en konsonant och i slutet av ett ord.
2) I många ord som t. ex. *ask*, *castle*, *laugh* osv. blir [ɑː] till [æː].
3) En amerikan uttalar [ɔ]-ljudet som [ɑ] eller också ofta som [ɔː].
4) I ord som *duty*, *tune*, *new* osv. bortfaller ofta [j]-ljudet framför [uː].
5) Många ord betonas annorlunda.

Abbreviations
Förkortningar

adjective	*adj*	adjektiv
adverb	*adv*	adverb
American	*Am*	amerikanska
article	*art*	artikel
common gender	*c*	realgenus
conjunction	*conj*	konjunktion
noun	*n*	substantiv
noun (American)	*nAm*	substantiv (amerikanska)
neuter	*nt*	neutrum
numeral	*num*	räkneord
past tense	*p*	preteritum
plural	*pl*	pluralis
plural (American)	*plAm*	pluralis (amerikanska)
past participle	*pp*	perfekt particip
present tense	*pr*	presens
prefix	*pref*	prefix (förstavelse)
preposition	*prep*	preposition
pronoun	*pron*	pronomen
suffix	*suf*	suffix (ändelse)
verb	*v*	verb
verb (American)	*vAm*	verb (amerikanska)

Swedish – English
Svensk – Engelsk

A

abborre (*ah*-bo-rer) c bass, perch

abonnemang (ah-bo-ner-*mahng*) nt subscription

abonnemangskort (ah-bo-ner-*mahngs*-koort) nt season ticket

abort (ah-*bort*) c abortion

absolut (ahp-so-*lewt*) adv absolutely; adj very

abstrakt (ahp-*strahkt*) adj abstract

absurd (ahp-*sewrd*) adj absurd

accent (ahk-*sehnt*) c accent

acceptera (ahks-ehp-*tāy*-rah) v accept

ackompanjera (ah-*kom*-pahn-*yāy*-rah) v accompany

adapter (ah-*dahp*-terr) c adaptor

addera (ah-*dāy*-rah) v add

addition (ah di *shōōn*) c addition

adekvat (ah-der-*kvaat*) adj adequate

adel (*aa* derl) c nobility

adjektiv (*ahd*-ʸayk-teev) nt adjective

adjö! (ah d'ur) goodbye!

administration (ahd-mi-ni-strah-*shōōn*) c administration

administrativ (ahd-mi-ni-strah-*teev*) adj administrative

adoptera (ah-doap-*tāy*-rah) v adopt

adress (ahd-*rayss*) c address

adressat (ahd-ray-*saat*) c addressee

adressera (ahd-ray-*sāy*-rah) v address

adress-förteckning (ahd-rayss-furr-*tāyk*-ning) c directory of adresses

adverb (ahd-*værb*) nt adverb

advokat (ahd-voo-*kaat*) c lawyer; attorney, barrister, solicitor

affisch (ah-*ʃish*) c poster

affär (ah-*fæær*) c store; business

affärer (ah *fæær* rerr) pl business; *göra ~ med *deal with; i ~ on business

affärsbiträde (ah-*fæærs*-bi-trai der) nt shop assistant

affärscentrum (ah-*fæærs*-sehnt-rewm) nt (pl -ra, -rer) shopping centre

affärsinnehavare (ah-*fæærs*-

i-ner-*haa*-vah-rer) *c* (pl ~)
shopkeeper

affärskvinna (ah-*fæærs*-kvi-
nah) *c* (pl -kvinnor)
businesswoman

affärsman (ah-*fæærs*-mahn) *c*
(pl -män) businessman

affärsmässig (ah-*fæærs*-
meh-si) *adj* business-like

affärsresa (ah-*fæærs*-rāy-
sah) *c* business trip

affärstid (ah-*fæærs*-teed) *c*
business hours

affärstransaktion (ah-*fæærs*-
trahn-sahk-*shōōn*) *c* deal

affärsuppgörelse (ah-*fæærs*-
ewp-ʸ*ūr*-rayl-ser) *c* deal

affärsverksamhet (ah-
fæærs-værk-sahm-hāyt) *c*
business

Afrika (*aaf*-ri-kah) Africa

afrikan (ahf-ri-*kaan*) *c*
African

afrikansk (ahf-ri-*kaansk*) *adj*
African

aftonklädsel (*ahf*-ton-klaid-
serl) *c* evening dress

agent (ah-*gaynt*) *c* agent;
distributor

agentur (ah-gayn-*tewr*) *c*
agency

aggressiv (ahg-rer-seev) *adj*
aggressive

aids (eids) *c* AIDS

akademi (ah-kah-day-*mee*) *c*
academy

akt (ahkt) *c* act; nude

akta (*ahk*-tah) *v* mind; ~ **sig**
beware; ~ **sig för** mind

aktie (*ahkt*-si-ay) *c* share

aktiv (*ahk*-teev) *adj* active

aktivitet (ahk-ti-vi-*tāyt*) *c*
activity

aktning (*ahkt*-ning) *c* esteem,
respect

aktningsvärd (*ahkt*-nings-
væærd) *adj* respectable

aktris (ahk-*treess*) *c* actress

aktuell (ahk-tew-*ehl*) *adj*
topical

aktör (ahk-*tūrr*) *c* actor

akut (ah-*kēwt*) *adj* acute

akvarell (ahk-vah-*rayl*) *c*
watercolo(u)r

alarm (ah-*lahrm*) *nt* alarm

album (*ahl*-bewm) *nt* album

aldrig (*ahld*-ri) *adv* never

alfabet (*ahl*-fah-bāyt) *nt*
alphabet

algebra (*ahl*-ʸer-brah) *c*
algebra

algerier (ahl-*shāy*-ri-err) *c* (pl
~) Algerian

Algeriet (ahl-shāy-*ree*-ert)
Algeria

algerisk (ahl-*shāy*-risk) *adj*
Algerian

alkohol (*ahl*-ko-hōal) *c*
alcohol

alkoholhaltig (ahl-ko-*hōal*-
hahl-ti) *adj* alcoholic

all (ahl) *adj* (nt ~t, pl ~a) all;
pron all

alldaglig (*ahl*-daag-li) *adj*
ordinary

alldeles (*ahl*-day-lerss) *adv*
quite

allergi (ah-lær-*gee*) *c* allergy

allians (ah-li-*ahns*) *c* alliance

(de) allierade (ah-li-*āy*-rah-

15 **anförtro**

der) Allies *pl*
allmän (*ahl*-mehn) *adj*
universal, general, public,
common; broad
i allmänhet (i *ahl*-mehn-hāyt)
in general
allsmäktig (*ahls*-mehk-ti) *adj*
omnipotent
alltför (*ahlt*-fürr) *adv* too
alltid (*ahl*-teed) *adv* ever,
always
allting (*ahl*-ting) *pron*
everything
allvar (*ahl*-vaar) *nt*
seriousness; gravity
allvarlig (*ahl*-vaar-li) *adj*
serious; bad, grave
alm (ahlm) *c* elm
alpstuga (*ahlp*-stew-gah) *c*
chalet
alstra (*ahlst*-rah) *v* generate
alt (ahlt) *c* alto
altare (*ahl*-tah-rer) *nt* altar
alternativ (ahl-tayr-nah-*teev*)
nt alternative
alternerande (ahl-tayr-*nāy*-
rahn-der) *adj* alternate
ambassad (ahm-bah-*saad*) *c*
embassy
ambassadör (ahm-bah-sah-
dürr) *c* ambassador
ambition (ahm-bee-*shoon*) *c*
ambition
ambulans (ahm-bew-*lahns*) *c*
ambulance
Amerika (ah-*māy*-ri-kah) *c*
America
amerikan (ah-may-ri-*kaan*) *c*
American
amerikansk (ah-*māy*-ri-

kaansk) *adj* American
ametist (ah-mer-*tist*) *c*
amethyst
amma (*ahm*-ah) *v* nurse
ammoniak (ah-*mōō*-ni-ahk) *c*
ammonia
amnesti (ahm-ner-*stee*) *c*
amnesty
amulett (ah-mew-*layt*) *c*
charm, lucky charm
analfabet (ahn-ahl-fah-*bāyt*)
c illiterate
analys (ah-nah-*lewss*) *c*
analysis
analysera (ah-nah-lew-*sāy*-
rah) *v* analyse
analytiker (ah-nah-*lew*-ti-
kerr) *c* (pl ~) analyst
ananas (ah-nah-nahss) *c* (pl
~, ~er) pineapple
anarki (ah-nahr-*kee*) *c*
anarchy
anatomi (ah-nah-to-*mee*) *c*
anatomy
anbefalla (ahn-ber-*fah*-lah) *v*
enjoin, recommend
anda (*ahn*-dah) *c* breath
andas (*ahn*-dahss) *v* breathe
ande (*ahn*-der) *c* spirit, ghost
andedräkt (*ahn*-der-drehkt) *c*
breath
andlig (*ahnd*-li) *adj* spiritual
andning (*ahnd*-ning) *c*
respiration, breathing
andra (*uhnd*-rah) *num* second
anfall (*ahn*-fahl) *nt* attack; fit
***anfalla** (*ahn*-fah-lah) *v* attack
anförande (*ahn*-für-rahn-
der) *nt* speech
anförtro (*ahn*-furr-trōō) *v*

entrust; commit

*ange (*ahn-ᵞa͞y*) *v* *give; report

angelägen (*ahn-ᵞay-lai-gern*) *adj* urgent; anxious

angelägenhet (*ahn-ᵞay-leh-gayn-hāyt*) *c* matter, affair, concern

angenäm (*ahn-ᵞay-naim*) *adj* agreeable, pleasant, pleasing

*angripa (*ahn-gree-pah*) *v* assault

angränsande (*ahn-grehn-sahn-der*) *adj* neighbouring

*angå (*ahn-gōa*) *v* concern

angående (*ahn-gōa-ern-der*) *prep* concerning; as regards, about, regarding

anhängare (*ahn-heh-ngah-rer*) *c* (pl ∼) supporter

aning (*aa-ning*) *c* notion

anka (*ahng-kah*) *c* duck

ankare (*ahng-kah-rer*) *nt* anchor

ankel (*ahng-kayl*) *c* (pl anklar) ankle

anklaga (*ahn-klaa-gah*) *v* accuse; charge; **anklagad person** accused

anklagelse (*ahn-klaa-gayl-ser*) *c* charge

*anknyta (*ahn-kne͞w-tah*) *v* connect

anknytning (*ahn-kne͞wt-ning*) *c* connection

anknytningslinje (*ahn-kne͞wt-nings-lin-ᵞer*) *c* extension

ankomst (*ahn-komst*) *c*

arrival; coming

ankomsttid (*ahn-komst-teed*) *c* time of arrival

anledning (*ahn-lāyd-ning*) *c* occasion; cause; **med ∼ av** owing to

anlända (*ahn-lehn-dah*) *v* arrive

anmäla (*ahn-mæ-lah*) *v* announce; report; **∼ sig** report

anmärka (*ahn-mær-kah*) *v* remark

anmärkning (*ahn-mærk-ning*) *c* remark

anmärkningsvärd (*ahn-mærk-nings-væærd*) *adj* remarkable; noticeable

annan (*ahn-nahn*) *pron* other; different; **en ∼** another

annars (*ahn-nahrs*) *adv* else, otherwise

annektera (*ah-nehk-tāy-rah*) *v* annex

annex (*ah-nayks*) *nt* annex

annons (*ah-nongs*) *c* advertisement

annorlunda (*ahn-or-lewn-dah*) *adv* otherwise

annullera (*ah-new-lāy-rah*) *v* cancel

annullering (*ah-new-lāy-ring*) *c* cancellation

anonym (*ah-no-ne͞wm*) *adj* anonymous

anordning (*ahn-ord-ning*) *c* apparatus, appliance

anpassa (*ahn-pah-sah*) *v* adapt, adjust

*anse (*ahn-sāy*) *v* regard,

consider, reckon
anseende (*ahn-sāy*-ern-der)
nt reputation
ansenlig (*ahn-sāyn*-li) *adj*
substantial
ansikte (*ahn-sik*-ter) *nt* face
ansiktsdrag (*ahn-sikts-*
draag) *nt* feature
ansiktskräm (*ahn-sikts-*
kraim) *c* face cream
ansiktsmask (*ahn-sikts-*
mahsk) *c* face pack
ansiktsmassage (*ahn-sikts-*
mah-*saash*) *c* face massage
ansiktspuder (*ahn-sikts-*
pēw-derr) *nt* face-powder
ansjovis (ahn-*shōō*-viss) *c*
anchovy
anskaffa (*ahn-skahf*-ah) *v*
*buy
anslag (*ahn*-slaag) *nt* bulle-
tin; ~ **stavla** *c* bulletin board
*ansluta (*ahn-slēw*-tah) *v*
connect; plug in; ~ **sig till**
join; **ansluten** affiliated,
connected
anspråk (*ahn-sprōāk*) *nt*
claim
anspråksfull (*ahn-sproaks-*
fewl) *adj* presumptuous
anspråkslös (*ahn-sproaks-*
lurss) *adj* modest
anstalt (*ahn*-stahlt) *c* institute
anstränga sig (*ahn-strehng-*
ah) labour
ansträngning (ahn strehng-
ning) *c* effort; strain
anställa (*ahn-stehl*-ah) *v*
engage; appoint, employ
anställd (*ahn*-stehld) *c* (pl ~a)

employee
anställning (*ahn-stehl*-ning)
c employment; situation
anständig (*ahn-stehn*-di) *adj*
decent; proper
anständighet (*ahn-*stehn-di-
hāyt) *c* decency
anstöt (*ahn-*stūrt) *c* offence
anstötlig (*ahn-*stūrt-li) *adj*
offensive
ansvar (*ahn*-svaar) *nt*
responsibility
ansvarig (*ahn-svaa*-ri) *adj*
responsible; ~ **för** in charge
of
ansvarighet (*ahn-svaa*-ri-
hāyt) *c* responsibility
ansöka (*ahn-sūr*-kah) *v* apply
ansökan (*ahn-sūr*-kahn) *c* (pl
-kningar) application
*anta (*ahn*-taa) *v* assume,
suppose; suspect; ~ **att**
supposing that
antal (*ahn*-taal) *nt* number,
quantity
anteckna (*ahn-tayk*-nah) *v*
note, record
anteckning (*ahn-tehk*-ning) *c*
note; entry
anteckningsblock (*ahn-*
tehk-nings-blok) *nt* writing
pad
anteckningsbok (*ahn-tehk*-
nings-bōōk) *c* (pl -böcker)
notebook
antenn (ahn-*tayn*) *c* aerial
antibiotikum (ahn-ti-bi-*ōā*-ti-
kewm) *nt* (pl -ka) antibiotic
antik (ahn-*teek*) *adj* antique
antikvitet (ahn-ti-kvi-*tāyt*) *c*

antique; **antikviteter**
antiquities pl

antikvitetshandlare (ahn-ti-
kvi-*tāyts*-hahnd-lah-rer) c
(pl ~) antique dealer

antingen ... eller (*ahn*-ting-
ern ... *eh*-lerr) either ... or

antipati (ahn-ti-pah-*tee*) c
dislike

antyda (*ahn*-tēw-dah) v
imply, indicate

antydan (*ahn*-tēw-dahn) c (pl
-dningar) indication

anvisning (*ahn*-veess-ning) c
directions pl, instructions pl

använda (*ahn*-vehn-der) v
use; employ; apply

användbar (*ahn*-vehnd-baar)
adj usable, useful

användning (*ahn*-vehnd-
ning) c use; application

apa (*aa*-pah) c monkey

apelsin (ah-payl-*seen*) c
orange

aperitif (ah-pay-ri-*tif*) c
aperitif

apotek (ah-poo-*tāyk*) nt
pharmacy; chemist's;
drugstore nAm

apotekare (ah-poo-*tāy*-kah-
rer) c (pl ~) chemist,
pharmacist nAm

app (ahp) c app

apparat (ah-pah-*raat*) c
apparatus; machine,
appliance

applåd (ahp-*lōad*) c applause

applådera (ahp-lo-*dāy*-rah) v
applaud

aprikos (ah-pri-*kōōss*) c

apricot

april (ahp-*ril*) April

aptit (ahp-*teet*) c appetite

aptitlig (ahp-*teet*-li) adj
appetizing

aptitretare (ahp-*teet*-rāy-tah-
rer) c (pl ~) appetizer

arab (ah-*raab*) c Arab

arabisk (ah-*raa*-bisk) adj
Arab

arbeta (ahr-*bāy*-tah) v work

arbetare (ahr-*bāy*-tah-rer) c
(pl ~) worker; workman;
labourer

arbete (ahr-*bāy*-ter) nt work;
employment, labour, job

arbetsbesparande (ahr-
*bāy*ts-bay-*spaa*-rahn-der)
adj labour-saving

arbetsdag (ahr-*bāy*ts-daag) c
working day

arbetsförmedling (ahr-
bayts-furr-*māyd*-ling) c
employment exchange

arbetsgivare (ahr-bāyts-ʸee-
vah-rer) c (pl ~) employer

arbetskraft (ahr-bāyts-
krahft) c man-power

arbetslös (ahr-bayts-*lūrss*)
adj jobless

arbetslöshet (ahr-bayts-
lūrss-*hāy*t) c unemployment

arbetsnarkoman (ahr-bayts-
nahr-ko-*maan*) c workaholic

arbetsrum (ahr-bayts-rewm)
nt study

arbetstillstånd (ahr-bayts-til-
stond) nt work permit; labor
permit Am

arg (ahrʸ) adj angry, cross

Argentina (ahr-gehn-*tee*-nah) Argentina

argentinare (ahr-gehn-*tee*-nah-rer) *c* (pl ~) Argentinian

argentinsk (ahr-gehn-*teensk*) *adj* Argentinian

argument (ahr-gew-*mehnt*) *nt* argument

argumentera (ahr-gēw-mehn-*tāy*-rah) *v* argue

ark (ahrk) *nt* sheet

arkad (ahr-*kaad*) *c* arcade

arkeolog (ahr-kay-o-*lōåg*) *c* archaeologist

arkeologi (ahr-kay-o-loa-*gee*) *c* archaeology

arkitekt (ahr-ki-*tuykt*) *c* architect

arkitektur (ahr-ki-tehk-*tēwr*) *c* architecture

arkiv (ahr-*keev*) *nt* archives *pl*

arm (ahrm) *c* arm; **arm i arm** arm-in-arm

armband (*ahrm*-bahnd) *nt* bracelet

armbandsur (*ahrm*-bahnds-ewr) *nt* wristwatch

armbåge (*ahrm*-bōa-gay) *c* elbow

armé (ahr-*māy*) *c* army

armstöd (*ahrm*-stürd) *nt* arm

arom (ah-*rōam*) *c* aroma

arrangora (ah-rahn-*shāy*-rah) *v* arrange

arrende (ah-*rayn*-der) *nt* lease

arrendera (ah-rern-*dāyr*-ah) *v* lease; **~ ut** lease

arrestera (ah-rayss-*tāy*-rah) *v* arrest

arrestering (ah-rayss-*tāy*-ring) *c* arrest

art (aart) *c* species; breed

artig (*aar*-ti) *adj* polite; courteous

artikel (ahr-*ti*-kerl) *c* (pl -klar) article

artistisk (ahr-*tiss*-tisk) *adj* artistic

arton (*aar*-ton) *num* eighteen

artonde (*aar*-ton-der) *num* eighteenth

arv (ahrv) *nt* inheritance

arvinge (*ahrv*-ing-er) *c* (pl arvingar) heir

arvode (*ahr*-vōō-der) *nt* fee

arvtagerska (*ahrv*-taag-er-skah) *c* (pl -gerskor) heiress

asbest (*ahss*-behst) *c* asbestos

asfalt (*ahss*-fahlt) *c* asphalt

asiat (ah-si-*aat*) *c* Asian

asiatisk (ah-si-*aa*-tisk) *adj* Asian

Asien (*aa*-si-ern) Asia

ask (ahsk) *c* box

aska (*ahss*-kah) *c* ash

askkopp (*ahsk*-kop) *c* ashtray

aspekt (ah-*spehkt*) *c* aspect

assistent (ah-si-*stuynt*) *c* assistant

associera (ah-so-si-*āy*-rah) *v* associate

astma (*ahst*-mah) *c* asthma

astronaut (*ahss*-tro-nout) *c* astronaut

astronomi (ahss-tro-no-*mee*) *c* astronomy

asyl (ah-*sēwl*) *c* asylum

ateist (ah-ter-*ist*) *c* atheist

Atlanten (aht-*lahn*-tern)

Atlantic
atlet (aht-*lāyt*) *c* athlete
atmosfär (aht-moss-*fæær*) *c* atmosphere
atom (ah-*tōam*) *c* atom; **atom-atomic**
att (aht) *conj* that; **för ~ in** order to
attest (ah-*tayst*) *c* certificate
attraktion (ah-trahk-*shōōn*) *c* attraction
augusti (ah-*gewss*-ti) August
auktion (ouk-*shōōn*) *c* auction
auktoritet (ouk-too-ri-*tāyt*) *c* authority
auktoritär (ouk-too-ri-*tæær*) *adj* authoritarian
Australien (ou-*straa*-li-ayn) Australia
australier (ou-*straa*-li-err) *c* (pl ~) Australian
australisk (ou-*straa*-lisk) *adj* Australian
autentisk (ou-*tayn*-tisk) *adj* authentic
automat (ou-to-*maat*) *c* vending machine, automat
automatisering (ou-to-mah-ti-*sāy*-ring) *c* automation
automatisk (ou-to-*maa*-tisk) *adj* automatic
automobilklubb (ou-to-mo-*beel*-klewb) *c* automobile club
autonom (ou-to-*nōam*) *adj* autonomous
av (aav) *prep* of, for, with, by, from; *adv* off
avancerad (ah-vahng-*sāy-*rahd) *adj* advanced
avbeställa (*aav*-ber-stehl-ah) *v* cancel
avbetala (*aav*-ber-taa-lah) *v* *pay on account
avbetalning (*aav*-ber-taal-ning) *c* instalment
avbetalningsköp (*aav*-ber-taal-nings-t'*ürp*) *nt* hire purchase, installment plan *Am*
avbrott (*aav*-brot) *nt* interruption
*avbryta (*aav*-br**ēw**t-ah) *v* interrupt; discontinue
avdelning (*aav*-d**āy**l-ning) *c* division; department, section
avdrag (*aav*-draag) *nt* discount
avdunsta (*aav*-dewns-tah) *v* evaporate
aveny (ah-vay-*n**ēw***) *c* avenue
avfall (*aav*-fahl) *nt* garbage, litter
avfatta (*aav*-fah-tah) *v* *draw up
avföringsmedel (*aav*-f**ü**r-rings-m**āy**-dayl) *nt* laxative
avgaser (*aav*-gaa-serr) *pl* exhaust gases
avgasrör (*aav*-gaass-*rürr*) *nt* exhaust pipe
avgift (*aav*-**y**ift) *c* charge; **avgifter** dues *pl*
avgud (*aav*-g**ēw**d) *c* idol
*avgå (*aav*-g**ōa**) *v* pull out; resign
avgång (*aav*-gong) *c* departure

avgångstid (aav-gongs-teed)
c time of departure

*avgöra (aav-ʸur-rah) v
decide

avgörande (aav-ʸur-rahn-
der) nt decision

avhandling (aav-hahn-dling)
c treatise; thesis

*avhålla sig från (aav-hol-ah)
abstain from

avigsida (aa-vig-see-dah) c
reverse

avkalkningsmedel (aav-
kahlk-nings-māy-dayl) nt
water softener

avkoppling (aav-kop-ling) c
relaxation

avlagring (aav-laag-ring) c
deposit

*avlida (aav-lee-dah) v pass
away

avlopp (aav-lop) nt drain

avlång (aav-long) adj oblong

avlägsen (aav-laig-sern) adj
remote; distant, far-off

avlägset (aav-laig-sayt) adj
far

avlägsna (aav-laigs-nah) v
remove; ~ sig depart

avlämna (aav-lehm-nah) v
deliver

avlöna (aav-lūrn-ah) v
remunerate

avlöning (aav-lur-ning) c pay,
salary

avlösa (aav-lur-sah) v relieve

avog (aa-vōōg) adj averse

avpassa (aav-pah-sah) v suit

avresa (aav-rāy-sah) v depart;
c departure

avråda (aav-rōā-dah) v
dissuade from

avrättning (aav-reht-ning) c
execution

*avse (aav-sāy) v destine

avsevärd (aav-say-væærd)
adj considerable

avsides (aav-see-derss) adj
remote; out of the way

avsikt (aav-sikt) c purpose,
intention

avsiktlig (aav-sikt-li) adj
intentional

avskaffa (aav-skah-fah) v
abolish

avsked (aav-shāyd) nt
parting; resignation

avskeda (aav-shāy-dah) v
dismiss; fire

avskedsansökan (aav-
shāyds-ahn-sūr-kahn) c (pl
-kningar) resignation

avskilja (aav-shil-ʸah) v
detach

*avskjuta (aav-shew-tah) v
launch

avskrift (aav-skrift) c copy

avsky (aav-shew) v detest,
loathe; c disgust, loathing

avskyvärd (aav-shew-væærd)
adj horrible; hideous

avsluta (aav-slew-tah) v
finish

avslutning (aav-slewt-ning) c
conclusion, end

*avslå (aav-sloā) v reject

avslöja (aav-slur-ʸah) v reveal

avslöjande (aav-slur-ʸahn-
der) nt revelation

avsnitt (aav-snit) nt passage

avspark (*aav*-spahrk) *c* kickoff

avspänd (*aav*-spehnd) *adj* easy-going, relaxed

***avstå från** (*aav*-stoa) abstain from

avstånd (*aav*-stond) *nt* distance; space, way

avståndsmätare (*aav*-stonds-mai-tah-rer) *c* (pl ~) range finder

avsända (*aav*-sehn-dah) *v* dispatch

avsändare (*aav*-sehn-dah-rer) *c* (pl ~) sender

avsändning (*aav*-sehnd-ning) *c* dispatch

avsky (*aav*-shew) *v* detest; *c* disgust

***avta** (*aav*-taa) *v* decrease

avtal (*aav*-taal) *nt* agreement, treaty

avtryck (*aav*-trewk) *nt* print

avtryckare (*aav*-trew-kah-rer) *c* (pl ~) trigger

avtäcka (*aav*-teh-kah) *v* uncover

avundas (*aav*-ewn-dahss) *v* envy

avundsam (*aav*-ewnd-sahm) *adj* envious

avundsjuk (*aav*-ewnd-shewk) *adj* envious

avundsjuka (*aa*-vewnd-shew-kah) *c* envy

***avvika** (*aav*-vee-kah) *v* deviate

avvisa (*aav*-vee-sah) *v* reject

axel (*ahks*-ayl) *c* (pl axlar) shoulder; axis, axle

B

baby (*bai*-bi) *c* baby

babykorg (*bai*-bi-kor^{y}) *c* carrycot

bacill (bah-*sil*) *c* germ

backa (*bah*-kah) *v* reverse

backe (*bah*-ker) *c* hill; slope

backhoppning (*bahk*-hop-ning) *c* ski jump

backkrön (*bahk*-krurn) *nt* hilltop

backväxel (*bahk*-vehks-ayl) *c* (pl -växlar) reverse

bad (baad) *nt* bath

bada (*baa*-dah) *v* bathe

badbyxor (*baad*-bewk-serr) *pl* bathing suit, swimmingtrunks *pl*

badda (*bah*-dah) *v* dab

baddräkt (*baad*-drehkt) *c* bathing suit; swimsuit, swimming suit *Am*

badhandduk (*baad*-hahnd-dewk) *c* bath towel

badmössa (*baad*-murss-sah) *c* bathing cap

badort (*baad*-oort) *c* seaside resort

badrock (*baad*-roak) *c* bathrobe

badrum (*baad*-rewm) *nt* bathroom

badsalt (*baad*-sahlt) *nt* bath

salts
badvakt (*baad*-vahkt) *c* pool attendant
bagage (bah-*gaash*) *nt* baggage, luggage
bagagehylla (bah-*gaash*-hew-lah) *c* luggage rack
bagageinlämning (bah-*gaash*-in-lehm-ning) *c* left luggage office; baggage deposit office *nAm*
bagageutrymme (bah-*gaash*-ewt-rew-mer) *nt* boot; trunk *nAm*
bagare (*baa*-gah-rer) *c* (pl ~) baker
bageri (baa-ger-*ree*) *nt* bakery
baka (*baa*-kah) *v* bake
bakdel (*baak*-dayl) *c* bottom
bakelser (*baa*-kerl-serr) *pl* pastry
bakgrund (*baak*-grewnd) *c* background
baklykta (*baak*-lewk-tah) *c* rear light; taillight
bakom (*baak*-om) *prep* behind; *adv* behind
baksida (*baak*-seedah) *c* rear
baksmälla (*baak*-smeh-lah) *c* hangover
bakterie (bahk-*tai*-ri-er) *c* bacterium
bakverk (*baak*-vehrk) *nt* pastry, cake
bakåt (*baa*-kot) *adv* backwards
bal (baal) *c* ball
balansräkning (bah-*lahngs*-raik-ning) *c* balance sheet
balett (bah-*layt*) *c* ballet

balja (*bahl*-ʸah) *c* basin
balkong (bahl-*kong*) *c* balcony; circle
ballong (bah-*long*) *c* balloon
balsal (*baal*-saal) *c* ballroom
bana (*baa*-nah) *c* track
banan (bah-*naan*) *c* banana
band (bahnd) *nt* band; ribbon
bandspelare (*bahnd*-spāy-lah-rer) *c* (pl ~) tape recorder
baner (bah-*nāyr*) *nt* banner
bank (bahngk) *c* bank
bankett (bahng-*keht*) *c* banquet
bankkonto (*bahngk*-kon-too) *nt* bank account
bankomat (bahng-ko-*maat*) *c* ATM; automatic teller machine; cash dispenser; cash machine
bankrutt (bahng-*krewt*) *adj* bankrupt
bar (baar) *c* bar, saloon; *adj* bare
bara (*baarah*) *adv* only
bark (bahrk) *c* bark
barm (bahrm) *c* bosom
barmhärtighet (bahrm-*hær*-ti-hāyt) *c* mercy
barn (baarn) *nt* child; kid; **föräldralöst ~** orphan
barnbarn (*baarn*-baarn) *nt* (pl ~) grandchild
barnförlamning (*baarn*-furr-laam-ning) *c* polio
barnkammare (*baarn*-kah-mah-rer) *c* (pl ~) nursery
barnmorska (*baarn*-moorskah) *c* midwife

barnsjukdom (*baarn-shēwk-doom*) *c* children's disease

barnsköterska (*baarn-shūr-terr-skah*) *c* nurse

barnsäng (*baarn-*sehng) *c* cot

barnvagn (*baarn-*vahngn) *c* pram; baby carriage *Am*

barnvakt (*baarn-*vahkt) *c* babysitter

barock (bah-*rok*) *adj* baroque

barometer (bah-ro-*māy*-terr) *c* (pl -trar) barometer

barriär (bah-ri-*Yæær*) *c* barrier

barrträd (*bahr*-traid) *nt* conifer, fir tree

barsk (bahrsk) *adj* grim

baryton (*bah*-ri-ton) *c* baritone

bas (baass) *c* base; bass

baseboll (*bayss*-bol) *c* baseball

basera (bah-*sāy*-rah) *v* base

basilika (bah-*see*-li-kah) *c* basilica

basis (*baa*-siss) *c* basis

bassäng (bah-sehng) *c* pool

bastard (bah-*staard*) *c* bastard

bastu (*bahss*-tew) *c* sauna

batteri (bah-tay-*ree*) *nt* (pl ~er) battery

*be (bāy) *v* ask; beg

beakta (bay-*ahk*-tah) *v* pay attention to

bebo (ber-*bōō*) *v* inhabit

beboelig (ber-*bōō*-ay-li) *adj* habitable; inhabitable

*bedja (*bāyd*-Yah) *v* pray

*bedra (ber-*draa*) *v* deceive; cheat

bedrägeri (ber-drai-ger-*ri*) *nt* (pl ~er) deceit; fraud

bedrövad (ber-*drūr*-vahd) *adj* distressed; sad

bedrövelse (ber-*drūr*-verl-ser) *c* sorrow; grief

bedrövlig (ber-*drūrv*-li) *adj* lamentable

bedårande (ber-*dōa*-rahn-der) *adj* adorable, enchanting

bedöma (ber-*dur*-mah) *v* judge

bedövning (ber-*dūrv*-ning) *c* anaesthesia

bedövningsmedel (ber-durv-nings-*māy*-dayl) *nt* anaesthetic

befalla (ber-*fah*-lah) *v* command

befallning (ber-*fahl*-ning) *c* order, command

befatta sig med (ber-*fah*-tah) *deal with, concern oneself with

befolkning (ber-*folk*-ning) *c* population

befordra (ber-*fōō*-drah) *v* promote

befordran (ber-*fōōd*-rahn) *c* (pl -ringar) promotion

befria (ber-*free*-ah) *v* rid

befriad (ber-*free*-ahd) *adj* exempt; liberated

befrielse (ber-*free*-erl-ser) *c* liberation; exemption

befruktning (ber-*frewkt-*

ning) c conception

befälhavare (ber-*fail*-haa-vah-rer) c (pl ~) commander

begagnad (ber-*gahng*-nahd) adj second-hand

begeistrad (bay-*gighst*-rahd) adj enthusiastic

begrava (ber-*graa*-vah) v bury

begravning (ber-*graav*-ning) c funeral; burial

begravningsplats (bay-*graav*-nings-plahts) c cemetery; graveyard

begrepp (ber-*grayp*) nt idea, notion

*begripa (bay-*gree*-pah) v grasp, *understand

begränsa (ber-*grehn*-sah) v limit

begränsad (ber-*grehn*-sahd) adj limited

begränsning (ber-*grehns*-ning) c limitation

begynna (ber-*y̆ew*-nah) v *begin

begynnelse (ber-*y̆ew*-néri-ser) c beginning

*begå (ber-*gōā*) v commit

begåvad (ber-*gōā*-vahd) adj brilliant, talented; gifted

begåvning (ber-*gōāv*-ning) c talent; mind

begär (ber-*y̆æær*) nt desire

begära (ber-*y̆ææ*-rah) v ask, demand, request

begäran (ber-*gææ*-rahn) c request; demand

behaglig (ber-*haag*-li) adj pleasant, delightful

behandla (ber-*hahnd*-lah) v treat; handle

behandling (ber-*hahnd*-ling) c treatment

behov (ber-*hōōv*) nt need, want; **starkt ~** urge

behå (*bāy*-hoa) c bra

*behålla (ber-*ho*-lah) v *keep

behållare (ber-*ho*-lah-rer) c (pl ~) container

behändig (ber-*hehn*-di) adj handy; sweet

behärska (ber-*hæærs*-kah) v master; **~ sig** control oneself

behöva (ber-*hūr*-vah) v need

beige (baish) adj beige

bekant (ber-*kahnt*) c (pl ~a) acquaintance

beklaga (ber-*klaa*-gah) v regret; pity

beklagande (ber-*klaa*-gahn-der) nt regret

beklaglig (ber-*klaag*-li) adj regrettable

bekräfta (ber-*krehf*-tah) v confirm; acknowledge

bekräftelse (ber-*krehf*-tayl-ser) c confirmation

bekväm (ber-*kvalm*) adj comfortable; convenient; easy

bekvämlighet (her-*kvaim*-li-hāyt) c comfort

bekymmer (ber-*t̆y̆ew*-merr) nt worry; anxiety, care, trouble

bekymrad (ber-*t̆y̆ewm*-rahd) adj concerned

bekämpa (ber-*t̆y̆ehm*-pah) v combat

bekänna (ber-t'*eh*-nah) *v*
confess

bekännelse (ber-t'*eh*-nayl-ser) *c* confession

belastning (ber-*lahst*-ning) *c*
charge

belgare (*bayl*-gah-rer) *c* (pl
~) Belgian

Belgien (*balg*-g'*ayn*)
Belgium

belgisk (*bayl*-gisk) *adj*
Belgian

belopp (ber-*lop*) *nt* amount

belysning (ber-*lewss*-ning) *c*
illumination; lighting

belåten (ber-*loa*-tern) *adj*
satisfied, happy

belåtenhet (ber-*loa*-tern-
häyt) *c* satisfaction

belägen (ber-*lai*-gern) *adj*
situated

belöna (ber-*lūr*-nah) *v* reward

belöning (ber-*lūr*-ning) *c*
prize, reward; remuneration

bemästra (ber-*mehst*-rah) *v*
master

bemöda sig (ber-*mūr*-dah) *v*
try, endeavour

bemötande (beh-*mur*-tahn-
der) *nt* treatment; reply

ben (bäyn) *nt* leg; bone

bena (*bay*-nah) *c* parting

bensin (bayn-*seen*) *c* fuel,
petrol; gasoline *nAm*, gas
nAm; **blyfri** ~ unleaded
petrol

bensindunk (bayn-*seen*-
dewngk) *c* jerrycan

bensinmack (bayn-*seen*-
mahk) *c* petrol station

bensinpump (bayn-*seen*-
pewmp) *c* petrol pump; fuel
pump *Am*; gas pump *Am*

bensinstation (bayn-*seen*-
stah-*shōōn*) *c* service station,
filling station; gas station
Am

bensintank (bayn-*seen*-
tahngk) *c* petrol tank; gas
tank *Am*

benådning (ber-*nōad*-ning) *c*
pardon

benägen (ber-*nai*-gern) *adj*
inclined; ***vara** ~ ***be**
inclined to

benägenhet (ber-*nai*-gern-
häyt) *c* tendency; inclination

benämning (ber-*nehm*-ning)
c denomination

beredd (ber-*rayd*) *adj*
prepared

berg (bær'*) *nt* mountain;
mount

bergig (*bær*-'i) *adj*
mountainous

bergsbestigning (*bær*'s-
ber-*steeg*-ning) *c*
mountaineering

bergskam (*bær*'s-kahm) *c*
mountain ridge

bergskedja (*bær*'s-t'*ayd*-
'ah) *c* mountain range

bergsklyfta (*bær*'s-klewf-
tah) *c* gorge

bergspass (*bær*'s-pahss) *nt*
mountain pass

bero på (ber-*rōō*) depend on

beroende (ber-*rōō*-ern-der)
adj dependant

berusad (ber-*rēw*-sahd) *adj*

intoxicated; drunk
beryktad (ber-*rewk*-tahd) *adj*
notorious
beräkna (ber-*raik*-nah) *v*
calculate
beräkning (ber-*raik*-ning) *c*
calculation; estimate
berätta (ber-*reh*-tah) *v* *tell;
relate
berättelse (ber-*reh*-tayl-ser) *c*
tale
berättiga (ber-*reh*-ti-gah) *v*
entitle, justify
berättigad (ber-*reh*-ti-gahd)
adj entitled, justified
beröm (ber-*rurm*) *nt* praise
berömd (her-*rurmd*) *adj*
famous
berömdhet (ber-*rurmd*-hāyt)
c celebrity
berömma (ber-*rur*-mah) *v*
praise
berömmelse (her-*rur*-mayl-
ser) *c* fame; glory
beröra (ber-*rūr*-rah) *v* touch;
affect
beröring (ber-*rūr*-ring) *c*
touch, contact
beröva (ber-*rūr*-vah) *v*
deprive of
besatt (ber-*saht*) *adj*
possessed
besatthet (ber-*saht*-hāyt) *c*
obsession
besegra (ber-*sāyg*-rah) *v*
defeat; *beat, conquer
beskatta (ber-*skah*-tah) *v* tax
beskattning (ber-*skaht*-ning)
c taxation
besked (ber-*shāyd*) *nt*

message
*beskriva** (ber-*skree*-vah) *v*
describe
beskrivning (ber-*skreev*-
ning) *c* description
beskylla (ber-*shew*-lah) *v*
accuse
beslut (ber-*slewt*) *nt* decision
*besluta** (ber-*slew*-tah) *v*
decide
beslutsam (ber-*slewt*-sahm)
adj determined, resolute
besläktad (ber-*slehk*-tahd)
adj related
besmitta (ber-*smi*-tah) *v*
infect
besparingar (ber-*spaa*-ring-
ahr) *pl* savings *pl*
bestick (ber-*stik*) *nt* cutlery
*bestiga** (ber-*stee*-gah) *v*
ascend; mount
*bestrida** (ber *stree*-dah) *v*
dispute; deny
*bestå av** (ber *stoa*) consist of
beståndsdel (ber-*stonds*-
dāyl) *c* element
beställa (ber-*stell*-lah) *v*
order; reserve
beställning (ber-*stehl*-ning) *c*
order; booking; **gjord på ~**
made to order
bestämd (ber-*stehmd*) *adj*
definite
bestämma (ber-*steh*-mah) *v*
decide; determine, define;
designate
bestämmelse (ber-*stehm*-
erl-ser) *c* stipulation
bestämmelseort (ber-*steh*-
merl-ser-oort) *c* destination

beständig (ber-*stehn*-di) *adj*
permanent

besvara (ber-*svaa*-rah) *v*
answer

besvikelse (ber-*svee*-kerl-
ser) *c* disappointment; ***vara
en ~ *be** disappointing

besviken (ber-*svee*-kern) *adj*
disappointed; ***göra ~**
disappoint

besvär (ber-*svæær*) *nt*
trouble; inconvenience;
nuisance; ***göra sig ~** bother

besvära (ber-*svææ*-rah) *v*
trouble; bother

besvärlig (ber-*svæær*-li) *adj*
inconvenient, troublesome

besynnerlig (ber-*sewn*-err-li)
adj strange; queer

*besätta (ber-*seht*-ah) *v*
occupy

besättning (ber-*seht*-ning) *c*
crew

besök (ber-*sürk*) *nt* visit; call

besöka (ber-*sür*-kah) *v* visit;
call on

besökare (ber-*sür*-kah-rer) *c*
(pl **~**) visitor

besökstid (ber-*sürks*-teed) *c*
visiting hours

beta (*bay*-tah) *c* beet; *v* graze

betala (ber-*taa*-lah) *v* *pay

betalbar (ber-*taal*-baar) *adj*
due

betalning (ber-*taal*-ning) *c*
payment

bete (*bay*-ter) *nt* bait

betecknande (ber-*tehk*-
nahn-der) *adj* characteristic

beteckning (ber-*tehk*-ning) *c*

denomination, designation

betesmark (*bay*-terss-
mahrk) *c* pasture

betjäning (ber-*t*^y*ai*-ning) *c*
service

betjäningsavgift (ber-*t*^y*ai*-
nings-aav-^y*ift*) *c* service
charge

betjänt (ber-*t*^y*ehnt*) *c* valet,
servant

betona (ber-*too*-nah) *v* stress;
emphasize

betong (ber-*tong*) *c* concrete

betoning (ber-*too*-ning) *c*
stress

betrakta (ber-*trahk*-tah) *v*
consider, regard; watch,
view

beträda (ber-*trai*-dah) *v*
*tread, *set foot on

beträffa (ber-*trehf*-ah) *v*
concern

beträffande (ber-*trehf*-ahn-
der) *prep* concerning; about,
regarding; with reference to

bett (bayt) *nt* bite

betvivla (ber-*tveev*-lah) *v*
doubt; query

betyda (ber-*tew*-dah) *v*
*mean

betydande (ber-*tew*-dahn-
der) *adj* considerable

betydelse (ber-*tew*-derl-ser)
c importance; sense

betydelsefull (ber-*tew*-derl-
ser-*fewl*) *adj* important;
significant

betydlig (ber-*tewd*-li) *adj*
considerable

betydligt (ber-*tÿwd*-lit) *adj* by

far
betyg (ber-*tewg*) *nt* mark
betänklig (ber-*tængk*-li) *adj*
 dubious; serious, critical
beundra (ber-*ewnd*-rah) *v*
 admire
beundran (ber-*ewnd*-rahn) *c*
 admiration
beundrare (ber-*ewnd*-rah-
 rer) *c* (pl ∼) admirer; fan
bevaka (ber-*vaa*-kah) *v* guard
bevara (ber-*vaa*-rah) *v* *keep;
 preserve
bevilja (ber-*vil*-ᵛah) *v* grant;
 allow
beviljande (ber-*vil*-ᵛahn-der)
 nt concession
bevis (ber-*veess*) *nt* proof,
 evidence; token
bevisa (ber-*vee*-sah) *v* prove;
 demonstrate; *show
beväpna (ber-*vaip*-nah) *v*
 arm
beväpnad (ber-*vaip*-nahd)
 adj armed
bi (bee) *nt* bee
***bibehålla** (bee-ber-ho-lah) *v*
 *hold, *keep, preserve
bibel (*bee*-berl) *c* (pl biblar)
 bible
bibetydelse (*bee*-ber-*tew*-
 derl-ser) *c* connotation,
 subordinate sense
bibliotek (bi-bli-oo-*tayk*) *nt*
 library
***bidra** (*bee*-draa) *v* contribute
bidrag (*bee*-draag) *nt*
 contribution; grant
bifall (*bee*-fahl) *nt* approval;
 consent

biff (bif) *c* steak
biffburgare (bif-*bewr*-ᵛah-
 rer) *c* (pl ∼) beefburger
biflod (*bee*-flood) *c* tributary
bifoga (*bee*-foo-gah) *v* attach;
 enclose
bijouterier (bee-shoo-ter-ree-
 err) *pl* costume jewellery
bikt (bikt) *c* confession; **bikta
 sig** confess
bikupa (*bee*-kew-pah) *c*
 beehive
bil (beel) *c* car; automobile,
 motorcar
bila (*bee*-lah) *v* motor
bilaga (*bee*-laa-gah) *c*
 enclosure; annex
bild (bild) *c* picture; image
bilda (*bil*-dah) *v* form
bildad (*bil*-dahd) *adj*
 cultivated
bildskärm (*bild*-shærm) *c*
 screen
bilist (bi-*list*) *c* motorist
biljard (bil-ᵛaard) *c* billiards
 pl
biljett (bil-ᵛayt) *c* ticket;
 coupon
biljettautomat (bil-ᵛayt-ou-
 too-*maat*) *c* ticket machine
biljettkassa (bil-ᵛayt-kah-
 sah) *c* box office
biljettlucka (bil-ᵛayt-lew-
 kah) *c* booking-office
biljettpris (bil-ᵛayt-preess) *nt*
 (pl ∼, ∼er) fare
bilkapning (*beel*-kaap-ning)
 c carjacking
billig (*bil*-i) *adj* inexpensive;
 cheap

biltur (beel-tēwr) c drive

biluthyrning (beel-ēwt-hēwr-ning) c car hire; car rental Am

***binda** (bin-dah) v *bind, tie

bindestreck (bin-der-strehk) nt hyphen

bio (bee-oo) c pictures; movies Am, movie theater Am

biograf (bee°°-graaf) c cinema

biologi (bee-o-lo-gee) c biology

biologiskt nedbrytbar (bee-o-lo-giskt nāyd-brēwt-baar) adj biodegradable

bipolär (bee-poo-lœær) adj bipolar

biskop (biss-kop) c bishop

***bistå** (bee-stoa) v assist; aid

bistånd (bee-stond) nt assistance

bit (beet) c bit; piece; morsel, lump, scrap

***bita** (bee-tah) v *bite

bitter (bi-terr) adj bitter

***bjuda** (bʸēw-dah) v offer

bjälke (bʸehl-ker) c beam

björk (bʸurrk) c birch

björn (bʸurrn) c bear

björnbär (bʸurrn-bæær) nt blackberry

Blackberry® (blehk-ber-ri) c Blackberry®

blad (blaad) nt leaf; sheet

bladguld (blaad-gewld) nt gold leaf

bland (blahnd) prep among; amid; ~ annat among other things

blanda (blahn-dah) v mix; shuffle; ~ sig i interfere with

blandad (blahn-dahd) adj mixed; miscellaneous

blandning (blahnd-ning) c mixture

blank (blahngk) adj blank; glossy

blazer (blai-serr) c (pl -zrar) blazer

bleckburk (blehk-bewrk) c canister

blek (blāyk) adj pale

bleka (blāy-kah) v bleach

blekna (blāyk-nah) v turn pale; fade

***bli** (blee) v *become; *get; *grow, *go

blick (blik) c look; glance; **kasta en ~** glance

blid (bleed) adj gentle

blind (blind) adj blind

blindtarm (blin-tahrm) c appendix

blindtarmsinflammation (blin-tahrms-in-flah-mah-shōōn) c appendicitis

blinker (bling-kerr) c (pl -krar) indicator

blixt (blikst) c lightning

blixtlampa (blikst-lahm-pah) c flashgun; flashbulb

blixtlås (blikst-lōass) nt zip, zipper

block (blok) nt pad; pulley

blockera (blo-kāy-rah) v block

blod (blōōd) nt blood

blodbrist (blōōd-brist) c

anaemia
blodcirkulation (*blōōd*-seer-kew-lah-*shōōn*) c circulation
blodförgiftning (*blōōd*-fūrr-ᵞift-ning) c blood poisoning
blodig (*blōō*-day) adj bloody
blodkärl (*blōōd*-tᵞæærl) nt blood vessel
blodtryck (*blōōd*-trewk) nt blood pressure
blogg (blohg) c Blog
blomkål (*bloom*-kōal) c cauliflower
blomlök (*bloom*-lūrk) c bulb
blomma (*bloo*-mah) c (pl blommor) blossom
blomsterhandel (*bloms*-terr-hahn-dayl) c flower shop
blomstrande (*blomst*-rahn-der) adj prosperous
blond (blond) adj fair
blondin (*blon*-deen) c (pl blondiner) blond
blott (blot) adv only
blus (blewss) c blouse
bly (blew) nt lead
blyertspenna (*blew*-errts-peh-nah) c pencil
blyg (blewg) adj timid, shy
blyghet (*blewg*-hayt) c timidity
blygsam (*blewg*-sahm) adj modest
blygsamhet (*blewg*-sahm-hayt) c modesty
blå (blōa) adj blue
blåmussla (*blōa*-mewss-lah) c mussel
blåmärke (*blōa*-mær-ker) nt bruise

blåsa (*blōa*-sah) v *blow; ~ upp blow up
blåsig (*blōa*-si) adj windy
blåsinstrument (*blōass*-in-strēw-mehnt) nt horn
bläck (blehk) nt ink
bläckfisk (*blehk*-fisk) c octopus
blända (*blehn*-dah) v blind
bländande (*blehn*-dahn-der) adj glaring
blänka (*blehng*-kah) v *shine
blöda (*blur*-dah) v *bleed
blödning (*blūrd*-ning) c haemorrhage
blöja (*blur*-ᵞah) c nappy; diaper *nAm
blöta (*blur*-tah) v soak
bo (bōō) v live; reside; nt nest
bock (bok) c bow; tick; buck *colloquial*
bocka (*bo* kah) v bow, *bend*; tick
bod (bōōd) c booth
bofast (*bōō*-fahst) adj resident
bofink (*bōō*-fingk) c finch
bogsera (boog-*sāy*-rah) v tow, tug
bogserbåt (boog-*sāyr*-bōat) c tug
boj (boi) c buoy
bok¹ (bōōk) c (pl böcker) book
bok² (bōōk) c beech
boka (*bōō*-kah) v book
bokband (*bōōk*-bahnd) nt volume
bokföra (*bōōk*-fūr-rah) v book

bokhandel (*bōōk*-hahn-dayl)
  c (pl -dlar) bookstore
boklåda (*bōōk*-lōā-dah) *c*
  bookstore
bokomslag (*bōōk*-om-slaag)
  nt jacket; wrapper
bokstav (*book*-staav) *c* (pl
  -stäver) letter; **stor ~** capital
  letter
bokstånd (*bōōk*-stond) *nt*
  bookstand
bolag (*bōō*-laag) *nt* company
Bolivia (boo-*lee*-vᵛah)
  Bolivia
bolivian (boo-li-*vᵛaan*) *c*
  Bolivian
boliviansk (boo-liv-ᵛ*aansk*)
  adj Bolivian
boll (bol) *c* ball
bollplan (*bol*-plaan) *c*
  recreation ground
bom (boom) *c* (pl ~mar)
  barrier
bomb (bomb) *c* bomb
bombardera (bom-bahr-*dāy*-
  rah) *v* bomb
bomull (*boo*-mewl) *c* cotton
  wool; cotton; **bomulls-
  cotton**
bomullssammet (*boo*-
  mewls-sah-mayt) *c*
  velveteen
bonde (*boon*-der) *c* (pl
  bönder) peasant
bondgård (*boond*-gōārd) *c*
  farmhouse
bong (bong) *c* voucher
bord (*bōōrd*) *nt* table;
  gående ~ buffet
bordduk (*bōōrd*-dewk) *c*
  tablecloth
bordell (bor-*dehl*) *c* brothel
bordtennis (*bōōrd*-tehn-iss) *c*
  ping-pong; table tennis
borg (borʸ) *c* castle
borgen (*bor*-ʸern) *c* (pl ~)
  bail; security
borgerlig (*bor*-ʸehr-li) *adj*
  middle-class
borgmästare (*borʸ*-mehss-
  tah-rer) *c* (pl ~) mayor
borr (bor) *c* drill
borra (*bor*-ah) *v* drill; bore
borsta (*bors*-tah) *v* brush
borste (*bors*-ter) *c* brush
bort (bort) *adv* away
borta (*bor*-tah) *adv* gone
bortkommen (*bort*-ko-mern)
  adj lost
bortom (*bort*-om) *adv*
  beyond; *prep* beyond
bortre (*bort*-rer) *adj* farther
bortsett från (*bort*-sayt)
  apart from
boskap (*bōō*-skaap) *c* cattle
  pl
bostad (*bōō*-staad) *c* (pl
  -städer) house; residence
***bosätta sig** (*bōō*-seh-tah)
  settle down
bota (*bōō*-tah) *v* cure
botanik (boo-tah-*neek*) *c*
  botany
botemedel (*bo*-ter-māy-
  dayl) *nt* remedy
botten (*bo*-tern) *c* bottom
bottenvåning (*bo*-tern-vōā-
  ning) *c* ground floor
boutique (boo-*tik*) *c*
  boutique

bowlingbana (*bov*-ling-baa-nah) *c* bowling alley

boxas (*books*-ahss) *v* box

boxningsmatch (*books*-nings-mahch) *c* boxing match

boyscout (*boi*-skahewt) *c* scout

bra (brah) *adv* well; *adj* good; bra! all right!

brak (braak) *nt* boom

brandalarm (*brahnd*-ah-lahrm) *c* fire alarm

brandgul (*brahnd*-gewl) *adj* orange

brandkår (*brahnd*-koar) *c* fire brigade

brandman (*brahnd*-mahn) *c* (pl -män) firefighter

brandsläckare (*brahnd*-sleh-kah-rer) *c* (pl ~) fire extinguisher

brandstege (*brahnd*-stay-ger) *c* fire escape

brandsäker (*brahnd*-sai-kerr) *adj* fireproof

brandvägg (brahnd vehg) *c* firewall

brant (brahnt) *adj* steep

brasilianare (brah-si-li-*aa*-nah-rer) *c* (pl ~) Brazilian

brasiliansk (brah-si-li-*aansk*) *adj* Brazilian

Brasilien (brah-*see*-li-ern) Brazil

bred (brayd) *adj* wide, broad

bredband (*brayd*-bahnd) *c* broadband

bredd (brayd) *c* breadth; width

breddgrad (*brayd*-graad) *c* latitude

bredvid (*bray*-veed) *prep* beside; next to

brev (brayv) *nt* letter; **rekommenderat ~** registered letter

brevbärare (*brayv*-bææ-rah-rer) *c* (pl ~) postman

brevkort (*brayv*-koort) *nt* postcard; card

brevlåda (*brayv*-loa-dah) *c* pillarbox, letterbox; mailbox *nAm*

brevlådstömning (*brayv*-lo-ds-turm-ning) *c* collection

brevpapper (*brayv*-pah-pahr) *nt* notepaper, writing paper

brevväxling (*brayv*-vehks-ling) *c* correspondence

bricka (*bri*-kah) *c* tray

bridge (bridsh) *c* bridge

briljant (bril-*yahnt*) *adj* brilliant

***brinna** (*bri*-nah) *v* *burn

bris (breess) *c* breeze

brist (brist) *c* shortage, lack, want; deficiency

***brista** (*briss*-tah) *v* *burst

bristfällig (*brist*-feh-li) *adj* defective, faulty

britt (brit) *c* Briton

brittisk (*bri*-tisk) *adj* British

bro (broo) *c* bridge

brock (brok) *nt* hernia

broder (*broo*-derr) *c* (pl bröder) brother

brodera (broo-*day*-rah) *v* embroider

broderi (broo-der-*ree*) nt (pl ~er) embroidery

broderlighet (broo-derr-li-*hāyt*) c fraternity

brokig (broo-ki) adj gay

broms (broms) c brake

bromsa (brom-sah) v brake

bromsljus (broms-*ʸewss*) nt brake lights

bromstrumma (broms-trew-mah) c brake drum

brons (brons) c bronze; **brons-** bronze

bror (broor) c (pl bröder) brother

brorsdotter (broors-do-tayr) c (pl -döttrar) niece

brorson (broor-soan) c (pl -söner) nephew

brosch (broash) c brooch

broschyr (bro-*shewr*) c brochure

brosk (brosk) nt cartilage

brott (brot) nt crime; fracture

brottslig (brots-li) adj criminal

brottslighet (brots-li-*hāyt*) c criminality

brottsling (brots-ling) c criminal; convict

brottstycke (brot-stew-ker) nt fragment

brud (brewd) c bride

brudgum (brewd-gewm) c (pl -gummar) groom

bruk (brewk) nt custom

bruka (brew-kah) v use, employ; cultivate

bruklig (brewk-li-li) adj customary

bruksanvisning (brewks-ahn-*veess*-ning) c directions for use

brun (brewn) adj brown

brunett (brew-*nayt*) c brunette

brunn (brewn) c well

brus (brewss) nt fizz

brutal (brew-*taal*) adj brutal

brutto- (brew-too) gross

bry sig om (brew) care for; mind; care about

brydsam (brewd-sahm) adj awkward

brygga (brew-gah) v brew; c landningstage

bryggeri (brew-ger-*ree*) nt (pl ~er) brewery

brysselkål (brew-serl-*kōal*) c Brussels sprouts

*****bryta** (brew-tah) v *break; fracture; ~ **samman** collapse

brytning (brewt-ning) c breaking, refraction; accent

brådska (bross-kah) c hurry, haste

brådskande (bross-kahn-der) adj urgent; pressing

bråk (broak) nt row; fuss

bråkdel (broak-*dāyl*) c fraction

*****ha bråttom** (bro-tom) *be in a hurry

bräckjärn (brehk-*ʸæærn*) nt crowbar

bräcklig (brehk-li) adj fragile

bräda (brai-dah) c board

brädd (brehd) c brim

bränna (breh-nah) v *burn

brännmärke (brehn-mær-

byte

ker) *nt* brand

brännolja (*brehn-ol-ʸah*) *c* fuel oil

brännpunkt (*brehn-pewngkt*) *c* focus

brännsår (*brehn-sōar*) *nt* burn

bränsle (*brehns-lay*) *nt* fuel

bröd (*brūrd*) *nt* bread; **rostat ~** toast

brödrost (*brūrd-rost*) *c* toaster

bröllop (*brur-lop*) *nt* wedding

bröllopsresa (*brur-lops-rāy-sah*) *c* honeymoon

bröst (*brurst*) *nt* breast; bosom, chest

bröstkorg (*brurst-korʸ*) *c* chest

bröstsim (*brurst-sim*) *nt* breaststroke

bubbla (*bewb-lah*) *c* bubble

buckla (*bewk-lah*) *c* dent

bud (*bewd*) *nt* messenger; bid

budget (*bewd-ʸert*) *c* budget

buga sig (*bew-gah*) bow

buk (*bewk*) *c* belly; abdomen

bukett (*bew-kayt*) *c* bunch, bouquet

bukt (*bewkt*) *c* gulf

bula (*bēw-lah*) *c* lump

bulgar (*bewl-gaar*) *c* Bulgarian

Bulgarien (*bewl-gaa-ri-ern*) Bulgaria

bulgarisk (*bewl-gaa-risk*) *adj* Bulgarian

bulle (*bewl-er*) *c* bun

buller (*bew-lerr*) *nt* noise

bullrig (*bewl-ri*) *adj* noisy

bult (*bewlt*) *c* bolt

bundsförvant (*bewnds-furr-vahnt*) *c* associate; ally, confederate

bunt (*bewnt*) *c* bundle; batch

bunta ihop (*bewn-tah i-hōop*) bundle

bur (*bewr*) *c* cage

burk (*bewrk*) *c* tin

busig (*bēw-si*) *adj* rowdy

buske (*bewss-ker*) *c* bush; shrub

buss (*bewss*) *c* bus; coach

butik (*bew-teek*) *c* shop

by (*bēw*) *c* village

bygga (*bew-gah*) *v* *build; construct

bygge (*bew-ger*) *nt* construction

byggnad (*bewg-nahd*) *c* building, construction

byggnadskonst (*bewg-nahds-konst*) *c* architecture

byggnadsställning (*bewg-nahds-stehl-ning*) *c* scaffolding

byrå[1] (*bēw-ro*) *c* (pl ~ar) chest of drawers; bureau *nAm*

byrå[2] (*bew-ro*) *c* (pl ~er) agency

byråkrati (*bēw-ro-krah-tee*) *c* bureaucracy

byrålåda (*bēw-ro-lōa-dah*) *c* drawer

byst (*bewst*) *c* bust

bysthållare (*bewst-ho-lah-rer*) *c* (pl ~) brassiere

byta (*bēw-tah*) *v* change; swap, **~ ut** exchange

byte (*bēw-ter*) *nt* exchange;

prey
byxdräkt (*bewks*-drehkt) *c* pant suit
byxor (*bewk*-serr) *pl* trousers *pl*, pants *plAm*
båda (*bōa*-dah) *pron* both, either
både ... och (*bōa*-der ... ok) both ... and
båge (*bōa*-ger) *c* bow
bågformig (*bōag*-for-mi) *adj* arched
bår (*bōar*) *c* stretcher
båt (*bōat*) *c* boat
bäck (behk) *c* stream, brook
bäcken (*behk*-ern) *nt* pelvis
bädda (*beh*-dah) *v* *make the bed
bälte (*behl*-ter) *nt* belt
bänk (behngk) *c* bench
bär (bæær) *nt* berry
***bära** (*bææ*-rah) *v* carry; *wear, *bear
bärbar (*bæær*-baar) *adj* portable
bärbar dator (*bæær*-baar *dah*-torr) *c* laptop
bärare (*bææ*-rah-rer) *c* (pl ~) porter
bärgningsbil (*bærᵞ*-nings-beel) *c* breakdown truck
bärnsten (*bæærn*-stäyn) *c* amber

bäst (behst) *adj* best
bättre (*beht*-rer) *adj* superior; better
bäver (*bai*-verr) *c* (pl bävrar) beaver
bödel (*bū*-derl) *c* (pl bödlar) executioner
böja (*bur*-ᵞah) *v* *bend; ~ sig *bend down
böjd (burᵞd) *adj* bent; curved
böjlig (*burᵞ*-li) *adj* flexible, supple
böjning (*burᵞ*-ning) *c* bending; flexion
böld (burld) *c* abscess
bön (būrn) *c* prayer
böna (*bū*-nah) *c* bean
***bönfalla** (*būrn*-fahl-ah) *v* beg
bör (būr) *v* ought
***böra** (*būr*-rah) *v* *ought to
börda (*būr*-dah) *c* burden, load; charge
börja (*burr*-ᵞah) *v* *begin; commence, start; ~ om recommence
början (*burr*-ᵞahn) *c* beginning; start; i ~ at first
börs (burrs) *c* purse; exchange; **svarta börsen** black market
böter (*būr*-terr) *pl* ticket, fine; penalty

C

cancer (*kahn*-serr) *c* cancer

cape (käyp) *c* cape; cloak

CD-(ROM) (*säy*-day-rohm) *c* (pl ~) CD-(ROM)

CD-skiva (*säy*-day-*sheev*-ah) *c* compact disc

CD-spelare (*säy*-day-späy-lah-rer) *c* compact disc player

cell (sayl) *c* cell

cement (say-*maynt*) *nt* cement

censur (sayn-*sewr*) *c* censorship

center (*sayn*-ter) *nt* center

centimeter (sayn-ti-*mäy*-terr) *c* (pl ~) centimetre

central (sayn-*traal*) *adj* central

centralisera (sayn-trah-li-*säy*-rah) *v* centralize

centralvärme (sayn-*traal*-vær-mer) *c* central heating

centrum (*sehnt*-rewm) *nt* centre

ceremoni (say-ray-mo-*nee*) *c* ceremony

certifikat (sehr-ti-fi-*kaat*) *nt* certificate

champagne (shahm-*pahn*ʸ) *c* champagne

champinjon (shahm-pin-ʸ*oon*) *c* button mushroom

chans (shahngs) *c* chance

charlatan (shahr-lah-*taan*) *c* quack

charm (shahrm) *c* charm

charmerande (shahr-*mäy*-rahn-der) *adj* charming

charterflyg (tʸ*aar*-terr-flewg) *nt* charter flight

chassi (shah-si) *nt* chassis

chaufför (sho-*furr*) *c* chauffeur

check (tʸayk) *c* cheque; check *nAm*

checka in (tʸ*eh*-kah) check in

checkhäfte (tʸ*ayk*-hehf-ter) *nt* chequebook; checkbook *nAm*

chef (shäyf) *c* boss; manager, chief

chefssekreterare (shäyfs-sayk-ray-*täy*-rah-rer) *c* executive assistant

chic (shik) *adj* smart

Chile (tʸ*ee*-ler) Chile

chilenare (tʸi-*lee*-nah-rer) *c* (pl ~) Chilean

chilensk (tʸi-*läynsk*) *adj* Chilean

chock (shok) *c* shock

chockera (sho-*käy*-rah) *v* shock

chockerande (sho-*käy*-rahn-der) *adj* shocking

choke (shoak) *c* choke

choklad (shook-*laad*) *c* chocolate

chokladpralin (shook-*laad*-prah-*leen*) *c* chocolate

cigarr (si-*gahr*) *c* cigar

cigarraffär (si-*gahr*-ah-*fæær*) c cigar shop

cigarrett (si-gah-*rayt*) c cigarette

cigarrettetui (si-gah-*rayt*-ay-tew-*ee*) nt cigarette case

cigarrettmunstycke (si-gah-*rayt*-mewn-stew-ker) nt cigarette holder

cigarrettobak (si-gah-*reht-too*-bahk) c cigarette tobacco

cigarrettändare (si-gah-*rayt*-tehn-dah-rer) c (pl ~) cigarette lighter

cirka (*seer*-kah) adv approximately

cirkel (*seer*-kerl) c (pl -klar) circle

cirkulation (seer-kew-lah-*shoon*) c circulation

cirkus (*seer*-kewss) c circus

cirkusarena (seer-kewss-ah-*rāy*-nah) c ring

citat (si-*taat*) nt quotation

citationstecken (si-tah-*shoons*-tay-kern) pl quotation marks

citera (si-*tāy*-rah) v quote

citron (si-*troon*) c lemon

civil (si-*veel*) adj civilian

civilisation (si-vi-li-sah-*shoon*) c civilization

civiliserad (si-vi-li-*sāy*-rahd) adj civilized

civilist (si-vi-*list*) c civilian

civilrätt (si-*veel*-reht) c civil law

clown (kloun) c clown

cocktail (*kok*-tayl) c cocktail

Colombia (ko-*lom*-bi-ah) Colombia

colombian (ko-lom-bi-*aan*) c Colombian

colombiansk (ko-lom-bi-*aansk*) adj Colombian

container c (pl ~, -nrar) container

crawlsim (*krōal*-sim) nt crawl

curry (*kew*-ri) c curry

cykel (*sew*-kerl) c (pl cyklar) bicycle; cycle

cykla (*sewk*-lah) v *ride a bicycle

cyklist (sewk-*list*) c cyclist

cylinder (sew-*lin*-derr) c (pl -drar) cylinder

D

dag (daag) c day; **om dagen** by day; **per ~** per day

dagbok (*daag*-book) c (pl -böcker) diary

dagbräckning (*daag*-brehk-ning) c daybreak

dagg (dahg) c dew

daghem (daag-hehm) nt day nursery

daglig (*daag*-li) adj everyday, daily

dagning (*daag*-ning) c dawn

dagordning (*daag*-ord-ning) c agenda

dagsljus (dahgs-ʸewss) nt
daylight

dagsnyheter (daags-new-
hay-terr) pl news

dagstidning (dahgs-teed-
ning) c daily; newspaper

dagsutflykt (dahgs-ewt-
flewkt) c day trip

dal (daal) c valley

dalsänka (daal-sehng-kah) c
depression, valley

dam (daam) c lady

dambinda (daam-bin-dah) c
sanitary towel

damfrisör (daam-fri-sʉrr) c
hairdresser

damm (dahm) nt dust; c dam

dammig (dah-mi) adj dusty

***dammsuga** (dahm-sew-gah)
v hoover; vacuum vAm

dammsugare (dahm-sew-
gah-ray) c (pl ~) vacuum
cleaner

damspel (daam-spayl) nt
draughts; checkers plAm

damtoalett (daam-tooah-
layt) c ladies' room

damunderkläder (daam-
ewn-derr-klai-derr) pl
lingerie

Danmark (dahn-mahrk) c
Denmark

dans (dahns) c dance

dansa (dahn-sah) v dance

dansk (dahnsk) c Dane; adj
Danish

darra (dah-rah) v tremble

data (daa-tah) pl data pl

dator (daa-tor) c computer

datum (daa-tewm) nt (pl data,

~) date

de (day) pron they; ~ där
those; ~ här these

debatt (der-baht) c debate;
discussion

debattera (der-bah-tay-rah) v
discuss; argue

debet (day-bayt) c debit

december (der-saym-berr)
December

decimalsystem (day-si-
maal-sew-staym) nt decimal
system

defekt (der-fehkt) c fault

definiera (der-fi-ni-ay-rah) v
define

definition (der-fi-ni-shoon) c
definition

deg (dayg) c dough

deklaration (day-klah-rah-
shoon) c declaration;
statement

dekoration (day-ko-rah-
shoon) c decoration

dekorera (day-ko-ray-rah) v
decorate

del (dayl) c part; share

dela (day-lah) v divide; share;
~ sig fork; ~ ut *deal;
administer

delegat (day-ler-gaat) c
delegate

delegation (day-ler-gah-
shoon) c delegation

delfin (dayl-feen) c dolphin

delikatess (day-li-kah-tayss)
c delicacy

delikatessaffär (day-li-kah-
tayss-ah-fær) c delicatessen

delning (dayl-ning) c division

*delta (*dāyl*-taa) *v* participate

deltagande (*dāyl*-taa-gahn-der) *adj* sympathetic; *nt* attendance

deltagare (*dāyl*-taa-gah-rer) *c* (pl ~) participant

delvis (*dāyl*-veess) *adv* partly; *adj* partial

delägare (*dāyl*-ai-gah-rer) *c* (pl ~) associate

dem (dom) *pron* them

demokrati (day-mo-krah-*tee*) *c* democracy

demokratisk (day-moa-*kraa*-tisk) *adj* democratic

demonstration (day-mons-trah-*shōōn*) *c* demonstration

demonstrera (day-mons-*trāy*-rah) *v* demonstrate

den (dayn) *pron* (nt det, pl de) that; ~ **där** that; ~ **här** this

denna (*deh*-nah) *pron* (nt detta, pl dessa) this

dental (dayn-*taal*) *adj* dental

deodorant (*dāy*-o-do-*rahnt*) *c* deodorant

departement (der-pahr-ter-*mehnt*) *nt* department; ministry

deponera (der-po-*nāy*-rah) *v* deposit; bank

depression (der-pray-*shōōn*) *c* depression

deprimera (der-pri-*māy*-rah) *v* depress

deprimerad (der-pri-*māy*-rahd) *adj* depressed

deputation (der-pew-tah-*shōōn*) *c* deputation, delegation

deputerad (der-pew-*tāy*-rahd) *c* (pl ~e) deputy

depå (der-*pōa*) *c* depot

deras (*dāy*-rahss) *pron* their

desertera (der-sehr-*tāy*-rah) *v* desert

desinfektera (diss-in-fayk-*tāy*-rah) *v* disinfect

desinfektionsmedel (diss-in-fayk-*shōōns*-māy-dayl) *nt* disinfectant

desperat (derss-pay-*raat*) *adj* desperate

dess (dehss) *pron* its

dessert (der-*sæær*) *c* dessert; sweet

dessförinnan (dehss-fur-*ri*-nahn) *adv* before then

dessutom (dehss-*ēw*-tom) *adv* besides; moreover, also, furthermore

dessvärre (dehss-*væ*-rer) *adv* unfortunately

ju ... desto (*ȳew* ... dehss-too) the ... the

det (dāy) *pron* it; **det beror på** that depends

detalj (der-*tahly*) *c* detail

detaljerad (der-tahl-*ȳay*-rahd) *adj* detailed

detaljhandel (der-*tahly*-hahn-dayl) *c* retail trade

detaljhandlare (der-*tahly*-hahnd-lah-rer) *c* (pl ~) retailer

detaljist (der-tahl-*ȳist*) *c* retailer

detektiv (day-tehk-*teev*) *c* detective

detektivroman (day-tehk-

diska

teev-roo-*maan*) *c* detective story

devalvera (der-vahl-*vāy*-rah) *v* devalue

devalvering (der-vahl-*vāy*-ring) *c* devaluation

diabetes (diah-*bāy*-terss) *c* diabetes

diabetiker (di-ah-*bāy*-ti-kerr) *c* (pl ~) diabetic

diagnos (dee-ahg-*nōass*) *c* diagnosis; **ställa en ~** diagnose

diagonal (di-ah-go-*naal*) *c* diagonal; *adj* diagonal

diagram (dee-ah-*grahm*) *nt* graph; chart, diagram

dialekt (dee-ah-*laykt*) *c* dialect

diamant (dee-ah-*mahnt*) *c* diamond

diapositiv (*dee*-ah-poo-si-*teev*) *nt* slide

diarré (dee-ah-*rāy*) *c* diarrhoea

diesel (*dee*-serl) *c* diesel

diet (di-*āyt*) *c* diet

difteri (dif-ter-*ree*) *c* diphtheria

dig (day) *pron* you, yourself

digital (di-gi-*taal*) *adj* digital

digital projektor (di-gi-*taal* pro *shayk*-torr) *nt* digital projector

digitalfoto (di-gi-*taal* -*fōō*-too) *nt* digital photo

digitalkamera (di-gi-*taal*-*kaa*-meh-rah) *c* digital camera

dike (*dee*-ker) *nt* ditch

dikt (dikt) *c* poem

diktamen (dik-*taa*-mern) *c* (pl ~, -mina) dictation

diktare (*dik*-tah-rer) *c* (pl ~) poet

diktator (dik-*taa*-tor) *c* dictator

diktera (dik-*tāy*-rah) *v* dictate

dimension (di-mehn-*shōōn*) *c* dimension, size

dimma (*di*-mah) *c* mist, fog

dimmig (*di*-mi) *adj* foggy

din (din) *pron* yours

diplom (di-*plōam*) *nt* diploma; certificate

diplomat (di-plo-*maat*) *c* diplomat

diplomatisk (dip-lo-*maa*-tisk) *adj* diplomatic

direkt (di-*raykt*) *adj* direct

direktion (di-rehk-*shōōn*) *c* direction, management

direktiv (di-rehk-*teev*) *nt* directive

direktmeddelande (di-*raykt*-māyd-*dāy*-lahn-der) *nt* instant message

direktör (di-rayk-*tūrr*) *c* director; executive, manager

dirigent (di-ri-*shaynt*) *c* conductor

dirigera (di-ri-*shāy*-rah) *v* conduct

dis (deess) *nt* haze

disciplin (di-si-*pleen*) *c* discipline

disig (*dee*-si) *adj* misty, hazy

disk (disk) *c* counter, bar; washingup

diska (*diss*-kah) *v* wash up

diskbråck (*disk*-brok) *nt*
slipped disc

diskonto (diss-*kon*-too) *nt*
bank rate

diskussion (diss-kew-*shoon*)
c discussion; argument

diskutera (diss-kew-*tay*-rah)
v argue, discuss

disponibel (diss-poo-*nee*-
berl) *adj* available

dispyt (diss-*pewt*) *c* dispute

distrikt (dist-*rikt*) *nt* district

dit (deet) *adv* there

djungel (ᵞ*ewng*-ayl) *c* (pl
djungler) jungle

djup (ᵞ*ewp*) *nt* depth; *adj*
deep, low

djupsinnig (ᵞ*ewp*-si-ni) *adj*
profound

djur (ᵞewr) *nt* beast, animal

djurkretsen (ᵞ*ewr*-krehts-
sern) zodiac

djurpark (ᵞ*ewr*-pahrk) *c*
zoological gardens

djurreservat (ᵞewr-ray-sær-
vaat) *nt* game reserve

djurskinn (ᵞewr-shin) *nt* skin

djärv (ᵞærv) *adj* bold

djävul (ᵞ*ai*-vewl) *c* (pl -vlar)
devil

dock (dok) *conj* yet,
nevertheless; but, yet

docka[1] (*doa*-kah) *c* doll

docka[2] (*doa*-kah) *c* dock; *v*
dock

dockteater (*dok*-tay-*aa*-terr)
c (pl -trar) puppet-show

doft (doft) *c* scent

doktor (*doak*-toar) *c* doctor

dokumentportfölj (do-kew-
maynt-port-*furl*ᵞ) *c* attaché
case

dollar (*dol*-laar) *c* (pl ~)
dollar

dom (doom) *c* judgment;
verdict, sentence; **fällande ~**
conviction

domare (*doo*-mah-rer) (pl ~)
judge; *c* umpire, referee

domkraft (*doom*-krahft) *c*
jack

domkyrka (*doom*-tᵞewr-kah)
c cathedral

domnad (*dom*-nahd) *adj*
numb

domslut (*doom*-slewt) *nt*
verdict

domstol (*doom*-stool) *c*
court; law court

donation (do-nah-*shoon*) *c*
donation

donator (do-*naa*-tor) *c* donor

donera (do-*nay*-rah) *v* donate

dop (doop) *nt* baptism;
christening

doppvärmare (*dop*-vær-mah-
rer) *c* (pl ~) immersion
heater

dos (dooss) *c* dose

dotter (*do*-terr) *c* (pl döttrar)
daughter

dotterdotter (do-terr-*do*-
terr) *c* (pl -döttrar)
granddaughter

dotterson (*do*-terr-soān) *c* (pl
-söner) grandson

dov (doov) *adj* dull

***dra** (draa) *v* *draw; pull; ~ av**
deduct; **~ ifrån** subtract; **~
sig tillbaka** *v* retire; **~ till**

tighten; ~ **tillbaka**
*withdraw; ~ **upp** *wind; ~
ur disconnect; ~ **åt** tighten
drag (draag) *nt* move; trait;
draught
dragning (*draag*-ning) *c*
draw; tendency; tinge
drake (*draa*-ker) *c* dragon
drama (*draa*-mah) *nt* (pl
-mer) drama
dramatisk (drah-*maa*-tisk)
adj dramatic
dressera (drer-*say*-rah) *v*
train
***dricka** (*dri*-kah) *v* *drink
drickbar (*drik*-baar) *adj* for
drinking
dricks (driks) *c* tip
dricksvatten (*driks*-vah-tern)
nt drinking water
drink (drink) *c* drink
***driva** (*dree*-vah) *v* drift; ~
framåt propel; ~ **med** kid
drive-in (driye-in) *v* drive-
-thru
drivhus (*dreev*-hewss) *nt*
greenhouse
drivkraft (*dreev*-krahft) *c*
driving force
drog (droäg) *c* drug
droppe (*dro*-per) *c* drop
drottning (*drot*-ning) *c* queen
drunkna (*drewngk*-nah) *v* *be
drowned
dryck (drewk) *c* drink;
beverage; **alkoholfri** ~ soft
drink
dränera (dreh-*nay*-rah) *v*
drain
dränka (drehng-kah) *v* drown

dröm (drurm) *c* (pl ~mar)
dream
drömma (*drur*-mah) *v*
*dream
du (dew) *pron* you
dubbdäck (dewb-dehk) *nt*
spiked tyre
dubbel (dew-behl) *adj* double
dubbelsäng (dew-berl-
sehng) *c* double bed
duggregn (dewg-rehngn) *nt*
drizzle
duglig (dewg-li) *adj* capable,
able
duk (dewk) *c* tablecloth
duka (dew-kah) *v* *set the
table
duka under (dew-kah)
succumb
duktig (dewk-ti) *adj* capable;
skilful, smart
dum (dewm) *adj* silly; foolish,
stupid, dumb
dumbom (dewm-boom) *c* (pl
~mar) fool
dumdristig (dewm-driss-ti)
adj daring, toolhardy
dumheter (dewm-hay-terr) *pl*
nonsense
dun (dewn) *nt* down
dunka (dewng-kah) *v* thump;
bump
dunkel (dewng-kerl) *adj*
obscure; dim
dunkelhet (dewng-kerl-hayt)
c gloom
duntäcke (dewn-teh-ker) *nt*
eiderdown
durkslag (dewrk slaag) *nt*
strainer

dusch   44

dusch (dewsh) *c* shower

duschgelé (*dewsh*-shay-*lay*)
c or *nt* shower gel

dussin (dew-sin) *nt* dozen

duva (*dew*-vah) *c* pigeon

DVD (day-vay-day) *c* DVD

DVD-ROM (day-vay-day-
raam) *c* DVD-ROM

dvärg (dvær^y) *c* dwarf

dygd (dewgd) *c* virtue

dygn (dewngn) *nt* twenty-four
hours

*dyka (*dew*-kah) *v* dive

dykarglasögon (*dew*-kahr-
glaa-sur-gon) *pl* diving
goggles

dylik (*dew*-leek) *adj* such,
similar

dyn (dewn) *c* dune

dyna (*dew*-nah) *c* pad

dynamo (*dew*-nah-moo) *c*
dynamo

dynga (dewng-ah) *c* dung

dyr (dewr) *adj* expensive;
dear

dyrbar (*dewr*-baar) *adj*
precious; dear, valuable,
expensive

dyrka (dewr-kah) *v* worship

dyster (dewss-terr) *adj*
gloomy; sombre

då (doa) *adv* then; *conj* when;
då och då occasionally; now
and then

dålig (*doa*-li) *adj* bad; ill

dån (doan) *nt* roar

dåraktig (*doar*-ahk-ti) *adj*
foolish

dåre (*doa*-rer) *c* fool

däck (dehk) *nt* tire, tyre; deck

däckshytt (dehks-hewt) *c*
deck cabin

däggdjur (dehg-^yewr) *nt*
mammal

där (dæær) *adv* there; ~ borta
over there; ~ nere
downstairs; down there; ~
uppe upstairs; up there

därefter (dæær-ayf-terr) *adv*
afterwards; then

däremot (dæær-ay-*moot*) *adv*
on the other hand

därför (dæær-furr) *adv*
therefore; ~ att because, as

därifrån (dæær-i-froan) *adv*
from there

*dö (dur) *v* die

död (durd) *c* death; *adj* dead

döda (*dur*-dah) *v* kill

dödlig (durd-li) *adj* mortal,
fatal

dödsstraff (durds-strahf) *nt*
death penalty

*dölja (durl-^yah) *v* conceal;
*hide

döma (dur-mah) *v* judge;
sentence

döpa (*dur*-pah) *v* baptize;
christen

dörr (durr) *c* door

dörrklocka (durr-klo-kah) *c*
doorbell

dörrvaktmästare (durr-
vahkt-mehss-tah-rer) *c* (pl
~) doorman

döv (durv) *adj* deaf

E

ebb (ayb) *c* low tide

ebenholts ($\overline{ay}$-bayn-holts) *c* ebony

e-biljett ($\overline{ay}$-bil-*yayt*) *nt* e-ticket

e-brev ($\overline{ay}$-br$\overline{ay}$v) *nt* e-mail

Ecuador (ayk-vah-*d\overline{oar}*) Ecuador

ecuadorian (ayk-vah-*d\overline{oa}*-ri-aan) *c* Ecuadorian

ed ($\overline{ay}$d) *c* oath, vow

effektförvaring (ay-fehkt-furr-vaa-ring) *c* left-luggage office

effektiv (ay-fayk-*teev*) *adj* effective; efficient

efter (ayf-terr) *prep* after

efterforska (ayf-terr-fors-kah) *v* investigate

efterfrågan (ayf-terr-fr\overline{oa}-gahn) *c* demand

efterlikna (ayf-terr-leek-nah) *v* imitate

efterlämna (ayf-terr-lehm-nah) *v* *leave behind

eftermiddag (ayf-terr-mi-daag) *c* afternoon; i ~ this afternoon

efternamn (ayf-terr-nahmn) *nt* surname; family name

eftersom (ayf-terr-som) *conj* because, as, since

eftersträva (ayf-terr-strai-vah) *v* pursue; aim at

eftersända (ayf-terr-sehn-dah) *v* forward

efterträda (ayf-terr-trai-dah) *v* succeed

efteråt (ayf-terr-\overline{oa}t) *adv* afterwards

egen ($\overline{ay}$-gayn) *adj* own

egendom ($\overline{ay}$-gayn-doom) *c* property

egendomlig ($\overline{ay}$-gern-doom-li) *adj* peculiar

egendomlighet ($\overline{ay}$-gern-doom-li-*hayt*) *c* peculiarity

egenskap ($\overline{ay}$-gern-skaap) *c* quality; property

egentligen (ay-*\color{black}{y}aynt*-li-ern) *adv* really

egoism (ay-goo-*ism*) *c* selfishness

Egypten (ay-*\color{black}{y}ewp*-tern) Egypt

egypter (ay-*\color{black}{y}ewp*-terr) *c* (pl ~) Egyptian

egyptisk (ay-*\color{black}{y}ewp*-tisk) *adj* Egyptian

ehuru ($\overline{ay}$-*hew*-rew) *conj* though

ek ($\overline{ay}$k) *c* oak

eker ($\overline{ay}$-kerr) *c* (pl ekrar) spoke

ekipage (ay-ki-*paash*) *nt* carriage

eko ($\overline{ay}$-koo) *nt* echo

ekollon ($\overline{ay}$k-o-lon) *nt* acorn

ekonom (ay-ko-*n\overline{oa}m*) *c* economist

ekonomi (ay-ko no *mee*) *c* economy

ekonomisk (ay-ko-*nōā*-misk)
adj economical, economic;
thrifty

ekorre (*āyk*-orer) *c* squirrel

ekoturist (*āy*-ko-*tēw*-rist) *c*
eco-tourist

eksem (ehk-*sāym*) *nt* eczema

ekvatorn (ayk-*vaa*-torn)
equator

elak (ay-lahk) *adj* evil; ill

elakartad (*āy*-lahk-aar-tahd)
adj malignant

elasticitet (ay-lahss-ti-si-*tāyt*)
c elasticity

elastisk (ay-*lahss*-tisk) *adj*
elastic

eld (ayld) *c* fire; ~ **upphör** *nt*
ceasefire

eldfarlig (*ayld*-faar-li) *adj*
inflammable

eldfast (*ayld*-fahst) *adj*
fireproof

eldstad (*ayld*-staad) *c* (pl
-städer) hearth

eldsvåda (*aylds*-vōa-dah) *c*
fire

elefant (ay-lay-*fahnt*) *c*
elephant

elegans (ay-lay-*gahns*) *c*
elegance

elegant (ay-lay-*gahnt*) *adj*
elegant

elektricitet (ay-layk-tri-si-
tāyt) *c* electricity

elektriker (ay-*layk*-tri-kerr) *c*
(pl ~) electrician

elektrisk (ay-*layk*-trisk) *adj*
electric

elektronisk (ay-layk-*trōa*-
nisk) *adj* electronic

element (ay-lay-*mehnt*) *nt*
element

elementär (ay-lay-mehn-
tǣær) *adj* primary

elev (ay-*lāyv*) *c* pupil

elfenben (*ayl*-fayn-bayn) *nt*
ivory

elfte (*aylf*-tay) *num* eleventh

eliminera (ay-li-mi-*nāy*-rah) *v*
eliminate

eller (*ayl*-err) *conj* or

elva (*ayl*-vah) *num* eleven

elände (ay-lehn-der) *nt*
misery

eländig (ay-*lehn*-di) *adj*
miserable

emalj (ay-*mahl'*) *c* enamel

emaljerad (ay-mahl-*͞ay*-
rahd) *adj* enamelled

embargo (aym-*bahr*-goo) *nt*
embargo

embarkering (aym-bahr-*kāy*-
ring) *c* embarkation

emblem (aym-*blāym*) *nt*
emblem

emellertid (ay-*meh*-lerr-teed)
adv though, however

emot (ay-*mōot*) *prep* against;
towards; *ha något* ~ mind

en¹ (ayn) *art* (nt ett) a *art*

en² (ayn) *num* one

-en³ (ayn) *suf* (nt ~t) the *art*

enaktare (*āyn*-ahk-tah-rer) *c*
(pl ~) one-act play

enastående (*āy*-nah-stōa-
ayn-der) *adj* exceptional

enbart (*āyn*-baart) *adv*
exclusively

enda (*ayn*-dah) *pron* only; **en**
~ single

endast (*ayn*-dahst) *adv* alone,
only; merely

endera (*ayn*-dāy-rah) *pron*
either

endossera (ayn-do-*sāy*-rah)
v endorse

energi (ay-nær-*shee*) *c* power,
energy

energisk (ay-*nær*-gisk) *adj*
energetic

engelsk (*ehng*-erlsk) *adj*
English

Engelska kanalen (*eh*-
ngerls-kah kah-*naa*-lern)
English Channel

engelsman (*ehng*-erls-mahn)
c (pl -män) Englishman

England (*ayng*-lahnd)
England; Britain

engångs- (*āyn*-gongs)
disposable

engångsflaska (*āyn*-gongs-
flahss kah) *c* no return
bottle

enhet (*āyn*-hāyt) *c* unit, unity

*vara **enig** (vaa-rah *āy*-ni)
agree

enighet (*āy*-ni-hāyt) *c*
agreement

enkel (*ayng*-kayl) *adj* simple;
plain

enkelrum (*ayng*-kayl-rewm)
nt single room

enkelt (*ayng*-kerlt) *adv*
simply; **helt** ~ simply

enligt (*āyn*-lit) *prep* according
to

enorm (ay-*norm*) *adj*
enormous; immense

ensam (*ayn* sahm) *adj* lonely;

sole

ensidig (*āyn*-see-di) *adj* one-
-sided

enskild (*āyn*-shild) *adj*
individual

enstämmig (*āyn*-stehm-i) *adj*
unanimous

entreprenör (ehnt-rer-pray-
nūrr) *c* contractor

entusiasm (*ayn*-tew-si-*ahsm*)
c enthusiasm

entusiastisk (*ayn*-tew-si-
ahss-tisk) *adj* enthusiastic

envar (ayn-*vaar*) *pron*
everyone

envis (*āyn*-veess) *adj*
stubborn; obstinate

epidemi (ay-pi-der-*mee*) *c*
epidemic

epilepsi (ay-pi-lehp-*see*) *c*
epilepsy

epilog (eh-pi-*lōōg*) *c* epilogue

episk (*āy*-pisk) *adj* epic

episod (eh-pi-*sōōd*) *c* episode

epos (*āy*-poss) *nt* epic

e-post (*āy*-post) *c* (pl ∼)
e-mail

e-postadress (*āy*-post-ahd-
rayss) *c* e-mail address

e-postmeddelande (*āy*-post-
may-*dāy*-lahn-der) *nt* e-mail

er (*āyr*) *pron* you; your;
yourselves

era (*āy*-rah) *pron* your

*erbjuda** (*āyr*-b'ew-dah) *v*
offer; ∼ **sig** offer one's
services

erbjudande (*āyr*-b'ew-dahn-
der) *nt* offer

*erfara** (*āyr*-faa-rah) *v*

experience
erfaren (ayr-faa-rern) adj
experienced
erfarenhet (ayr-faa-rern-hāyt) c experience
erforderlig (ayr-fōor-derr-li) adj requisite
*erhålla (āyr-ho-lah) v obtain
erinra sig (āyr-in-rah) recall
erkänna (āyr-t³eh-nah) v admit; confess, acknowledge, recognize
erkännande (āyr-t³eh-nahn-der) nt recognition
*ersätta (āyr-seh-tah) v substitute; replace
ersättning (āyr-seht-ning) c indemnity; compensation
erövra (āyr-ūrv-rah) v conquer
erövrare (āyr-ūrv-rah-rer) c (pl ~) conqueror
erövring (āyr-ūrv-ring) c conquest; capture
eskort (ayss-kort) c escort
eskortera (ayss-kor-tāy-rah) v escort
esplanad (ayss-plah-naad) c esplanade
essens (ay-sehns) c essence
essä (ay-sai) c essay
etablera (ay-tah-blāy-rah) v establish
etapp (ay-tahp) c stage, lap
eter (āy-terr) c ether
etikett (ay-ti-kayt) c label; tag
etikettera (ayti-keh-tāy-rah) v label
Etiopien (ay-ti-ōō-pi-ern) Ethiopia

etiopier (ay-ti-ōō-pi-err) c (pl ~) Ethiopian
etiopisk (ay-ti-ōō-pisk) adj Ethiopian
etsning (ehts-ning) c etching
etui (ay-tew-ee) nt case
EU (āy-ēw) EU
euro (ēw-roo) c (pl ~) Euro
Europa (āy-rōō-pah) Europe
europé (āy-roo-pāy) c European
europeisk (āy-roo-pāy-isk) adj European
Europeiska Unionen (ay-roo-pay-is-kah ēw-ni-ōōn-en) c European Union
evakuera (ay-vah-kew-āy-rah) v evacuate
evangelium (ay-vahn-ˀāy-li-ˀewm) nt (pl -lier) gospel
eventuell (ay-vehn-tew-ayl) adj possible
evolution (ay-vo-lew-shōōn) c evolution
exakt (ayks-ahkt) adv exactly; adj exact
examen (ayk-saa-mern) c examination; *ta ~ graduate
excentrisk (ayk-sehnt-risk) adj eccentric
exempel (ayk-sehm-perl) nt example; instance; till ~ for example; for instance
exemplar (ayks-aym-plaar) nt copy; specimen
existens (ayk-si-stehns) c existence
existera (ayk-si-stāy-rah) v exist
exklusiv (ehks-kloo-seev) adj

exclusive
exotisk (ehk-_sōa_-tisk) _adj_
exotic
expansion (ehks-_pahng_-shōn) _c_ expansion
expedit (ehks-pay-_deet_) _c_ shop assistant
expedition (ehks-pay-di-_shōōn_) _c_ expedition
experiment (ayks-peh-ri-_mehnt_) _nt_ experiment
experimentera (ayks-peh-ri-mayn-_tāy_-rah) _v_ experiment
expert (ayks-_pært_) _c_ expert
explodera (ayks-plo-_dāy_-rah) _v_ explode
explosion (ayks-plo-_shōōn_) _c_ blast, explosion
explosiv (ayks-plo-_seev_) _adj_ explosive
exponering (ayks-po-_nāy_-

ring) _c_ exposure
exponeringsmätare (ayks-po-_nāy_-rings-_mai_-tah-rer) _c_ (pl ~) exposure meter
exportera (ayks-por-_tāy_-rah) _v_ export
expresståg (ayks-_prayss_-tōāg) _nt_ express train
expressutdelning (ayks-_prayss_-ewt-_dāyl_-ning) _c_ special delivery
extas (ayks-_taass_) _c_ ecstasy
extra (_aykst_-rah) _adj_ extra, additional; spare
extrastorlek (_aykst_-rah-stōōr-_lāyk_) _c_ outsize
extravagant (ayk-strah-vah-_gahnt_) _adj_ extravagant
extrem (ehk-_strāym_) _adj_ extreme

F

fabrik (fahb-_reek_) _c_ factory; works _pl_; plant, mill
fabrikant (fahb-ri-_kahnt_) _c_ manufacturer
fack (fahk) _nt_ compartment; trade
fackförening (fahk-furr-_āy_-ning) _c_ trade union
fackla (_fahk_-lah) _c_ torch
fackman (_fahk_-mahn) _c_ (pl -män) expert
fager (faa-gerr) _adj_ fair
faktisk (_fahk_-tisk) _adj_ actual, factual
faktiskt (_fahk_-tist) _adv_ in

effect, actually, as a matter of fact, really
faktor (_fahk_-tor) _c_ factor
faktum (_fahk_-tewm) _nt_ (pl fakta) fact
faktura (fahk-_tēw_-rah) _c_ invoice
fakturera (fahk-tew-_rāy_-rah) _v_ bill
fakultet (fah-kewl-_tāyt_) _c_ faculty
falk (fahlk) _c_ hawk
fall (fahl) _nt_ fall; case, instance; **i varje ~** at any rate; anyway

falla 50

*falla (*fahl*-ah) *v* *fall
fallenhet (*fahl*-ern-hāyt) *c*
faculty
fallfärdig (*fahl*-fæær-di) *adj*
ramshackle
falsk (fahlsk) *adj* false
familj (fah-*mil*ʸ) *c* family
familjär (fah-mil-ʸæær) *adj*
familiar
famn (fahmng) *c* (pl famnar)
arms
fanatisk (fah-*naa*-tisk) *adj*
fanatical
fantasi (fahn-tah-*see*) *c*
imagination, fantasy
fantasilös (fahn-tah-see-
lürss) *adj* unimaginative
fantastisk (fahn-*tahss*-tisk)
adj fantastic
fantom (fahn-*tōām*) *c*
phantom
far (faar) *c* (pl fäder) father
fara (*faa*-rah) *c* peril, risk,
danger
*fara (*faa*-rah) *v* *go away; ~
runt om by-pass
farbror (*fahr*-brōōr) *c* (pl
-bröder) uncle
farfar (*fahr*-faar) *c* (pl -fäder)
grandfather
farföräldrar (*faar*-furr-ehld-
rahr) *pl* grandparents *pl*
farlig (*faar*-li) *adj* dangerous
farmakologi (fahr-mah-ko-
loo-*gee*) *c* pharmacology
farmor (*fahr*-mōōr) *c* (pl
-mödrar) grandmother
fart (faart) *c* speed; rate
fartbegränsning (*faart*-bay-
grehns-ning) *c* speed limit

fartyg (*faar*-tēwg) *nt* ship;
vessel
fas (faass) *c* stage, phase
fasa (*faa*-sah) *c* horror
fasad (fah-*saad*) *c* façade
fasan (fah-*saan*) *c* pheasant
fascinera (fah-shi-*nāy*-rah) *v*
fascinate
fascism (fah-*shism*) *c* fascism
fascist (fah-*shist*) *c* fascist
fascistisk (fah-*shiss*-tisk) *adj*
fascist
fast (fahst) *adj* fixed; firm;
permanent; *adv* tight
faster (*fahss*-terr) *c* (pl -trar)
aunt
fastighet (fahss-ti-*hāyt*) *c*
house, property; premises *pl*
fastighetsmäklare (*fahss*-ti-
hāyts-*maik*-lah-rer) *c* (pl ~)
house agent
fastland (*fahst*-lahnd) *nt*
mainland
fastställa (*fahst*-steh-lah) *v*
establish; determine,
ascertain, state
fastän (*fahst*-ehn) *conj*
though, although
fat (faat) *nt* dish; barrel
fatal (fah-*taal*) *adj* fatal
fatta (*fah*-tah) *v* conceive;
*take
fattas (*fah*-tahss) *v* fail
fattig (*fah*-ti) *adj* poor
fattigdom (fah-ti-*doom*) *c*
poverty
fatöl (faat-ūrl) *nt* draught
beer
favorit (fah-vōō-*reet*) *c*
favourite

fax (fahgs) *nt* fax; **skicka ett ~** send a fax

fe (fāy) *c* fairy

feber (fāy-berr) *c* fever

febrig (fāyb-ri) *adj* feverish

februari (fayb-rew-*aa*-ri) February

federation (fay-day-rah-*shōōn*) *c* federation

feg (fāyg) *adj* cowardly

fel (fāyl) *nt* mistake, error, fault; *adj* false, wrong; ***ha ~ *be** wrong; ***ta ~** err

felaktig (fāyl-ahk-ti) *adj* incorrect; mistaken

felfri (fāyl-free) *adj* faultless

felsteg (fāyl-stāyg) *nt* slip

fem (fehm) *num* five

feminin (fāy-mi-neen) *adj* feminine

femte (fehm-ter) *num* fifth

femtio (fehm-ti) *num* fifty

femton (fehm-ton) *num* fifteen

femtonde (fehm-ton-der) *num* fifteenth

feodal (fay-o-*daal*) *adj* feudal

ferieläger (fāy-ri-er-lai-gerr) *nt* holiday camp

fernissa (fær-*nee*-sah) *c* varnish; *v* varnish

fest (fehst) *c* party, feast

festival (fayss-ti-*vaal*) *c* festival

festlig (fayst-li) *adj* festive

fet (fayt) *adj* fatty; fat; corpulent

fett (fayt) *nt* fat, grease

fettfri (fayt-free) *adj* fat free

fettsugning (fayt-sēwg-ning) *c* liposuction

fiber (*fee*-berr) *c* fibre

ficka (fi-kah) *c* pocket

fickalmanacka (fik-ahl-mah-nah-kah) *c* diary

fickkniv (fik-kneev) *c* pocketknife

ficklampa (fik-lahm-pah) *c* torch; flashlight

fiende (*fee*-ayn-der) *c* enemy

fientlig (fi-*ehnt*-li) *adj* hostile

figur (fi-*gēwr*) *c* figure

fikon (*fee*-kon) *nt* fig

fiktion (fik-*shōōn*) *c* fiction

fil (feel) *c* file; row; lane

filial (fi-li-*aal*) *c* branch

Filippinerna (fi-li-*pee*-nerr-nah) Philippines *pl*

filippinsk (fi-li-*peensk*) *adj* Philippine

film (film) *c* film; movie; **tecknad ~** cartoon

filma (*fil*-mah) *v* film

filmduk (*film*-dēwk) *c* screen

filmkamera (*film*-kaa-mer-rah) *c* film camera

filosof (fi-lo-*sōāf*) *c* philosopher

filosofi (fi-lo-so-*fee*) *c* philosophy

filt (filt) *c* blanket; felt

filter (*fil* terr) *nt* filter

fin (feen) *adj* fine; delicate; **fint!** all right!; okay!

finanser (fi-*nahng*-serr) *pl* finances *pl*

finansiell (fi-nahng-si-*ayl*) *adj* financial

finansiera (fi-nahng-*si-āy*-rah) *v* finance

finger (*fing*-err) *nt* (pl
fingrar) finger

fingeravtryck (*fing*-err-aav-
trewk) *nt* fingerprint

fingerborg (*fing*-er-bor^y) *c*
thimble

finhacka (*feen*-hah-kah) *v*
mince

Finland (*fin*-lahnd) Finland

finländare (*fin*-lehn-der-rer)
c (pl ~) Finn

finmala (*feen*-maa-lah) *v*
*grind

***finna** (*fi*-nah) *v* *find

finne (*fi*-ner) *c* pimple; **finnar**
acne

finsk (finsk) *adj* Finnish

fiol (fi-*ōōl*) *c* violin

fira (*fee*-rah) *v* celebrate

firande (fee-*rahn*-der) *nt*
celebration

firma (*feer*-mah) *c* firm;
company

fisk (fisk) *c* fish

fiska (*fiss*-kah) *v* fish

fiskaffär (*fisk*-ah-*fæær*) *c* fish
shop

fiskare (*fiss*-kah-rer) *c* (pl ~)
fisherman

fiskben (*fisk*-bāyn) *nt*
fishbone; bone

fiskedon (*fiss*-ker-dōōn) *nt*
fishing tackle

fiskekort (*fiss*-ker-kōōrt) *nt*
fishing licence

fiskerinäring (fiss-ker-*ree*-
næ-ring) *c* fishing industry

fiskmås (*fisk*-mōāss) *c*
seagull

fisknät (*fisk*-nait) *nt* fishing
net

fiskredskap (*fisk*-rāyd-
skaap) *nt* fishing gear

fiskrom (*fisk*-rom) *c* roe

fjorton (*f'ōōr*-ton) *num*
fourteen

fjortonde (*f'ōōr*-ton-der)
num fourteenth

fjäder (*f'ai*-derr) *c* (pl -drar)
feather; spring

fjäderfä (*f'ai*-derr-fai) *nt*
poultry; fowl

fjädring (*f'aid*-ring) *c*
suspension

fjäll (*f'ehl*) *nt* scale; mountain

fjälla (*f'eh*-lah) *v* peel

fjärde (*f'æær*-der) *num*
fourth

fjäril (*f'ææ*-ril) *c* butterfly

fjärilsim (*f'ææ*-ril-sim) *nt*
butterfly stroke

fjärrkontroll (fyairr-kon-
troll) *c* remote control

flagga (*flah*-gah) *c* flag

flamingo (*flahm*-ing-goo) *c*
flamingo

flanell (flah-*nayl*) *c* flannel

flanera (flah-*nāy*-rah) *v* stroll

flanör (flah-*nūrr*) *c* stroller

flaska (*flahss*-kah) *c* bottle

flaskhals (*flahsk*-hahls) *c*
bottleneck

flasköppnare (*flahsk*-urp-
nah-rer) *c* (pl ~) bottle
opener

flat (flaat) *adj* flat

fler (flāyr) *adj* more; **(de)**
flesta most; **flera** several

flicka (*fli*-kah) *c* girl

flicknamn (*flik*-nahmn) *nt*

maiden name; girl's name

flickvän (flik-vehn) c girlfriend

flin (fleen) nt grin

flina (flee-nah) v grin

flintskallig (flint-skah-li) adj bald

flintsten (flint-stayn) c flint

flisa (flee-sah) c chip

flit (fleet) c diligence

flitig (flee-ti) adj industrious, diligent

flod (flood) c river; flood

flodbank (flood-bahngk) c bank

flodmynning (flood-mew-ning) c river mouth, estuary

flodstrand (flood-strahnd) c (pl -stränder) riverside; river bank

flott (flott) adj posh colloquial

flotta (flo-tah) c navy; fleet; flott- naval

flotte (flo-ter) c raft

flottig (flo-ti) adj greasy

flottör (flo-turr) c float

fluga (flew-gah) c fly; bow tie

fly (flew) v flee

flyg (flewg) nt flight

flyga (flew-gah) v *fly

flygbolag (flewg-boo-laag) nt airline

flygel (flew-gerl) c (pl -glar) grand piano

flygfält (flewg-tehlt) nt airfield

flygkapten (flewg-kahp-tayn) c captain

flygolycka (flewg oo lew-kah) c plane crash

flygplan (flewg-plaan) nt aeroplane, aircraft, plane; airplane nAm

flygplats (flewg-plahts) c airport

flygpost (flewg-post) c airmail

flygresa (flewg-ray-sah) c flight

flygsjuka (flewg-shew-kah) c airsickness

flygvärdinna (flewg-vær-di-nah) c stewardess

flykt (flewkt) c escape

flyktig (flewk-ti) adj passing; volatile

flykting (flewk-ting) c refugee

flyta (flew-tah) v flow; float

flytande (flew-tahn-der) adj fluent; liquid, fluid

flytta (flewt-ah) v move

flyttbar (flewt-baar) adj movable

flyttning (flewt-ning) c move

flytväst (flewt-vehst) c life jacket

fläck (flehk) c stain, spot; speck, blot; **fläcka ned** stain

fläckborttagningsmedel (flehk-boart-taag-nings-may-dayl) nt stain remover

fläckfri (flehk-free) adj spotless, stainless

fläckig (fleh-ki) adj spotted

fläkt (flehkt) c breath of air, breeze; fan

fläktrem (flehkt-rehm) c (pl ~mar) fan belt

flämta (flehm-tah) v pant

flöjt (flur^{y}t) c flute

fnittra (fnit-rah) v giggle

foajé (foo-ah-ˈay) c lobby, foyer

foder (foo-derr) nt lining; forage

foderbehållare (foo-derr-bay-ho-lah-rer) c (pl ~) manger

fodral (foo-draal) nt case; cover

fogde (foog-der) c bailiff

folk (folk) nt folk, nation, people; pl people pl; **folk-**national, popular

folkdans (folk-dahns) c folk dance

folklore (folk-loār) c folklore

folkmassa (folk-mah-sah) c crowd

folkrik (folk-reek) adj populous

folkvisa (folk-vee-sah) c folk song

fond (fond) c fund

fondbörs (fond-burrs) c stock exchange

fondmarknad (fond-mahrk-nahd) c stock market

fonetisk (fo-nāy-tisk) adj phonetic

fontän (fon-tain) c fountain

forcera (for-sāy-rah) v force

fordon (foo-doon) nt vehicle

fordra (food-rah) v demand; claim

fordran (food-rahn) c (pl -ringar) claim

fordringsägare (food-rings-ai-gah-rer) c (pl ~) creditor

forell (fo-rayl) c trout

form (form) c form; shape

forma (for-mah) v form; model, shape

formalitet (for-mah-li-tāyt) c formality

format (for-maat) nt format; size

formel (for-merl) c (pl -mler) formula

formell (for-mehl) adj formal

formulär (for-mēw-lœær) nt form

forntida (foorn-tee-dah) adj ancient

forskning (forsk-ning) c research

fort (foort) adv in a hurry

*fortgå (foort-goa) v continue

fortkörning (foort-tˈūrr-ning) c speeding

*fortsätta (foort-seh-tah) v *keep on; continue; *go on, *go ahead, carry on; proceed

fortsättning (foort-seht-ning) c continuation

fosterföräldrar (fooss-terr-furr-ehld-rahr) pl foster parents pl

fosterland (fooss-terr-lahnd) nt (pl -länder) native country

fot (foot) c (pl fötter) foot; **till fots** on foot; walking

fotboll (foot-bol) c football; soccer

fotbollslag (foot-bols-laag) nt soccer team

fotbollsmatch (foot-bols-mahch) c football match

fotbroms (*fōōt*-broms) c foot brake

fotgängare (*fōōt*-ᶨehng-ah-rer) c (pl ~) pedestrian

fotnot (*fōōt*-nōōt) c note

foto (*fōō*-too) nt photo

fotoaffär (*fōō*-too-ah-*fæær*) c camera shop

fotogen (fo-to-*shāyn*) c paraffin; kerosene

fotograf (foo-too-*graaf*) c photographer

fotografera (foo-too-grah-*fāy*-rah) v photograph

fotografering (foo-too-grah-*fāy*-ring) c photography

fotografi (foo-too-grah-*fee*) nt photograph

fotomeddelande (*fōō*-too-māy-*dāy*-lahn-der) nt photo message

fotostatkopia (*foo*-too-*stuut*-koo-*pee*-ah) c photostat

fotpuder (*fōōt*-pēw-derr) nt foot powder

frakt (frahkt) c freight

fram (frahm) adv forward

framför (frahm-*fūrr*) prep before; in front of; adv ahead

framföra (frahm-*fūr*-rah) v present, state

***framgå** (frahm-*gōa*) v appear

framgång (frahm-gong) c prosperity

framgångsrik (frahm-gongs-reek) adj successful

framkalla (*frahm*-kah-lah) v develop

***framlägga** (frahm-lehg-ah) v present

framsida (frahm-see-dah) c front; face

framsteg (frahm-stāyg) nt progress; advance; ***göra ~** advance, *make progress; *get on

framstegsvänlig (frahm-stāygs-vehn-li) adj progressive

framstående (frahm-stōa-ayn-der) adj prominent; distinguished

framställa (frahm-steh-lah) v produce, represent

framtid (frahm-teed) c future

framtida (frahm-tee-dah) adj future

framträda (frahm-trai-dah) v appear

framträdande (frahm-treh-dahn-der) nt appearance

framvisa (frahm-vee-sah) v *show

framåt (frahm-ōat) adv onwards, forward, ahead

framåtsträvande (frahm-ōat-strai-vahn-der) adj progressive

frankera (frahng-*kay*-rah) v stamp

franko (frahng-koo) adj post-paid

Frankrike (*frahngk*-ri-ker) France

frans (frahns) c fringe

fransa sig (frahn-sah) fray

fransk (frahnsk) adj French

fransman (frahns-mahn) m

(pl -män) Frenchman

fras (fraass) c phrase

frasig (fraa-si) adj crisp

fred (frayd) c peace

fredag (fray-daag) c Friday

frekvens (frer-kvehns) c frequency

fresta (frayss-tah) v tempt

frestelse (frayss-tayl-ser) c temptation

fri (free) adj free

fribiljett (free-bil-yayt) c free ticket

frid (freed) c peace

fridfull (freed-fewl) adj peaceful; serene

*****frige** (fri-yay) v release

frigivande (free-yee-vahn-der) nt liberation

frigörelse (free-yur-rerl-ser) c emancipation, liberation

frihet (free-hāyt) c liberty, freedom

friidrott (free-ee-drot) c athletics pl

frikalla (free-kah-lah) v exempt

frikostig (free-koss-ti) adj liberal

friktion (frik-shōōn) c friction

frikännande (free-t'yeh-nahn-der) nt acquittal

frimärke (free-mær-ker) nt postage stamp

frisk (frisk) adj well, healthy

friskintyg (frisk-in-tewg) nt health certificate

frisyr (fri-sēwr) c hairdo

*****frita** (free-taa) v exempt; ~ från discharge of

fritid (free-teed) c spare time

fritidscenter (free-teeds-sehn-terr) nt recreation centre

frivillig[1] (free-vi-li) c (pl ~a) volunteer

frivillig[2] (free-vi-li) adj voluntary

frivol (fri-vol) adj frivolous

from (froom) adj pious

frost (frost) c frost

frostskyddsvätska (frost-shewds-vehts-kah) c antifreeze

frotté (fro-tāy) c terry cloth

fru (frew) c madam

frukost (frew-kost) c breakfast

frukt (frewkt) c fruit

frukta (frewk-tah) v dread, fear

fruktan (frewk-tahn) c dread, fright

fruktansvärd (frewk-tahns-væærd) adj awful

fruktbar (frewkt-baar) adj fertile

fruktos (frewk-toos) c fructose; **fruktosfri** (frewk-toos-free) adj fructose-free

fruktsaft (frewkt-sahft) c squash, juice

fruktträdgård (frewkt-trai-gōārd) c orchard

frusen (frew-sern) adj frozen, cold

frys (frewss) c (pl frysar) freezer

*****frysa** (frew-sah) v *be cold; *freeze

fryspunkt (*frewss*-pewngkt) *c*
freezing point

fråga (*froa*-gah) *c* question;
matter, issue; *v* ask

frågesport (*froa*-ger-sport) *c*
quiz

frågetecken (*froa*-ger-tay-
kern) *nt* question mark

frågvis (*froag*-veess) *adj*
inquisitive

från (froan) *prep* from; off, as
from, out of; ~ **och med**
from; as from

frånstötande (*froan*-stūr-
tahn-der) *adj* repellent;
repulsive

frånvarande (*froan* vaa
rahn-der) *adj* absent

frånvaro (*froan*-vaa-roo) *c*
absence

fräck (frehk) *adj* impertinent;
insolent, bold; cheeky
colloquial

fräckhet (frehk-hāyt) *c* nerve

frälsa (*frehl*-sah) *v* redeem;
deliver

frälsning (*frehls*-ning) *c*
delivery

främling (*frehm*-ling) *c*
stranger; alien

främmande (*frehm*-ahn-der)
adj strange; foreign

frö (frūr) *nt* seed

fröjd (frurʸd) *c* joy

fröken (*frūr*-kayn) *c* miss;
spinster

fukt (fewkt) *c* damp

fukta (*fewk*-tah) *v* moisten;
damp

fuktig (*fewk*-ti) *adj* damp;

humid, moist

fuktighet (*fewk*-ti-hāyt) *c*
humidity, moisture

ful (fēwl) *adj* ugly

full (fewl) *adj* full; drunk

fullborda (*fewl*-boor-dah) *v*
accomplish; finish

*** fullgöra** (*fewl*-ʸur-rah) *v*
fulfill; perform

fullkomlig (*fewl*-kom-li) *adj*
complete; perfect;
fullkomligt completely;
entirely

fullkomlighet (*fewl*-kom-li-
hāyt) *c* perfection

fullkornsbröd (*fewl*-kōōrns-
brūrd) *nt* wholemeal bread

fullpackad (*fewl*-pahk-ahd)
adj chockfull; crowded

fullsatt (*fewl*-saht) *adj* full up

fullständig (*fewl*-stehn-di)
adj complete, total, utter;
fullständigt completely

fullända (*fewl* ehn dah) *v*
complete

fundera på (fewn-*dāy*-rah) *v*
think over, ponder upon

fungera (fewng-*gāy*-rah) *v*
work; operate

funktion (fewngk-*shōōn*) *c*
function; working, operation

funktionsoduglig (fewngk-
shōōns-ōō-dewg-li) *adj* out
of order

fuska (*fewss*-kah) *v* cheat

fy! (fēw) shame!

fylla (*few*-lah) *v* fill; ~ **i** fill in;
fill out *Am*

fylld (fewld) *adj* stuffed

fyllning (*fewl*-ning) *c* filling;

stuffing
fynd (fewnd) *nt* discovery, find; bargain
fyr (fewr) *c* lighthouse
fyra (few-rah) *num* four
fyrtio (furr-ti) *num* forty
fysik (few-*seek*) *c* physics
fysiker (few-si-kerr) *c* (pl ~) physicist
fysiologi (few-si-o-lo-*gee*) *c* physiology
fysisk (few-sisk) *adj* physical
få (foa) *adj* few
*****få** (foa) *v* *get; *may, *have, *be allowed to
fåfänglig (foa-fehng-li) *adj* vain
fågel (foa-gerl) *c* (pl fåglar) bird
fåll (fol) *c* hem
fånga (fong-ah) *v* *catch
fånge (fong-er) *c* prisoner
fångenskap (fong-ayn-skaap) *c* imprisonment
får (foar) *nt* sheep
fåra (foa-rah) *c* furrow, groove
fårkött (foar-t³urt) *nt* mutton
*****få tag i** (faw taag ee) *come across
fåtölj (foa-*turl*³) *c* armchair; easy chair
fäkta (fehk-tah) *v* fence
fälg (fehl³) *c* rim
fälla (fehl-ah) *c* trap
fält (fehlt) *nt* field
fältkikare (fehlt-t³ee-kah-rer) *c* (pl ~) field glasses
fältsäng (fehlt-sehng) *c* camp bed
fängelse (fehng-ayl-ser) *nt*

prison; jail
fängsla (fehngs-lah) *v* imprison, captivate
färdig (fæær-di) *adj* finished; ready
färg (fær³) *c* colour; dye
färga (fær-³ah) *v* dye
färgad (fær-³ahd) *adj* coloured, dyed
färgblind (fær³-blind) *adj* colour-blind
färgfilm (fær³-film) *c* colour film
färglåda (fær³-loa-dah) *c* paintbox
färgrik (fær³-reek) *adj* richly coloured, vivid
färgstark (fær³-stahrk) *adj* colourful
färja (fær-³ah) *c* ferry-boat
färsk (færsk) *adj* fresh
fästa (fehss-tah) *v* attach, fasten; *stick; ~ med nål pin; **fäst vid** attached to
fästman (fehst-mahn) *c* (pl -män) fiancé
fästmö (fehst-mūr) *c* fiancée
fästning (fehst-ning) *c* fortress; stronghold
föda (fūr-dah) *c* food
född (furd) *adj* born
födelse (fūr-dayl-ser) *c* birth
födelsedag (fūr-dayl-ser-daag) *c* birthday
födelseort (fūr-dayl-ser-oort) *c* place of birth
födsel (furd-serl) *c* (pl -slar) birth
föga (fūr-gah) *adj* little
följa (furl-³ah) *v* accompany;

59   förbund

follow; ~ **efter** follow

följaktligen (*furl*Y-ahkt-li-gayn) *adv* consequently

följande (furl-Yahn-der) *adj* following; next, subsequent

följd (furlYd) *c* consequence; result; succession

följeslagare (furl-Yer-slaa-gah-rer) *c* (pl ~) companion

följetong (furl-Yer-tong) *c* serial

fönster (furns-terr) *nt* window

fönsterbräde (furn-sterr-braider) *nt* windowsill

fönstergaller (furns-terr-gahl-err) *nt* bar

fönsterlucka (furns tcrr-lew-kah) *c* shutter

för (fürr) *prep* for, *conj* for; ~ **alltid** forever, for evcr; ~ **att** to; ~ **en gångs skull** for once

föra (fūr-rah) *v* convey, carry

förakt (furr-*ahkt*) *nt* scorn, contempt

förakta (furr-*ahk*-tah) *v* despise; scorn

förare (fūr-rah-rer) *c* (pl ~) driver

förarga (turr-*ahr*-Yah) *v* annoy; displease

förargelse (furr-*ahr*-Yerl-ser) *c* annoyance

förarglig (furr ahrY-li) *adj* annoying

torband (furr *bahnd*) *nt* bandage

förbandslåda (furr-*bahnds*-lōa-dah) *c* first aid kit

förbanna (furr-*bahn*-ah) *v*

damn; **förbannat** Damn!

förbehåll (fūrr-ber-hol) *nt* reservation; qualification; **utan** ~ unconditionally

förbereda (fūrr-ber-*rāy*-dah) *v* prepare

förberedelse (fūrr-ber-*rāy*-dayl-ser) *c* preparation

förbi (furr-*bee*) *prep* past; **gå* ~ **pass** by

*förbinda (furr-*bin*-dah) *v* connect; join; dress

förbindelse (furr-*bin*-dehl-ser) *c* connection

förbipasserande (furr-bee-pah-sāy-rahn-der) *c* (pl ~) passer-by

*förbise (fūrr-bi-sāy) *v* overlook

förbiseende (fūrr-bi-sāy-ayn-der) *nt* oversight

*förbjuda (furr-bYew-dah) *v* *forbid; prohibit

förbjuden (furr-bYew-dayn) *adj* prohibited

*förbli (furr-*blee*) *v* remain; stay

förbluffa (furr-*blew*-fah) *v* amaze

förbruka (furr-*brew*-kah) *v* consume; **spend*; use up

förbrukning (furr-*brewk*-nning) *c* consumption

förbryllande (furr-*brew*-lahn-der) *adj* puzzling

förbrytare (furr-*brew*-tah-rer) *c* (pl ~) criminal

förbud (furr-*bēwd*) *nt* prohibition

förbund (furr-*bewnd*) *nt*

league; förbunds- federal
förbundsstat (furr-*bewnd*-staat) *c* federation
förbättra (furr-*beht*-rah) *v* improve
förbättring (furr-*beht*-ring) *c* improvement
fördel (*fūr*-dāyl) *c* advantage; profit
fördelaktig (*fūr*-dāyl-ahk-ti) *adj* advantageous; attractive
fördom (*fūr*-doom) *c* prejudice
*fördriva (furr-*dree*-vah) *v* expel, chase
fördröja (furr-*drur*-ᵛah) *v* delay; slow down
fördämning (furr-*dehm*-ning) *c* dike
fördärva (furr-*dær*-vah) *v* *spoil
före (*fūr*-rer) *prep* before; ahead of; ~ **detta** former
förebrå (*fūr*-rer-brōā) *v* reproach; blame
förebråelse (*fūr*-rer-brōā-ayl-ser) *c* reproach
förebygga (*fūr*-rer-bewg-ah) *v* prevent
förebyggande (*fūr*-rer-bew-gahn-der) *adj* preventive
*föredra (*fūr*-rer-draa) *v* prefer
föredrag (*fūr*-rer-draag) *nt* lecture, talk
*föregripa (*fūr*-rer-gree-pah) *v* anticipate
*förega (*fur*-rer-gōa) *v* precede
föregående (*fur*-rer-gōā-ern-

der) *adj* previous; preceding; prior
föregångare (*fūr*-rer-gong-ah-rer) *c* (pl ~) predecessor
*förekomma (*fūr*-rer-ko-mah) *v* occur; anticipate
förekomst (*fūr*-rer-komst) *c* frequency
föreläsning (*fūr*-rer-laiss-ning) *c* lecture
föremål (*fūr*-rer-mōal) *nt* object
förena (furr-*āy*-nah) *v* join, unite
förenad (furr-*āy*-nahd) *adj* united, combined, joint
förening (furr-*āy*-ning) *c* association; society, club; union
Förenta Staterna (fur-*rayn*-tah-*staa*-terr-nah) United States; the States
*föreslå (*fūr*-rer-slōa) *v* propose; suggest
förespråkare (*fūr*-rer-sprōā-kah-ray) *c* (pl ~) spokesman, advocate
förestående (*fūr*-rer-stōā-ayn-der) *adj* oncoming
föreståndarinna (*fūr*-rer-ston-dah-*ri*-nah) *c* matron; manageress
föreställa (*fūr*-rer-stehl-ah) *v* introduce; represent; ~ **sig** imagine; fancy
föreställning (*fūr*-rer-stehl-ning) *c* idea; performance, show
*företa (*fūr*-rer-tah) *v* *undertake

företag (*fūr*-rer-taag) *nt*
enterprise; undertaking;
concern, company

företräde (*fūr*-rer-trai-der) *nt*
priority

förevisa (*fūr*-rer-vee-sah) *v*
exhibit

förevändning (*fūr*-rer-
vehnd-ning) *c* pretence

förfader (*fūrr*-faa-derr) *c* (pl
-fäder) ancestor

förfall (furr-*fahl*) *nt* decay

*förfalla (furr-*fah*-lah) *v*
deteriorate; expire

förfallen (furr-*fahl*-ern) *adj*
dilapidated; ~ **till betalning**
overdue

förfallodag (furr-*fah*-lo-
daag) *c* due date, day of
maturity

förfalska (furr-*fahls*-kah) *v*
forge; counterfeit

förfalskning (furr-*fahlsk*-
ning) *c* fake, falsification

förfaringssätt (furr-*faa*-
rings-seht) *nt* method

författare (*fūr*-*fah*-tah-rer) *c*
(pl ~) author; writer

förfluten (furr-*flēw*-tayn) *adj*
past; **det förflutna** the past

*förflyta (furr-*flēw*-tah) *v* pass

förflyttning (furr-*flewt*-ning)
c transfer

förfogande (furr-*fōōg*-ahn-
der) *nt* disposal

förfriskning (furr-*frisk*-ning) *c*
refreshment

förfråga sig (furr-*frōōg*-ah)
inquire

förfrågan (furr-*frōā*-gahn) *c*

(pl -gningar) request,
inquiry; query

förfärlig (furr-*fæær*-li) *adj*
terrible; dreadful, frightful

förfölja (furr-*furl*-*y*ah) *v*
pursue; chase

förföra (furr-*fūr*-rah) *v* seduce

förförisk (furr-*fūr*-risk) *adj*
seductive

förgasare (furr-*gaa*-sah-rer)
c (pl ~) carburettor

förgifta (furr-*y*if-tah) *v* poison

förgrena (furr-*grāy*-nahss) *v*
fork, ramify

förgrund (*fūrr*-grewnd) *c*
foreground

förgylld (furr-*y*ewld) *adj* gilt

*förgå sig (furr-*goā*) offend

förgäves (furr-*y*aiv-erss) *adv*
in vain

på förhand (poā *fūrr*-hahnd)
in advance

förhandla (furr-*hahnd*-lah) *v*
negotiate

förhandling (furr-*hahnd*-
ling) *c* negotiation

förhandsvisning (furr-
hahnds-veess-ning) *c*
preview

förhastad (furr-*hahss*-tahd)
adj rash; premature

förhindra (furr-*hin*-drah) *v*
prevent

förhoppning (furr-*hop*-ning)
c hope

förhållande (furr-*hol*-ahn-
der) *nt* relation; affair

förhör (furr-*hūrr*) *nt*
interrogation; examination

förhöra (furr-*hūr*-rah) *v*

interrogate; ~ **sig** inquire; enquire

förkasta (furr-*kahss*-tah) *v* reject; turn down

förklara (furr-*klaa*-rah) *v* explain; declare; ~ **skyldig** convict

förklaring (furr-*klaa*-ring) *c* explanation; declaration

förklä sig (furr-*klai*) disguise

förkläde (*furr*-klai-der) *nt* apron

förklädnad (furr-*klaid*-nahd) *c* disguise

förkorta (furr-*kor*-tah) *v* shorten

förkortning (furr-*kort*-ning) *c* abbreviation

förkylning (furr-t^y*ewl*-ning) *c* cold; ***bli förkyld *catch a** cold

förkämpe (furr-t^y*ehm*-per) *c* advocate, champion

förkärlek (*furr*-t^{y}æer-lå^{y}k) *c* preference

förkörsrätt (*furr*-t^y*urrs*-reht) *c* right of way

förlag (furr-*laag*) *nt* publishing house

förlamad (furr-*laa*-mahd) *adj* paralyzed; lame

förlikning (furr-*leek*-ning) *c* settlement

förlopp (furr-*lop*) *nt* process

förlora (furr-*lōō*-rah) *v* *lose

förlorare (furr-*lōh*-rah-rer) *c* (pl ~) loser

förlossning (furr-*loss*-ning) *c* delivery; redemption

förlovad (furr-*lōa*-vahd) *adj* engaged

förlovning (furr-*lōav*-ning) *c* engagement

förlovningsring (furr-*lōav*-nings-ring) *c* engagement ring

förlust (furr-*lewst*) *c* loss

*förlåta (furr-*lōa*-tah) *v* *forgive; **förlåt!** sorry!

förlåtelse (furr-*lōa*-tayl-ser) *c* pardon

förlägen (furr-*lai*-gern) *adj* embarrassed; ***göra ~** embarrass

förlägenhet (furr-*lai*-gen-hāyt) *c* embarrassment

*förlägga (furr-*leh*-gah) *v* place; *mislay

förläggare (furr-*leh*-gah-rer) *c* (pl ~) publisher

förlänga (furr-*lehng*-ah) *v* lengthen; extend; renew

förlängning (furr-*lehng*-ning) *c* extension

förlängningssladd (furr-*lehng*-nings-slahd) *c* extension cord

förlöjliga (furr-*lur*^{y}-li-gah) *v* ridicule

förman (*fürr*-mahn) *c* (pl -män) foreman

förmedlare (furr-*māyd*-lah-rer) *c* (pl ~) intermediary

förmiddag (*fürr*-mi-daag) *c* morning

förminska (furr-*mins*-kah) *v* lessen, reduce

förmoda (furr-*mōōd*-ah) *v* suppose; guess, reckon, assume

63   **försena**

förmodan (furr-*mōōd*-ahn) c
  (pl ~den) supposition
förmyndare (*fürr*-mewn-dah-
  rer) c (pl ~) tutor; guardian
förmynderskap (*fürr*-mewn-
  derr-*skaap*) nt custody,
  guardianship
förmå att (furr-*mōa*) *be able
  to; cause to
förmåga (furr-*mōa*-gah) c
  ability; faculty, capacity
förmån (*fürr*-mōan) c benefit;
  till ~ för in favour of …
förmånlig (*fürr*-mōan-li) adj
  advantageous
förmögen (furr-*mür*-gern)
  adj wealthy
förmögenhet (furr-*mür*-
  gern-häyt) c fortune
förmörkelse (furr-*murr*-kehl-
  ser) c eclipse
förnamn (*fürr*-nahmn) nt first
  name; Christian name
förneka (furr-*nāy*-kah) v deny
***förnimma** (furr-*nim*-ah) v
  sense, perceive; apprehend
förnimmelse (furr-*nim*-erl-
  ser) c sensation; perception
förnuft (furr-*newft*) nt reason;
  sense
förnuftig (furr-*newf*-ti) adj
  reasonable, sensible
förnya (furr-*nēw*-ah) v renew
förnybar (fürr-*nēw*-baar) adj
  renewable
förnämst (furr-*naimst*) adj
  leading, foremost, greatest
förolämpa (furr-ōō-lehm-
  pah) v insult
förolämpning (furr-ōō-

  lehmp-ning) c insult
förorda (*fürr*-ōōr-dah) v
  recommend
förorena (*fūr*-oo-rāy-nah) v
  pollute
förorening (*fürr*-oo-rāy-
  ning) c pollution
förorsaka (*fürr*-oor-saa-kah)
  v cause
förort (*fürr*-oort) c suburb
förpackning (furr-*pahk*-
  ning) c packing; package
förpliktelse (furr-*plik*-terl-
  ser) c obligation;
  engagement
förr (furr) adv formerly
förra (*furr*-ah) adj last; past
förresten (furr-*rehss*-tayn)
  adv by the way; besides
i förrgår (furr-*gōar*) the
  day before yesterday
förråd (furr-*rōad*) nt supply
förråda (furr-*rōad*-ah) v
  betray; *give away
förrådsbyggnad (fur-*rōads*-
  bewg-nahd) c warehouse
förrädare (furr-*rai*-dah-rer) c
  traitor
förräderi (furr-*aid*-er-ree) nt
  treason
förrätt (*furr*-reht) c hors
  d'œuvre; first course
församling (furr-*sahm*-ling)
  c assembly; parish,
  congregation
***förse** (furr-*sāy*) v supply,
  furnish
förseelse (furr-*sāy*-ayl-ser) c
  offence
försena (furr-*sāy*-nah) v

delay; **försenad** late;
delayed; overdue

försening (furr-*sāy*-ning) c
delay

försiktig (furr-*sik*-ti) *adj*
cautious, careful

försiktighet (furr-*sik*-ti-hāyt)
c caution; precaution

försiktighetsåtgärd (furr-
sik-ti-hayts-*ōat*-Ýæærd) c
precaution

förskott (*fürr*-skot) *nt*
advance; **betald i ~** prepaid

förskottera (*fürr*-sko-*tāy*-rah)
v advance

förskräcka (furr-*skreh*-kah) v
terrify; ***bli förskräckt** *be
frightened

förskräcklig (furr-*skrehk*-li)
adj frightful; dreadful,
terrible, horrible

förslag (furr-*slaag*) *nt*
proposal; suggestion,
proposition

försoning (furr-*sōōn*-ing) c
reconciliation

***försova sig** (furr-*sōa*-vah)
*oversleep

försprång (*fürr*-sprong) *nt*
lead, start

först (furrst) *adv* at first

första (furrs-tah) *num* first;
adj foremost, initial, earliest,
original

förstad (*fürr*-staad) c (pl
-städer) suburb; **förstads-**
suburban

förstavelse (*fürr*-staa-vayl-
ser) c prefix

förstklassig (*furrst*-klahss-i)

adj first-class; first-rate

förstoppning (furr-*stop*-
ning) c constipation

förstora (furr-*stōō*-rah) v
magnify

förstoring (furr-*stōō*-ring) c
enlargement

förstoringsglas (furr-*stōō*-
rings-glaass) *nt* magnifying
glass

förströelse (furr-*strür*-ayl-
ser) c amusement; diversion

***förstå** (furr-*stōa*) v
*understand; *see;
comprehend

förståelse (furr-*stōa*-ayl-ser)
c understanding

förstående (furr-*stōa*-ern-
der) *adj* understanding

förstånd (furr-*stond*) *nt*
intellect; reason, brain

förstöra (furr-*stür*-rah) v
damage, destroy

förstörelse (furr-*stür*-rayl-
ser) c destruction

försumlig (furr-*sewm*-li) *adj*
neglectful

försumma (furr-*sewm*-ah) v
neglect; fail

försvar (furr-*svaar*) *nt*
defence

försvara (furr-*svaa*-rah) v
defend, justify

***försvinna** (furr-*svi*-nah) v
disappear; vanish

försvunnen (furr-*svew*-nayn)
adj lost; missing

försäkra (furr-*saik*-rah) v
assure; insure; affirm

försäkring (furr-*saik*-ring) c

insurance
försäkringsbrev (furr-saik-rings-bräyv) *nt* insurance policy; policy
försäkringspremie (furr-saik-rings-präy-mi-ay) *c* premium
försäljare (furr-sehl-ᵞah-rer) *c* (pl ~) salesman
försäljerska (furr-sehl-ᵞerrs-kah) *c* salesgirl
försäljning (furr-sehlᵞ-ning) *c* sale
försändelse (furr-sehn-dayl-ser) *c* consignment; item of mail
försök (furr-sūrk) *nt* attempt; experiment, try
försöka (furr sūi-kah) *v* try; attempt
förtal (furr-taal) *nt* slander, calumny
förteckning (furr-tayk-ning) *c* index, list
förtjusande (furr-tᵞēwss-ahn-der) *adj* delightful; lovely
förtjusning (furr tᵞēwss-ning) *c* delight
förtjust (furr-tᵞēwsl) *adj* delighted; joyful
förtjäna (furr tᵞai-nah) *v* merit, deserve; earn
förtjänst (furr-tᵞehnst) *c* gain; merit
förtret (furr-trāyt) *c* annoyance
förtroende (furr-trōō-ern-der) *nt* confidence; trust
förtrolig (furr-trōō-li) *adj*

intimate
förtrollande (furr-trol-ahn-der) *adj* enchanting; glamorous
förtrycka (furr-trew-kah) *v* oppress
förträfflig (furr-trehf-li) *adj* excellent
förtulla (furr-tew-ler) *v* declare
förtunna (furr-tewn-ah) *v* dilute
förtvivla (furr-tveev-lah) *v* despair
förtvivlan (furr-tveev-lahn) *c* despair
förundran (furr-ewnd-rahn) *c* wonder
förundra sig (furr-ewnd-rah) *v* wonder
förut (fūrr-ēwt) *adv* before; formerly
förutsatt att (furr-ēwt-salit aht) provided that
*****förutse** (fūrr-ēwt-sāy) *v* anticipate
förutspå (fūrr-ēwt-spōa) *v* predict
*****förutsäga** (fūrr-ēwt-seh-ᵞah) *v* forecast
förutsägelse (fūrr-ēwt-sayayl-ser) *c* forecast
förutvarande (fūr-rēwt-vaa-rahn-der) *adj* former
förvaltande (fūrr-vahl-tahn-der) *adj* administrative
förvaltare (furr-vahl-tah-rer) *c* (pl ~) administrator; trustee
förvaltning (furr-vahlt-ning)

c administration

förvaltningsrätt (furr-*vahlt*-nings-reht) *c* administrative law

förvandla (furr-*vahnd*-lah) *v* transform; **förvandlas till** turn into

förvaring (furr-*vaa*-ring) *c* custody

förvaringsbox (furr-*vaa*-rings-boks) *c* locker

förverkliga (furr-*værk*-li-gah) *v* realize

förvirra (furr-*vi*-rah) *v* confuse; muddle

förvirrad (furr-*vi*-rahd) *adj* confused

förvirring (furr-*vi*-ring) *c* confusion

förvissa sig om (furr-*viss*-ah) ascertain

förvåna (furr-*vōān*-ah) *v* astonish; surprise; amaze

förvånansvärd (furr-*vōā*-nahns-væærd) *adj* astonishing

förvåning (furr-*vōāning*) *c* astonishment; amazement

i förväg (ee *furr*-vaig) in advance

förväntan (furr-*vehn*-tahn) *c* (pl -tningar) expectation

förvänta sig (furr-*vehn*-tah) expect

förvärv (furr-*værv*) *nt* acquisition

förväxla (furr-*vehks*-lah) *v* *mistake, confuse, mix up

föråldrad (furr-*old*-rahd) *adj* antiquated, out-of-date

förälder (fürr-*ehl*-der) *c* (pl föräldrar) parent

föräldrar (furr-*ehld*-rahr) *pl* parents *pl*

förälskad (furr-*ehls*-kahd) *adj* in love

förändra (furr-*ehnd*-rah) *v* change; alter

förändring (furr-*ehnd*-ring) *c* change, variation, alteration

föröva (furr-*ūrv*-ah) *v* commit

G

gagnlös (*gahngn*-lürss) *adj* futile, useless, fruitless

galen (*gaa*-lern) *adj* crazy

galge (*gahl*-Yer) *c* coat hanger; gallows *pl*

galla (*gahl*-ah) *c* bile; gall

gallblåsa (*gahl*-blōāss-ah) *c* gall bladder

galleri (gah-ler-*ree*) *nt* gallery

gallsten (*gahl*-stäyn) *c* gallstone

galopp (gah-*lop*) *c* gallop

gam (gaam) *c* vulture

gammal (*gahm*-ahl) *adj* old; ancient, aged; stale

gammaldags (*gahm*-ahl-dahks) *adj* old-fashioned; quaint

gammalmodig (*gahm*-ahl-mōō-di) *adj* old-fashioned,

outmoded

ganska (*gahns*-kah) *adv*
fairly; pretty, rather, quite

gap (gaap) *nt* jaws *pl*; mouth

gapa (*gaapah*) *v* open one's
mouth

garage (gah-*raash*) *nt* garage

garantera (gah-rahn-*tay*-rah)
v guarantee

garanti (gah-rahn-*tee*) *c*
guarantee

garderob (gahr-der-*rōāb*) *c*
wardrobe; closet *nAm*;
checkroom *nAm*

gardin (gahr-*deen*) *c* curtain

garn (gaarn) *nt* (pl ~er) yarn

gas (gaass) *c* gas

gaskök (*gaass*-t'ūrk) *nt* gas
cooker

gaspedal (*gaass*-pay-*daal*) *c*
accelerator

gasspis (*gaass*-speess) *c* gas
cooker

gastronom (gahst-ro-*nōām*)
c gourmet

gasverk (*gaass*-værk) *nt*
gasworks

gata (*gaa*-tah) *c* street; road

gatubeläggning (gaa-tew-
bay-*lehg*-ning) *c* pavement

gatukorsning (*gaatew*-kors-
ning) *c* crossroads

gavel (*gaa*-vayl) *c* (pl gavlar)
gable

*****ge** (*Yay*) *v* *give; pass; ~ **efter**
*give in, indulge; ~ **sig**
surrender; ~ **sig av** *set out,
*leave; ~ **upp** *give up; quit;
~ **ut** publish

gedigen (*Yay*-dee-gern) *adj*

---

solid

gelé (shay-*lāy*) *c* jelly

gemen (*Yay*-*mayn*) *adj* mean,
foul

gemensam (*Yay*-*māyn*-sahm)
adj common; joint, mutual;

gemensamt jointly; in
common

gemenskap (*Yay*-*māyn*-
skaap) *c* community,
fellowship

genast (*Yay*-nahst) *adv*
immediately, at once,
straight away

genera (shay-*nāy*-rah) *v*
embarrass

general (*Yay*-nay-*raul*) *c*
general

generation (*Yay*-nay-rah-
shōōn) *c* generation

generator (*Yay*-nay-*rra*-tor) *c*
generator

generös (shay nay-*rūrss*) *adj*
generous

geni (*Yay*-nee) *nt* (pl ~er)
genius

genljud (*Yayn*-*Yewd*) *nt* echo

genom (*Yay*-nom) *prep*
through

genomborra (*Yay*-nom-bo-
rah) *v* pierce

genomföra (*Yay*-nom-*fūr*-
rah) *v* carry out

*****genomgå** (*Yay*-nom *gōa*) *v*
*go through

genomresa (*Yay*-nom-*rāy*-
sah) *c* passage, transit

genomskinlig (*Yay*-nom-
sheen li) *adj* transparent;
sheer

genomsnitt (ˈ*ay*-nom-snit) *nt* average; mean; **i ~** on the average

genomsnittlig (ˈ*ay*-nom-snit-li) *adj* average; medium

genomsöka (ˈ*ay*-nom-*sûr*-kah) *v* search, ransack

genomtränga (ˈ*ay*-nom-trehng-ah) *v* penetrate

gentemot (ˈ*aynt*-ay-*môôt*) *prep* towards

genus (*gay*-newss) *nt* gender

geografi (ˈ*ay*-o-grah-*fee*) *c* geography

geologi (ˈ*ay*-o-lo-*gee*) *c* geology

geometri (ˈ*ay*-o-mayt-*ree*) *c* geometry

gest (shehst) *c* gesture

gestikulera (shehss-ti-kew-*layr*-ah) *v* gesticulate

get (ˈ*ayt*) *c* (pl ~ter) goat; **getabock** billy goat

geting (ˈ*ay*-ting) *c* wasp

getskinn (ˈ*ayt*-shin) *nt* kid

gevär (ˈer-*væær*) *nt* rifle; gun

gift (ˈift) *nt* poison

gifta sig (ˈ*if*-tah) marry

giftig (ˈ*if*-ti) *adj* poisonous; toxic

gikt (ˈikt) *c* gout

gilla (ˈi-lah) *v* like; approve

gillande (ˈi-lahn-der) *nt* approval

giltig (ˈil-ti) *adj* valid

gips (ˈips) *c* plaster

gissa (ˈi-sah) *v* guess

gisslan (ˈiss-lahn) *c* hostage

gitarr (ˈi-*tahr*) *c* guitar

givetvis (ˈ*ee*-vert-veess) *adv* of course

givmild (ˈ*eev*-mild) *adj* generous; liberal

givmildhet (ˈ*eev*-mild-hāyt) *c* generosity

glaciär (glah-si-ˈ*æær*) *c* glacier

glad (glaad) *adj* glad; cheerful, joyful

gladlynt (*glaad*-lewnt) *adj* good-humoured

glans (glahns) *c* gloss

glas (glaass) *nt* glass; **färgat ~** stained glass; **glas-** glass

glasera (glah-*say*-rah) *v* glaze

glass (glahss) *c* ice cream

glasögon (glaass-*ûr*-gon) *pl* glasses; spectacles

*glida (*glee*-dah) *v* *slide; glide

glidning (*gleed*-ning) *c* slide

glimt (glimt) *c* glimpse; flash

glob (glôôb) *c* globe

globalisera (glôô-baal-i-*say*-rah) *v* globalize

globalisering (glôô-baali-*say*-ring) *c* globalization

global uppvärmning (glôô-baal ewp-værm-ning) *c* global warming

glupsk (glewpsk) *adj* greedy

gluten (glew-tern) *nt* gluten; **glutenfri** (glew-tern-free) *adj* gluten-free

*glädja (glaid-ˈah) *v* please, delight

glädje (glaid-ˈer) *c* joy, pleasure; gladness; **med ~** gladly

glänsa (*glehn*-sah) *v* *shine

glänsande (*glehn*-sahn-der) *adj* shining, lustrous

glänta (*glehn*-tah) *c* glade

glöd (glürd) *c* embers *pl*; glow

glöda (*glürd*-dah) *v* glow

glödlampa (*glürd*-lahm-pah) *c* light bulb

glödlampshållare (*glürd*-lahmps-*ho*-lah-rer) *c* (pl ~) socket

glömma (*glur*-mah) *v* *forget

glömsk (glurmsk) *adj* forgetful

*gnida (*gneed*-ah) *v* rub

gnissla (*gniss*-lah) *v* creak

gnista (*gniss*-tah) *c* spark

gnistra (*gnist*-rah) *v* sparkle

gnistrande (*gnist*-rahn-der) *adj* sparkling

god (gōōd) *adj* nice; good; kind; **var ~ please; var så ~ here you are**

goddag! (*gōō*-daa) hello!

godis (*gōōd*-iss) *nt* candy *nAm*

godkänna (*gōōd*-t°ehn-ah) *v* approve of

godlynt (*gōōd*-lewnt) *adj* good-tempered

godmodig (*gōōd*-mōō-di) *adj* good-natured

gods (goods) *nt* estate

godståg (*goods*-tōāg) *nt* goods train; freight train *nAm*

godsvagn (*goods*-vahngn) *c* waggon

godtrogen (*gōōd*-trōō-gern) *adj* credulous

godtycklig (*gōōd*-tewk-li) *adj* arbitrary, fortuitous

golf (golf) *c* golf

golfbana (*golf*-baa-ner) *c* golf course; golf links

golv (golv) *nt* floor

gondol (gon-*dōal*) *c* gondola

gosse (*goss*-er) *c* lad

gottaffär (*got*-ah-*fæær*) *c* sweetshop; candy store *Am*

gotter (*got*-err) *pl* sweets

*gottgöra (*got*-ȳurr-ah) *v* *make good, indemnify

gottgörelse (*got*-ȳur-rerl-ser) *c* indemnity

GPS (ge-peh-s) *c* GPS; global positioning system

grabb (grahb) *c* chap

grace (graass) *c* grace

graciös (grah-si-*ūrss*) *adj* graceful

grad (graad) *c* degree; grade; **till den ~ so**

gradvis (*graad*-veess) *adj* gradual

grafisk (*graa*-fisk) *adj* graphic; **~ framställning** diagram

gram (grahm) *nt* gram

grammatik (grah-mah-*teek*) *c* grammar

grammatisk (grah-*mah*-tisk) *adj* grammatical

grammofon (grah-mo-*fōan*) *c* record player; gramophone

grammofonskiva (grah-mo-*fōan*-shee-vah) *c* record; disc *Am*

gran (graan) *c* fir tree

granit (grah-*neet*) *c* granite

granne (*grah*-ner) *c*

neighbour

grannskap (*grahn*-skaap) *nt*
neighbourhood

grapefrukt (*graip*-frewkt) *c*
grapefruit

gratis (*graa*-tiss) *adj* free;
gratis

gratulation (grah-tew-lah-*shōōn*) *c* congratulation

gratulera (grah-tew-*lay*-rah)
v compliment, congratulate

grav (graav) *c* grave; tomb

gravera (grah-*vay*-rah) *v*
engrave

gravid (grah-*veed*) *adj*
pregnant

gravsten (graav-*stayn*) *c*
gravestone; tombstone

gravsättning (*graav*-seht-ning) *c* burial

gravyr (grah-*vewr*) *c*
engraving

gravör (grah-*vurr*) *c* engraver

grej (gray) *c* gadget

grek (grayk) *c* Greek

grekisk (*gray*-kisk) *adj* Greek

Grekland (*grayk*-lahnd)
Greece

gren (grayn) *c* branch

grepp (grayp) *nt* grasp;
clutch, grip

greve (*gray*-ver) *c* count; earl

grevinna (gray-*vi*-nah) *c*
countess

grevskap (*grayv*-skaap) *nt*
county

griffeltavla (*gri*-ferl-taav-lah)
c slate

grill (grill) *c*; (pl griller)
barbecue

grilla (*gri*-lah) *v* grill; roast

grillrestaurang (*gril*-rayss-tew-*rahng*) *c* grillroom

grind (grind) *c* gate

*gripa (*greep*-ah) *v* grasp;
*take, grip, seize, *catch

gripbar (*greep*-baar) *adj*
tangible

gris (greess) *c* pig

griskött (greess-tʸurt) *nt* pork

groda (*grōō*-dah) *c* frog

grodd (grood) *c* germ

grop (grōōp) *c* pit

gropig (*grōō*-pi) *adj* bumpy,
rough

gross (gross) *nt* gross

grossist (gro-*sist*) *c*
wholesale dealer

grotta (*gro*-tah) *c* grotto; cave

grov (grōōv) *adj* coarse; gross

grund (grewnd) *c* cause;
ground; *adj* shallow; **på ~ av**
because of; on account of,
for

grunda (grewn-dah) *v* found;
base, ground

grundlag (*grewnd*-laag) *c*
constitutional law

grundlig (*grewnd*-li) *adj*
thorough

grundläggande (*grewnd*-leh-gahn-der) *adj*
fundamental; basic

grundprincip (*grewnd*-prin-*seep*) *c* basis

grundsats (*grewnd*-sahts) *c*
fundamental principle

grundval (*grewnd*-vaal) *c*
base, foundation

grupp (grewp) *c* group; set

grus (grewss) nt gravel; grit

grusväg (grewss-vaig) c
gravelled road

gruva (grew-vah) c mine; pit

gruvarbetare (grewv-ahr-
bāy-tah-rer) c (pl ~) miner

gruvdrift (grewv-drift) c
mining

grym (grewm) adj cruel;
harsh

gryning (grew-ning) c dawn

gryta (grew-tah) c pot,
casserole

grå (groa) adj grey

*gråta (groa-tah) v cry; *weep

grädde (greh-der) c cream

gräddfärgad (grehd-fær-
Yahd) adj cream

gräl (grail) nt quarrel; dispute

gräla (grai-lah) v argue,
quarrel; ~ på scold

gränd (grehnd) c alley; lane

gräns (grehns) c frontier,
border; limit, bound

gränslinje (grehns-lin-Yer) c
boundary

gräs (graiss) nt grass

gräshoppa (graiss-ho-pah) c
grasshopper

gräslig (graiss-li) adj horrible

gräslök (graiss-lūrk) c chives
pl

gräsmatta (graiss-mah-tah) c
lawn

grässtrå (graiss-stroa) nt
blade of grass

gräva (grai-vah) v *dig; ~ ut
excavate

grön (grūrn) adj green

grönsak (grūrn-saak) c
vegetable

grönsakshandlare (grūrn-
saaks-hahnd-lah-rer) c (pl~)
greengrocer; vegetable
merchant

grönsallad (grūrn-sahl-ahd)
c lettuce

gud (gewd) c god

gudfar (gewd-faar) c (pl
-fäder) godfather

gudinna (gew-din-ah) c
goddess

gudmor (gewd-mōor) c (pl
-mödrar) godmother

gudomlig (gew-doom-li) adj
divine

gudstjänst (gewds-tⁱchnst) c
worship, divine service

guide (gighd) c guide

gul (gewl) adj yellow

guld (gewld) nt gold

guldsmed (gewld-smāyd) c
goldsmith

gulsot (gewl-soot) c jaundice

gummi (gew-mi) nt rubber;
gum

gummiband (gew-mi-bahnd)
nt rubber band

gunga (gewng-ah) c swing; v
rock, *swing

gungbräda (gewng-brai-dah)
c seesaw

gunstling (gewnst ling) c
favourite

gurgla (gewrg-lah) v gargle

gurka (gewr-kah) c cucumber

guvernant (gew-verr-nahnt) c
governess

guvernör (gew-verr-nūrr) c
governor

gylf

72

gylf (ᵞewlf) c fly

gyllene (ᵞewl-ler-ner) adj golden

gymnast (ᵞewm-*nahst*) c gymnast

gymnastik (ᵞewm-nah-*steek*) c gymnastics pl

gymnastikbyxor (ᵞewm-nah-*steek*-bewk-serr) pl trunks pl

gymnastiksal (ᵞewm-nah-*steek*-saal) c gymnasium

gymnastikskor (ᵞewm-nah-*steek*-skoor) pl gym shoes; plimsolls pl; sneakers plAm

gynekolog (ᵞew-nay-ko-*loāg*) c gynaecologist

gynna (ᵞewn-ah) v favour

gynnsam (ᵞewn-sahm) adj favourable

gyttja (ᵞewt-ᵞah) c mud

***gå** (goā) v *go; walk; ~ förbi pass by; ~ igenom pass through; ~ i land land; ~ in enter; ~ med på consent to; ~ ombord embark; ~ till val go to the polls; ~ upp *rise; ~ ut *go out

gång (gong) c time; passage, corridor, aisle; en ~ once; some time; en ~ till once more; gång på gång again and again; någon ~ some day; två gånger twice

gångart (*gong*-aart) c gait

gångbana (*gong*-baan-ah) c sidewalk Am

gångjärn (*gong*-ᵞæærn) nt hinge

gångstig (*gong*-steeg) c

footpath

gård (goārd) c farm; yard

gås (goāss) c (pl gäss) goose

gåshud (*goāss*-hewd) c goose flesh

gåta (*goā*-tah) c riddle; enigma

gåtfull (*goāt*-fewl) adj mysterious

gåva (*goā*-vah) c gift; present

gädda (ᵞeh-dah) c pike

gäl (ᵞail) c gill

gäll (ᵞehl) adj loud

gälla (ᵞehl-ah) v apply

gällande (ᵞehl-ahn-der) adj current, valid

gäng (ᵞehng) nt gang

gärna (ᵞæær-nah) adv gladly, willingly

gärning (ᵞæær-ning) c deed, act

gäspa (ᵞehss-pah) v yawn

gäst (ᵞehst) c guest

gästfri (ᵞehst-free) adj hospitable

gästfrihet (ᵞehst-free-hāyt) c hospitality

gästrum (ᵞehst-rewm) nt guest room; spare room

gödsel (ᵞur-serl) c manure

gök (ᵞürk) c cuckoo

gömma (ᵞur-mah) v *hide

***göra** (ᵞur-rah) v *do; *make; ~ illa harm; ~ ljusare brighten; ~ modfälld discourage; ~ sig av med get rid of; ~ upp settle; *make up

gördel (ᵞurr-dayl) c (pl -dlar) girdle

H

*ha (haa) *v* *have

habegär (haa-bay-ˠæær) *nt* greed

hacka (hahk-ah) *c* hoe; *v* hoe, chop

hagalen (haa-gaa-lern) *adj* greedy

hagel (haa-gerl) *nt* hail

haj (high) *c* shark

haka (haa-kah) *c* chin

hal (haal) *adj* slippery

halka (hahl-kah) *v* slip

hall (hahl) *c* hall

hallon (hah-lon) *nt* raspberry

halm (hahlm) *c* straw

halmtak (hahlm-taak) *nt* thatched roof

hals (hahls) *c* throat; neck

halsband (hahls-bahnd) *nt* necklace; collar

halsbränna (hahls-breh-nah) *c* heartburn

halsduk (hahls-dewk) *c* scarf

halsfluss (hahls-flewss) *c* tonsilitis

halsmandlar (hahls-mahnd-lahr) *pl* tonsils *pl*

halsont (hahls-oont) *nt* sore throat

halstra (hahl-strah) *v* roast

halt (hahlt) *adj* lame

halta (hahl-tah) *v* limp

halv (hahlv) *adj* half

halvcirkel (hahlv-seer-kerl) *c* (pl -klar) semicircle

halvera (hahl-vāy-rah) *v* halve

halvlek (hahlv-lāyk) *c* half time

halvpension (hahlv-pahng-shōōn) *c* half board

halvvägs (hahl-vaigs) *adv* halfway

halvö (hahlv-ūr) *c* peninsula

hammare (hah-mah-rer) *c* (pl ~) hammer

hamn (hahmn) *c* port, harbour

hamnarbetare (hahmn-ahr-bāy-tah-rer) *c* (pl ~) docker

hamnpir (hahmn-peer) *c* jetty

hamnstad (hahmn-staad) *c* (pl -städer) seaport

hampa (hahm-pah) *c* hemp

han (hahn) *pron* he

han- (haan-) *pref* male

hand (hahnd) *c* (pl händer) hand; hand- handheld; ***ta ~ om** look after; *take care of

handarbete (hahnd-ahr-bāy-ter) *nt* needlework

handbagage (hahnd-bah-gaash) *nt* hand luggage; hand baggage *Am*

handbojor (hahnd-bo-ˠor) *pl* handcuffs *pl*

handbok (hahnd-bōōk) *c* (pl -böcker) handbook

handbroms (hahnd-broms) *c* handbrake

handduk (hahnd-dewk) *c*

handel 74

towel

handel (*hahn*-derl) *c* trade; business, commerce; ***driva ~ trade; handels-** commercial

handelsidkare (*hahn*-derls-*eed*-kaar-rer) *c* (pl ~) tradeswoman

handelsman (*hahn*-derls-mahn) *c* (pl -män) tradesman

handelsrätt (*hahn*-derls-reht) *c* commercial law

handelsvara (*hahn*-derls-vaa-rah) *c* merchandise

handfat (*hahnd*-faat) *nt* washbasin

handflata (*hahnd*-flaa-tah) *c* palm

handfull (*hahnd*-fewl) *c* handful

handgjord (*hahnd*-ʸōōrd) *adj* hand-made

handikapp (*hahn*-di-kahp) *nt* (pl ~) handicap

handikappad (*hahn*-di-kahp-ahd) *adj* handicapped, disabled

handkräm (*hahnd*-kraim) *c* hand cream

handla (*hahnd*-lah) *v* shop; act

-handlare (*hahnd*-lah-rer) *c* dealer

handled (*hahnd*-lāyd) *c* wrist

handling (*hahnd*-ling) *c* action; act, plot, deed; certificate; **handlingar** documents *pl*

handpenning (*hahnd*-pay-

ning) *c* down payment, deposit

handske (*hahnd*-sker) *c* glove

handslag (*hahnd*-slaag) *nt* handshake

handstil (*hahnd*-steel) *c* handwriting

handtag (*hahnd*-taag) *nt* knob, handle

handväska (*hahnd*-vehss-kah) *c* handbag; bag

hans (hahns) *pron* his

hantera (hahn-*tāy*-rah) *v* handle

hanterlig (hahn-*tāy*-li) *adj* manageable

hantverk (*hahnt*-værk) *nt* handicraft

hare (*haa*-rer) *c* hare

harmoni (hahr-mo-*nee*) *c* harmony

harpa (*hahr*-pah) *c* harp

hasselnöt (*hahss*-erl-*nūrt*) *c* (pl ~ter) hazelnut

hast (hahst) *c* haste

hastig (*hahss*-ti) *adj* fast, rapid; hasty

hastighet (*hahss*-ti-hāyt) *c* speed

hastighetsbegränsning (*hahss*-ti-hāyts-ber-*grehns*-ning) *c* speed limit

hastighetsmätare (*hahss*-ti-hāyts-*mai*-tah-rer) *c* (pl ~) speedometer

hat (haat) *nt* hatred, hate

hata (*haa*-tah) *v* hate

hatt (haht) *c* hat

hatthylla (*haht*-hew-lah) *c* hat

rack
hav (haav) *nt* sea
havande (*haa*-vahn-der) *adj* pregnant
havre (*haav*-rer) *c* oats *pl*
havsstrand (*hahvs*-strahnd) *c* (*pl* -stränder) seashore
havsvatten (*hahvs*-vah-tern) *nt* sea water
hebreiska (hay-*bray*-iss-kah) *c* Hebrew
hed (hayd) *c* heath
heder (*hay*-derr) *c* honour
hederlig (*hay*-derr-li) *adj* honest, straight
hederskänsla (*hay*-derrst^{y}ehns-lah) *c* sense of honour
hedning (*hayd*-ning) *c* pagan, heathen
hednisk (*hayd*-nisk) *adj* heathen; pagan
hedra (*hayd*-rah) *v* honour
hej! (hay) hello!; **hej då!** Bye-bye! *colloquial*
hel (hayl) *adj* entire; whole
helgdag (*hehl*^{y}-daag) *c* holiday
helgedom (*hehl*-ger-doom) *c* shrine, sanctuary
helgeflundra (*hehl*-^{y}er-flewnd-rah) *c* halibut
helgerån (*hehl*-^{y}eh-roan) *nt* sacrilege
helgon (*hehl*-gon) *nt* saint
helhet (*hayl*-hayt) *c* whole
helig (*hay*-li) *adj* holy, sacred
helikopter (heh-li-*kop*-ter) *c* (*pl* -koptrar) helicopter
hellre (*hehl*-rer) *adv* rather;

sooner
helpension (*hayl*-pahng-shoon) *c* full board; bed and board; board and lodging
helt (haylt) *adv* entirely; quite; **~ och hållet** wholly; altogether
helvete (*hehl*-vay-ter) *nt* hell
hem (hehm) *nt* home; *adv* home; ***gå ~** ***go** home; **hem-** domestic
hembiträde (*hehm*-bee-trai-der) *nt* housemaid
hemgjord (*hehm*-^{y}oord) *adj* home-made
hemland (*hehm*-lahnd) *nt* (*pl* -länder) native country
hemlig (*hehm*-li) *adj* secret
hemlighet (*hehm*-li-hayt) *c* secret
hemlängtan (*hehm*-lehng-tahn) *c* homesickness
hemma (*hehm*-ah) *adv* at home; home
hemmafru (*heh*-mah-frew) *c* house-wife
hemorrojder (heh-mo-*roi*-derr) *pl* haemorrhoids *pl*; piles *pl*
hemort (*hehm*-oort) *c* domicile
hemsk (hehmsk) *adj* terrible
hemtrevlig (*hehm*-trayv-li) *adj* cosy
henne (*hehn*-er) *pron* her
hennes (*hehn*-erss) *pron* her
herde (*hayr*-der) *c* shepherd
herr (hær) *mister*
herravälde (*hær*-ah-vehl-der) *nt* domination;

dominion
herre (*hær-*er) *c* gentleman;
min ~ sir
herrfrisör (*hær-fri-sūrr*) *c*
barber
herrgård (*hær-gōard*) *c*
manor house
herrtoalett (*hær-tōo-ah-layt*)
c men's room
hertig (*hær-tig*) *c* duke
hertiginna (*hær-ti-gin-ah*) *c*
duchess
hes (*hāyss*) *adj* hoarse
het (*hāyt*) *adj* hot
heta (*hāy-tah*) *v* *be called
heterosexuell (*heh-ter-ro-
sehk-sew-ayl*) *adj*
heterosexual
hetlevrad (*hāyt-*lāyv-rahd)
adj hot-tempered
hetta (*hay-tah*) *c* heat
hicka (*hi-kah*) *c* hiccup
hierarki (hi-err-ahr-*kee*) *c*
hierarchy
himmel (*him-*erl) *c* (pl -mlar)
sky; heaven
hinder (*hin-*derr) *nt* obstacle;
impediment
hindra (*hind-*rah) *v* hinder;
impede; embarrass
hink (hingk) *c* bucket
hinna (*hin-*ah) *c* membrane
***hinna** (*hin-*ah) *v* *catch;
*find time
hip-hop (hip-hop) *c* hip-hop
hiss (hiss) *c* lift; elevator
nAm
hissa (*hiss-*ah) *v* hoist
historia (hiss-*tōo-*ri-ah) *c*
history; story

historiker (hiss-*tōo-*ri-kerr) *c*
(pl ~) historian
historisk (hiss-*tōo-*risk) *adj*
historic; historical
hitta (*hit-*ah) *v* *find
hittegods (*hi-*ter-goods) *nt*
lost and found
hittegodsmagasin (*hi-*ter-
goods-mah-gah-*seen*) *nt* lost
property office
hittills (*heet-*tils) *adv* so far
hjord (*ȳ*ōord) *c* herd; flock
hjort (*ȳ*oort) *c* deer
hjortkalv (*ȳ*oort-kahlv) *c*
fawn
hjul (*ȳ*ewl) *nt* wheel
hjulaxel (*ȳ*ewl-*ahk*-serl) *c* (pl
-axlar) axle
hjälm (*ȳ*ehlm) *c* helmet
hjälp (*ȳ*ehlp) *c* help; aid,
assistance; relief; helper;
första hjälpen first aid
hjälpa (*ȳ*ehl-pah) *v* help; aid,
assist
hjälpsam (*ȳ*ehlp-sahm) *adj*
helpful
hjälpstation (*ȳ*ehlp-stah-
shōon) *c* first aid post
hjälte (*ȳ*ehl-ter) *c* hero
hjärna (*ȳ*æær-nah) *c* brain
hjärnskakning (*ȳ*æærn-
skaak-ning) *c* concussion
hjärta (*ȳ*er-tah) *nt* heart
hjärtattack (*ȳ*ert-ah-tahk) *c*
heart attack
hjärtklappning (*ȳ*ert-klahp-
ning) *c* palpitation
hjärtlig (*ȳ*ert-li) *adj* cordial;
hearty
hjärtlös (*ȳ*ert-lūrss) *adj*

heartless

hobby (*ho*-bi) *c* (pl -bies, ~er) hobby

hockey (*ho*-ki) *c* hockey

hoj (hōōy) *c* (pl hojar) bike *colloquial*

Holland (*ho*-lahnd) Holland

holländare (*ho*-lehn-dah-rer) *c* (pl ~) Dutchman

holländsk (*ho*-lehndsk) *adj* Dutch

homosexuell (*ho*-moo-sehk-sew-*ayl*) *adj* homosexual

hon (hoon) *pron* she

hon- (hōōn) *pref* female

honom (*ho*-nom) *pron* him

honung (*hōā*-newng) *c* honey

hop (hōōp) *c* crowd; bunch

hopp (hop) *nt* hope; jump, leap, hop

hoppa (*ho*-pah) *v* jump; *leap, hop; ~ över skip, jump over

hoppas (*ho*-pahss) *v* hope

hoppfull (*hop*-fewl) *adj* hopeful, confident

hopplös (*hop*-lūrss) *adj* hopeless

hora (*hoo*-rah) *c* whore

horisont (ho-ri-*sont*) *c* horizon

horisontal (ho-ri-son-*tual*) *adj* horizontal

horn (hōōrn) *nt* horn

hos (hooss) *prep* at

hosta (*hooss*-tah) *v* cough; *c* cough

hot (hōōt) *nt* threat

hota (*hōō*-tah) *v* threaten

hotande (*hōō*-tahn-der) *adj* threatening

hotell (ho-*tayl*) *nt* hotel

hov¹ (hōōv) *nt* court

hov² (hōōv) *c* hoof

hovmästare (*hōāv*-mehss-tah-rer) *c* (pl ~) head waiter

hud (hēwd) *c* skin

hudkräm (*hēwd*-krehm) *c* skin cream

hudutslag (*hēwd*-ēwt-slaag) *nt* rash

*hugga** (hew-gah) *v* *hew

humle (*hewm*-lay) *nt* hop

hummer (*hew*-merr) *c* (pl -mrar) lobster

humor (*hēw*-mor) *c* humour

humoristisk (hēw-mo-*riss*-tisk) *adj* humorous

humör (hēw-*mūrr*) *nt* mood; temper, temperament

hund (hewnd) *c* dog

hundkoja (*hewnd*-ko-ʸah) *c* kennel

hundra (*hewnd*-rah) *num* hundred

hunger (*hewng*-err) *c* hunger

hungrig (*hewng*-ri) *adj* hungry

hur (hēwr) *adv* how; ~ mycket how much; ~ många how many; ~ som helst anyhow; any way

hus (hēwss) *nt* house; home

husblock (*hewss*-blok) *nt* house block *Am*

husbåt (*hēwss*-boat) *c* houseboat

hushåll (*hēwss*-hol) *nt* household

hushållerska (*hēwss*-holerrs-kah) *c* housekeeper

hushållning (*hewss*-hol-ning) *c* housekeeping; economy

hushållsarbete (*hewss*-hols-ahr-bāy-ter) *nt* housework

hushållssysslor (*hewss*-hols-sewss-lor) *pl* housekeeping

husmor (*hewss*-mōōr) *c* (pl -mödrar) mistress

husrum (*hewss*-rewm) *nt* accommodation; lodging

hustru (*hewst*-rew) *c* wife

husvagn (*hewss*-vahngn) *c* caravan; trailer *nAm*

huttra (*hutt*-rah) *v* shiver

huvud (*hew*v-er) *nt* (pl ~, ~en) head; **huvud-** main; chief, cardinal, principal, capital, primary

huvudbry (*hew*-verd-brew) *nt* puzzle

huvudgata (*hew*-verd-gaa-tah) *c* main street; thoroughfare

huvudkudde (*hew*-verd-kew-der) *c* pillow

huvudledning (*hew*-verd-lāyd-ning) *c* mains *pl*

huvudlinje (*hew*-verd-lin-ʸer) *c* main line

huvudrätt (*hew*-verd-reht) *c* main course

huvudsaklig (*hew*-verd-saak-li) *adj* cardinal, capital; **huvudsakligen** mainly

huvudstad (*hew*-verd-staad) *c* (pl -städer) capital

huvudväg (*hew*-verd-*vaig*) *c*

main road; thoroughfare

huvudvärk (*hew*-verd-værk) *c* headache

hy (*hew*) *c* complexion, skin

hycklande (*hewk*-lahn-der) *adj* hypocritical

hycklare (*hewk*-lah-rer) *c* (pl ~) hypocrite

hyckleri (*hewk*-ler-*ree*) *nt* (pl ~er) hypocrisy

hydda (*hew*-dah) *c* hut; cabin

hygien (hew-gi-*āyn*) *c* hygiene

hygienisk (hew-gi-*āy*-nisk) *adj* hygienic

hylla (*hew*-lah) *v* congratulate, honour; *c* shelf, rack

hyllning (*hewl*-ning) *c* tribute; homage; congratulations *pl*

hymn (hewmn) *c* hymn, anthem

hypotek (hew-po-*tāyk*) *nt* mortgage

hyra (*hew*-rah) *v* rent, hire; lease; *c* rent; ~ **ut** *let*

hyresgäst (*hew*-rerss-ʸehst) *c* tenant

hyreshus (*hew*-rerss-hewss) *nt* block of flats; apartment house *Am*

hyreskontrakt (*hew*-rerss-kon-*trahkt*) *nt* lease

hyresvärd (*hew*-rerss-væærd) *c* landlord

hyresvärdinna (*hew*-rerss-vær-di-nah) *c* landlady

hysterisk (hewss-*tāy*-risk) *adj* hysterical

hytt (hewt) c cabin; booth
hyttventil (hewt-vehn-_teel_) c
  porthole
hågkomst (_hōōg_-komst) c
  remembrance
hål (hōal) nt hole; *göra ~
  pierce
håla (_hōal_-ah) c cavern
hålighet (_hōal_-i-hāyt) c
  cavity, hollow
håll (hol) nt way; stitch
*hålla (ho-lah) v *hold;
  *keep; ~ av love; ~ fast
  *hold; ~ tillbaka restrain; ~
  uppe support; *hold up; ~
  upp med stop; ~ ut *keep up
hållning (hol-ning) c gait,
  carriage; attitude
hållplats (hol-plahts) c stop,
  halt
hån (hōan) nt scorn; mockery,
  derision
håna (_hōā_-nah) v mock,
  deride
hår (hōar) nt hair; ~ gelé ~
  hair gel
hårborste (_hōar_-bors-ter) c
  hairbrush
hård (hōar) adj hard
hårdnackad (_hōard_-nahk-
  ahd) adj obstinate, stubborn
hårig (_hōar_-i) adj hairy
hårklippning (_hōar_-klip-
  ning) c haircut
hårklämma (_hōar_-kleh-mah)
  c bobby pin Am
hårkräm (_hōar_-kraim) c hair
  cream
hårnål (_hōar_-nōal) c hairpin
hårnät (_hōar_-nait) nt hair net

hårolja (_hōar_-ol-Yah) c hair
  oil
hårrullar (_hōar_-rew-lahr) pl
  hair rollers
hårspray (_hōar_-spray) nt hair
  spray
hårspänne (_hōar_-speh-nay)
  nt hairgrip
hårtork (_hōar_-tork) c
  hairdrier, hairdryer
hårvatten (_hōar_-vah-tern) nt
  hair tonic
häck (hehk) c hedge
häftig (hehf-ti) adj violent,
  severe; intense, fierce
häftklammer (hehft-klah-
  merr) c (pl ~, -mrar) staple
häftplåster (hehft-ploss-terr)
  nt sticking-plaster
häftstift (hehft-stift) nt
  drawing pin; thumbtack
  nAm
häger (hai-gerr) c heron
häkte (hehk-ter) nt custody
häl (hail) c heel
hälft (hehlft) c half; till
  hälften half
hälla (heh-lah) v pour
hälsa (hehl-sah) v greet;
  salute; c health
hälsning (hehls-ning) c
  greeting
hälsosam (hehl-soo-sahm)
  adj wholesome, salubrious
hälsovårdscentral (hehl-
  soo-vōards schn-_traal_) c
  health centre
hämma (hehm-mah) v inhibit
hämnd (hehmnd) c revenge
hämta (hehm-tah) v fetch;

hända

80

*get, collect, pick up

hända (hehn-dah) v happen; occur

händelse (hehn-dayl-ser) c event, happening; incident; **i ~ av** in case of

händig (hehn-di) adj skilful

hänga (hehng-ah) v *hang; **~ med** *keep up with

hängare (hehng-ah-rer) c (pl ~) peg, hook, hanger

hängbro (hehng-broo) c suspension bridge

hänglås (hehng-loass) nt padlock

hängmatta (hehng-mah-tah) c hammock

hängslen (hehngs-lern) pl braces pl; suspenders plAm

hängsmycke (hehng-smew-ker) nt pendant

hänsyn (hain-sewn) c regard; **med ~ till** considering; as regards; ***ta ~ till** consider

hänsynsfull (hain-sewns-fewl) adj considerate

hänsynsfullhet (hain-sewns-fewl-hayt) c consideration

hänvisa till (hain-vee-sah) refer to

hänvisning (hain-veess-ning) c reference

häpnads-väckande (hep-nahds-vayk-ahn-der) adj amazing

här (hæær) adv here

härbärge (hæær-bær-Yah) nt hostel

härbärgera (hær-bær-Yäy-rah) v accommodate

härkomst (hæær-komst) c origin

härleda (hæær-layd-ah) v deduce

härlig (hæær-li) adj wonderful; delightful; fine

häromdagen (hæær-om-daa-gern) adv recently

härskare (hærs-kah-rer) c (pl ~) ruler; sovereign

härsken (hærs-kayn) adj rancid

härstamning (hæær-stahm-ning) c origin

häst (hehst) c horse

hästkapplöpning (hehst-kahp-lūrp-ning) c horserace

hästkapplöpningsbana (hehst-kahp-lūrp-nings-baa-nah) c racecourse

hästkraft (hehst-krahft) c horsepower

hästsko (hehst-skoo) c horseshoe

hävarm (haiv-ahrm) c lever

hävstång (haiv-stong) c (pl -stänger) lever

häxa (hehk-sah) c witch

hö (hūr) nt hay

höft (hurft) c hip

höfthållare (hurft-ho-lah-rer) c (pl ~) girdle

hög (hūrg) c lot, heap, pile; adj high; tall

högdragen (hūrg-draa-gern) adj haughty

höger (hūr-gerr) adj right, right-hand; **på ~ hand** on the right-hand side; **till ~** to the right

högkvarter (*hürg*-kvahr-*tair*) *nt* headquarters *pl*

högland (*hürg*-lahnd) *nt* (pl -länder) uplands *pl*

högljudd (*hürg*-ʸewd) *adj* loud

högmodig (*hürg*-mōō-di) *adj* haughty

högskola (*hürg*-skōō-lah) *c* college

högsäsong (*hürg*-seh-song) *c* peak season; high season

högt (hurkt) *adv* aloud

högtalare (*hürg*-taa-lah-rer) *c* loudspeaker

högtalartelefon (*hürg*-taa-lahr-tay-lay-*foan*) *c* speaker phone

högtidlig (*hürg*-teed-li) *adj* solemn, ceremonious

högvatten (*hürg*-vah-tern) *nt* high tide

höja (hur*ʸ*-ah) *v* raise; lift

höjd (hurʸd) *c* height; altitude; **på sin ~** at most

höjdpunkt (hur*ʸ*d-pewngt) *c* height; peak, climax

hök (hürk) *c* hawk

höna (*hür*-nah) *c* hen

höra (*hür*-rah) *v* *hear

hörbar (*hürr*-baar) *adj* audible

hörn (hürrn) *nt* corner

hörsal (*hürr*-saal) *c* auditorium

hörsel (hurr-sayl) *c* hearing

hösnuva (*hür*-snew-vah) *c* hay fever

höst (hurst) *c* autumn; fall *nAm*

hövding (hurv-ding) *c* chieftain

hövlig (*hürv*-li) *adj* polite, civil

*iaktta (*ee*-ahkt-taa) *v* observe; watch

I

iakttagelse (*eeahkt*-taa-gerl-ser) *c* observation

ibland (i-*blahnd*) *adv* sometimes; *prep* among

icke-rökare (*i*-keh-*rür*-kah-rer) *c* (pl ~) non-smoker

iday (i-*daag*) *adv* today

idé (i-*dāy*) *c* idea

ideal (i-*day*-aal) *nt* ideal

idealisk (i-day-*aal*-isk) *adj* ideal

identifiera (i-dayn-ti-fi-*āyr*-ah) *v* identify

identifiering (i-dayn-ti-fi-*āy*-ring) *c* identification

identisk (i-*dayn*-tisk) *adj* identical

identitet (i-dayn-ti-*tāyt*) *c* identity

identitetskort (i-dayn-ti-*tāyts*-koort) *nt* identity card

idiom (i-di-*ōam*) *nt* idiom

Idiomatisk (i-di-o-*maa*-tisk) *adj* idiomatic

idiot (i-di-*ōōt*) *c* idiot

Idiotisk (i-di-*ōōt*-isk) *adj*

idiotic

idol (i-dōal) c idol

idrottskvinna (eed-rots-kvi-nah) c (pl -kvinnor)
sportswoman

idrottsman (eed-rots-mahn) c (pl -män) sportsman

ifall (i-fahl) conj if; in case

igelkott (ee-gerl-kot) c hedgehog

igen (i-ʸehn) adv again

igenvuxen (i-ʸn-vewk-sern) adj overgrown

ignorera (ing-noa-rāy-rah) v ignore

igår (i-gōar) adv yesterday

ihålig (ee-hōa-li) adj hollow

ihärdig (ee-hæær-di) adj persevering, tenacious

ikon (i-kōan) c icon

illaluktande (i-lah-lewk-tahn-der) adj smelly

illamående (i-lah-mōa-ayn-der) nt nausea, sickness; adj sick

illegal (il-er-gaal) adj illegal

illtjut (il-t'ēwt) nt shriek

illusion (i-lew-shōon) c illusion

illustration (i-lew-strah-shōon) c illustration; picture

illustrera (i-lew-strāy-rah) v illustrate

illvillig (il-vi-li) adj spiteful, malicious

ilska (ils-kah) c anger

imitation (i-mi-tah-shōon) c imitation

imitera (i-mi-tāy-rah) v imitate

immigrera (i-mi-grāy-rah) v immigrate

immunisera (i-mēw-ni-sāy-rah) v immunize

immunitet (i-mēw-ni-tāyt) c immunity

imperium (im-pāy-ri-ewm) nt empire; **imperial-** imperial

imponera (im-po-nāy-rah) v impress

imponerande (im-po-nāyr-ahn-der) adj impressive; imposing

impopulär (im-po-pew-læær) adj unpopular

import (im-port) c import

importera (im-por-tāy-rah) v import

importtull (im-port-tewl) c import duty

importvara (im-port-vaa-rah) c import

importör (im-por-fūrr) c importer

impotens (im-po-tayns) c impotence

impotent (im-po-taynt) adj impotent

impregnerad (im-prayng-nāy-rahd) adj rainproof, impregnated

improvisera (im-pro-vi-sāy-rah) v improvise

impuls (im-pewls) c impulse

impulsiv (im-pewl-seev) adj impulsive

in (in) adv in; *gå ~ *go in; ~ i into; inside

inackordering (in-ahk-or-dāyr-ing) c boarder; lodger

inandas (*in*-ahn-dahss) *v*
inhale

*inbegripa (*in*-ber-*gree*-pah)
v comprise

inberäknad (*in*-ber-*raik*-
nahd) *adj* included

inbetalning (*in*-ber-taal-
ning) *c* payment, deposit

inbillad (*in*-bi-lahd) *adj*
imaginary

inbilla sig (*in*-bi-lah) imagine

inbillning (*in*-bil-ning) *c*
imagination

*inbjuda (*in*-bᵞ*ew*-dah) *v*
invite; ask

inbjudan (*in*-bᵞ*ew*-dahn) *c*
invitation

inblanda (*in*-blahn-dah) *v*
involve

inblandad (*in*-blahn-dahd)
adj involved; concerned

inblandning (*in*-blahnd-
ning) *c* interference

inbrott (*in*-brot) *nt* burglary;
*göra ~ burgle

inbrottstjuv (*in*-brots-tᵞ*ewv*)
c burglar

inbördes (*in* bur̄-Jerss) *adj*
mutual

indela (*in*-dāyl-ah) *v* divide;
classify

indian (in-di-*aan*) *c* Indian

indiansk (in-di-*aansk*) *adj*
Indian

Indien (*in*-di-ayn) India

indier (*in*-di-ᵞorr) *c* (pl ~)
Indian

indignation (in-ding-nah-
shōōn) *c* indignation

indirekt (*in*-di-raykt) *adj*

indirect

indisk (*in*-disk) *adj* Indian

individ (in-di-*veed*) *c*
individual

individuell (in-di-vee-dew-
ayl) *adj* individual

indones (in-doo-*nāyss*) *c*
Indonesian

Indonesien (in-doo-*nāy*-si-
ᵞern) Indonesia

indonesisk (in-doo-*nāyss*-
isk) *adj* Indonesian

industri (in-dewss-*tree*) *c*
industry

industriell (in-dewss-tri-*ayl*)
adj industrial

industriområde (in-dew-
strec-om-*rōa*-der) *nt*
industrial area

ineffektiv (*in*-ay-fehk-*teev*)
adj ineffective; inefficient

infall (*in*-fahl) *nt* whim; idea

infanteri (in-fahn-ter-*ree*) *nt*
infantry

infektion (in-fehk-*shōōn*) *c*
infection

infinitiv (in-fi-ni-teev) *c*
infinitive

inflammation (in-flah-mah-
shōōn) *c* inflammation; ***bli
inflammerad** *become
septic

inflation (in-flah-*shōōn*) *c*
inflation

influensa (in-flew-*ayn*-sah) *c*
flu; influenza

inflytelserik (*in*-flew-tayl-
say-reek) *adj* influential

infoga (*in*-foo-gah) *v* insert

informator (in-for-*maa*-tor) *c*

tutor
informell (in-for-*mayl*) *adj*
informal; casual
informera (in-for-*māyr*-ah) *v*
inform
infraröd (*in*-frah-rūrd) *adj*
infra-red
infödd (*in*-furd) *adj* native
införing (*in*-fūr-ding) *c*
native
införa (*in*-fūrr-ah) *v* import;
introduce
införsel (*in*-fūrr-serl) *c* (pl
-slar) import
ingefära (*i*-nger-fææ-rah) *c*
ginger
ingen (*ing*-ayn) *pron* nobody;
none, no one; no
ingendera (*i*-ngayn-dāy-rah)
pron neither
ingenjör (in-shayn-ʸūrr) *c*
engineer
ingenstans (*ing*-ayn-stahns)
adv nowhere
ingenting (*ing*-ayn-ting) *pron*
nothing; nil
ingrediens (ing-gray-di-*ayns*)
c ingredient
*ingripa** (in-gree-pah) *v*
interfere; intervene
ingång (*in*-gong) *c* entrance;
way in, entry
inhemsk (*in*-haymsk) *adj*
domestic
initial (i-ni-tsi-*aal*) *c* initial
initiativ (i-nit-si-ah-*teev*) *nt*
initiative
injektion (in-ʸayk-*shōōn*) *c*
injection
injektionsspruta (in-ʸehk-

shōōns-sprēw-tah) *c* syringe
inkassera (*in*-kah-*sāy*-rah) *v*
cash
inklusive (ing-klew-*see*-ver)
adj inclusive; **allt inkluderat**
all included, all in
inkompetent (in-kom-per-
tehnt) *adj* incompetent
inkomst (*in*-komst) *c* income;
revenue; **inkomster**
earnings *pl*
inkomstskatt (*in*-komst-
skaht) *c* income tax
inkräkta (*in*-krehk-tah) *v*
trespass
inkräktare (*in*-krehk-tah-rer)
c (pl ~) trespasser
inkvartera (in-kvahr-*tāy*-rah)
v lodge
inkvartering (in-kvahr-*tāy*-
ring) *c* lodgings *pl*
inköpspris (*in*-tʸūrps-preess)
nt cost price
inledande (in-*lāyd*-ahn-der)
adj preliminary
inledning (*in*-*lāyd*-ning) *c*
introduction
innan (*i*-nahn) *conj* before;
adv before
innanför (*in*-ahn-fūrr) *prep*
inside
innanmäte (*in*-ahn-mait-er)
nt entrails, pulp
inne (*i*-ner) *adv* inside,
indoors
*innebära** (*i*-ner-bæær-ah) *v*
imply
innefatta (*i*-ner-fah-tah) *v*
include
innehavare (*i*-ner-haa-vah-

instruera

rer) c (pl ~) owner; occupant
innehåll (*i*-ner-hol) *nt*
contents *pl*
*****innehålla** (*i*-ner-ho-lah) *v*
contain
innehållsförteckning (*i*-ner-hols-furr-*tayk*-ning) c table
of contents
innerslang (*in*-err-slahng) c
inner tube
innersta (*in*-ayrs-tah) *nt* heart
innertak (*i*-nerr-taak) *nt*
ceiling
*****innesluta** (*i*-ner-slewt-ah) *v*
encircle; enclose
inneställe (*i*-ner-*steh*-ler) c
hotspot
inofficiell (*in*-o-fi-si-*ayl*) *adj*
unofficial
inom (*in*-om) *prep* within; ~
kort soon; shortly
inomhus (*in*-om-*hewss*) *adj*
indoor; *adv* indoors
inre (*in*-rer) *adj* inner;
internal, inside
inrikes (*in*-reeh-kez) *adj*
domestic
inringa (*in*-ring-ah) *v* encircle
inrätta (*in*-reh-tah) *v* institute,
establish
insats (*in*-sahts) c bet, inset;
contribution
*****inse** (*in*-*say*) *v* realize; *see
insekt (*in*-sehkt) c insect; bug
nAm
insektsgift (*in*-sehkts-yift) *nt*
insecticide
insektsmedel (*in*-sehkts-may-dayl) *nt* insect repellent
insida (*in*-seed-ah) c inside;

interior
insikt (*in*-sikt) c insight
insistera (in-si-*stayr*-ah) *v*
insist
inskription (in-skrip-*shoon*) c
inscription
*****inskriva** (*in*-skree-vah) *v* list,
enter, inscribe; ~ **sig** register
inskrivningsblankett (*in*-skreev-nings-blahng-*kayt*) c
registration form
inskränkning (in-skrehngk-ning) c restriction, limitation
inskränkt (in-skrehngkt) *adj*
restricted; limited; narrow-
-minded
inspektera (in-spayk-*tay*-rah)
v inspect
inspektion (in-spayk-*shoon*)
c inspection
inspektör (in-spayk-*turr*) c
inspector
inspelning (in-*spayl*-ning) c
recording
inspirera (in-spi-*rayr*-ah) *v*
inspire
inspruta (*in* oprew-tah) *v*
inject
instabil (in stah-*beel*) *adj*
unstable
installation (in-stah-lah-*shoon*) c installation
installera (in-stah-*lay*-rah) *v*
install; induct
instinkt (*in*-stingt) c instinct
institut (in-sti-*tewt*) *nt*
institute
institution (in-sti-tew-*shoon*)
c institution
instruera (in-strew-*ay*-rah) *v*

instruct

instruktion (in-strewk-*shōōn*) c direction

instruktör (in-strewk-*tūrr*) c instructor

instrument (in-strew-*maynt*) nt instrument

instrumentbräda (in-strew-*maynt*-brai-dah) c dashboard

inställning (*in*-stehl-ning) c attitude; position

instämma (*in*-stehm-ah) v agree

***inta** (*in*-taa) v capture, take

intagning (*in*-taag-ning) c admission

intakt (in-*tahkt*) adj unbroken; intact

inte (*in*-ter) adv not; ~ **alls** by no means; ~ **desto mindre** nevertheless; ~ **ens** not even; ~ **heller** nor; ~ **längre** no longer

inteckning (*in*-tayk-ning) c mortgage

integrera (in-ter-*grāy*-rah) v integrate

intellekt (in-ter-*laykt*) nt intellect

intellektuell (in-ter-layk-tew-*ayl*) adj intellectual

intelligens (in-ter-li-*gayns*) c intelligence

intelligent (in-ter-li-*gaynt*) adj intelligent; clever

intendent (in-tern-*daynt*) c superintendent, curator, controller

intensiv (in-tayn-*seev*) adj

intense

intern (in-*tæærn*) c prisoner

internationell (in-terr-naht-shoo-*nayl*) adj international

internatskola (in-terr-*naat*-skōō-lah) c boarding school

Internet (*in*-terr-nayht) nt (pl ~) Internet

interrogativ (in-ter-ro-gahteev) adj interrogative

intervall (in-terr-*vahl*) c interval

intervju (in-terr-v*ĕw*) c interview

intet (in-*tert*) nt nothing

intetsägande (in-tert-sai-gahn-der) adj insignificant

intressant (in-tray-*sahnt*) adj interesting

intresse (in-*treh*-ser) c interest

intressera (in-trer-*sāy*-rah) v interest

intresserad (in-trer-*sāy*-rahd) adj interested

introducera (in-tro-dew-*sāyr*-ah) v introduce

intryck (*in*-trewk) nt impression; ***göra** ~ **på** impress

inträde (*in*-trai-der) nt entrance; admission

inträdesavgift (*in*-traiderss-aav-ʸift) c entrance fee

intyg (in-*tēwg*) nt certificate; document; testimonial

intyga (in-*tēwg*-ah) v attest

intäkter (*in*-tehk-terr) pl earnings pl

inuti (*in*-ēw-ti) adv within,

inside
invadera (in-vah-*dāy*-rah) v
invade
invalid (in-vah-*leed*) c invalid
invalidiserad (in-vah-li-di-
sāy-rahd) adj crippled;
invalid, disabled
invand (*in*-vaand) adj
habitual
invandrare (*in*-vahnd-rah-
rer) c (pl ~) immigrant
invandring (*in*-vahnd-ring) c
immigration
invasion (in-vah-*shōon*) c
invasion
invecklad (*in*-vayk-lahd) adj
complicated; complex,
involved
inventering (in-vayn-*tāy*-
ring) c inventory
investera (in-vayss-*tāy*-rah) v
invest
investering (in-vayss-*tāy*-
ring) c investment
invånare (*in*-voa-nah-rer) c
(pl ~) inhabitant; resident
invända (*in*-vehn-dah) v
object
invändig (*in*-vehn-di) adj
internal, inside
invändning (*in*-vehnd-ning)
c objection
inåt (*in*-ōat) adv inwards
inälvor (*in*-*ælv*-or) pl bowels
pl; intestines pl
Irak (i-*raak*) Iraq
irakier (i-*raa*-ki-err) c (pl ~)
Iraqi
irakisk (i-*raak*-isk) adj Iraqi
Iran (i-*raan*) Iran

iranier (i-*raan*-i-err) c (pl ~)
Iranian
iransk (i-*raansk*) adj Iranian
Irland (*eer*-lahnd) Ireland
irländsk (*eer*-lehnsk) adj Irish
ironi (i-roo-*nee*) c irony
ironisk (i-*rōōn*-isk) adj
ironical
irra (*eer*-ah) v err
irritera (eer-i-*tāyr*-ah) v
irritate; annoy
is (eess) c ice
isblåsa (*eess*-blōa-sah) c ice
bag
iskall (*eess*-kahl) adj freezing
Island (*eess*-lahnd) Iceland
isländsk (*eess*-lehnsk) adj
Icelandic
islänning (*eess*-lehn-ing) c
Icelander
isolator (i-soo-laa-*tor*) c
insulator, insulant
isolera (i-soo-*lāy*-rah) v
isolate; insulate
isolerad (i-soo-*lāy*-rahd) adj
isolated
isolering (i soo-*lāy*-ring) c
isolation; insulation
Israel (*eess*-rah-ayl) Israel
israelier (iss-rah-*āy*-li-err) c
(pl ~) Israeli
israelisk (iss-rah-*āy*-lisk) adj
Israeli
iovatten (*eess*-vah-tern) nt
iced water
isär (i-*sær*) adv apart
Italien (i-*taal*-ᵉayn) Italy
italienare (i-tahl-ᵉ*āy*-nah-rer)
c (pl ~) Italian
italiensk (i-tahl-ᵉ*aynsk*) adj

Italian
anxious

iver (*ee*-verr) *c* zeal; eagerness

ivrig (*eev*-ri) *adj* eager;

iväg (i-*vaig*) *adv* off

J

ja (*y*aa) yes; **ja ja!** well!

jacka (*y*ah-kah) *c* jacket

jade (*y*aa-der) *c* jade

jag (*y*aa) *pron* I; *nt* self

jaga (*y*aa-gah) *v* hunt; ~ **bort**
chase; ~ **efter** hunt for

jakande (*y*aa-kahn-der) *adj*
affirmative

jakt (*y*ahkt) *c* hunt; chase

jaktstuga (*y*ahkt-stewg-ah) *c*
lodge

januari (*y*ah-new-aa-ri)
January

Japan (*y*aa-pahn) Japan

japan (*y*ah-*paan*) *c* Japanese

japansk (*y*ah-*paansk*) *adj*
Japanese

jeans (djiins) *pl* jeans

jerseytyg (*y*urr-si-tewg) *nt*
jersey

jet lag (*y*eyt lehg) *c* jet lag

jetplan (*y*eht-plaan) *nt* jet

jobb (*y*ob) *nt* job

jockey (djo-ki) *c* jockey

jod (*y*od) *c* iodine

jolle (*y*o-ler) *c* dinghy

jord (*y*oord) *c* earth; soil

Jordanien (*y*oor-*daa*-ni-ern)
Jordan

jordanier (*y*oor-*daa*-ni-err) *c*
(pl ~) Jordanian

jordansk (*y*oor-*daansk*) *adj*
Jordanian

jordbruk (*y*oord-brewk) *nt*
agriculture

jordbävning (*y*oord-behv-
ning) *c* earthquake

jordgubbe (*y*oord-gew-ber) *c*
strawberry

jordisk (*y*oor-disk) *adj*
earthly

jordklot (*y*oord-kloot) *nt*
globe

jordlott (*y*oord-lot) *c*
allotment, plot

jordmån (*y*oord-moan) *c* soil

jordnöt (*y*oord-nurt) *c* (pl
~ter) peanut

jordvall (*y*oord-vahl) *c* dam

journalfilm (shoor-*naal*-film)
c newsreel

journalism (shoor-nah-*lism*)
c journalism

journalist (shoor-nah-*list*) *c*
journalist

jubileum (*y*ew-bi-*lay*-ewm) *nt*
(pl -leer) jubilee

jude (*y*ew-der) *c* Jew

judisk (*y*ew-disk) *adj* Jewish

juice (*y*ooss) *c* juice

jul (*y*ewl) *c* Christmas; Xmas;
god ~! Merry Christmas!; ~
gåva *c* Christmas present

juli (*y*ew-li) July

jumper (*y*ewm-perr) *c* (pl
-prar) jumper

jungfru (ˀ*ewng*-frẽw) *c* virgin

juni (ˀ*ew*-ni) June

junior (ˀ*ew*-ni-or) *adj* junior

juridik (ˀew-ri-*deek*) *c* law

juridisk (ˀew-*ree*-disk) *adj* juridical, legal

jurist (ˀew-*rist*) *c* lawyer

jury (ˀ*ewr*-i) *c* jury

just¹ (ˀewst) *adv* just

just² (shewst) *adj* fair

justera (shew-*stáyr*-ah) *v* adjust

juvel (ˀew-*váyl*) *c* gem; **juveler** jewellery

juvelerare (ˀew-ver-láy-rah-rer) *c* (pl ~) jeweller

jägare (ˀ*ai*-gah-rer) *c* (pl ~) hunter

jämföra (ˀ*ehm*-fūr-rah) *v* compare

jämförelse (ˀ*ehm*-fūr-rayl-say) *c* comparison

jämlikhet (ˀehm-lcek-háyt) *c* equality

jämlöpande (ˀ*ehm*-lūr-pahn-der) *adj* parallel

jämn (ˀehmn) *adj* even;

smooth, level

jämna (ˀ*ehm*-nah) *v* level

jämra sig (ˀ*ehm*-rah) moan

jämvikt (ˀehm-vikt) *c* balance

järn (ˀæærn) *nt* iron; **järn-** iron

järnhandel (ˀ*æærn*-hahn-dayl) *c* hardware store

järnvaror (ˀ*æærn*-vaa-ror) *pl* hardware

järnväg (ˀ*æærn*-vaig) *c* railway; railroad *nAm*

järnvägsspår (ˀ*æærn*-vaig-spóar) *nt* track

järnvägsstation (ˀ*æærn*-vaig-stah-*shóon*) *c* station

järnvägsvagn (ˀ*æærn*-vaigs-vahngn) *c* carriage; passenger car *Am*

järnvägsövergång (ˀ*æærn*-vaigs-ūr-verr-gong) *c* railway crossing, level crossing

jäsa (ˀ*aiss* ah) *v* ferment

jäst (ˀehst) *c* yeast

jätte (ˀ*eht* cr) *c* giant

jättestor (ˀ*eh*-ter-stóōr) *adj* huge

K

kabel (*kaab*-erl) *c* (pl kablar) cable

kabln (kah-*been*) *c* cabin

kabinett (kah-bi-*nayt*) *nt* cabinet

kafé (kah-*fáy*) *nt* (pl ~er) café

kafeteria (kah-fer-*táy*-ri-ah) *c* cafeteria

kaffe (*kah*-fay) *nt* coffee

kaffebryggare (*kah*-fay-brew-gah-fer) *c* (pl ~) percolator

kaggo (*kah*-gèr) *c* cask

kaj (kigh) *c* quay; dock

kajuta (kah-ˀ*ew*-tah) *c* cabin

kaka (*kaa*-kah) *c* cake

kakel (*kaa*-kerl) *nt* tile

kaki (*kaa*-ki) *c* khaki

kal (kaal) *adj* bare, naked

kalas (kah-*laass*) *nt* party

kalcium (*kahl*-si-ewm) *nt* calcium

kalender (kah-*layn*-derr) *c* (pl -drar) calendar

kalk (kahlk) *c* lime

kalkon (kahl-*kōōn*) *c* turkey

kall (kahl) *adj* cold

kalla (*kahl*-ah) *v* call; **så kallad** so-called

kalori (kah-loo-*ree*) *c* calorie

kalsonger (kahl-*song*-err) *pl* drawers; briefs *pl*; shorts *plAm*; underpants *plAm*

kalv (kahlv) *c* calf

kalvinism (kahl-vi-*nism*) *c* Calvinism

kalvkött (*kahlv*-t^{y}urt) *nt* veal

kalvskinn (*kahlv*-shin) *nt* calf skin

kam (kahm) *c* (pl ~mar) comb

kamé (kah-*māy*) *c* cameo

kamel (kah-*māyl*) *c* camel

kamera (*kaa*-mer-rah) *c* camera

kamin (kah-*meen*) *c* heater, stove

kamma (*kah*-mah) *v* comb

kammare (*kah*-mah-rer) *c* (pl ~, kamrar) chamber

kammartjänare (*kahm*-ahr-t^{y}ai-nah-rer) *c* (pl ~) valet

kamp (kahmp) *c* fight; struggle, combat, battle

kampa (*kahm*-pah) *v* camp

kampanj (kahm-*pahn^y*) *c* campaign

kampare (*kahm*-pah-rer) *c* (pl ~) camper

kampingplats (*kahm*-ping-plahts) *c* camping site

kamrat (kahm-*raat*) *c* comrade

Kanada (*kah*-nah-dah) Canada

kanadensare (kah-nah-*dayn*-sah-rer) *c* (pl ~) Canadian

kanadensisk (kah-nah-*dayn*-sisk) *adj* Canadian

kanal (kah-*naal*) *c* canal; channel

kanariefågel (kah-*naa*-ri-er-fōā-gerl) *c* (pl -glar) canary

kandidat (kahn-di-*daat*) *c* candidate

kanel (kah-*nāyl*) *c* cinnamon

kanhända (kahn-*hehn*-dah) *adv* perhaps

kanin (kah-*neen*) *c* rabbit

kanon (kah-*nōōn*) *c* gun

kanot (kah-*nōōt*) *c* canoe

kanske (*kahn*-sher) *adv* perhaps; maybe

kant (kahnt) *c* edge; border; verge, rim

kantin (kahn-*teen*) *c* canteen

kaos (*kaa*-oss) *nt* chaos

kaotisk (kah-*ōā*-tisk) *adj* chaotic

kapa (*kaa*-pah) *v* hijack

kapabel (kah-*paa*-berl) *adj* capable

kapacitet (kah-pah-si-*tāyt*) *c* capacity

kapare (*kaa*-pah-rer) *c* (pl ~) hijacker

kapell (kah-*payl*) *nt* chapel

kapital (kah-pi-*taal*) *nt* capital

kapitalism (kah-pi-tah-*lism*) *c* capitalism

kapitalplacering (kah-pi-*taal*-plah-*sāy*-ring) *c* investment

kapitulation (kah-pi-tew-lah-*shōōn*) *c* capitulation, surrender

kaplan (kah-*plaan*) *c* chaplain

kappa (kah-pah) *c* coat

kapplöpning (*kahp*-lūrp-ning) *c* race

kapplöpningshäst (*kahp*-lūrp-nings-hehst) *c* racehorse

kapprum (*kahp*-rewm) *nt* cloakroom

kappsegling (*kahp*-sāyg-ling) *c* regatta

kappsäck (kahp-sehk) *c* suitcase, grip

kapsyl (kahp-*sēwl*) *c* capsule

kapten (kahp-*tayn*) *c* captain

kapuschong (kah-pew-*shong*) *c* hood

karakterisera (kah-rahk-ter-ri-*sāy*-rah) *v* characterize

karakteristisk (kah-rahk-ter-*riss*-tisk) *adj* characteristic; typical

karaktär (kah-rahk-*tæær*) *c* character

karaktärodrag (kah-rahk-*tæærs*-draag) *nt* characteristic

karamell (kah-rah *mayl*) *c* caramel, sweet; candy *nAm*

karantän (kah-rahn-*tain*) *c* quarantine

karat (kah-*raat*) *c* (pl ∼) carat

karbonkopia (kahr-*bōōn*-koo-*pee*-ah) *c* carbon copy

karbonpapper (kahr-*bōōn*-pah-perr) *nt* carbon paper

kardinal (kahr-di-*naal*) *c* cardinal

karg (kahrʸ) *adj* bare

karl (kaar) *c* guy; chap, fellow

karmosinröd (kahr-mo-*seen*-rūrd) *adj* crimson

karneval (kahr-nay-*vaal*) *c* carnival

kaross (kah-*ross*) *c* coach

karosseri (kah-ro-ser-*ree*) *nt* (pl ∼er) motor body *Am*

karp (kahrp) *c* carp

karriär (kah-ri-*ǣær*) *c* career

karta (*kaar*-tah) *c* map

kartong (kahr-*tong*) *c* carton

karusell (kah-rew-*sayl*) *c* merry-go-round

kaschmir (kahsh-*meer*) *c* cashmere

kasern (kah-*sæærn*) *c* barracks *pl*

kasino (kah-*see*-no) *nt* casino

kassa (*kah*-sah) *c* cash, fund; pay desk

kassaskåp (*kah*-sah-skōap) *nt* safe

kassavalv (*kah*-sah-vahlv) *nt* vault

kasse (*kah*-ser) *c* shopping bag

kassera (kah-*sāy*-rah) *v* discard

kassett (kah-*seht*) *c* cassette

kassör (kah-*sūrr*) *c* cashier

kassörska (kah-*surrs*-kah) *c* cashier

kast (kahst) *nt* throw; cast

kasta (*kahss*-tah) *v* *throw; toss, *cast; *overcast

kastanj (kahss-*tahn*ʸ) *c* chestnut

kastby (*kahst*-bēw) *c* gust

kastrull (kahst-*rewl*) *c* saucepan

katakomb (kah-tah-*komb*) *c* catacomb

katalog (kah-tah-*lōag*) *c* catalogue

katarr (kah-*tahr*) *c* catarrh

katastrof (kah-tah-*strōaf*) *c* catastrophe; disaster; calamity

katastrofal (kah-tah-stro-*faal*) *adj* disastrous

katedral (kah-ter-*draal*) *c* cathedral

kategori (kah-ter-gōa-*ree*) *c* category

katolsk (kah-*tōolsk*) *adj* catholic; **romersk ~** Roman Catholic

katrinplommon (kaht-*reen*-ploo-mon) *nt* prune

katt (kaht) *c* cat

kavaj (kah-*vigh*) *c* jacket

kaviar (*kah*-vi-ʸahr) *c* caviar

kedja (*tʸayd*-ʸah) *c* chain

kejsardöme (*tʸay*-sahr-*dur*-mer) *nt* empire

kejsare (*tʸay*-sah-rer) *c* (pl ∼) emperor

kejsarinna (*tʸay*-sah-*ri*-nah) *c* empress

kejserlig (*tʸay*-serr-li) *adj* imperial

kelgris (*tʸayl*-greess) *c* pet

kemi (tʸay-*mee*) *c* chemistry

kemikalieaffär (tʸay-mi-*kaa*-li-ay-ah-*fær*) *c* chemist's; drugstore *nAm*

kemisk (*tʸay*-misk) *adj* chemical

kemtvätt (*tʸaym*-tveht) *c* dry cleaner's

kemtvätta (*tʸaym*-tveh-tah) *v* dry-clean

kennel (*keh*-nerl) *c* (pl -nlar) kennel

Kenya (*kāyn*-i-ah) Kenya

keramik (tʸay-rah-*meek*) *c* ceramics *pl*; pottery

kex (kayks) *nt* biscuit; cookie *nAm*; cracker *nAm*

kika (*tʸee*-kah) *v* peep

kikare (*tʸee*-kah-rer) *c* (pl ∼) binoculars *pl*

kikhosta (*tʸeek*-hooss-tah) *c* whooping-cough

kil (tʸeel) *c* wedge, gusset

kilo (*tʸee*-loo) *nt* kilogram

kilometer (tʸee-loo-*māy*-terr) *c* (pl ∼) kilometre

Kina (*tʸee*-nah) China

kind (tʸind) *c* cheek

kindben (*tʸind*-bāyn) *nt* cheekbone

kindtand (*tʸind*-tahnd) *c* (pl -tänder) molar

kines (tʸi-*nāyss*) *c* Chinese

kinesisk (tʸi-*nāy*-sisk) *adj* Chinese

kinkig (*tʸing*-ki) *adj* difficult

kiosk (tʸi-*osk*) *c* kiosk

kirurg (tʸi-*rewrg*) *c* surgeon

kissekatt (ki-ser-*kaht*) *c* pussy-cat

93 **klot**

kista (t*y*iss-tah) c chest; coffin

kittel (t*y*i-terl) c (pl -tlar) kettle

kittla (t*y*it-lah) v tickle

kiv (t*y*eev) nt strife, quarrelling

kivas (t*y*eev-ahss) v quarrel

kjol (t*y*ool) c skirt

klack (klahk) c heel

klaga (klaa-gah) v complain

klagomål (klaa-goo-moal) nt complaint

klander (klahn-derr) nt blame

klandra (klahn-drah) v blame

klang (klahng) c tone

klar (klaar) adj ready; clear, serene

klara (klaa-rah) v cope with; klara sig manage; get along; pass; klara sig med *make do with

*klargöra (klaar *y*ur-rah) v clarify

*klarlägga (klaar-lehg-ah) v elucidate

klass (klahss) c class; form

klassificera (klah-si-fi-say-rah) v classify, grade

klassisk (klah-sisk) adj classical

klasskamrat (klahss-kahm-raat) c classmate

klassrum (klahss-rewm) nt classroom

klatsch (klahch) c smack

klausul (klahew-sewl) c clause

klenod (klay-nood) c gem

klia (klee-ah) v itch

klibbig (kli-bi) adj sticky

klicka (klik-ah) v click; ~ fast click into place

klient (kli-aynt) c client; customer

klimat (kli-maat) nt climate

klimpig (klim-pi) adj lumpy

klinik (kli-neek) c clinic

klippa¹ (kli-pah) v *cut; ~ av *cut off

klippa² (kli-pah) c rock; cliff

klippbok (klip-book) c (pl -böcker) scrapbook

klippig (kli-pi) adj rocky

klipsk (klipsk) adj smart, shrewd

klister (kliss-terr) nt gum

klistermärke (kliss-terr-mær-ker) nt sticker

klisterremsa (kliss-terr-raym-sah) c adhesive tape

klistra (kliss trah) v paste; *stick

klo (kloo) c claw

kloak (kloo-aak) c sewer

klocka (klo-kah) c watch; bell; klockan ... at ... o'clock; klockan tolv noon

klockarmband (klok-ahrm-bahnd) nt watchstrap

klockspel (klok-spayl) nt chimes pl

klok (klook) adj clever

klon (kloan) c clone

klona (kloo-nah) v clone

klor (kloar) c chlorine

kloss (kloss) c block

kloster (kloss-terr) nt cloister; convent, monastery

klot (kloot) nt sphere

klubb

klubb (klewb) *c* club

klubba (*klew*-bah) *c* club; mallet; lollipop

klump (klewmp) *c* lump

klumpig (*klewm*-pi) *adj* clumsy; awkward

klumpsumma (*klewmp*-sewm-ah) *c* lump sum

klyfta (*klewf*-tah) *c* cleft; cleavage; segment

***kliva** (*klee*-vah) *v* *split

kläda (*klöa*-dah) *c* itch

klä (klai) *v* *become; clothe; cover; ~ av sig undress; ~ om sig change; ~ på dress; ~ på sig *put on; ~ sig dress; *vara klädd i *wear

kläder (*klai*-derr) *pl* clothes *pl*

klädhängare (*klehd*-hehng-ah-rer) *c* (pl ~) hanger

klädskåp (*klaid*-skoap) *nt* wardrobe

klämma (*klehm*-ah) *c* clamp; *v* squeeze

klänga sig (*klenhg*-ah say) *v* cling; ~ fast cling to

klänning (*klehn*-ing) *c* dress; frock, gown

klättra (*kleht*-rah) *v* climb

klättring (*kleht*-ring) *c* climb

klösa (*klür*-sah) *v* scratch

klöver (*klür*-verr) *c* clover

knacka (*knah*-kah) *v* knock; tap

knackning (*knahk*-ning) *c* knock

knapp[1] (knahp) *c* button

knapp[2] (knahp) *adj* scarce; **knappast** scarcely; **knappt**
adv hardly

knappast (*knahp*-ahst) hardly

knapphet (*knahp*-hāyt) *c* scarcity

knapphål (*knahp*-hōal) *nt* buttonhole

knappnål (*knahp*-nōal) *c* pin

knaprig (*knaap*-ri) *adj* crisp

knekt (knehkt) *c* knave

***knipa** (*knee*-pah) *v* pinch

kniptång (*kneep*-tong) *c* (pl -tänger) pincers *pl*

kniv (kneev) *c* knife

knivblad (*kneev*-blaad) *nt* blade

knoge (*knōō*-ger) *c* knuckle

knopp (knop) *c* bud

knorra (*kno*-rah) *v* grumble

knubbig (*knewb*-i) *adj* plump

knuff (knewf) *c* push

knulla (*knewl*-ah) *v* fuck V

knut (knēwt) *c* knot

knutpunkt (*knēwt*-pewngkt) *c* junction

***knyta** (*knēw*-tah) *v* tie; knot; ~ upp untie

knytnäve (*knēwt*-nai-ver) *c* fist

knytnävsslag (*knēwt*-naivs-slaag) *nt* punch

knä (knai) *nt* knee

knäböja (*knai*-bur-ᵞah) *v* *kneel

knäppa (*knehp*-ah) *v* button; zap; ~ upp unbutton

knäskål (*knai*-skōal) *c* kneecap

ko (kōō) *c* cow

kock (kok) *c* cook

kod (kōad) c code

koffein (ko-fer-*een*) nt caffeine

koffeinfri (ko-fer-*een*-free) adj decaf(feinated)

koffert (ko-ferrt) c trunk

kofta (*kof*-tah) c cardigan

kofångare (*kōo*-fong-ah-rer) c (pl ~) bumper

koj (koi) c bunk

koka (*kōo*-kah) v boil

kokain (koo-kah-*een*) nt cocaine

kokbok (*kōok*-bōok) c (pl -böcker) cookery book; cookbook nAm

kokmöjligheter (*kōok*-murʸ-li-hāy-ter) pl cooking facilities pl

kokosnöt (*koo*-kooss-nūrt) c (pl ~ter) coconut

kol (kōal) nt coal

kola (*kōu*-lah) c toffee

kolja (*kol*-ʸah) c haddock

kolla (*kol*-ah) v check

kollapsa (ko-*lahp*-sah) v collapse

kollega (ko-*lāy*-gah) c colleague

kollektiv (ko-lehk-teev) adj collective

kollidera (ko-li-*dāy*-rah) v collide; crash

kollision (ko-li-*shōon*) c collision; crash

koloni (ko-lo-*nee*) c colony

kolonn (ko-*lon*) c column

kolossal (ko-lo-*saal*) adj huge

koltrast (*kōal*-trahst) c blackbird

kolumn (ko-*lewmn*) c column

kolv (kolv) c piston

kolvring (*kolv*-ring) c piston ring

koma (*kōa*-mah) c coma

kombination (kom-bi-nah-*shōon*) c combination

kombinera (koam-bi-*nāy*-rah) v combine

komedi (ko-may-*dee*) c comedy; **musikalisk ~** musical comedy

komfort (kom-*fort*) c comfort

komfortabel (kom-for-*taa*-berl) adj comfortable

komiker (*kōo*-mi-kerr) c (pl ~) comedian

komisk (*kōo*-misk) adj comic

*komma (*kōa*-mah) v *come; ~ ihåg remember; ~ tillbaka return; *get back

kommatecken (*ko*-mah-tay-kern) nt comma

kommentar (ko-mayn-*taar*) c comment

kommentera (ko-mayn-*tāy*-rah) v comment

kommersiell (ko-mær-si-*ayl*) adj commercial

kommission (ko-mi-*shōon*) c commission

kommitté (ko-mi-*tāy*) c committee

kommun (ko-*mewn*) c municipality; commune; **kommunal-** municipal

kommunfullmäktige (ko-*mēwn*-fewl-mehk-ti-ger) pl municipality council

kommunikation (ko-mew-ni-kah-*shōōn*) c
communication

kommuniké (ko-mew-ni-*kāy*) c communiqué

kommunism (ko-mew-*nism*) c communism

kommunist (ko-mew-*nist*) c communist

kompakt (kom-*pahkt*) adj compact

kompanjon (koam-pahn-*yōōn*) c partner; associate

kompass (kom-*pahss*) c compass

kompensation (kom-payn-sah-*shōōn*) c compensation

kompensera (kom-pern-*sāy*-rah) v compensate

kompetent (koam-pay-*taynt*) adj qualified

kompis (*kom*-piss) c buddy colloquial

komplett (kom-*playt*) adj complete

komplex (kom-*plehks*) nt complex

komplicerad (kom-pli-*sāyr*-ahd) adj complicated

komplimang (kom-pli-*mahng*) c compliment

komplimentera (kom-pli-mern-*tāyr*-ah) v compliment

komplott (kom-*plot*) c plot; conspiracy

komponera (kom-poo-*nāy*-rah) v compose

komposition (kom-po-si-*shōōn*) c composition

kompositör (kom-po-si-*tūrr*) c composer

kompromiss (kom-pro-*miss*) c compromise

koncentration (kon-sayn-trah-*shōōn*) c concentration

koncentrera (kon-sayn-*trāy*-rah) v concentrate

koncern (kon-*surrn*) c concern

koncession (kon-ser-*shōōn*) c concession

koncis (kon-*seess*) adj concise

kondition (kon-di-*shōōn*) c condition

konditor (kon-*dee*-toar) c confectioner

konditori (kon-di-too-*ree*) nt (pl ~er) pastry shop

kondom (kon-*dōam*) c condom

konduktör (kon-dewk-*tūrr*) c ticket collector

konfektionssydd (kon-fayk-*shōōn*-sewd) adj ready--made

konferens (kon-fer-*rayns*) c conference

konfidentiell (kon-fi-daynt-si-*ayl*) adj confidential

konfiskera (kon-fi-*skāyr*-ah) v confiscate

konflikt (kon-*flikt*) c conflict

konfrontera (kon-fron-*tāy*-rah) v confront, face

kongregation (kon-gray-gah-*shōōn*) c congregation

kongress (kong-*rayss*) c congress

konjak (kon-*yahk*) c cognac

konkret (kon-*krayt*) *adj* concrete

konkurrens (kon-kew-*rayns*) *c* competition

konkurrent (kon-kew-*raynt*) *c* competitor

konkurrera (kon-kew-*rayr*-ah) *v* compete

konkursmässig (kon-kewrs-meh-si) *adj* bankrupt

konsekvens (kon-ser-*kvayns*) *c* consequence; issue

konsert (kon-*sæær*) *c* concert

konsertsal (kon-*sær*-saal) *c* concert hall

konservativ (kon-sær-vah-*teev*) *adj* conservative

konservatorium (kon-sær-vah-*too*-ri-ewm) *nt* (pl -rier) music academy

konservburk (kon-*særv*-bewrk) *c* can, tin

konserver (kon-*særv*-err) *pl* tinned food

konservera (kon-sær-*vay*-rah) *v* preserve

konservering (kon-sær-*vay*-ring) *c* preservation

konservöppnare (kon-*særv*-urp-nah-rer) *c* (pl ~) can opener, tin opener

konst (konst) *c* art; **de sköna konsterna** fine arts

konstakademi (*konst*-ah-kah day-*mee*) *c* art school

konstatera (kons-tah-*ayr*-ah) *v* ascertain, establish; diagnose

konstgalleri (*konst*-gah-ler-ri) *nt* (pl ~er) art gallery; gallery

konstgjord (*konst*-*yoord*) *adj* artificial

konsthantverk (*konst*-hahnt-værk) *nt* handicraft

konsthistoria (*konst*-hiss-*too*-ri-ah) *c* art history

konstig (*kons*-ti) *adj* funny, odd; queer

konstindustri (*konst*-in-dew-stree) *c* arts and crafts

konstnär (*konst*-næær) *c* artist

konstnärinna (*konst*-næ-ri-nah) *c* artist

konstnärlig (konst-*næær*-li) *adj* artistic

konstruera (kon-strew-*ayr*-ah) *v* construct

konstruktion (kon-strewk-*shoon*) *c* construction

konstsamling (*konst*-sahm-ling) *c* art collection

konstsiden (*konst*-see-dern) *c* rayon

konststycke (*konst*-stew-ker) *nt* trick

konstutställning (*konst*-ewt-stehl-ning) *c* art exhibition

konstverk (*konst*-værk) *nt* work of art

konsul (*kon*-sewl) *c* consul

konsulat (kon-sew-*laat*) *nt* consulate

konsultation (kon-sewl-tah-*shoon*) *c* consultation

konsument (kon-sew-*maynt*) *c* consumer

konsumera (kon-sew-*may*

rah) *v* consume

kontakt (kon-*tahkt*) *c* contact

kontakta (kon-*tahk*-tah) *v* contact

kontaktlinser (kon-*tahkt*-lin-serr) *pl* contact lenses

kontanter (kon-*tahn*-terr) *pl* cash

kontinent (kon-ti-*naynt*) *c* continent

kontinental (kon-ti-nayn-*taal*) *adj* continental

kontinuerlig (kon-ti-new-*ayr*-li) *adj* continuous

konto (*kon*-too) *nt* account

kontokort (*kon*-toh-koort) *nt* debit card

kontor (kon-*toor*) *nt* office

kontorist (kon-too-*rist*) *c* clerk

kontorsartiklar (kon-*toors*-ahr-tik-lahr) *pl* stationery

kontorstid (kon-*toors*-teed) *c* office hours; business hours

kontra (*kont*-rah) *prep* versus

kontrakt (kon-*trahkt*) *nt* contract; agreement

kontrast (kon-*trahst*) *c* contrast

kontroll (kon-*trol*) *c* control; inspection; supervision

kontrollera (kon-tro-*lay*-rah) *v* control; check, inspect, supervise

kontur (kon-*tewr*) *c* contour

konversation (kon-vær-sah-*shoon*) *c* conversation

kooperation (koo-o-per-rah-*shoon*) *c* co-operative

kooperativ (koo-o-per-rah-*teev*) *adj* co-operative

kopia (ko-*pee*-ah) *c* copy

kopiera (koo-pi-*ayr*-ah) *v* copy

kopp (kop) *c* cup

koppar (*ko*-pahr) *c* copper

koppel (*ko*-payl) *nt* leash; lead

koppla (*kop*-lah) *v* connect; ~ av relax; ~ på switch on; ~ till connect; ~ ur disconnect; declutch

koppling (*kop*-ling) *c* clutch

kopplingsbord (*kop*-lings-boord) *nt* switchboard

korall (ko-*rahl*) *c* coral

korg (kor^y) *c* basket; hamper

korint (ko-*rint*) *c* currant

kork (kork) *c* cork

korka upp (*kor*-kah) uncork

korkskruv (*kork*-skrewv) *c* corkscrew

korn (koorn) *nt* grain; corn, barley

korp (korp) *c* raven

korpulent (kor-pew-*laynt*) *adj* corpulent; stout

korrekt (ko-*raykt*) *adj* correct

korrespondens (ko-ray-spon-*dahngs*) *c* correspondence

korrespondent (ko-rayss-pon-*daynt*) *c* correspondent

korrespondera (ko-rayss-pon-*day*-rah) *v* correspond

korridor (ko-ri-*door*) *c* corridor

korrumpera (ko-rewm-*pay*-rah) *v* corrupt

korrumperad (ko-rewm-*pay*-

rahd) *adj* corrupt

korruption (ko-rewp-*shōōn*) *c* corruption

kors (kors) *nt* cross

korsett (kor-*sayt*) *c* corset

korsfästa (*kors*-fehss-tah) *v* crucify

korsfästelse (*kors*-fehss-tayl-ser) *c* crucifixion

korsning (*kors*-ning) *c* crossing

korståg (*kors*-tōåg) *nt* crusade

kort[1] (kort) *adj* short; brief

kort[2] (koort) *nt* card; snapshot; **grönt ~** green card

kortfattad (*kort*-faht-ahd) *adj* brief; concise

kortslutning (*kort*-slewt-ning) *c* short circuit

korv (korv) *c* sausage

kosmetika (koss-*māy*-ti-kah) *pl* cosmetics *pl*

kost (kost) *c* fare

kosta (*koss* tah) *v* *°*cost

kostnad (*kost*-nahd) *c* cost

kostnadsfri (*kost*-nahds-free) *adj* free of charge

kostsam (*kost*-sahm) *adj* expensive

kostym (koss-*tewm*) *c* suit

kotlett (kot-*leht*) *c* chop; cutlet

krabba (*krah*-bah) *c* crab

kraft (krahft) *c* force; energy, strength, power

kraftig (*krahf*-ti) *adj* strong, powerful; robust

kraftverk (*krahft*-værk) *nt* power station

krage (kraa-gay) *c* collar

kragknapp (*kraag*-knahp) *c* collar stud

kram (kraam) *c* hug

krama (*kraam*-ah) *v* cuddle, embrace

kramp (krahmp) *c* cramp; convulsion

krampa (*krahm*-pah) *c* clamp

kran (kraan) *c* tap

kranvatten (*kraan*-vah-tern) *nt* tap water

krasslig (*krahss*-li) *adj* unwell

krater (*kraa*-terr) *c* (pl -trar) crater

kratta (*krah*-tah) *c* rake

krav (kraav) *nt* requirement

kreativ (*kray*-ah-teev) *adj* creative

kredit (kray-*deet*) *c* credit

kreditera (kray-di-*tāy*-rah) *v* credit

kreditiv (kray-*di*-teev) *nt* letter of credit

kreditkort (kray-*deet*-koort) *nt* credit card; charge card *nAm*

kremera (kray-*māyr*-ah) *v* cremate

krets (krayts) *c* circuit; circle

kretslopp (*krayts*-lop) *nt* circulation, orbit; cycle

kricket (*kri*-kayt) *nt* cricket

krig (kreeg) *nt* war

krigsfånge (*kriks*-fong-er) *c* prisoner of war

kriminell (kri-mi-*nayl*) *adj* criminal

kringliggande (*kring* li-

kris

gahn-der) *adj* surrounding

kris (kreess) *c* crisis

kristall (kriss-*tahl*) *c* crystal; **kristall-** crystal

kristen[1] (kriss-tern) *c* (pl -tna) Christian

kristen[2] (kriss-tern) *adj* Christian

Kristus (kriss-tewss) Christ

krita (kreet-ah) *c* chalk

kritik (kri-teek) *c* criticism

kritiker (kree-ti-kerr) *c* (pl ~) critic

kritisera (kri-ti-sayy-rah) *v* criticize

kritisk (kree-tisk) *adj* critical

krockkudde (crock-kew-day) *c* airbag

krog (kroog) *c* restaurant

krok (krook) *c* hook

krokig (krook-i) *adj* crooked, curved, bent

krokodil (kroo-koo-deel) *c* crocodile

krona (kroo-nah) *c* crown

kronblad (kroon-blaad) *nt* petal

kronisk (kroo-nisk) *adj* chronic

kronologisk (kroo-noo-loag-isk) *adj* chronological

kronärtskocka (kroon-ærts-ko-kah) *c* artichoke

kropp (krop) *c* body; **fast ~** solid

krossa (kross-sah) *v* crush

krucifix (krew-si-fiks) *nt* crucifix

kruka (krew-kah) *c* jar

krus (krewss) *nt* pitcher

krusa (krew-sah) *v* curl

krusbär (krewss-bæær) *nt* gooseberry

krut (krewt) *nt* gunpowder

krycka (krew-kah) *c* crutch

krydda (krew-dah) *c* spice; *v* flavour

kryddad (krew-dahd) *adj* spiced; spicy

krympa (krewm-pah) *v* *shrink

krympfri (krewmp-free) *adj* shrinkproof

***krypa** (krewp-ah) *v* *creep; crawl

kryssning (krewss-ning) *c* cruise

kråka (kroak-ah) *c* crow

kräfta (krehf-tah) *c* crayfish

kräkas (krai-kahss) *v* vomit

kräldjur (krail-yewr) *nt* reptile

kräm (kraim) *c* cream

krämpa (krehm-pah) *c* ailment

kränka (krehng-kah) *v* offend

kränkande (krehng-kahn-der) *adj* offensive

kränkning (krehngk-ning) *c* offence; violation

kräsen (krai-sern) *adj* choosy, fastidious, particular

kräva (krai-vah) *v* demand; require, claim

krök (krürk) *c* bend

kröna (krür-nah) *v* crown

kub (kewb) *c* cube

Kuba (kew-bah) Cuba

kuban (kew-baan) *c* Cuban

kubansk (kew-baansk) *adj*

Cuban

kudde (*kew*-day) *c* cushion; pillow

kuggas (*kewg*-ahss) *v* fail

kula (*kew*-lah) *c* bullet

kull (kewl) *c* litter

kulle (*kew*-lay) *c* hill; mound

kullkasta (*kewl*-kahss-tah) *v* *upset

kulspetspenna (*kewl*-spayts-pay-nah) *c* ballpoint pen

kultiverad (kewl-ti-*vay*-rahd) *adj* cultured, refined

kultur (kewl-*tewr*) *c* culture

kund (kewnd) *c* customer; client

kung (kewng) *c* king

kungarike (*kewng*-ah-ree-ker) *nt* kingdom

kunglig (*kewng*-li) *adj* royal

***kungöra** (*kewn*-Ÿurr-ah) *v* proclaim

kungörelse (*kewn*-Ÿur-rayl-ser) *c* announcement; proclamation; notice

***kunna** (*kewn*-ah) *v* *can; *may, *be able to

kunskap (*kewn*-skaap) *c* knowledge

kupé (kew-*pay*) *c* compartment

kuperad (kew-*pay*-rahd) *adj* hilly

kupol (kew-*pōal*) *c* dome

kupong (kew-*pong*) *c* coupon; voucher

kur (kewr) *c* cure

kurort (*kewr*-oort) *c* spa

kurs (kewrs) *c* course

kurva (*kewr*-vah) *c* curve,

turning, bend

kusin (kew-*seen*) *c* cousin

kuslig (*kewss*-li) *adj* creepy

kust (kewst) *c* coast; seashore, seaside

kuvert (kew-*væær*) *nt* envelope

kuvertavgift (*kēw*-væær-aav-ᵞift) *c* cover charge

kvacksalvare (*kvahk*-sahl-vah-rer) *c* (pl ~) quack

kvadrat (kvah-*draat*) *c* square

kvadratisk (kvah-*draa*-tisk) *adj* square

kvalificera sig (kvah-li-fi-*sayr*-ah) qualify

kvalificerad (kvah-li-fi-*sayr*-ahd) *adj* qualified

kvalifikation (kvah-li-fi-kah-*shōon*) *c* qualification

kvalitet (kvah-li-*tayt*) *c* quality

kvantitet (kvahn-ti-*tayt*) *c* quantity

kvar (kvaar) *adv* left

kvarleva (*kvaar*-lāy-vah) *c* remnant

kvarn (kvaarn) *c* mill

kvart (kvahrt) *c* quarter of an hour; quarter

kvartal (kvahr-*taal*) *nt* quarter; kvartals- quarterly

kvarter (kvahr-*tayr*) *nt* block

kvast (kvahst) *c* broom

kvav (kvaav) *adj* stuffy

kvick (kvik) *adj* quick

kvicksilver (*kvik*-sil-vehr) *nt* mercury

kvicktänkt (*kvik*-tchngkt) *adj* bright

kvinna (*kvi*-nah) *c* woman

kvinnlig (*kvin*-li) *adj* feminine

kvist (kvist) *c* twig

kvitto (*kvi*-too) *nt* receipt

kvot (kvoot) *c* quota

kväll (kvehl) *c* evening; night; i ~ tonight

kvällsmat (*kvehls*-maat) *c* supper

kväva (*kvai*-vah) *v* choke

kvävas (*kvai*-vahss) *v* choke

kväve (*kvai*-ver) *nt* nitrogen

kyckling (*t*ᵞ*ewk*-ling) *c* chicken

kyla (*t*ᵞ*ēw*-lah) *c* cold

kylig (*t*ᵞ*ēw*-li) *adj* cool; chilly

kylskåp (*t*ᵞ*ēwl*-skōap) *nt* fridge, refrigerator

kypare (*t*ᵞ*ēw*-pah-rer) *c* (pl ~) waiter

kyrka (*t*ᵞ*ewr*-kah) *c* church

kyrkogård (*t*ᵞ*ewr*-koo-gōard) *c* churchyard; cemetery

kyrktorn (*t*ᵞ*ewrk*-toorn) *nt* church tower

kyrkvaktmästare (*t*ᵞ*ewrk*-vahkt-mehss-tah-rer) *c* (pl ~) sexton

kysk (*t*ᵞewsk) *adj* chaste

kyss (*t*ᵞewss) *c* kiss

kyssa (*t*ᵞ*ew*-sah) *v* kiss

kål (kōal) *c* cabbage

käck (*t*ᵞehk) *adj* plucky

käft (*t*ᵞehft) *c* mouth

kägelspel (*t*ᵞ*ai*-gerl-spāyl) *nt* bowling

käke (*t*ᵞ*ai*-ker) *c* jaw

kälkborgerlig (*t*ᵞ*ehlk*-bor-ᵞerr-li) *adj* bourgeois

kälke (*t*ᵞ*ehl*-ker) *c* sleigh, sledge

källa (*t*ᵞ*ehl*-ah) *c* spring; source, fountain

källare (*t*ᵞ*eh*-lah-rer) *c* (pl ~) cellar

källarvåning (*t*ᵞ*eh*-lahr-vōa-ning) *c* basement

kämpa (*t*ᵞ*ehm*-pah) *v* *fight; struggle, combat, battle

känd (*t*ᵞehnd) *adj* famous, known, noted

känguru (*t*ᵞ*ehng*-gew-rew) *c* kangaroo

känna (*t*ᵞ*ehn*-ah) *v* *feel; *know; ~ igen recognize

kännare (*t*ᵞ*eh*-nah-rer) *c* (pl ~) connoisseur

kännbar (*t*ᵞ*ehn*-baar) *adj* perceptible, noticeable

kännedom (*t*ᵞ*ehn*-er-doom) *c* knowledge

kännemärke (*t*ᵞ*ehn*-er-mær-ker) *nt* feature

kännetecken (*t*ᵞ*eh*-ner-*tay*-kern) *nt* characteristic

känsel (*t*ᵞ*ehn*-serl) *c* touch; feeling; utan ~ numb

känsla (*t*ᵞ*ehns*-lah) *c* emotion, sensation

känslig (*t*ᵞ*ehns*-li) *adj* sensitive; delicate

känslolös (*t*ᵞ*ayns*-loo-*lūrss*) *adj* insensitive

käpp (*t*ᵞehp) *c* cane; stick

käpphäst (*t*ᵞ*ehp*-hehst) *c* hobbyhorse

kär (*t*ᵞær) *adj* dear

kärl (*t*ᵞærl) *nt* vessel

kärlek (*t*ᵞ*ær*-lāyk) *c* love

kärleksaffär (tˢæær-lāyks-ah-
  fæær) *c* affair
kärleksfull (tˢæær-lāyks-
  fewl) *adj* affectionate
kärlekshistoria (tˢæær-
  lāyks-hiss-tōō-ri-ah) *c* love
  story
kärn- (tˢæærn) nuclear;
  atomic
kärna (tˢæær-nah) *c* stone, pip;
  core, essence; nucleus
kärnhus (tˢæærn-hēwss) *nt*
  core
kärnkraft (tˢæærn-krahft) *c*
  nuclear energy
kärra (tˢæ-rah) *c* cart; barrow
kö (kūr) *c* queue
köa (kūr-ah) *v* queue; stand in
  line *Am*
kök (tˢūrk) *nt* kitchen
kökschef (tˢurks-shāyf) *c*
  chef
kökshandduk (tˢurks-hahn-
  dēwk) *c* kitchen towel
köksredskap (tˢurks-rāyd-
  skaap) *nt* utensil
köksspis (tˢurk-speẹss) *c*
  stove, cooker
köksträdgård (tˢurks-trai-
  goård) *c* kitchen garden
köl (tˢūrl) *c* keel
kön (tˢūrn) *nt* sex; **köns-
  genital**
könssjukdom (tˢūrns-
  shewk-doom) *c* venereal

disease
köp (tˢūrp) *nt* purchase
köpa (tˢūr-pah) *v* *buy;
  purchase
köpare (tˢūr-pah-rer) *c* (pl ~)
  buyer; purchaser
köpcenter (tˢūrp-sayn-ter) *nt*
  (pl -centra) mall
köpesumma (tˢūr-per-sew-
  mah) *c* purchase price
köpman (tˢūrp-mahn) *c* (pl
  -män) merchant; trader
*köpslå (tˢūrp-slōa) *v* bargain
kör (kūr) *c* choir
köra (tˢūr-rah) *v* *drive; ~ **för
  fort** *speed; ~ **om** *overtake;
  pass *vAm*
körbana (tˢurr-baan-ah) *c*
  carriageway; roadway *nAm*
körfil (tˢūrr-feel) *c* lane
körkort (tˢurr-koort) *nt* (pl ~)
  driver's licence, driving
  licence
körriktningsvisare (tˢurr-
  rikt-nings-vee-sah-rer) *c* (pl
  ~) trafficator; directional
  signal *Am*
körsbär (tˢurrs-bæær) *nt*
  cherry
körsnär (tˢurrs-næær) *c*
  furrier
körtel (tˢurr-terl) *c* (pl -tlar)
  gland
kött (tˢurt) *nt* flesh; meat

L

labyrint (lah-bew-*rint*) c
labyrinth; maze

lack (lahk) *nt* lacquer; varnish

lada (*laa*-dah) c barn

laddare (*laa*-dah-rer) c
charger

ladda upp (lah-dah *ewp*) v
upload

laddning (*lahd*-ning) c
charge; cargo

lag (laag) *nt* team

laga (*laa*-gah) v fix; mend

lager (*laa*-gerr) *nt* store,
stock; layer

laglig (*laag*-li) *adj* legal;
lawful

lagra (*laag*-rah) v store; stock

lagring (*laag*-ring) c storage

lagun (lah-*gewn*) c lagoon

lakan (*laa*-kahn) *nt* sheet

lakrits (*laa*-krits) c liquorice

laktos (lahk-*toos*) c lactose

laktosfri (lahk-*toos*-free) *adj*
lactose-free

laktosintolerant (lahk-*toos*-
in-tool-e-*rahnt*) *adj* lactose
intolerant

lamm (lahm) *nt* lamb

lammkött (*lahm*-tyurt) *nt*
lamb

lampa (*lahm*-pah) c lamp

lampskärm (*lahmp*-shærm) c
lampshade

land (lahnd) *nt* (pl länder)
land; country; *gå i ~ land,
disembark; i ~ ashore

landa (*lahn*-dah) v land

landgräns (*lahnd*-grehns) c
boundary

landgång (*lahnd*-gong) c
gangway

landmärke (*lahnd*-mær-ker)
nt landmark

landsbygd (*lahnds*-bewgd) c
countryside; country

landsflykt (*lahnds*-flewkt) c
exile

landsflykting (*lahnds*-flewk-
ting) c exile

landskap (*lahnd*-skaap) *nt*
province, landscape;
scenery

landsman (*lahnds*-mahn) c
(pl -män) countryman

***landstiga** (*lahnd*-steeg-ah) v
disembark

landsväg (*lahnds*-vaig) c
highway

lantbruk (*lahnt*-brewk) *nt*
farm

lantbrukare (*lahnt*-brew-kah-
rer) c (pl ∼) farmer

lantlig (*lahnt*-li) *adj* rural

lantställe (*lahnt*-steh-ler) c
country house

larma (*lahr*-mah) v alarm;
clamour

lasarett (lah-sah-*reht*) *nt*
hospital

last (lahst) c cargo; load,
freight; vice

lasta (*lahss*-tah) v load;

charge; ~ av unload
lastbil (*lahst*-beel) c lorry;
truck n*Am*
lastkaj (*lahst*-kigh) c wharf
lastrum (*lahst*-rewm) nt hold
lat (laat) adj lazy; idle
Latinamerika (lah-*teen*-ah-
māy-ri-kah) Latin America
latinamerikansk (lah-*teen*-
ah-*may*-ri-*kaansk*) adj
Latin-American
lavin (lah-*veen*) c avalanche
lax (lahks) c salmon
***le** (*lāy*) v smile
led (*lāy*) c joint; **ur ~**
dislocated
leda (*lāy*d-ah) v *lead; head,
direct
ledande (*lāy*-dahn-der) adj
leading
ledare (*lāy*-dah-rer) c (pl ~)
leader
ledarhund (*lāy*d-ahr-hewnd)
c guide dog
ledarskap (*lāy*d-ahr-skaap)
nt leadership
ledig (*lāy*-di) adj vacant;
unoccupied
ledighet (*lāy* di-hāyt) c leave;
leisure
ledning (*lāy*d-ning) c lead,
guidance; management
ledsaga (*lāy*d-saag-ah) v
accompany, conduct
ledsen (*lay*-sayn) adj sad,
sorry
ledstång (*lāy*d-stong) c (pl
-stänger) rail, banister
leende (*lāy*-ern-der) nt smile
legal (lay-*gaal*) adj legal

legalisering (lay-gah-li-*sāy*r-
ing) c legalization
legat (lay-*gaat*) nt legacy
legation (lay-gah-*shōōn*) c
legation
legitimation (*lay*-gi-ti-mah-
shōōn) c identification
lejon (*lay*-on) nt lion
lek (*lāy*k) c play
leka (*lāy*k-ah) v play
lekman (*lāy*k-mahn) c (pl
-män) layman
lekplats (*lāy*k-plahts) c
playground
leksak (*lāy*k-saak) c toy
leksaksaffär (*lāy*k-sahks-ah-
fǣr) c toyshop
lekskola (*lāy*k-skool-ah) c
kindergarten
lektion (lehk-*shōōn*) c lesson
lektor (*lehk*-tor) c lecturer,
senior master
lem (laym) c (pl ~mar) limb
len (*lāy*n) adj soft, smooth
lera (*lāy*-rah) c clay
lergods (*lair*-goods) nt pot-
tery, ceramics pl; crockery
lerig (*lāy*-ri) adj muddy
leta efter (*lay*-tah) look for
leva (*lāy*-vah) v live
levande (*lāy*-vahn-der) adj
alive; live
lever (*lāy*-verr) c (pl levrar)
liver
leverans (lay-vay-*rahns*) c
delivery; supply
leverera (lay-vay-*rāy*-rah) v
deliver; furnish
levnadsstandard (*lāy*v-
nahds-stahn-dahrd) c

standard of living
levnadssätt (*lāyv-nahds-seht*) *nt* (pl ∼) living
libanes (li-bah-*nāyss*) *c* Lebanese
libanesisk (li-bah-*nāyss*-isk) *adj* Lebanese
Libanon (*li*-bah-non) Lebanon
liberal (li-bay-*raal*) *adj* liberal
Liberia (li-*bāyri*-ah) Liberia
liberian (li-bay-ri-*aan*) *c* Liberian
liberiansk (li-bay-ri-*aansk*) *adj* Liberian
licens (li-*sayns*) *c* licence
***lida** (*lee*-dah) *v* suffer
lidande (*leed*-ahn-der) *nt* suffering
lidelse (*leed*-erl-ser) *c* passion
lidelsefull (*leed*-erl-ser-*fewl*) *adj* passionate
lifta (*lif*-tah) *v* hitchhike
liftare (*lif*-tah-rer) *c* (pl ∼) hitchhiker
***ligga** (*li*-gah) *v* *lie; *be situated
lik (leek) *nt* corpse; *adj* alike, like
lika (*lee*-kah) *adj* equal; even; *adv* equally, as; ∼ **mycket** as much
likadan (*lee*-kah-*daan*) *adj* alike
likaledes (*lee*-kah-*lāyd*-erss) *adv* likewise
likasinnad (*lee*-kah-*sin*-ahd) *adj* like-minded
likaså (*lee*-kah-*sōa*) *adv*

likewise; as well, as much
likformig (*leek*-for-mi) *adj* uniform, homogeneous
likgiltig (*leek*-ᵞil-ti) *adj* indifferent
likhet (*leek*-hāyt) *c* resemblance; similarity
likna (*leek*-nah) *v* resemble
liknande (*leek*-nahn-der) *adj* similar, such
liksom (*lik*-som) *conj* as
likström (*leek*-strurm) *c* direct current
liktorn (*leek*-tōarn) *c* corn
likväl (leek-*vail*) *adv* yet; however, still
likvärdig (*leek*-vær-di) *adj* equivalent; ***vara** ∼ equal
likör (li-*kurr*) *c* liqueur
lilja (*lil*-ᵞah) *c* lily
lillfinger (*lil*-fing-ayr) *nt* (pl -fingrar) little finger
lim (lim) *nt* glue
limpa (*lim*-pah) *c* loaf; carton of cigarettes
lina (*leen*-ah) *c* cord, line
lind (lind) *c* lime; limetree
linda (*lin*-dah) *v* *wind
lindra (*lind*-rah) *v* relieve, mitigate, soothe
linjal (lin-ᵞ*aal*) *c* ruler
linje (*leen*-ᵞer) *c* line
linjefartyg (*leen*-ᵞer-faar-tēwg) *nt* liner
linjerederi (*lin*-ᵞer-ray-day-ree) *nt* (pl ∼er) shipping line
linne (*li*-ner) *nt* linen
lins (lins) *c* lens; lentil
list (list) *c* ruse; artifice; border

lista (*liss*-tah) c list

listig (*liss*-ti) adj cunning

lita på (*lee*-tah) trust; rely on

liten (*lee*-tern) adj (pl små) minor, small; little; petty, short; **ytterst ~** minute

liter (*lee*-terr) c litre

litteratur (li-ter-rah-*tewr*) c literature; **litteratur-** literary

litterär (li-ter-*ræær*) adj literary

liv (leev) nt life

livbälte (*leev*-behl-ter) nt lifebelt

livfull (*leev*-fewl) adj lively

livförsäkring (*liv*-furr-*saik*-ring) c life insurance

livlig (*leev*-li) adj vivid; busy

livmoder (*leev*-mōōd-err) c (pl -drar) womb

livräddare (*leev*-reh-dah-rer) c (pl ~) life-saver

livsfarlig (*lifs*-faar-li) adj perilous

livsmedel (*lifs* māy-derl) nt food

livsmedelsbutik (*lifs*-māy-derls-bew-t∪ek) c grocer's

livstid (*lifs*-teed) c lifetime

livsviktig (*lifs*-vik-ti) adj vital

livvakt (*leev*-vahkt) c bodyguard

ljud (ȳewd) nt sound

*ljuda (ȳew-dah) v sound

ljudband (ȳewd-bahnd) nt tape

ljuddämpare (ȳewd-dehm-pah-rer) c (pl ~) silencer; muffler *nAm*

ljudisolerad (ȳewd i-s∪o-laȳ-rahd) adj soundproof

*ljuga (ȳewg-ah) v lie

ljum (ȳewm) adj lukewarm, tepid

ljumske (ȳewms-ker) c groin

ljung (ȳewng) c heather

ljunghed (ȳewng-hāyd) c moor

ljus (ȳewss) adj light; nt light

ljushårig (ȳewss-hōā-ri) adj fair

ljuvlig (ȳewv-li) adj lovely

lock (lok) nt cover, lid, top; c curl

locka (*lok*-ah) v curl; entice, tempt

lockelse (*lo*-kayl-ser) c attraction

lockig (*lo*-ki) adj curly

lodrät (*lōōd*-rait) adj vertical; perpendicular

logera (lo-*shāy*-rah) v accommodate

logga in (loo-gah-*in*) v log in; **~ ut** log off

logi (lo-*shee*) nt (pl ~er, ~n) accommodation

logik (loo-*geek*) c logic

logisk (*lawg*-isk) adj logical

lojal (lo-*ȳaal*) adj loyal

lok (lōōk) nt locomotive

lokal (loo-*kaal*) adj local; **lokal-** local

lokalisera (loo-kah-li-*sāy*-rah) v locate

lokalsamtal (loo-*kaal*-sahm-taal) nt local call

lokaltåg (loo-*kaal*-tōāg) nt local train

lokomotiv (loo-k∪o-moo-

teev) *nt* engine

longitud (*long*-gi-tēwd) *c* longitude

lopp (lop) *nt* race; course

lort (loort) *c* dirt, filth

lortig (*loort*-i) *adj* filthy, dirty

lossa (*loss*-ah) *v* loosen; unfasten; discharge

lots (loots) *c* pilot

lott (lot) *c* lot; lottery ticket

lotteri (lo-ter-*ree*) *nt* lottery

lov (lōav) *nt* vacation; permission

lova (*lōa*-vah) *v* promise

LP-skiva (ayl-pay-*shee*-vah) *c* long-playing record

lucka (lew-kah) *c* hatch

luffare (lewf-ah-rer) *c* (pl ~) tramp

luft (lewft) *c* air; sky; **luft-** air-; pneumatic

lufta (*lewf*-tah) *v* air, ventilate

luftfilter (*lewft*-fil-terr) *nt* (pl ~, -trer) air-filter

luftig (*lewf*-ti) *adj* airy

luftkonditionerad (*lewft*-kon-di-shoo-*nāy*-rahd) *adj* air-conditioned

luftkonditionering (*lewft*-kon-di-shoo-*nāy*r-ing) *c* air conditioning

luftrörskatarr (*lewft*-rūrrs-kah-*tahr*) *c* bronchitis

lufttryck (*lewft*-trewk) *nt* atmospheric pressure

lufttät (*lewft*-tait) *adj* airtight

lugn (lewngn) *adj* calm; quiet, tranquil; restful

lugna (*lewng*-nah) *v* calm down; reassure; ~ **sig** calm

down

lukt (lewkt) *c* smell; odour

lukta (*lewk*-tah) *v* *smell

lunch (lewnsh) *c* lunch; luncheon

lunga (*lewng*-ah) *c* lung

lunginflammation (*lewng*-in-flah-mah-*shōōn*) *c* pneumonia

lura (*lēw*-rah) *v* cheat

lus (lēwss) *c* (pl löss) louse

lust (lewst) *c* desire; zest; ***ha ~ att** *feel like; fancy

lustig (*lewss*-ti) *adj* funny; amusing, jolly, humorous

lustjakt (*lewst*-ʸahkt) *c* yacht

lustspel (*lewst*-spāyl) *nt* comedy

luta (*lēw*-tah) *v* *lean; ~ **sig** *lean

lutande (*lēw*-tahn-der) *adj* slanting

lutning (*lēwt*-ning) *c* inclination

luxuös (lewk-sew-*ūrss*) *adj* luxurious

lya (*lēw*-ah) *c* den

lycka (*lewk*-ah) *c* happiness; fortune, luck; ~ **till!** Good luck!

lyckas (*lewk*-ahss) *v* manage, succeed

lycklig (*lewk*-li) *adj* happy; fortunate; **lyckligtvis** *adv* fortunately

lyckosam (*lew*-ko-sahm) *adj* lucky

lyckönska (*lewk*-urns-kah) *v* congratulate

lyckönskning (*lewk*-urnskning) c congratulation

lyda (*lewd*-ah) v obey

lydig (*lew*-di) adj obedient

lydnad (*lewd*-nahd) c obedience

lyfta (*lewf*-tah) v lift; *take off

lyftkran (*lewft*-kraan) c crane

lykta (*lewk*-tah) c lantern

lymmel (*lew*-merl) c (pl -mlar) rascal

lysande (*lew*-sahn-der) adj luminous

lysa upp (*lew*-sah) illuminate, light up; brighten

lyssna (*lewss*-nah) v listen

lyssnare (*lewss*-nah-rer) c (pl ~) listener

lyx (lewks) c luxury

låda (*lōa*-dah) c drawer

låg (lōag) adj low

låga (*lōa*-gah) c flame

lågland (*lōag*-lahnd) nt (pl -länder) lowlands pl

lågsäsong (*lōag*-seh-song) c low season; off season

lågtryck (*lōag*-trewk) nt depression

lågvatten (*lōag*-vaht-ern) nt low tide

lån (lōan) nt loan

låna (*lōa*-nah) v borrow; ~ ut *lend

lång (long) adj long; tall

långbyxor (*long*-bewks-err) pl trousers pl; slacks pl

långsam (*long*-sahm) adj slow

långt (longt) adv far; **längre bort** further away; **längst bort** furthest; **långt bort** far

away; **på ~ när** by far

långtråkig (*long*-trōa-ki) adj boring; dull

långvarig (*long*-vaar-i) adj long, lengthy

lår (lōar) nt thigh

lås (lōass) nt lock

låsa (*lōa*-sah) v lock; ~ in lock up; ~ upp unlock

*****låta** (*lōa*-tah) v sound; allow to, *let; *leave

låtsa (*lot*-sah) v simulate, pretend

läcka (*leh*-kah) c leak; v leak

läcker (*lehk*-err) adj delicious

läder (*leh*-derr) nt leather; **läder-** leather

läge (*lai*-ger) nt location; position; situation, site

lägenhet (*lai*-gern-hāyt) c flat; apartment nAm

läger (*lai* gerr) nt camp

*****lägga** (*lehg*-ah) v *put; *lay; ~ på *put on; apply; add; ~ sig *lie down; ~ till add; ~ ut på entreprenad outsource

läggningsvätska (*lehg*-nings-vehts-kah) c setting lotion

läka (*lai*-kah) v heal

läkare (*lai*-kah-rer) c (pl ~) doctor; physician; **allmänpraktiserande ~** general practitioner

läkarmottagning (*lai*-kahr-moot taag-ning) c surgery

läkarvetenskap (*lai*-kahr-vāy-tern-skaap) c medicine

läkemedel (*lai*-ker-māy-dayl) nt remedy

läktare

läktare (*lehk*-tah-rer) *c* (pl ~) stand

lämna (*lehm*-nah) *v* *leave; check out; ~ **i sticket** *let down

lämplig (*lehmp*-li) *adj* appropriate; proper, fit, convenient

län (lain) *nt* province

längd (lehngd) *c* length; **på längden** lengthways

längs (lehngs) *prep* along; past

längta (*lehng*-tah) *v* desire; ~ **efter** long for

längtan (*lehng*-tahn) *c* longing; wish

länk (lehngk) *c* link

läpp (lehp) *c* lip

läppstift (*lehp*-stift) *nt* lipstick

lära (*læær*-ah) *c* teachings *pl*; *v* *teach; ~ **sig** *learn; ~ **sig utantill** memorize

lärare (*læær*-ah-rer) *c* (pl ~) teacher; master, schoolmaster, schoolteacher

lärarinna (læær-ah-*rin*-ah) *c* teacher

lärd (læærd) *c* scholar

lärka (*lær*-kah) *c* lark

lärling (*lær*-ling) *c* apprentice

lärobok (*læææ*-roo-bōōk) *c* (pl -böcker) textbook

lärorik (*læææ*-roo-reek) *adj* instructive

läroverk (*læææ*-roo-værk) *nt* secondary school

läsa (*lai*-sah) *v* *read

läsesal (*lai*-ser-saal) *c* reading room

läsk (lehsk) *c* soda

läskedryck (*lehss*-ker-drewk) *c* lemonade

läskpapper (*lehsk*-pahp-err) *nt* blotting paper

läslampa (*laiss*-lahm-pah) *c* reading lamp

läslig (*laiss*-li) *adj* legible

läsning (*laiss*-ning) *c* reading

lätt (leht) *adj* easy; light, slight

lätta (*leht*-ah) *v* relieve; lighten, ease

lätthanterlig (*leht*-hahn-tayr-li) *adj* easy to handle

lätthet (*leht*-hāyt) *c* ease

lättnad (*leht*-nahd) *c* relief

lättretad (*leht*-rāy-tahd) *adj* irritable

lättretlig (*leht*-rāyt-li) *adj* touchy; quick-tempered

lättsmält (*leht*-smehlt) *adj* digestible

läxa (*lehks*-ah) *c* (pl läxor) homework, lesson

lödder (*lur*-derr) *nt* lather

löfte (*lurf*-ter) *nt* promise; vow

lögn (lurngn) *c* lie

lögnare (*lurng*-nah-rer) *c* (pl ~) liar

löjeväckande (*lur*-ʸer-veh-kahn-der) *adj* ludicrous

löjlig (*lur*ʸ-li) *adj* ridiculous; ludicrous, foolish

lök (lūrk) *c* onion

lön (lūrn) *c* salary; wages *pl*, pay

löna sig (*lūrn*-ah) **pay
lönande (*lūrn*-ahn-der) *adj*
paying
löneförhöjning (*lūrn*-er-furr-
hur^y-ning) *c* rise; raise *nAm*
lönlös (*lūrn*-lūrss) *adj*
useless, futile
lönn (lurn) *c* maple
lönsam (*lūrn*-sahm) *adj*
profitable
löntagare (*lūrn*-taa-gah-rer)
c (pl ~) employee
löpare (*lūr*-pah-rer) *c* (pl ~)
runner
lördag (*lūrr*-daag) *c* Saturday

lös (lūrss) *adj* loose
lösa (*lūr*-sah) *v* solve; ~ **in**
cash; ~ **upp** *undo
lösen (*lūr*-sern) *c* ransom
lösenord (*lūrss*-ern-ōord) *nt*
password
löshår (*lūrss*-hōar) *nt* hair
piece
löslig (*lūrss*-li) *adj* soluble
lösning (*lūrss*-ning) *c*
solution
löständer (*lūrss*-tehn-derr)
pl false teeth
löv (lūv) *nt* leaf

M

madrass (mah-*drahss*) *c*
mattress
magasin (mah-gah-*seen*) *nt*
store house; warehouse
mage (*maa*-ger) *c* stomach;
mag- gastric
mager (*maa*-gerr) *adj* thin;
lean
magisk (*maag*-isk) *adj* magic
magnetapparat (mahng-
nayt-ah-pah-raat) *c* magneto
magnetisk (mahng-*nay*-tisk)
adj magnetic
magnifik (mahng-ni-*feek*) *adj*
magnificent
magont (*maag*-oont) *nt*
stomach ache
magplågor (*maag*-plōag-or)
pl stomach ache
magra (*maag*-rah) *v* slim
magsår (*maag*-sōar) *nt*

gastric ulcer
maj (migh) May
major (mah-*yōor*) *c* major
majoritet (mah-yoo-ri-*tayt*) *c*
majority
majs (mighss) *c* maize
majskolv (*migh*ss kolv) *c*
corn on the cob
maka (*maak*-ah) *c* wife
make (*naak*-er) *c* husband
makrill (*mahk*-ril) *c* mackerel
makt (nahkt) *c* power; might,
force; rule
maktbefogenhet (*nahkt*-
bay-foo-gern-hayt) *c*
authority
maktlös (*mahkt*-lūrss) *adj*
powerless
mal (maal) *c* moth
mala (*maa*-lah) *v* *grind
malaria (mah-*laa*-ri-^yah) *c*

malaria
Malaysia (mah-*ligh*-si-ah)
Malaysia
malaysier (mah-*ligh*-si-err) *c*
(pl ~) Malay
malaysisk (mah-*ligh*-sisk)
adj Malaysian
mallig (*mahl*-i) *adj* cocky
malm (mahlm) *c* ore
malplacerad (mahl-plah-
sāyr-ahd) *adj* misplaced
man¹ (*mahl*-i) *pron* one
man² (mahn) *c* (pl män) man
manchester (mahn-*shayss*-
terr) *c* corduroy
mandarin (mahn-dah-*reen*) *c*
mandarin; tangerine
mandat (mahn-*daat*) *nt*
mandate
mandel (*mahn*-dayl) *c* (pl
-dlar) almond
manet (mah-*nāyt*) *c* jellyfish
mani (mah-*nee*) *c* craze
manikyr (mah-ni-*kēwr*) *c*
manicure
manikyrera (mah-ni-kew-
rāy-rah) *v* manicure
manlig (*mahn*-li) *adj*
masculine
mannekäng (mah-ner-
kehng) *c* model
manschett (mahn-*shayt*) *c*
cuff
manschettknappar (mahn-
shayt-knah-pahr) *pl* cuff
links *pl*
manuskript (mah-new-
skript) *nt* manuscript
mardröm (*maar*-drurm) *c* (pl
~mar) nightmare

margarin (mahr-gah-*reen*) *nt*
margarine
marginal (mahr-ᵞi-*naal*) *c*
margin
marinmålning (mah-*reen*-
mōal-ning) *c* seascape
maritim (mah-ri-*teem*) *adj*
maritime
mark (mahrk) *c* ground,
earth; grounds
markant (mahr-*kahnt*) *adj*
striking
markera (mahr-*kāy*-rah) *v*
mark
markis (mahr-*keess*) *c*
awning; marquis
marknad (*mahrk*-nahd) *c* fair
marmelad (mahr-may-*laad*) *c*
marmalade
marmor (*mahr*-moor) *c*
marble
marockan (mah-ro-*kaan*) *c*
Moroccan
marockansk (mah-ro-
kaansk) *adj* Moroccan
Marocko (mah-*rok*-o) *c*
Morocco
mars (mahrs) March
marsch (mahrsh) *c* march
marschera (mahr-*shāy*-rah) *v*
march
marschfart (*mahrsh*-faart) *c*
cruising speed
marsvin (*maar*-sveen) *nt*
guinea pig
martyr (mahr-*tēwr*) *c* martyr
mask (mahsk) *c* worm; mask
maska (*mahss*-kah) *c* mesh;
ladder
maskara (mahss-*kaa*-rah) *c*

mascara
maskin (mah-*sheen*) c
engine; machine;
livsuppehållande ~ life
support; ***skriva ~** type
maskineri (mah-shi-ner-*ree*)
nt (pl ~er) machinery
maskinskriverska (mah-
sheen-skree-vayrs-kah) c
typist
maskros (*mahsk*-rōōss) c
dandelion
massa (*mahss*-ah) c mass;
bulk
massage (mah-*saash*) c
massage
massera (mah-*say*-rah) v
massage
massförstörelsevapen
(*mahss*-furr-*stur*-ayl-se-
vaap-ern) nt (pl ~) weapons
of mass destruction; WMD
massiv (mah-*seev*) adj solid;
massive
massmöte (*mahss*-mūr-ter)
nt rally
massproduktion (mahss-
pro-dewk-*shōōn*) c mass
production
massör (mah-*sūrr*) c masseur
mast (mahst) c mast
mat (maat) c food; fare;
djupfryst ~ frozen food;
laga ~ cook; **~ och logi** bed
and board; room and board,
board and lodging; **smälta
maten** digest
mata (*maa*-tah) v *feed
match (mahch) c match
matematik (mah-tay-mah-

teek) c mathematics
matematisk (mah-tay-*maat*-
isk) adj mathematical
materia (mah-*tāy*-ri-ah) c
matter
material (mah-teh-ri-*aal*) nt
material
materiell (mah-teh-ri-*ayl*) adj
material
matförgiftning (*maat*-furr-
ᵞift-ning) c food poisoning
matlust (*maat*-lewst) c
appetite
matros (mah-*trōōss*) c
seaman
maträtt (*maat*-reht) c dish
matsal (*maat* saal) c dining
room
matsedel (*maat*-say-derl) c
menu
matservis (*maat*-sehr-*veess*)
c dinner service
matsked (*maat*-shāyd) c
tablespoon
matsmältning (*maat*-smehlt-
ning) c digestion
matsmältningsbesvär
(*maat*-smehlt-nings-bay-
svæær) nt indigestion
matt (maht) adj dim, mat; dull
matta (*mah*-tah) c carpet; mat
matvaror (*maat*-vaa-roor) pl
foodstuffs pl
mausoleum (mou so-*lāy*-
ewm) nt (pl -leer)
mausoleum
med (māyd) prep with; by;
*ha ~ sig *bring
medalj (may-*dahl*ᵞ) c medal
medan (*māy*-dahn) conj

while; whilst

medarbetare (*māyd*-ahr-bāy-tah-rer) *c* (pl ~) colleague

medborgare (*māyd*-bor-ᵞah-rer) *c* (pl ~) citizen;
medborgar- civic

medborgarskap (*māyd*-bor-ᵞah-skaap) *nt* citizenship

medborgerlig (*māyd*-bor-ᵞayr-li) *adj* civil

meddela (*māyd*-dāy-lah) *v*
inform; report,
communicate, notify

meddelande (*māyd*-dāy-lahn-day) *nt* message;
information,
communication

meddelandeforum (*māy*-dāy-lahn-day-*foar*-ewm) *c*
message board

medel (*māy*-derl) *nt* means;
antiseptiskt ~ antiseptic;
lugnande ~ sedative;
tranquillizer;
smärtstillande ~ analgesic;
stärkande ~ tonic

medel– (*māy*-derl) medium

Medelhavet (*māy*-derl-haa-vert) Mediterranean

medelklass (*māy*-derl-klahss) *c* middle class

medelmåttig (*māyd*-erl-mot-i) *adj* moderate; medium

medelpunkt (*māyd*-erl-pewngt) *c* centre

medeltida (*māy*-derl-tee-dah) *adj* mediaeval

Medeltiden (*māy*-derl-tee-dern) Middle Ages

medfödd (*māyd*-furd) *adj*
inborn

medföra (*māyd*-fūr-rah) *v*
*bring

***medge** (*māyd*-ᵞay) *v* admit;
grant

medhjälpare (*māyd*-ᵞehl-pah-rer) *c* (pl ~) assistant

media (*māy*-di-ah) *pl* media

medicin (may-di-*seen*) *c*
medicine; drug

medicinsk (may-di-*seensk*) *adj* medical

meditera (may-di-*tāyr*-ah) *v*
meditate

medkänsla (*māyd*-tᵞehns-lah) *c* sympathy

medla (*māyd*-lah) *v* mediate

medlare (*māyd*-lah-rer) *c* (pl ~) mediator

medlem (*māyd*-laym) *c* (pl ~mar) member; associate

medlemskap (*māyd*-laym-skaap) *nt* membership

medlidande (*māyd*-lee-dahn-der) *nt* pity; ***ha ~ med**
pity

medräkna (*māyd*-raik-nah) *v*
count, include

medströms (*māyd*-strurms) *adv* downstream

medtävlare (*māyd*-taiv-lah-rer) *c* (pl ~) competitor

medvetande (*māyd*-vāy-tahn-der) *nt* consciousness

medveten (*māyd*-vāy-tern) *adj* conscious; aware

medvetslös (*māyd*-vāyts-lurss) *adj* unconscious

mejeri (may-ᵞay-*ree*) *nt* (pl ~er) dairy

mejsel (*may*-sayl) *c* (pl -slar)
chisel
mekaniker (mer-*kaa*-ni-kerr)
c (pl ~) mechanic
mekanisk (may-*kaa*-nisk) *adj*
mechanical
mekanism (may-kah-*nism*) *c*
mechanism
mellan (*may*-lahn) *prep*
between; among
mellanmål (*may*-lahn-mōal)
nt snack
mellanrum (*may*-lahn-rewm)
nt space
mellanspel (*may*-lahn-spāyl)
nt interlude
mellantid (*may*-lahn-teed) *c*
interim
mellersta (may-*lerrs*-tah) *adj*
middle
melodi (may-lo-*dee*) *c*
melody; tune
melodisk (mer-*lōōd*-isk) *adj*
melodious
melodrama (may-loo-*draam*-
ah) *nt* (pl -mer) melodrama
melon (may-*lōōn*) *c* melon
memorandum (may-moo-
rahn-dewm) *nt* (pl -da)
memo
men (mayn) *conj* but; only
mena (*mayn*-ah) *v* *mean
moned (*māyn*-āyd) *c* perjury
mening (*māy*-ning) *c*
sentence; sense; meaning
meningslös (*māy*-nings-
lūrss) *adj* meaningless
menstruation (mayn-strew-
ah-*shōōn*) *c* menstruation
mental (mayn-*taal*) *adj*

mental
mentalsjukhus (mehn-*taal*-
shēwk-hēwss) *nt* asylum
meny (mer-*nēw*) *c* menu; **fast**
~ set menu
mer (māyr) *adv* more; **lite** ~
some more
mest av allt (mayst aav ahlt)
most of all
för det mesta (furr day
mayss-tah) mostly
meta (*māyt*-ah) *v* fish; angle
metall (may-*tahl*) *c* metal;
metall- metal
meter (*māy*-terr) *c* (pl ~)
metre
metkrok (*māyt*-krōōk) *c*
fishing hook
metod (may-*tōōd*) *c* method
metodisk (may-*tōō*-disk) *adj*
methodical
metrev (*māyt*-rāyv) *c* fishing
line
metrisk (*māyt*-risk) *adj*
metric
metspö (*māyt*-spur) *nt*
fishing rod
mexikanare (mayks-i-*kaa*-
nah-rer) *c* (pl ~) Mexican
mexikansk (mayks-i-*kaansk*)
adj Mexican
Mexiko (*mayks*-i-koo)
Mexico
middag (*mi* dah) *c* dinner;
***äta** ~ dine
midja (*meed*-Ýah) *c* waist
midnatt (*meed*-naht) *c*
midnight
midsommar (*mid*-so-mahr) *c*
midsummer

mig (may) *pron* me; myself

migrän (mi-*grain*) *c* migraine

mikrofon (mik-ro-*fōan*) *c* microphone

mil (meel) *c* ten kilometres

mild (mild) *adj* mild; gentle

miljard (mil-*ᵞaard*) *c* billion

miljon (mil-*ᵞōōn*) *c* million

miljonär (mil-ᵞoo-*næær*) *c* millionaire

miljö (mil-*ᵞūr*) *c* environment; milieu

milstolpe (*meel*-stol-per) *c* milestone

min (min) *pron* (nt mitt, pl mina) my

mindervärdig (*min*-derr-væær-di) *adj* inferior

minderårig (*min*-derr-*ōā*-ri) *adj* under age; *c* minor

mindre (*mind*-rer) *adv* less; *adj* minor

mineral (mi-ner-*raal*) *nt* mineral

mineralvatten (mi-ner-*raal*-vah-tern) *nt* mineral water; soda water

mingla (*ming*-lah) *v* mingle

miniatyr (mi-ni-ah-*tēwr*) *c* miniature

minimum (*mee*-ni-mewm) *nt* (pl ~, -ma) minimum

minister (mi-*niss*-terr) *c* (pl -trar) minister

mink (mingk) *c* mink

minnas (*min*-ahss) *v* remember, recollect

minne (*minah*) *nt* memory; remembrance

minnesfest (*mi*-nayss-fehst)

c commemoration

minnesmärke (*mi*-nayss-mær-ker) *nt* memorial; monument

minnesvärd (*mi*-nayss-væærd) *adj* memorable

minoritet (mi-noo-ri-*tāyt*) *c* minority

minska (*mins*-kah) *v* decrease; subtract; lower

minskning (*minsk*-ning) *c* decrease, reduction

minst (minst) *adj* least

minus (*mee*-newss) *prep* minus

minut (mi-*nēwt*) *c* minute

mirakel (mi-*raa*-kayl) *nt* (pl -kler) miracle

missa (*miss*-ah) *v* miss

missbelåten (*miss*-ber-*lōā*-tern) *adj* discontented

missbruk (*miss*-brēwk) *nt* abuse; misuse

missbruka (*miss*-brēwkah) *v* abuse

missfall (*miss*-fahl) *nt* miscarriage

missfärgad (*miss*-fær-ᵞahd) *adj* discoloured

***missförstå** (*miss*-furr-*stōā*) *v* *misunderstand

missförstånd (*miss*-furr-stond) *nt* misunderstanding

misshaga (*miss*-haa-gah) *v* displease

misslyckad (*miss*-lew-kahd) *adj* unsuccessful

misslyckande (*miss*-lew-kahn-der) *nt* failure

misslyckas (*miss*-lew-kahss)

v fail

missnöjd (*miss*-nur^{y}d) *adj*
dissatisfied

*missta (*miss*-taa) *be
mistaken; err

misstag (*miss*-taag) *nt*
mistake; error

misstanke (*miss*-tahng-ker) *c*
suspicion

misstro (*miss*-troo) *v*
mistrust; *c* distrust

misstrogen (*miss*-troo-gern)
adj distrustful

misstänka (*miss*-tehng-kah)
v suspect

misstänksam (*miss*-tehngk-
sahm) *adj* suspicious

misstänksamhet (*miss*
tayngk-sahm-hāyt) *c*
suspicion

misstänkt[1] (*miss*-tehngt) *c*
(pl ~a) suspect

misstänkt[2] (*miss*-tehngt) *adj*
suspicious, suspected

missunna (*miss*-ewn-ah) *v*
grudge

missöde (*miss*-ūr-day) *nt*
mishap

mista (*miss*-tah) *v* *lose

mitt (mit) *c* middle; midst; ~ i
amid; ~ ibland amid

mittemellan (*mit*-ay-may-
lahn) *adv* in between

mittemot (mit-ay-*mōōt*) *prep*
opposite; facing

mixer (*miks*-eir) *c* (pl ~)
mixer

mjuk (m^{y}ēwk) *adj* soft;
smooth; supple

mjuka upp (m^{y}ēw-kah)

softén

mjäll (m^{y}ehl) *nt* dandruff; *adj*
tender

mjöl (m^{y}ūrl) *nt* flour

mjölk (m^{y}urlk) *c* milk

mjölkig (m^{y}url-ki) *adj* milky

mjölnare (m^{y}ūrl-nah-rer) *c*
(pl ~) miller

mobil (moo-*bēēl*) *adj* mobile;
c mobile (phone),
cell(phone)

mobiltelefon (moo-*bēēl*-tay-
lay-fōan) *c* mobile (phone),
cell(phone)

mockaskinn (*mo*-kah-shin)
nt suede

mod (mood) *nt* courage; guts

mode (*mōō*-der) *c* fashion

modell (moo-*dayl*) *c* model

modellera (*moo*-day-*lāyr*-ah)
v model

modem (*mōō*-daym) *nt* (pl ~)
modem

moderat (moo-der-*raat*) *adj*
moderate

modern (moo-*dhern*) *adj*
modern; fashionable

modersmål (*mōō*-derrs-
mōal) *nt* mother tongue;
native language

modig (*mōō*-di) *adj* brave,
courageous

mogen (*mōō*-gayn) *adj*
mature; ripe

mognad (*mōōg*-nahd) *c*
maturity

moln (mōaln) *nt* cloud

molnig (*mōal*-ni) *adj* cloudy

monark (moo-*nahrk*) *c*
monarch

monarki (moo-nahr-*kee*) c
monarchy

monetär (mo-ner-*tæær*) adj
monetary

monolog (mo-noo-*lōag*) c
monologue

monopol (mo-no-*pōal*) nt
monopoly

monoton (mo-no-*tōan*) adj
monotonous

monter (*mon*-terr) c (pl -trar)
showcase

montera (mon-*tāy*-rah) v
assemble

montering (mon-*tāy*-ring) c
assembly

montör (mon-*turr*) c fitter,
assembler

monument (mo-new-*mehnt*)
nt monument

moped (moo-*pāyd*) c moped;
motorbike *nAm*

mor (*mōor*) c (pl mödrar)
mother

moral (moo-*raal*) c moral

moralisk (moo-*raa*-lisk) adj
moral

morallära (moo-*raal*-lææ-
rah) c morality

morbror (*mōor*-broor) c (pl
-bröder) uncle

mord (*mōord*) nt murder;
assassination

morfar (*mōor*-fahr) c (pl
-fäder) grandfather

morfin (mor-*feen*) nt
morphine

morgon (*mor*-on) c (pl -gnar)
morning; i ~ tomorrow

morgonrock (*mo*-ron-rok) c
dressing gown

morgontidning (*mo*-ron-
teed-ning) c morning paper

morgonupplaga (*mor*-on-
ewp-laag-ah) c morning
edition

mormor (*moor*-moor) c (pl
-mödrar) grandmother

morot (*mōo*-root) c (pl
morötter) carrot

morra (*mor*-ah) v growl

i morse (ee *mor*-ser) this
morning

mosa (*mōoss*-ah) v mash

mosaik (moo-sah-*eek*) c
mosaic

moské (moss-*kay*) c mosque

moskit (mo-*skeet*) c mosquito

mossa (*moss*-ah) c moss

moster (*mōoss*-terr) c (pl
-trar) aunt

mot (*mōot*) prep against;
towards

motbjudande (*mōot*-bᵞēw-
dahn-day) adj revolting

motell (moo-*tayl*) nt motel

motgång (*mōot*-gong) c
adversity

motion (mot-*shōon*) c
exercise; motion

motiv (moo-*teev*) nt motive

motivera (moo-tee-*vāy*-rah)
v motivate

motor (*mōo*-tor) c engine,
motor

motorbåt (*mōo*-tor-bōat) c
motorboat

motorcykel (*mōo*-tor-sew-
kerl) c (pl -klar) motorcycle

motorfartyg (*mōo*-tor-*faar*-

tewg) *nt* motor vessel

motorhuv (*moo*-tor-hewv) *c*
bonnet; hood *nAm*

motorskada (*moo*-tor-skaa-
dah) *c* engine failure

motorstopp (*moo*-tor-stop)
nt breakdown

motorväg (*moo*-tor-vaig) *c*
motorway; highway *nAm*

motsats (*moot*-sahts) *c*
contrary; reverse

motsatt (*moot*-saht) *adj*
opposite; contrary

motstående (*moot*-stoa-ayn-
der) *adj* opposite

motstånd (*moot*-stond) *nt*
resistance; resistor

motståndare (*moot*-ston-
dah-rer) *c* (pl ~) opponent

motsvara (*moot*-svaar-ah) *v*
correspond to

motsvarande (*moot*-svaar-
ahn-der) *adj* equivalent

motsvarighet (*moot*-svaa ri-
hayt) *c* equivalence

*****motsäga** (*moot*-say-ah) *v*
contradict

motsägande (*moot*-say-ahn-
der) *adj* contradictory

*****motta** (*moot*-taa) *v* receive;
accept

mottagande (*moot*-taag-
ahn-der) *nt* reception,
receipt

mottagning (*moot*-taag-
ning) *c* reception;
mottagningstid
consultation hours

mottagningsbevis (*moot*-
taag-nings-ber-*veess*) *nt*

receipt

motto (*mot*-oo) *nt* motto

motvilja (*moot*-vil-ᵞah) *c*
antipathy; dislike; aversion

mousserande (moo-*say*-
rahn-der) *adj* sparkling

mugg (mewg) *c* mug

mulen (*mewl*-ern) *adj*
overcast, cloudy

multikulturell (*mewl*-ti-kewl-
tew-*rell*) *adj* multicultural

multiplex (mewl-ti-*plex*) *c*
multiplex

multiplicera (mewl-ti-pli-
say-rah) *v* multiply

multiplikation (mewl-ti-pli-
kah-*shoon*) *c* multiplication

mulåsna (*mewl*-oass-nah) *c*
mule

mun (mewn) *c* (pl ~nar)
mouth

munk (mewngk) *c* monk

munsbit (*mewns*-beet) *c* bite

munstycke (mewn-stew-ker)
nt nozzle

munter (*mewn* terr) *adj*
merry; gay, cheerful

munterhet (*mewn*-terr-hayt)
c gaiety

muntlig (*mewnt*-li) *adj* oral;
verbal

muntra upp (*mewnt*-rah)
cheer up

munvatten (*mewn*-vah-tern)
nt mouthwash

mur (*mewr*) *c* wall

mura (*mewr*-ah) *v* *lay bricks

murare (*mew*-rah-rer) *c* (pl ~)
bricklayer

murgröna (*mewr*-grür-nah) *c*

ivy

mus (mewss) _c_ (pl möss)
mouse

museum (mew-_sAy_-ewm) _nt_
(pl museer) museum

musik (mew-_seek_) _c_ music

musikal (mew-si-_kaal_) _c_
musical

musikalisk (mew-si-_kaa_-lisk)
adj musical

musiker (_mew_-si-kerr) _c_ (pl
~) musician

musikinstrument (_mew_-
seek-in-strew-_mehnt_) _nt_
musical instrument

muskel (mewss-kerl) _c_
muscle

muskotnöt (mewss-kot-_nūrt_)
_c_ (pl ~ter) nutmeg

muskulös (mewss-kew-_lūrss_)
adj muscular

muslin (mewss-_leen_) _nt_
muslin

mustasch (mewss-_taash_) _c_
moustache

muta (_mewt_-ah) _v_ bribe

mutning (_mewt_-ning) _c_
bribery

mutter (mew-terr) _c_ (pl -trar)
nut

mycket (mew-ker) _adv_ very;
much, far

mygga (mewg-ah) _c_ mosquito

myggnät (mewg-nait) _nt_
mosquito net

myndig (mewn-di) _adj_ of age

myndigheter (mewn-di-_hAy_-
terr) _pl_ authorities _pl_

mynning (mewn-ing) _c_
mouth

mynt (mewnt) _nt_ coin

mynta (_mewn_-tah) _c_ mint

myntenhet (mewnt-_Ayn-hAyt_)
_c_ monetary unit

myntöppning (mewnt-urp-
ning) _c_ slot

myra (_mew_-rah) _c_ ant

mysig (_mew_-si) _adj_ cosy

mysterium (mewss-_tAy_-ri-
ewm) _nt_ (pl -rier) mystery

mystisk (mewss-tisk) _adj_
mysterious

myt (mewt) _c_ myth

myteri (mew-ter-_ree_) _nt_ (pl
~er) mutiny

må (mōa) _v_ *feel

mål (mōal) _nt_ goal; meal

måla (_mōal_-ah) _v_ paint

målare (_mōa_-lah-rer) _c_ (pl ~)
painter

målarfärg (_mōa_-lahr-fær[y])_c_
paint

mållinje (_mōal_-lin-[y]er) _c_
finish, finishing line

mållös (_mōal_-lūrss) _adj_
speechless

målning (_mōal_-ning) _c_
painting

målsättning (_mōal_-seht-
ning) _c_ objective, aim

måltavla (_mōal_-taav-lah) _c_
target

måltid (_mōal_-teed) _c_ meal

målvakt (_mōal_-vahkt) _c_
goalkeeper

månad (_mōa_-nahd) _c_ month

månadstidning (_mōa_-nahds-
teed-ning) _c_ monthly
magazine

månatlig (_mōa_-naht-li) _adj_

monthly
måndag (*mon*-daag) *c*
Monday
måne (*mōa*-ner) *c* moon
många (*mong*-ah) *adj* many;
much
månsken (*mōan*-shāyn) *nt*
moonlight
mås (*mōass*) *c* gull
***måste** (*moss*-ter) *v* *must;
*be obliged to, *have to,
need to; *be bound to
mått (mot) *nt* measure
måttband (*mot*-bahnd) *nt*
tape measure
måttlig (*mot*-li) *adj* moderate
mäklare (*maik*-lah-rer) *c* (pl
~) broker
mäktig (*mehk*-ti) *adj*
powerful; mighty
mängd (mehngd) *c* amount;
lot
människa (*meh*-ni-shah) *c*
human being; man
mansklig (*mehnsk*-li) *adj*
human
mänsklighet (*mehn*-skli-
hāyt) *c* humanity; mankind
märg (mæær[y]) *c* marrow
märka (*mæær*-kah) *v* notice,
sense; mark
märkbar (*mærk*-baar) *adj*
noticeable; perceptible
märke (*mær*-ker) *nt* mark,
brand; ***lägga ~ till** notice
märkvärdig (*mærk* væær-di)
adj curious
mässa (*meh*-sah) *c* Mass
mässing (*meh*-sing) *c* brass
mässling (*mehss*-ling) *c*

measles
mästare (*mayss*-tah-rer) *c* (pl
~) master; champion
mästerverk (*mehss*-terr-
værk) *nt* masterpiece
mäta (*mai*-tah) *v* measure
mätare (mait-ah-rer) *c* (pl ~)
meter; gauge
möbelben (*mūr*-berl-*bāyn*) *nt*
leg
möbler (*mūrb*-lerr) *pl*
furniture
möblera (*mūr*-*blāy*-rah) *v*
furnish
möda (*mūrdah*) *c* pains,
trouble
mögel (*mūr*-gerl) *nt* mildew
möglig (*mūrg*-li) *adj* mouldy
möjlig (*mur[y]*-li) *adj* possible
***möjliggöra** (*mur[y]*-li-*[y]ūr*-
rah) *v* make possible;
enable
möjlighet (*mur[y]*-li-hāyt) *c*
possibility
mönster (*murns*-terr) *nt*
pattern
mör (murr) *adj* tender
mörda (*mūrr*-dah) *v* murder
mördare (*mūrr*-dah-rer) *c* (pl
~) murderer
mörk (murrk) *adj* dark;
obscure
mörker (*murr*-kerr) *nt* dark,
darkness
mört (murrt) *c* roach
mössa (*mur*-sah) *c* cap
möta (*mūr*-tah) *v* *meet;
encounter
mötande (*mūr*-tahn-der) *adj*
oncoming

möte (*mūrt*-er) *nt* meeting;
avtalat ~ appointment;
engagement

mötesplats (*mūr*-tayss-plahts) *c* meeting place

N

nacke (*nahk*-er) *c* nape of the
neck

nagel (*naa*-gayl) *c* (pl naglar)
nail

nagelfil (*naa*-gayl-feel) *c* nail
file

nagellack (*naa*-gayl-lahk) *nt*
nail polish

nagelsax (*naa*-gayl-sahks) *c*
nail scissors *pl*

naiv (nah-*eev*) *adj* naïve

nakenstudie (*naa*-kern-*stew*-di-er) *c* nude

namn (nahmn) *nt* name; **i ...
namn** in the name of

narkos (nahr-*kōass*) *c*
narcosis

narkotika (nahr-*kōā*-ti-kah) *c*
narcotic

nation (naht-*shōon*) *c* nation

nationaldräkt (naht-shoo-*naal*-drehkt) *c* national dress

nationalisera (naht-shoo-nah-li-*sāy*-rah) *v* nationalize

nationalitet (naht-shoo-nah-li-*tāyt*) *c* nationality

nationalpark (naht-shoo-*naal*-pahrk) *c* national park

nationalsång (naht-shoo-*naal*-song) *c* national
anthem

nationell (naht-shoo-*nayl*)
adj national

natt (naht) *c* (pl nätter) night;
i ~ tonight; **om natten** by
night; **över natten** overnight

nattaxa (*naht*-tahk-sah) *c*
night rate

nattflyg (*naht*-flewg) *nt* night
flight

nattklubb (*naht*-klewb) *c*
nightclub; cabaret

nattkräm (*naht*-kraim) *c* night
cream

nattlig (*naht*-li) *adj* nightly

nattåg (*naht*-tōag) *nt* night
train

natur (nah-*tewr*) *c* nature

naturlig (nah-*tewr*-li) *adj*
natural

naturligtvis (nah-*tewr*-lit-veess) *adv* of course;
naturally

naturskön (nah-*tewr*-shurn)
adj scenic

naturvetenskap (nah-*tewr*-vāyt-ern-*skaap*) *c* physics

navel (*naav*-erl) *c* (pl navlar)
navel

navigation (nah-vi-gah-*shōon*) *c* navigation

navigationssystem (nah-vi-gah-*shōons*-sewss-*tāym*) *nt*
navigation system, sat nav,
GPS

navigera (nah-vi-*gāy*-rah) *v*

navigate
necessär (nay-ser-*sær*) *c*
toilet case
ned (nāyd) *adv* down
nedan (nāy-dahn) *adv*
beneath, below
nedanför (nāy-dahn-fūrr)
prep below; under
nederbörd (nāyd-err-būrrd)
c precipitation
nederlag (nāyd-err-laag) *nt*
defeat
nederländare (nāy-derr-
lehn-dah-rer) *c* (pl ~)
Dutchman
Nederländerna (nāy-derr-
lehn-derr-nah) the
Netherlands
nederländsk (nāy-dayr-
lehnsk) *adj* Dutch
nedersta (nāy-derr-stah) *adj*
bottom, lowest
nedladdning (nāyd-lahd-
ning) *c* download
nedre (nāyd-rer) *adj* inferior,
lower
nedslående (nāyd-sloā ayn-
der) *adj* depressing
nedsmutsad (nāyd-smewt-
sahd) *adj* soiled
nedstigning (nāyd stceg-
ning) *c* descent
nedstämd (nāyd-stehmd) *adj*
low; down, down-hearted
nedåt (nāyd-ot) *adv* down;
downwards
negativ (nuy-gah-teev) *adj*
negative; *nt* negative
negligé (nay-gli-*shāy*) *c*
negligee

nej (nay) no
neka (nāyk-ah) *v* deny
nekande (nāyk-ahn-der) *adj*
negative
ner (nāyr) *adv* down,
downstairs
nerladdning (nāyr-lahd-
ning) *c* download
nerv (nærv) *c* nerve
nervös (nær-*vūrss*) *adj*
nervous
netto- (nayt-oo) net
neuralgi (nayv-rahl-*gee*) *c*
neuralgia
neuros (nayv-*rōass*) *c*
neurosis
neutral (nay^ew traal) *adj*
neutral
neutrum (nāy-ewt-rewm) *c*
neuter
ni (nee) *pron* you
nick (nik) *c* nod
nicka (nik-ah) *v* nod
nickel (nik-erl) *c* nickel
*niga (nee-gah) *v* curtsy
Nigeria (ni-*gāyr*-i ah) Nigeria
nigerian (ni-gay-ri-*aan*) *c*
Nigerian
nigeriansk (ni-gay-ri-*aansk*)
adj Nigerian
nikotin (ni-koo-*teen*) *nt*
nicotine
nio (neeoo) *num* nine
nionde (nee-on-der) *num*
ninth
nit (neet) *nt* zeal, ardour
nittio (nit-i) *num* ninety
nitton (nit-on) *num* nineteen
nittonde (nit-on-der) *num*
nineteenth

nivå (ni-*voa*) c level

njure (n^y*ew*-rer) c kidney

*njuta (n^y*ew*-tah) v enjoy

njutning (n^y*ewt*-ning) c delight

nog (noog) adv enough; probably

noga (noo-gah) adj precise

noggrann (noog-rahn) adj accurate, precise

nolla (*no*-lah) c zero; nought

nominell (noo-mi-*nayl*) adj nominal

nominera (noo-mi-*nay*r-ah) v nominate

nominering (noo-mi-*nay*r-ing) c nomination

nord (noord) c north

nordlig (noord-li) adj northern;north

nordost (noord-*oost*) c north-east

Nordpolen (noord-poo-lern) North Pole

nordväst (noord-*vehst*) c north-west

Norge (*nor*-^yer) Norway

norm (norm) c norm, standard

normal (nor-*maal*) adj normal; regular

norrman (*nor*-mahn) c (pl -män) Norwegian

norsk (norsk) adj Norwegian

nos (nooss) c snout

noshörning (nooss-hurr-ning) c rhinoceros

nota (noot-ah) c bill; check nAm

notera (noo-*tay*r-ah) v note

novell (noo-*vehl*) c short story

november (noo-*vehm*-berr) November

nu (new) adv now

nudistbadstrand (new-*dist*-baad-strahnd) c (pl -stränder) nudist beach

nuförtiden (new-furr-tee-dayn) adv nowadays

nummer (*newm*-err) nt number; act

nummerplåt (new-merr-ploat) c registration plate; licence plate nAm

nummerpresentatör (newm-err-pray-sayn-tah-*turr*) c caller ID

nunna (*newn*-ah) c nun

nutid (new-teed) c present

nutida (new-tee-dah) adj contemporary

nuvarande (new-vaa-rahn-der) adj present; current

ny (new) adj new; recent; **splitter ~** brand-new

nyans (new-*ahngs*) c nuance; shade

Nya Zeeland (newah *say*-lahnd) New Zealand

nybörjare (new-burr-^yah-rer) c (pl ~) beginner; learner

nyck (newk) c whim; fancy

nyckel (*new*-kerl) c (pl -klar) key

nyckelben (new-kerl-bayn) nt collarbone

nyckelhål (*new*-kerl-hoal) nt keyhole

nyfiken (new-fee-kern) adj

curious; nosy *colloquial*

nyfikenhet (*nēw*-fee-kern-hāyt) *c* curiosity

nyhet (*nēw*-hāyt) *c* news

nyheter (*nēw*-hāy-terr) *pl* news

nykter (*newk*-terr) *adj* sober

nyligen (*nēw*-li-gayn) *adv* recently; lately

nylon (new-*lōan*) *nt* nylon

nynna (*newn*-ah) *v* hum

***nypa** (*nēw*-pah) *v* pinch

***nysa** (*nēw*-sah) *v* sneeze

nyss (newss) *adv* a moment ago

nytta (new-tah) *c* use; benefit, profit; ***ha ~ av** benefit by, profit by

nyttig (*new*-ti) *adj* useful

nyttighet (*new* ti-hāyt) *c* utility

nyttja (*newt*-ʸah) *v* use, employ

nyår (*nēw*-ōar) *nt* New Year

nå (nōa) *v* reach

nåd (nōad) *c* grace; mercy

någon (*nōa*-gon) *pron* somebody; any, someone

någonsin (*nōa*-gon-sin) *adv* ever

någonstans (*nōa* gon-stahns) *adv* somewhere

någorlunda (*nōa*-goor-lewn-dah) *adv* quite; rather

något (*nōa*-got) *pron* something, some

några (*nōug*-rah) *pron* some; *adj* some

nål (nōāl) *c* needle

näbb (nehb) *c* beak

näktergal (*nehk*-terr-*gaal*) *c* nightingale

nämligen (*nehm*-li-gern) *adv* namely

nämna (*nehm*-nah) *v* mention

när (næær) *adv* when; *conj* when

nära (*næær*-ah) *adj* near; close

närande (*næær*-ahn-der) *adj* nourishing; nutritious

närapå (*næ̃æ*-rah-poa) *adv* nearly

närbelägen (*næær*-bay-*laig*-ern) *adj* near

närgången (*næær*-gong-ern) *adj* inquisitive

närhelst (næær-*hehlst*) *conj* whenever

närhet (næær-hāyt) *c* vicinity

närliggande (*næær* li-gahn-der) *adj* nearby

närma sig (*nær*-mah) approach

närmast (*næ̃w* mahst) *adv* closest; nearest

närsynt (*næær*-sēwnt) *adj* short-sighted

närvarande (*næær*-vaa-rahn-der) *adj* present; ***vara ~ vid** attend, assist at

närvaro (*næær*-vaa-roo) *c* presence

näsa (*nǣi*-sah) *c* nose

näsblod (naiss-*blōod*) *nt* nosebleed

näsborre (naiss-bo-rer) *c* nostril

näsduk (naiss-*dēw*k) *c*

handkerchief

nästa (*nehss*-tah) *adj*
following, next

nästan (*nehss*-tahn) *adv*
practically; almost; nearly

näsvis (*naiss*-veess) *adj*
impertinent

näsvishet (*naiss*-veess-hāyt)
c impertinence

nät (nait) *nt* net

näthinna (*nait*-hin-ah) *c*
retina

nätverk (*nait*-værk) *nt*
network

nätverksarbete (*nait*-verks-
ahr-bāy-ter) *c* networking

nöd (nūrd) *c* misery; distress

nödläge (*nūrd*-lai-ger) *nt*
emergency

nödsignal (*nūrd*-sing-naal) *c*
distress signal

nödsituation (*nūrd*-si-tew-
ah-*shōōn*) *c* emergency

nödtvång (*nūrd*-tvong) *nt*
urgency

nödutgång (*nūrd*-ēwt-gong)
c emergency exit

nödvändig (*nūrd*-vehn-di)
adj necessary

nödvändighet (*nūrd*-vehn-
di-hāyt) *c* necessity; need

nöja sig (*nur*-ᵞah) content
oneself

nöjd (nurᵞd) *adj* content;
pleased

nöje (*nurᵞ*-er) *nt* pleasure;
enjoyment, fun, amusement

nöt (nūrt) *c* (pl ~ter) nut

nötknäppare (*nūrt*-knehp-
ah-rer) *c* (pl ~) nutcrackers
pl

nötskal (*nūrt*-skaal) *nt*
nutshell

O

oaktat (*ōō*-ahk-taht) *prep* in
spite of

oanad (*ōō*-aan-ahd) *adj*
unexpected

oangenäm (*ōō*-ahn-ᵞer-
naim) *adj* unpleasant

oansenlig (*ōō*-ahn-*sāyn*-li)
adj insignificant;
inconspicuous

oanständig (*ōō*-ahn-stehn-
di) *adj* obscene

oantagbar (*ōō*-ahn-taag-
baar) *adj* unacceptable

oas (oo-*aass*) *c* oasis

oavbruten (*ōō*-aav-brēw-
tern) *adj* continuous;
uninterrupted

oavsiktlig (*ōō*-aav-sikt-li) *adj*
unintentional

obduktion (ob-dewk-*shōōn*)
c autopsy

obebodd (*ōō*-ber-*bood*) *adj*
uninhabited

obeboelig (*ōō*-ber-*boo*-ay-li)
adj uninhabitable

obegriplig (*ōō*-ber-greep-li)
adj incomprehensible

obegränsad (*ōō*-ber-grehnsahd) adj unlimited

obehaglig (ōō-ber-*haag*-li)
adj unpleasant; disagreeable

obekant (ōō-ber-*kahnt*) adj
unfamiliar

obekväm (ōō-ber-*kvaim*) adj
uncomfortable,
inconvenient

oberoende (ōō-ber-rōō-ayn-
der) adj independent

oberättigad (ōō-ber-*reh*-ti-
gahd) adj unauthorized

obestämd (ōō-ber-*stehmd*)
adj indefinite

obesvarad (ōō-ber-*svaa*-
rahd) adj unanswered

obetydlig (ōō-ber-*tēwd*-li)
adj insignificant; petty

obetänksam (ōō-ber *tehngk*-
sahm) adj thoughtless, rash

obildad (ōō-bil-dahd) adj
uneducated

objekt (ob-*yaykt*) nt object

objektiv (ob-*y*erk-teev) adj
objective

obligation (oh-li-gah-*shōōn*)
c bond

obligatorisk (ob-li-gah-*fōō*-
risk) adj compulsory;
obligatory

oblyg (ōō-*blēwg*) adj
immodest

obotlig (ōō-*bōōt*-li) adj
incurable

observation (ob-serr-vah-
shōōn) c observation

observatorium (ob-serr-vah-
tōō-ri-ewm) nt (pl ⁓ rier)
observatory

observera (ob-serr-*vāyr*-ah) v

observe; note

och (o) conj and

också (*ok*-sōa) adv also; too

ockupation (o-kew-pah-
shōōn) c occupation

ockupera (o-kew-*pāy*-rah) v
occupy

odla (*ōōd*-lah) v cultivate;
*grow, raise

oduglig (ōō-*dewg*-li) adj
incapable, incompetent

odygdig (ōō-dewg-di) adj
mischievous, naughty

*vara **oenig** (*vaa*-rah ōō-*āy*-
ni) disagree

*vara **oense** (*vaa*-rah ōō-*ayn*-
say) disagree

oerfaren (ōō-āyr-faa-rern) adj
inexperienced

oerhörd (ōō-ayr-*hūrrd*) adj
immense; tremendous

ofantlig (oo-*fahnt*-li) adj vast

ofarlig (ōō faar-li) adj
harmless

ofattbar (ōō-faht-*baar*) adj
incomprehensible,
inconceivable

offensiv (of-ern-seev) adj
offensive; c offensive

offentlig (o-*faynt*-li) adj
public

*offentliggöra (o-*faynt* li-
*y*ūr-rah) v announce; publish

offentliggörande (o-*faynt*-li-
*y*ūr-rahn-der) nt publication

offer (o-ferr) nt sacrifice;
victim; casualty

officer (o-fi-*sāyr*) c officer

officiell (o fi-si-*ayl*) adj
official

offra (*of*-rah) *v* sacrifice

ofog (ōō-fōōg) *nt* mischief

oframkomlig (ōō-frahm-kom-li) *adj* impassable

ofta (*of*-tah) *adv* often; frequently

ofullkomlig (ōō-fewl-kom-li) *adj* imperfect

ofullständig (ōō-fewl-stehn-di) *adj* incomplete

ofärdig (ōō-fæær-di) *adj* crippled, disabled

oförarglig (ōō-furr-ahr-ᵞ-li) *adj* harmless

oförklarlig (ōō-furr-*klaar*-li) *adj* inexplicable, unaccountable

oförmodad (ōō-furr-*mōō*-dahd) *adj* unexpected, casual

oförmögen (ōō-fūrr-mūr-gern) *adj* incapable, unable

oförskämd (ōō-furr-*shehmd*) *adj* impertinent; insolent, impudent

oförskämdhet (ōō-furr-*shehmd*-hāyt) *c* insolence

oförståndig (ōō-furr-*ston*-di) *adj* unwise

oförtjänt (ōō-furr-tᵞ*aint*) *adj* unearned

ogift (ōō-ᵞift) *adj* single

ogilla (ōō-ᵞi-lah) *v* disapprove of, dislike

ogiltig (ōō-ᵞil-ti) *adj* invalid; expired, void

ogräs (ōō-graiss) *nt* weed

ogynnsam (ōō-ᵞewn-sahm) *adj* unfavourable

ohälsosam (ōō-hehl-soo-sahm) *adj* unhealthy

ohövlig (ōō-hūrv-li) *adj* impolite; rude

ojust (ōō-shewst) *adj* unfair

ojämn (ōō-ᵞehmn) *adj* uneven; rough

ok (ōōk) *nt* yoke

oklanderlig (oo-*klahn*-derr-li) *adj* faultless

oklar (ōō-klaar) *adj* dim; obscure

okonstlad (ōō-konst-lahd) *adj* simple, ingenious

okrossbar (ōō-kross-baar) *adj* unbreakable

oktober (ok-*tōō*-berr) October

okunnig (ōō-kew-ni) *adj* ignorant

okvalificerad (ōō-kvah-li-fi-sāy-rahd) *adj* unqualified

okänd (ōō-tᵞehnd) *adj* unknown

olaglig (ōō-laag-li) *adj* unlawful; illegal

olik (ōō-leek) *adj* different; distinct, unlike; *vara ~ differ; vary

olika (ōō-lee-kah) *adj* different; unequal; various

oliv (o-*leev*) *c* olive

olivolja (o-*leev*-ol-ᵞah) *c* olive oil

olja (*ol*-ᵞah) *c* oil; *v* lubricate

oljebyte (*ol*-ᵞer-bēw-ter) *nt* oil-change

oljefilter (*ol*-ᵞer-fil-terr) *nt* (pl -trer, ~) oil filter

oljefyndighet (*ol*-ᵞer-fewn-di-hāyt) *c* oil well

oljekälla (ol-Yer-tYeh-lah) c oil well

oljemålning (ol-Yer-mōal-ning) c oil painting

oljeraffinaderi (ol-Yer-rah-fi-nah-der-ree) nt (pl ~er) oil refinery

oljetryck (ol-Yer-trewk) nt oil pressure

oljig (ol-Yi) adj oily; greasy

oljud (ōō-Yewd) nt noise

olustig (ōō-lewss-ti) adj uneasy; out of spirits

olycka (ōō-lew-kah) c accident; misfortune, calamity, disaster

olycklig (ōō-lewk-li) adj unhappy; miserable, unfortunate

olycksbådande (ōō-lewks-bōad-ahn-der) adj ominous; sinister

olycksfall (ōō-lewks-fahl) nt accident

olägenhet (ōō-lch-gern-hāyt) c inconvenience

olämplig (ōō-lehmp-li) adj inconvenient; inappropriate

oläslig (ōō-laiss-li) adj illegible

om (om) conj if; whether; prep about, in; runt ~ round

ombord (om-bōōrd) adv aboard; *gå ~ embark

ombordläggning (um-bōōrd-lehg-ning) c collision

omdirigering (om-di-ri-shāy-ring) c diversion, detour

omdöme (om-dur-mer) nt judgement

omdömesgill (om-dur-merss-Yil) adj judicious

omedelbar (ōō-māy-dayl-baar) adj immediate; spontaneous; **omedelbart** instantly, immediately, straight away

omedveten (ōō-māyd-vāy-tern) adj unaware

omelett (o-mer-layt) c omelette

omfamna (om-fahm-nah) v embrace; hug

omfamning (om-fahm-ning) c embrace

omfartsled (om-faarts-lāyd) c by-pass

omfatta (om-fah-tah) v comprise; include

omfattande (om-faht-ahn-der) adj extensive; comprehensive

omfång (om-fong) nt extent

omfångsrik (om-fongs-reek) adj bulky, big; extensive

omge (om-gāy) v surround; circle

omgivning (om-Yeev-ning) c setting; environment

omgående (om-gōa-ayn-der) adj prompt

omkomma (om-kom-ah) v perish

omkostnader (om-kost-nah-derr) pl expenses pl

omkring (om-kring) prep round; around; adv about

omkull (om-kewl) adv down, over; *slå ~ knock down

omkörning förbjuden (om-

tᵞurr-ning furr-bᵞēw-dayn)
no overtaking; no passing
Am

omlopp (*om*-lop) *nt* (pl ~)
circulation; orbit

omnämna (*om*-nehm-nah) *v*
mention

omnämnande (*om*-nehm-nahn-der) *nt* mention

omodern (ōō-moo-*dæærn*) *adj* out of date

omringa (*om*-ring-ah) *v* surround; encircle

område (*om*-rōād-er) *nt* district; region, area, zone

omräkna (*om*-raik-nah) *v* convert

omräkningstabell (*om*-raik-nings-tah-*bayl*) *c* conversion chart

omslagspapper (*om*-slaags-pah-perr) *nt* wrapping paper

***omsluta** (*om*-slēw-tah) *v* surround; encircle

omsorgsfull (*om*-sor ᵞs-fewl) *adj* thorough, careful

omstridd (*om*-strid) *adj* controversial

omständlig (*om*-stehn-di-hāyt) *c* circumstance

omsvängning (*om*-svehng-ning) *c* sudden change

omsättning (*om*-seht-ning) *c* turnover

omtvistad (*om*-tviss-tahd) *adj* controversial

omtänksam (*om*-tehngk-sahm) *adj* considerate, thoughtful

omtänksamhet (*om*-tehngk-

sahm-hāyt) *c* thoughtfulness

omvandla (*om*-vahnd-lah) *v* transform

omväg (*om*-vaig) *c* detour

omvänd (*om*-vehnd) *adj* inverted; converted

omvända (*om*-vehn-dah) *v* convert

omväxlande (*om*-vehks-lahn-der) *adj* varied

omväxling (*om*-vehks-ling) *c* change; variety; **som ~** for a change

omåttlighet (ōō-mot-li-hāyt) *c* immoderation

omöjlig (ōō-mur ᵞ-li) *adj* impossible

ond (oond) *adj* evil; wicked

ondska (*oonds*-kah) *c* (pl ondskor) evil; spite

ondskefull (oond-skay-fewl) *adj* vicious; spiteful

onsdag (*oons*-daag) *c* Wednesday

ont (oont) *nt* harm

onyx (ōā-newks) *c* onyx

onödig (ōō-nūr-di) *adj* unnecessary

oordentlig (ōō-or-*daynt*-li) *adj* untidy; sloppy

oordning (ōō-oard-ning) *c* mess

opal (oo-*paal*) *c* opal

opartisk (ōō-paart-isk) *adj* impartial

opassande (ōō-pah-sahn-der) *adj* improper; indecent, unsuitable

opera (ōō-per-rah) *c* opera

operahus (ōō-per-rah-hēwss)

nt opera house

operation (o-per-rah-*shōōn*)
c operation

operera (o-per-*rāyr*-ah) *v*
operate

opersonlig (ōō-pehr-*sōōn*-li)
adj impersonal

opponera sig (o-po-*nāy*-rah)
oppose

opposition (o-po-si-*shōōn*) *c*
opposition

optiker (*op*-ti-kerr) *c* (pl ~)
optician

optimism (op-ti-*mism*) *c*
optimism

optimist (op-ti-*mist*) *c*
optimist

optimistisk (op ti-*miss*-tisk)
adj optimistic

opålitlig (ōō-pōa-leet-li) *adj*
unreliable; untrustworthy

ord (ōōrd) *nt* word

ordbok (*ōōrd*-bōōk) *c* (pl
-böcker) dictionary

ordentlig (or-*dehnt*-li) *adj*
thorough

order (*ōar*-derr) *c* (pl ~) order

orderblankett (*ōar*-derr-
blahng-*keht*) *c* order form

ordförande (ōōrd-*für*-rahn-
der) *c* (pl ~) chairperson;
president

ordförråd (*ōōrd*-furr-*rōad*) *nt*
vocabulary

ordinera (ōar-di-*nāy* rah) *v*
prescribe

ordinär (ōar-di-*nær*) *adj*
ordinary, common

ordlek (*ōōrd*-lāyk) *c* pun

ordlista (*ōōrd*-liss-tah) *c*

vocabulary, wordbook

ordna (*ōard*-nah) *v* arrange;
settle; sort

ordning (*ōard*-ning) *c* order;
method; tidiness; **göra i ~*
prepare; **i ~** in order

ordningsföljd (*awrd*-nings-
furl³d) *c* order; sequence

ordspråk (*ōōrd*-sprōak) *nt*
proverb

ordväxling (*ōōrd*-vehks-ling)
c argument

oreda (*ōō*-rāyd-ah) *c*
disorder; mess, muddle

oregelbunden (ōō-rāy-gayl-
bewn-dayn) *adj* irregular

oren (*ōō*-rāyn) *adj* unclean

organ (or-*gaan*) *nt* organ

organisation (or-gah-ni-sah-
shōōn) *c* organization

organisera (or-gah-ni-*sāy*-
rah) *v* organize

organisk (or-*gaa*-nisk) *adj*
organic

orgel (*or*-³erl) *c* (pl orglar) *c*
organ

orientalisk (o-ri-ayn-*taa*-lisk)
adj oriental

Orienten (o-ri-*ayn*-tayn) the
Orient

orientera sig (o-ri-ayn-*tāy*-
rah) orientate oneself

originell (or-gi *nayl*) *adj*
original

oriktig (*ōō*-rik ti) *adj*
incorrect; inaccurate

orimlig (ōō-*rim*-li) *adj*
unreasonable; absurd

orkan (or-*kaan*) *c* hurricane

orkester (or-*kayss*-terr) *c* (pl

-trar) orchestra
orm (oorm) *c* snake
oro (oo̅-roo̅) *c* concern;
disturbance, fear, worry;
unrest
oroa (oo̅-roo̅-ah) *v* alarm; ~
sig worry
orolig (oo̅-roo̅-li) *adj* anxious
orovåckande (oo̅-roo̅-veh-kahn-der) *adj* alarming
orsak (oo̅r-saak) *c* cause;
reason
orsaka (oo̅r-saa-kah) *v* cause
ort (oort) *c* place
ortodox (or-to-*doks*) *adj*
orthodox
orubblig (oo̅-rewb-li) *adj*
steadfast
orätt (oo̅-reht) *c* wrong; *adj*
wrong; *göra ~ wrong
orättvis (oo̅-reht-veess) *adj*
unfair, unjust
orättvisa (oo̅-reht-veesah) *c*
injustice
osann (oo̅-sahn) *adj* untrue
osannolik (oo̅-sah-noo-leek)
adj unlikely
osjälvisk (oo̅-shehl-visk) *adj*
unselfish
oskadad (oo̅-skaa-dahd) *adj*
unhurt; whole
oskuld (oo̅-skewld) *c*
innocence; virgin; virginity
oskyddad (oo̅-shew-dahd)
adj unprotected
oskyldig (oo̅-shewl-di) *adj*
innocent, harmless
osnygg (oo̅-snewg) *adj*
slovenly, foul
oss (oss) *pron* us; ourselves

ost (oost) *c* cheese
ostadig (oo̅-staa-di) *adj*
unsteady
ostlig (*oost*-li) *adj* eastern
ostron (*oost*-ron) *nt* oyster
osund (oo̅-sewnd) *adj*
unsound
osympatisk (oo̅-sewm-*paat*-isk) *adj* disagreeable
osynlig (oo̅-sewn-li) *adj*
invisible
osäker (oo̅-sai-kerr) *adj*
uncertain
osäkerhet (oo̅-sai-kerr-hāyt)
c insecurity; incertainty
otacksam (oo̅-tahk-sahm) *adj*
ungrateful
otillfredsställande (oo̅-til-frāyds-*steh*-lahn-der) *adj*
unsatisfactory
otillgänglig (oo̅-til-Yehng-li)
adj inaccessible
otillräcklig (oo̅-til-rehk-li) *adj*
insufficient; inadequate
otrevlig (oo̅-trāyv-li) *adj*
unpleasant
otrogen (oo̅-troo̅-gayn) *adj*
unfaithful
otrolig (oo̅-troo̅-li) *adj*
incredible; improbable
otur (oo̅-tewr) *c* bad luck;
misfortune
oturlig (oo̅-tewr-li) *adj*
unlucky
otvivelaktigt (oo̅-tveev-erl-ahk-tit) *adv* undoubtedly
otålig (oo̅-tōal-i) *adj*
impatient; eager
otäck (oo̅-tehk) *adj* nasty
otät (oo̅-tait) *adj* leaky

oumbärlig (ōō-ewm-bæær-li) adj indispensable

oundviklig (ōō-ewnd-veek-li) adj unavoidable, inevitable

oupphörligen (ōō-ewp-hürr-li-ern) adv continually

ouppodlad (ōō-ewp-ōōd-lahd) adj uncultivated

outhärdlig (ōō-ewt-hæærd-li) adj unbearable, intolerable

ouvertyr (oo-vær-tewr) c overture

oval (oo-vaal) adj oval

ovan¹ (ōā-vahn) adv above; overhead

ovan² (ōō-vaan) adj unaccustomed

ovanför (ōā-vahn-fürr) prep over; above

ovanlig (ōō-vaan-li) adj unusual; uncommon; exceptional

ovanpå (ōā-vahn-pōā) prep on top of

overall (ōā-ver-rōāl) c overalls pl

overklig (ōō-værk-li) adj unreal

overksam (óō-værk-sahm) adj idle

oviktig (ōō-vik-ti) adj unimportant; insignificant

ovillig (ōō-vi-li) adj unwilling

ovillkorlig (ōō-vil-kōar-li) adj unconditional

oviss (ōō-viss) adj uncertain; vague

oväder (ōō-vai-derr) nt tempest

ovälkommen (ōō-verl-ko-mern) adj unwelcome, undesirable

ovänlig (ōō-vehn-li) adj unkind; unfriendly

oväntad (ōō-vehn-tahd) adj unexpected

ovärderlig (ōō-vær-dayr-li) adj priceless

oväsen (ōō-vai-sayn) nt noise; racket

oväsentlig (ōō-vai-sehnt-li) adj petty

oxe (ooks-er) c ox

oxkött (ooks-t³urt) nt beef

ozon (ōō-sōōn) nt (pl ~) ozone

oåterkallelig (ōō-ōāt-err-kahl-er-li) adj irrevocable

oäkta (ōō-ehk-tah) adj false

oändlig (ōō-ehnd-li) adj infinite; endless; immense

oärlig (ōō-æær-li) adj dishonest; crooked

oätbar (ōō-ait-baar) adj inedible

oöverkomlig (ōō-ūr-verr kom-li) adj insurmountable; prohibitive

oöverträffad (ōō-ūrv-err-trehf-ahd) adj unsurpassed

P

pacifist (pah-si-*fist*) *c* pacifist
pacifistisk (pah-si-*fiss*-tisk)
  adj pacifist
packa (*pah*-kah) *v* pack; ~ **in**
  pack; ~ **upp** unpack
packning (*pahk*-ning) *c* pack;
  packing
padda (*pahd*-ah) *c* toad
paddel (*pah*-dayl) *c* (pl -dlar)
  paddle
paket (pah-*kāyt*) *nt* packet;
  parcel; package
Pakistan (pah-ki-*staan*)
  Pakistan
pakistanier (pah-ki-*staa*-ni-
  err) *c* (pl ~) Pakistani
pakistansk (pah-ki-*staansk*)
  adj Pakistani
pakt (pahkt) *c* pact
palats (pah-*lahts*) *nt* palace
palm (pahlm) *c* palm
panel (pah-*nāyl*) *c* panel;
  panelling
panik (pah-*neek*) *c* panic
pank (pahngk) *adj* broke
panna (*pahn*-ah) *c* forehead;
  pan
pant (pahnt) *c* pledge;
  security
pantlånare (*pahnt*-loā-nah-
  ray) *c* (pl ~) pawnbroker
*pantsätta (*pahnt*-seh-tah) *v*
  pawn
papegoja (pah-per-*goi*-ah) *c*
  parakeet, parrot
papiljott (pah-pil-*ᵞot*) *c* curler

papp (pahp) *c* cardboard;
  papp- cardboard
pappa (*pah*-pah) *c* daddy
papper (pah-perr) *nt* paper;
  pappers- paper
pappershandel (*pah*-perrs-
  hahn-dayl) *c* (pl -dlar)
  stationer's
papperskniv (*pah*-perrs-
  kneev) *c* paper knife
papperskorg (*pah*-perrs-
  kor*ᵞ*) *c* wastepaper basket
pappersnäsduk (*pah*-perrs-
  naiss-*dēwk*) *c* paper hanky,
  tissue
papperspåse (*pah*-perrs-
  pōā-ser) *c* paper bag
pappersservett (*pah*-perrs-
  sær-*vayt*) *c* paper napkin
par (paar) *nt* pair; couple;
  äkta ~ married couple
parabol (pah-rah-*bōal*) *c*
  satellite dish
parad (pah-*raad*) *c* parade
paradis (pah-rah-dees) *nt* (pl
  ~) paradise
parafera (pah-rah-*fāy*-rah) *v*
  initial
paragraf (pah-rah-*graaf*) *c*
  paragraph
parallell (pah-rah-*layl*) *c*
  parallel, *adj* parallel
paralysera (pah-rah-lew-*sāy*-
  rah) *v* paralyse
paraply (pah-rah-*plēw*) *nt*
  umbrella

parfym (pahr-*fewm*) c
perfume

park (pahrk) c park; offentlig
~ public garden

parkera (pahr-*kāy*-rah) v
park

parkering (pahr-*kāy*-ring) c
parking; ~ förbjuden no
parking

parkeringsavgift (pahr-*kāy*-
rings-*aav*-ˈyift) c parking fee

parkeringsljus (pahr-*kāy*-
rings-ˈyewss) nt parking light

parkeringsmätare (pahr-
kāy-rings-mai-tah-rer) c (pl
~) parking meter

parkeringsplats (pahr-*kāy*-
rings-plahts) c car park;
parking lot *Am*

parkeringszon (pahr-*kāy*-
rings-*soon*) c parking zone

parkett (pahr-*kayt*) c parquet;
stall; orchestra seat *Am*

parlament (pahr-lah-*maynt*)
nt parliament

parlamentarisk (pahr-lah-
mayn-*taar*-isk) adj
parliamentary

parlör (pahr-*lurr*) c phrase
book

parti (pahr-*tee*) nt (pl ~er)
party; side

partisk (paar-tisk) adj partial

partner (*paart*-nerr) c (pl ~)
partner

pass (pahss) nt passport; pass

passa (*pahss*-ah) v fit; suit,
look after, match

passage (pah-*saash*) c
passage

passagerare (pah-sah-*shāy*-
rah-rer) c (pl ~) passenger

passande (*pahss*-ahn-der)
adj proper, suitable;
convenient, adequate

passera (pah-*sāyr*-ah) v pass

passfoto (*pahss*-foo-too) nt
passport photograph

passion (pah-*shoon*) c
passion

passiv (*pah*-seev) adj passive

passkontroll (*pahss*-kon-
trol) c passport control

patent (pah-*taynt*) nt patent

patentbrev (pah-*taynt*-brāyv)
nt patent

patient (pah-si-*ehnt*) c patient

patricierhus (paht-*ree*-si-err-
hēwss) nt mansion

patriot (paht-ri-*ōōt*) c patriot

patron (paht-*rōōn*) c
cartridge

patrull (paht-*rewl*) c patrol

patrullera (pah-trew-*lāyr*-ah)
v patrol

paus (pouss) c pause;
intermission, interval; *göra
~ pause

paviljong (pah-vil-*y*ong) c
pavilion

pedal (pay-*daal*) c pedal

peka (*pāy*k-ah) v point

pekdator (*pāy*k-daa-tor) c
tablet

pekfinger (*pāy*k-fing-err) nt
(pl -grar) index finger

pelare (*pāy*l-ah-rer) c (pl ~)
column; pillar

pelargång (*pāy*-lahr-gong) c
arcade

pelikan (pay-li-*kaan*) *c*
pelican

pendlare (*pehnd*-lah-rer) *c*
(pl ~) commuter

pengar (*payng*-ahr) *pl*
money; **placera** ~ invest

penicillin (pay-ni-si-*leen*) *nt*
penicillin

penna (*peh*-nah) *c* pen

penningförsändelse (*payn*-ing-furr-*sehn*-dayl-ser) *c*
remittance

pennkniv (*pehn*-kneev) *c*
penknife

pennvässare (*pehn*-veh-sah-rer) *c* (pl ~) pencil sharpener

penny (*peh*-nee) *c* penny

pensel (*pehn*-serl) *c* (pl -slar)
paintbrush

pension (pahng-*shōōn*) *c*
pension; board

pensionat (pahng-shoo-*naat*)
nt boardinghouse; pension;
guesthouse

pensionerad (pahng-shoo-*nāy*-rahd) *adj* retired

pensionering (pahng-shoo-*nehr*-ing) *c* retirement

peppar (*pay*-pahr) *c* pepper

pepparmint (*pay*-pahr-mint)
nt peppermint

pepparrot (*pay*-pahr-rōōt) *c*
horseradish

per (payr) *prep* per

perfekt (pær-*faykt*) *adj*
perfect

period (pay-ri-*ōōd*) *c* period;
term

periodisk (pay-ri-*ōō*-disk)
adj periodical

permanent (pær-mah-*naynt*)
c permanent wave

permanentveck (pær-mah-*naynt*-vayk) permanent
press

perrong (pæ-*rong*) *c* platform

perrongbiljett (pæ-*rong*-bil-*ᵞayt*) *c* platform ticket

perser (*pær*-serr) *c* (pl ~)
Persian

Persien (*pær*-si-ern) Persia

persienn (pær-si-*æn*) *c* blind;
shutter

persika (*pær*-si-kah) *c* peach

persilja (pær-*sil*-ᵞah) *c*
parsley

persisk (*pær*-sisk) *adj* Persian

person (pær-*sōōn*) *c* person;
enskild ~ individual; **per** ~
per person

personal (pær-soo-*naal*) *c*
staff; personnel

personbil (pær-*sōōn*-beel) *c*
car

personlig (pær-*sōōn*-li) *adj*
personal; private

personlighet (pær-*sōōn*-li-*hāyt*) *c* personality

persontåg (pær-*sōōn*-tōag)
nt slow train

perspektiv (pær-spayk-*teev*)
nt perspective

peruk (per-*rēwk*) *c* wig

pessimism (pay-si-*mism*) *c*
pessimism

pessimist (pay-si-*mist*) *c*
pessimist

pessimistisk (pay-si-*miss*-tisk) *adj* pessimistic

petition (pay-ti-*shōōn*) *c*

plattform

petition
pianist (pi-ah-*nist*) c pianist
piano (pi-*aa*-noo) nt piano
pickels (*pik*-erls) pl pickles pl
picknick (*pik*-nik) c picnic
picknicka (*pik*-ni-kah) v
picnic
pigg (pig) adj brisk; alert
piggsvin (*pig*-sveen) nt
porcupine
pikant (pi-*kahnt*) adj spicy
pil (peel) c arrow; willow
pilgrim (*peel*-grim) c pilgrim
pilgrimsfärd (*peel*-grims-fæærd) c pilgrimage
piller (*pi*-lerr) nt pill
pilot (pi-*lōōt*) c pilot
pimpsten (*pimp*-stäyn) c
pumice stone
PIN (peen) c PIN; personal
identification number
pina (*pee*-nah) c torment
pincett (pin-*sayt*) c tweezers
pl
pingst (pingst) c (pl pingster)
Whitsun, Pentecost
pingvin (ping-*veen*) c
penguin
pinsam (*peen*-sahm) adj
embarrassing
pionjär (pi-on-*y*æær) c
pioneer
pipa (*pee*-pah) c pipe
***pipa** (*pee*-pah) v chirp
pipronsare (*peep*-rayn-sah-rer) c (pl ~) pipe cleaner
piptobak (*peep*-too-bahk) c
pipe tobacco
pir (peer) c pier
pirog (pee-*roog*) c pasty

piska (*piss*-kah) c whip
pistol (piss-*tōōl*) c pistol
pittoresk (pi-to-*raysk*) adj
picturesque
pjäs (p*y*aiss) c play
pjäxor (p*y*ehks-or) pl ski
boots
placera (plah-*sayr*-ah) v
place; *lay, *put
plakat (plah-*kaat*) nt placard
plan (plaan) c plan; project,
scheme, map; nt level; adj
even, level, plane
planera (plah-*nāy*-rah) v plan
planet (plah-*nayt*) c planet
planetarium (plah-nay-*taa*-ri-ewm) nt (pl -rier)
planetarium
planka (*plahng*-kah) c plank
***planlägga** (*plaan*-leh-gah) v
plan, design
planta (*plahn*-tah) c plant
plantage (plahn-*taash*) c
plantation
plantera (plahn-*tāy*-rah) v
plant
plantskola (*plahnt*-skōōl-ah)
c nursery
plast (plahst) c plastic; **plast-**
plastic
platina (plah-*tee*-nah) c
platinum
plats (plahts) c place; spot;
seat; room; job; **ställa på ~
*put away; **öppen ~** square
platsbiljett (*plahts*-bil-*y*eht) c
seat reservation
platt (plaht) adj flat
platta (*plaht*-ah) c plate
plattform (*plaht*-form) c

platform

platå (plah-*tōa*) c plateau

plikt (plikt) c duty

plocka (*plok*-ah) v pick; ~ **upp** pick up

plog (ploog) c plough

plomb (plomb) c filling

plommon (*ploom*-on) nt plum

plural (*plew*-raal) c plural

plus (plewss) prep plus

plåga (*plōag*-ah) c plague; v torment

plånbok (*plōan*-bōok) c (pl -böcker) wallet; pocketbook

plåster (*ploss*-terr) nt plaster

plåt (plōat) c sheet metal; plate

plåtburk (*plōat*-bewrk) c tin, can

plädera (pleh-*dāyr*-ah) v plead

plöja (*plur^y*-ah) v plough

plötslig (*plurts*-li) adj sudden; **plötsligt** suddenly

pocketbok (*po*-kert-bōok) c (pl -böcker) paperback

poesi (poo-ay-*see*) c poetry

pojke (*poi*-ker) c boy

pojkvän (poik-vehn) c (pl -vänner) boyfriend

pokal (poo-*kaal*) c cup

Polen (*pōa*-lern) Poland

polera (poo-*lāy*-rah) v polish

polio (*pōo*-li-oo) c polio

polis (poo-*leess*) c police pl; policeman

poliskonstapel (poo-*leess*-kon-*staa*-perl) c (pl -plar) policeman

polisonger (po-li-*song*-err) pl whiskers pl; sideburns pl

polisstation (poo-*leess*-stah-*shōon*) c police station

politik (poo-li-*teek*) c politics; policy

politiker (poo-*lee*-ti-kerr) c (pl ~) politician

politisk (poo-*lee*-tisk) adj political

pollett (po-*layt*) c token

polsk (pōalsk) adj Polish

pommes frites (pom-*frit*) chips; nAm french fries

ponny (*po*-new) c (pl -nies, ~er) pony

popmusik (*pop*-mēw-*seek*) c pop music

populär (po-pēw-*læær*) adj popular

porslin (pors-*leen*) nt china; crockery, porcelain

port (pōort) c front door, gate

portfölj (port-*furl^y*) c briefcase

portier (port-*^yay*) c hall porter, receptionist

portion (port-*shōon*) c portion; helping

portmonnä (port-mo-*nai*) c purse

portnyckel (*poort*-new-kerl) c (pl -klar) latchkey

porto (*por*-too) nt postage

portofri (*por*-too-free) adj postage paid

porträtt (poort-*reht*) nt portrait

Portugal (*por*-tew-gahl) Portugal

pressa

portugis (por-tew-*geess*) c
Portuguese
portugisisk (por-tew-gee-
sisk) adj Portuguese
portvakt (*poort*-vahkt) c
janitor, concierge
position (po-si-*shoon*) c
position; station
positiv (*poo*-si-teev) adj
positive
post (post) c item; mail; post
posta (*poss*-tah) v mail; post
postanvisning (*post*-ahn-
veess-ning) c postal order;
money order; mail order
nAm
poste restante (post rer-
stahnt) poste restante
postkontor (*post*-kon-*toor*)
nt post-office
postnummer (*post*-new-
merr) nt zip code Am
postväsen (*post*-vai-sern) nt
postal service
potatis (poo *tau*-tiss) c potato
potatismos (poo-*taa*-tiss-
moos) nt mashed potatoes
poäng (po-*ehng*) c point; *få
~ score
poängsumma (po-ehng-sew-
mah) c score
prakt (prahkt) c splendour
praktfull (*prahkt*-fewl) adj
splendid; magnificent,
glorious, gorgeous
praktik (prahk-*teek*) c
practice
praktikant (prahk-tee-*kahnt*)
c trainee
praktisera (prahk-ti-*say* rah)

v practise
praktisk (*prahk*-tisk) adj
practical
prat (praat) nt chat
prata (*praat*-ah) v chat; talk; ~
strunt talk rubbish
pratmakare (*praat*-maa-kah-
rer) c (pl ~) chatterbox
pratsam (*praat*-sahm) adj
talkative
pratstund (*praat*-stewnd) c
chat
precis (pray-*seess*) adj exact,
precise; adv exactly, just
predika (pray-*deek*-ah) v
preach
predikan (pray-*deek*-ahn) c
sermon
predikstol (pray-dik-*stool*) c
pulpit
preliminär (pray-li-nii-*næær*)
adj preliminary
premiärminister (pray-mi-
ær-nii-niss-terr) c (pl ~trar)
premier
prenumerant (pray-new-
mer-*rahnt*) c subscriber
preposition (pray-po-si-
shoon) c preposition
present (pray-*saynt*) c
present
presentation (pray-sayn-tah-
shoon) c introduction
presentera (pray-sayn-*tay*
rah) v introduce; present
presentkort (pray-*saynt*-
koort) nt (pl ~) gift card
president (pray-si-*daynt*) c
president
pressa (*prayss*-ah) v press

presskonferens (*prayss-kon-fer-rayns*) *c* press conference

prestation (prayss-tah-*shoon*) *c* achievement; feat

prestera (pray-*stay*-rah) *v* achieve

prestige (pray-*steesh*) *c* prestige

preventivmedel (pray-vayn-*teev-may*-dayl) *nt* contraceptive

pricka av (*prik*-ah) tick off

prickskytt (*prik*-shewt) *c* sniper

primär (pri-*mæær*) *adj* primary

princip (prin-*seep*) *c* principle

prins (prins) *c* prince

prinsessa (prin-*say*-sah) *c* princess

prioritet (pri-o-ri-*tayt*) *c* priority

pris (preess) *nt* (pl ~, ~er) price; cost, rate; award, prize

prisfall (*preess*-fahl) *nt* fall in prices; break; slump

prislista (*preess*-liss-tah) *c* price list

prisnedsättning (*preess-nayd*-seht-ning) *c* reduction

*prissätta (*preess*-seh-tah) *v* price

privat (pri-*vaat*) *adj* private

privatliv (pri-*vaat*-leev) *nt* privacy

privilegiera (pri-vi-lay-gi-*ayr*-ah) *v* privilege, favour

privilegium (pri-vi-*lay*-gi-

ewm) *nt* (pl -gier) privilege

problem (proo-*blaym*) *nt* problem; question

procedur (proo-ser-*dewr*) *c* procedure

procent (proo-*saynt*) *c* (pl ~) per cent

procentsats (proo-*saynt*-sahts) *c* percentage

process (proo-*sayss*) *c* process; lawsuit

procession (proo-seh-*shoon*) *c* procession

pro-choice (pro-t'*ooys*) *adj* pro-choice

producent (proo-dew-*sehnt*) *c* producer

produkt (proo-*dewkt*) *c* produce; product

produktion (proo-dewk-*shoon*) *c* production; output

professor (pro-*fay*-sor) *c* professor

profet (pro-*fayt*) *c* prophet

program (proo-*grahm*) *nt* programme

programvara (proo-*grahm*-vaar-ah) *c* (pl -varor) software

projekt (pro-*shaykt*) *nt* project

proklamera (prok-lah-*may*-rah) *v* proclaim

pro-life (pro-*layf*) *adj* pro-life

promenad (pro-mer-*naad*) *c* walk; promenade, stroll

promenadkäpp (pro-mer-*naad*-t'ehp) *c* walking stick

promenera (pro-mer-*nay*-rah) *v* walk

pronomen (pro-*nōā*-mayn) *nt* pronoun

propaganda (pro-pah-*gahn*-dah) *c* propaganda

propeller (pro-*pay*-lerr) *c* (pl -lrar) propeller

proportion (pro-por-*shōōn*) *c* proportion

proportionell (pro-por-shōō-*nayl*) *adj* proportional

propp (prop) *c* stopper; fuse

proppfull (*prop*-fewl) *adj* chock-full

prospekt (proo-*spaykt*) *nt* prospectus

prostituerad (pross-ti-tew-*āy*-rahd) *c* (pl ~e) prostitute

protein (proo-tay-*een*) *nt* protein

protest (pro-*tayst*) *c* protest

protestantisk (proo-tay-*stahn*-tisk) *adj* Protestant

protestera (proo-tay-*stāy*-rah) *v* protest; object; ~ **mot** object to

protokoll (pro-to-*kol*) *nt* record; minutes

prov (prōōv) *nt* test; trial; proof; sample, **skriftligt ~** written test; exercise

prova (*prōō* vah) *v* try on

proviant (proo-vi-*ahnt*) *c* provisions *pl*

provinsiell (proo-vin-si-*ayl*) *adj* provincial

provisorisk (proo-vi-*sōōr*isk) *adj* temporary; provisional

provrum (*prōōv*-rewm) *nt* fitting room

pruta (*prēw*-tah) *v* bargain

prydlig (*prēwd*-li) *adj* neat

präst (prehst) *c* clergyman; parson, minister, rector; **katolsk ~** priest

prästgård (prehst-*gōārd*) *c* vicarage; parsonage

pröva (*prūr*-vah) *v* attempt; test

prövning (*prūrv*-ning) *c* test

psalm (sahlm) *c* hymn

psykiater (psew-ki-*aa*-terr) *c* (pl ~) psychiatrist

psykisk (*psēw*-kisk) *adj* mental, psychic

psykoanalytiker (psew-ko-ah-nah-*lēw*-ti-kerr) *c* (pl ~) analyst; psychoanalyst

psykolog (psew-ko-*lōāg*) *c* psychologist

psykologi (psew-ko-lo-*gee*) *c* psychology

psykologisk (psew-ko-*lōā*gisk) *adj* psychological

publicera (pewb-li-*sāy*-rah) *v* publish

publicitet (pewb-li-si-*tāyt*) *c* publicity

publik (pew-*bleek*) *c* audience; public

puder (*pēw*-derr) *nt* powder

puderdosa (*pēw*-derr-dōō-sah) *c* powder compact

pullover (pew-*lōāv*-err) *c* pullover

puls (pewls) *c* pulse

pulsåder (*pewls*-ōā-derr) *c* (pl -dror) artery

pump (pewmp) *c* pump

pumpa (*pewm*-pah) *v* pump

pund (pewnd) *nt* pound

pung (pewng) *c* pouch

punkt (pewngkt) *c* point; item; full stop, period

punkterad (pewngk-*tāy*-rahd) *adj* punctured

punktering (pewngk-*tāy*-ring) *c* puncture; flat tyre, blowout

punktlig (pewngkt-li) *adj* punctual

pur (pēwr) *adj* sheer

purpur (pewr-pewr) *adj* purple

puss (pewss) *c* kiss

pussel (pewss-erl) *nt* jigsaw puzzle; puzzle

pyjamas (pew-ʸaa-mahss) *c* (pl ~, ~ar) pyjamas *pl*

pytteliten (pew-ter-lee-tern) *adj* tiny

på (pōa) *prep* on; upon, at; in; ~ en gång at once; ~ TV on TV

påbörja (pōa-burr-ʸah) *v* initiate

påfallande (pōa-fahl-ahn-der) *adj* striking

påfrestning (pōa-frayst-ning) *c* strain

påfyllningsförpackning (pōa-fewl-nings-furr-*pahk*-ning) *c* refill

påfågel (pōa-fōag-erl) *c* (pl -glar) peacock

*pågå (pōa-gōa) *v* *be in progress

påhitt (pōa-hit) *nt* idea, invention

påklädningsrum (pōa-klaid-

nings-rewm) *nt* dressing room

påle (pōa-ler) *c* pole

pålitlig (pōa-leet-li) *adj* reliable; sound, trustworthy

*pålägga (pōa-leh-gah) *v* impose, inflict

påminna (pōa-mi-nah) *v* remind

påpeka (pōa-pāy-kah) *v* remark; indicate

påringning (pōa-ring-ning) *c* call

påse (pōa-ser) *c* bag

påsk (posk) *c* Easter

påsklilja (posk-lil-ʸah) *c* daffodil

påssjuka (pōass-shēw-kah) *c* mumps

*påstå (pōa-stōa) *v* claim

påstående (pōa-stōa-ayn-der) *nt* statement

påtryckning (pōa-trewk-ning) *c* pressure

påve (pōa-ver) *c* pope

påverka (pōa-vær-kah) *v* affect; influence

påverkan (pōa-vær-kahn) *c* (pl -kningar) influence

päls (pehls) *c* fur coat; fur

pärla (pæær-lah) *c* pearl; bead

pärlemor (pæær-ler-mōōr) *c* mother of pearl

pärlhalsband (pæærl-hahls-bahnd) *nt* pearl necklace, beads *pl*

pärm (pærm) *c* cover

päron (pææ-ron) *nt* pear

pöl (pürl) *c* puddle

R

rabarber (rah-*bahr*-berr) *c* rhubarb

rabatt (rah-*baht*) *c* discount; rebate; flowerbed

rabies (*raa*-bi-erss) *c* rabies

racket (*rah*-kayt) *c* (*tennis*) racket

rad (raad) *c* row; line, file, rank

radband (*raad*-bahnd) *nt* rosary; beads *pl*

radergummi (rah-*dāyr*-gew-mi) *nt* eraser

radie (*raa*-di-ᵉer) *c* radius

radikal (rah di-*kaal*) *adj* radical

radio (*raa*-di-oo) *c* radio; wireless

raffinaderi (rah-fi-nah-dei-*ree*) *nt* (pl ∼er) refinery

rak (raak) *adj* straight

raka sig (*raa*-kah) shave

rakapparat (*raak*-ah-pah-raat) *c* electric razor; shaver

rakblad (*raak*-blaad) *nt* razor blade

rakborste (*raak*-bors-ter) *c* shaving brush

raket (rah-*kāyt*) *c* rocket

rakhyvel (*raak* hēw-verl) *c* (pl ∼vlar) safety razor

rakkniv (*raak*-kneev) *c* razor

rakkräm (*raak*-kraim) *c* shaving cream

rakt (raakt) *adv* straight; ∼ fram straight ahead; straight on

raktvål (*raak*-tvōal) *c* shaving soap

rakvatten (*raak*-vah-tern) *nt* aftershave lotion

ram (raam) *c* frame

ramp (rahmp) *c* ramp

rand (rahnd) *c* (pl ränder) stripe

randig (*rahn*-di) *adj* striped

rang (rahng) *c* rank

ranson (rahn-*sōōn*) *c* ration

rapp (rahp) *c* rap

rapphöna (*rahp*-hūrn-ah) *c* partridge

rappning (*rahp*-ning) *c* plaster

rapport (rah-*port*) *c* report

rapportera (rah-por-*tāy*-rah) *v* report

raring (*rau*-ring) *c* sweetheart

ras (raass) *c* bleed, race; *nt* landslide; **ras-** racial

rasa (*raass*-ah) *v* collapse; rage

rasande (*raass*-ahn-der) *adj* furious; mad; *vara ∼ rage

raseri (raa-say-*ree*) *nt* fury, rage

rask (rahsk) *adj* swift

rast (rahst) *c* break

rastlös (*rahst*-lūrss) *adj* restless

rastlöshet (*rahst*-lūrss-hāyt) *c* unrest

ratt (raht) *c* steering wheel

rattstång (*raht*-stong) *c* (pl
-stänger) steering column

reagera (ray-ah-*gay*-rah) *v*
react

reaktion (ray-ahk-*shoon*) *c*
reaction

realisation (ray-ah-li-sah-
shoon) *c* sales; clearance
sale

realisera (ray-ah-li-*say*-rah) *v*
realize

recension (ray-sayn-*shoon*) *c*
review

recept (ray-*saypt*) *nt*
prescription; recipe

reception (ray-sayp-*shoon*) *c*
reception office

receptionist (ray-sayp-shoo-
nist) *c* receptionist

redaktör (ray-dahk-*türr*) *c*
editor

redan (*ray*-dahn) *adv* already

redigera (ray-di-*shay*-rah) *v*
edit; *write, *draw up

redogörelse (*ray*-doo-*ʸür*-
rayl-ser) *c* report; account

redovisa (*ray*-doo-vee-sah) *v*
account for

redskap (*rayd*-skaap) *nt* tool;
implement, utensil

reducera (ray-dew-*say*-rah) *v*
reduce

reduktion (ray-dewk-*shoon*) *c*
reduction

referens (ray-fer-*rayns*) *c*
reference

reflektera (ray-flayk-*tay*-rah)
v reflect

reflektor (ray-*flayk*-tor) *c*
reflector

reflex (rayf-*lehks*) *c* reflection

Reformationen (ray-for-
mah-*shoo*-nern)
reformation

regel[1] (*ray*-gerl) *c* rule;
regulation; **som ~** as a rule

regel[2] (*ray*-gerl) *c* bolt

regelbunden (*ray*-gerl-bewn-
dayn) *adj* regular

regelmässig (*ray*-gerl-
mehss-i) *adj* regular

regent (ray-*ʸehnt*) *c* ruler

regera (ray-*ʸay*-rah) *v* rule;
govern, reign

regering (ray-*ʸay*-ring) *c*
government; rule

regeringstid (ray-*ʸay*-rings-
teed) *c* reign

regi (ray-*shee*) *c* direction

regim (ray-*sheem*) *c* régime

region (ray-gi-*oon*) *c* region

regional (ray-gi-oo-*naal*) *adj*
regional

regissera (rer-shi-*say*-rah) *v*
direct

regissör (ray-shi-*sürr*) *c*
director

register (ray-*ʸiss*-terr) *nt*
index

registrering (ray-*ʸi*-*stray*-
ring) *c* registration

registreringsnummer (ray-
ʸi-*stray*-rings-newm-err) *nt*
registration number; licence
number *Am*

registreringsskylt (rayg-*ʸi*-
stray-rings-shewlt) *c* license
plate

reglemente (rayg-ler-*mayn*-
ter) *nt* regulation

145 **reparera**

reglera (ray-glay-rah) v
regulate
reglering (ray-glayr-ing) c
regulation
regn (rehngn) nt rain
regna (rehng-nah) v rain
regnbåge (rehngn-boa-ger) c
rainbow
regnig (rehng-ni) adj rainy
regnrock (rehng-rok) c
mackintosh; raincoat
regnskur (rehngn-skewr) c
shower
reguljär (ray-gewl-Yæær) adj
regular
rehabilitering (ray-hah-bi-li-
tay-ring) c rehabilitation
reklam (rayk-laam) c
advertising
reklamationsbok (rayk-lah-
mah-shoons-book) c (pl
-böcker) complaints book
reklamsändning (rayk-laam-
sehnd-ning) c commercial
rekommendation (ray-ko-
mayn-dah-shoon) c
recommendation
rekommendationsbrev
(ray-ko-mayn-dah-shoons-
brayv) nt letter of
recommendation
rekommendera (ray ko-
mayn-day-rah) v
recommend; register
rekonstruktiv kirurgi (ray-
kon-strewk-teev Yt-i-rewrg-
ee) c reconstructive surgery
rekord (rer-kord) nt record
rekreation (rayk-ray-ah-
shoon) c recreation

rekryt (ray-krewt) c recruit
rektangel (rayk-tahng-erl) c
(pl -glar) rectangle; oblong
rektangulär (rayk-tahng-
gew-læær) adj rectangular
rektor (rayk-tor) c
headmaster; principal
relatera (ray-lah-tay-rah) v
relate
relation (ray-lah-shoon) c
relation
relativ (ray-lahteev) adj
relative; comparative
relief (ray-li-ayf) c relief
religion (ray-li-Yoon) c
religion
religiös (ray-li-shurss) adj
religious
relik (ray-leek) c relic
relikskrin (ray-leek-skreen) nt
shrine
rem (raym) c strap
remsa (raym-sah) c strip
ren¹ (rayn) c reindeer
ren² (rayn) adj pure, neat,
clean; sheer
*rengöra (rayn-Yur-rah) v
clean
rengöring (rayn-Yur-ring) c
cleaning
rengöringsmedel (rayn-Yur-
rings-may-dayl) nt cleaning
fluid; detergent
renommé (rer-no-may) nt
reputation
rep (rayp) nt rope; cord
repa (rayp-ah) c scratch
reparation (rer-pah-rah-
shoon) c repair; reparation
reparera (rer-pah-rayr-ah) v

repair; mend

repertoar (ray-pær-too-*aar*) c repertory

repetera (ray-pay-*tāÿr*-ah) v rehearse

repetition (ray-pay-ti-*shōōn*) c rehearsal; repetition; revision

reporter (re-*pōar*-terr) c (pl -trar) reporter

representant (rer-pray-sayn-*tahnt*) c representative, agent

representation (rer-pray-sayn-tah-*shōōn*) c representation

representativ (rer-pray-sayn-tah-*teev*) adj representative

representera (rer-pray-sayn-*tāÿ*-rah) v represent

reproducera (rer-pro-dew-*sāÿ*-rah) v reproduce

reproduktion (rer-pro-dewk-*shōōn*) c reproduction

republik (rer-pew-*bleek*) c republic

republikansk (rer-pewb-li-*kaansk*) adj republican

resa (*rāÿ*-sah) c journey; voyage, trip; v travel; ~ **bort** *leave; ~ **sig** *get up

resebyrå (*rāÿ*-ser-bēw-roa) c travel agency

resecheck (rer-ser-t³ayk) c traveller's cheque

reseförsäkring (*rāÿ*-ser-furr-saik-ring) c travel insurance

resehandbok (*rāÿ*-ser-hahnd-bōok) c (pl -böcker) guidebook

resekostnader (*rāÿ*-ser-kost-nah-derr) pl travelling expenses

reseledare (*rāÿ*-ser-lāÿ-dah-rer) c (pl ~) guide, tour leader

resenär (rāÿ-ser-*næær*) c traveller

reserv (rer-*særv*) c reserve; **reserv-** spare

reservation (rer-sær-vah-*shōōn*) c reservation; booking

reservdel (rer-*særv*-dāyl) c spare part

reservdäck (rer-*særv*-dehk) nt spare tyre

reservera (rer-sær-*vāÿr*-ah) v reserve; book

reserverad (rer-sær-*vāÿ*-rahd) adj reserved

reservhjul (rer-*særv*-³ēwl) nt spare wheel

reservoar (rer-sær-voo-*aar*) c reservoir

reservoarpenna (rer-sær-voo-*aar*-pay-nah) c fountain pen

resgodsfinka (*rāÿss*-goots-fin-kah) c luggage van

resolut (rer-so-*lēwt*) adj resolute

resonera (rer-so-*nāÿr*-ah) v reason

respekt (rer-*spaykt*) c respect; esteem

respektabel (rer-spayk-*taa*-berl) adj respectable

respektera (rer-spayk-*tāÿ*-rah) v respect

respektfull (rer-*spaykt*-fewl) *adj* respectful

respektive (*rayss*-payk-teev-er) *adj* respective

resplan (*rayss*-plaan) *c* itinerary

resrutt (*rayss*-rewt) *c* itinerary

rest (rayst) *c* rest; remnant, remainder

restaurang (rayss-to-*rahng*) *c* restaurant

restaurangvagn (rayss-to-*rahng*-vahngn) *c* dining car

resterande (rer-*stayr*-ahn-der) *adj* remaining

restriktion (rayst-rik-*shōōn*) *c* restriction

resultat (ray-sewl-*taat*) *nt* result; outcome; issue

resultera (rer-sewl-*tāy*-rah) *v* result

resväska (*rāyss*-vehss-kah) *c* suitcase; case, bag

resårband (ray-*sōar*-bahnd) *nt* elastic band

reta (*rāyt*-ah) *v* tease; annoy, irritate

retsam (*rāyt*-sahm) *adj* teasing, annoying

returflyg (ray-*tewr*-flēwg) *nt* return flight

returnera (ray-tewr-*nāy*-rah) *v* *send back

reumatism (ray-ew-mah-*tism*) *c* rheumatism

rev (rāyv) *nt* reef

reva (*rāy*-vah) *c* tear

revben (*rāyv*-bāyn) *nt* rib

revidera (rer-vi-*dāy*-rah) *v*

revise

revision (rer-vi-*shōōn*) *c* revision

revolt (rer-*volt*) *c* revolt

revolution (rer-vo-lew-*shōōn*) *c* revolution

revolutionär (rer-vo-lew-shoo-*næær*) *adj* revolutionary

revolver (rer-*vol*-verr) *c* revolver

revy (rer-*vēw*) *c* revue

revyteater (rer-*vēw*-tay-aa-terr) *c* (pl -trar) music hall

***rida** (*reed*-ah) *v* *ride

riddare (*rid*-ah-rer) *c* (pl ∼) knight

ridning (*reed*-ning) *c* riding

ridskola (*reed*-skōōl-ah) *c* riding school

ridå (ri-*dōa*) *c* curtain

rik (reek) *adj* rich

rike (*reek*-er) *nt* country; kingdom; empire

rikedom (rec-ker-doom) *c* wealth; riches *pl*

riklig (*reek*-li) *adj* abundant; plentiful

riklighet (*reek*-li-hāyt) *c* plenty

riksdagsman (*riks*-dahks-mahn) *c* (pl män) Member of Parliament

rikssamtal (*riks*-sahm-taal) *nt* long-distance call

riksväg (*riks*-vaig) *c* trunk road

rikta (*rik*-tah) *v* direct

riktig (*rik*-ti) *adj* right; just, correct, proper

riktighet (*rik*-ti-hāyt) c correctness

riktlinje (*rikt*-leen-ʸer) c guideline

riktning (*rikt*-ning) c direction; way

riktnummer (*rikt*-new-merr) nt area code

rim (rim) nt rhyme

rimlig (*rim*-li) adj reasonable

ring (ring) c ring

ringa (*ring*-ah) v call; *ring; ~ upp phone, ring up; call up *Am*

ringaktning (*ring*-ahkt-ning) c contempt

ringklocka (*ring*-klo-kah) c bell

***rinna** (*ri*-nah) v *run

ris (reess) nt rice

risk (risk) c risk; hazard, chance

riskabel (riss-*kaa*-berl) adj unsafe

riskera (ri-*skāyr*-ah) v risk

riskfylld (*risk*-fewld) adj risky

rispa (*riss*-pah) v scratch

rita (*ree*-tah) v *draw

***riva** (*ree*-vah) v *tear, demolish; grate

rival (ri-*vaal*) c rival

rivalitet (ri-vah-li-*tāyt*) c rivalry

rivjärn (*reev*-ʸæærn) nt grater

rivning (*reev*-ning) c demolition

ro (rōō) c quiet; v row

roa (*rōō*-ah) v amuse; entertain

roande (*rōō*-ahn-der) adj entertaining

robust (ro-*bewst*) adj robust

rock (rok) c coat

rockslag (*rok*-slaag) nt lapel

roddbåt (*rood*-bōat) c rowing boat

roder (*rōō*-derr) nt rudder

rodna (*rōad*-nah) v blush

rolig (*rōō*-li) adj funny; enjoyable

Rollerblade® (roo-lerr-blayd) c Rollerblade®

rom (rom) c roe

roman (roo-*maan*) c novel

romanförfattare (roo-*maan*-furr-*fah*-tah-rer) c (pl ~) novelist

romans (roo-*mahns*) c romance

romantisk (roo-*mahn*-tisk) adj romantic

rond (rond) c round

rondell (ron-*dayl*) c roundabout

rop (rōōp) nt call; cry

ropa (*rōō*-pah) v call; cry

rorkult (*rōōr*-kewlt) c helm

rorsman (*rōōrs*-mahn) c (pl -män) steersman; helmsman

ros (rōōss) c rose

rosa (*rōa*-sah) adj rose, pink

rost (rost) c rust

rostig (*ross*-ti) adj rusty

rot (rōōt) c (pl rötter) root

rotting (*rot*-ing) c rattan

rouge (rōōsh) c rouge

rovdjur (*rōōv*-ʸēwr) nt beast of prey

rubin (rew-*been*) c ruby

rubrik (rew-*breek*) c headline,

heading
ruin (rew-*een*) *c* ruins
ruinera (rew-ee-*nay*-rah) *v* ruin
rulett (rew-*layt*) *c* roulette
rulla (*rewl*-ah) *v* roll
rulle (*rewl*-er) *c* roll
rullgardin (*rewl*-gahr-deen) *c* blind
rullskridskoåkning (*rewl*-skri-skoo-ōāk-ning) *c* roller-skating
rullstol (*rewl*-stōōl) *c* wheelchair
rulltrappa (*rewl*-trah-pah) *c* escalator
rum (rewm) *nt* room; space; ~ **med frukost** bed and breakfast
rumsbetjäning (rewms-ber-t*y*ai-ning) *c* room service
rumstemperatur (rewms-taym-per-rah-*tewr*) *c* room temperature
rumän (rew-*main*) *c* Rumanian
Rumänien (rew-*mai*-ni-ern) Rumania
rumänsk (rew-*mainsk*) *adj* Rumanian
rund (rewnd) *adj* round
rundad (*rewn*-dahd) *adj* rounded
rundhänt (*rewnd*-hehnt) *adj* liberal
rundresa (*rewnd*-rāy-sah) *c* tour
runt (rewnt) *adv* around
rusa (*rewss*-ah) *v* rush, dash
rusningstid (*rewss*-nings-

teed) *c* rush hour; peak hour
russin (*rewss*-in) *nt* raisin
rustik (rew-*steek*) *adj* rustic
rustning (*rewst*-ning) *c* armour
ruta (*rewt*-ah) *c* square; pane
rutin (rew-*teen*) *c* routine
rutschbana (*rewch*-baan-ah) *c* slide
rutt (rewt) *c* route
rutten (*rewt*-ern) *adj* rotten
ryck (rewk) *nt* tug; wrench
rygg (rewg) *c* back
ryggrad (*rewg*-raad) *c* backbone; spine
ryggskott (*rewg*-skot) *nt* lumbago
ryggsäck (*rewg*-sehk) *c* rucksack; knapsack
ryggvärk (*rewg*-værk) *c* backache
***ryka** (*rew*-kah) *v* smoke
ryktbarhet (*rewkt*-baar-hāyt) *c* fame
rykte (*rewk*-ter) *nt* rumour, reputation; renown
rymd (rewmd) *c* space
rymdraket (*rewmd*-rah-*kāy*) *c* space shuttle
rymlig (*rewm*-li) *adj* spacious; roomy, large
rymling (*rewm*-ling) *c* runaway
rymma (rewm-ah) *v* *run away; contain
rynka (rewng-kah) *c* wrinkle
rysk (rewsk) *adj* Russian
ryslig (*rewss*-li) *adj* horrible; awful
rysning (rewss-ning) *c* shiver;

shudder, *nt* chill

ryss (rewss) *c* Russian

Ryssland (rewss-lahnd)
Russia

*****ryta** (rēw-tah) *v* roar

rytm (rewtm) *c* rhythm

ryttare (rewt-ah-rer) *c* (pl ~)
rider; horseman

rå (rōa) *adj* raw

råd (rōad) *nt* advice; *****ha ~
med** afford

råda (rōa-dah) *v* advise

rådfråga (rōad-frōa-gah) *v*
consult

*****rådgiva** (rōad-ᵞee-vah) *v*
advise

rådgivare (rōad-ᵞee-vah-rer)
c (pl ~) counsellor

rådjurskalv (rōa-ᵞewrs-
kahlv) *c* fawn

rådman (rōad-mahn) *c* (pl
-män) magistrate

rådsförsamling (rōads-furr-
sahm-ling) *c* council

rådsmedlem (rōads-māyd-
lehm) *c* (pl ~mar) councillor

råmaterial (rōa-mah-tay-ri-
aal) *nt* raw material

rån¹ (rōan) *nt* robbery;
väpnat ~ hold-up

rån² (rōan) *nt* wafer

råna (rōa-nah) *v* rob

rånare (rōa-nah-reh) *c* (pl ~)
robber

råolja (rōa-ol-ᵞah) *c*
petroleum

råtta (ro-tah) *c* rat

räcka (rehk-ah) *v* suffice

räcke (rehk-er) *nt* rail;
railing

räckhåll (rehk-hol) *nt* reach

räckvidd (rehk-vid) *c* range

räd (raid) *c* raid

rädd (rehd) *adj* afraid

rädda (rehd-ah) *v* save; rescue

räddning (rehd-ning) *c*
rescue

rädisa (rai-di-sah) *c* radish

rädsla (raids-lah) *c* fear

räka (rai-kah) *c* shrimp;
prawn

räkna (raik-nah) *v* reckon,
count; ~ **ut** calculate

räknemaskin (raik-ner-mah-
sheen) *c* adding-machine

räkneord (raik-ner-ōōrd) *nt*
numeral

räkning (raik-ning) *c* bill;
arithmetic

rännsten (rehn-stāyn) *c*
gutter

ränta (rehn-tah) *c* interest

rätt¹ (reht) *c* course

rätt² (reht) *adj* appropriate,
right, correct; *adv* rather; *c*
justice; *****ha ~ ** be right; **med
rätta** rightly

rätta (reht-ah) *v* correct; ~ **till**
correct, adjust

rättegång (reh-ter-gong) *c*
trial; lawsuit

rättelse (reh-terl-ser) *c*
correction

rättfärdig (reht-fæær-di) *adj*
righteous

rättighet (reh-ti-hāyt) *c* right

rättmätig (reht-mai-ti) *adj*
legitimate

rättskaffens (reht-skahf-
erns) *adj* honourable

salladsolja

rättvis (reht-veess) adj just;
fair, right
rättvisa (reht-vee-sah) c
justice
räv (raiv) c fox
röd (rūrd) adj red
rödbeta (rūrd-bāy-tah) c
beetroot
rödhake (rūrd-haa-ker) c
robin
rödlila (rūrd-lee-lah) adj
mauve
rödspätta (rūrd-speh-tah) c
plaice
rök (rūrk) c smoke
röka (rūr-kah) v smoke
rökare (rūr-kah-rer) c (pl ~)
smoker
rökelse (rūrk-erl-ser) c
incense
rökfritt (rūrk-freet) adj
smoke-free
rökkupé (rūrk-kēw-pāy) c
smoker, smoking
compartment
rökning förbjuden (rūrk-

ning furr-b^yēw-dern) no
smoking
röntga (rurnt-kah) v X-ray
röntgenbild (rurnt-kern-
bild) c X-ray
rör (rūrr) nt pipe; tube; cane
röra¹ (rūrr-ah) v touch; move;
~ om stir; ~ sig move
röra² (rūrr-ah) c muddle
rörande (rūrr-ahn-der) adj
touching; prep regarding
rörelse (rūrr-erl-ser) c
motion, movement;
emotion; *sätta i ~ move
rörlig (rūrr-li) adj mobile
rörmokare (rūrr-moo-kah-
rer) c (pl ~) plumber
röst (rurst) c voice; vote
rösta (rurss-tah) v vote
röstbrevlåda (rurst-brāyv-
lōä-dah) c (pl -lådor) voice
mail
röstning (rurst-nɪng) c vote;
poll
rösträtt (rurst-reht) c
franchise; suffrage

S

safir (sah-f<i>c</i>er) c sapphire
saft (sahft) c syrup
saftig (sahf-ti) adj juicy
saga (saa-gah) c fairytale;
tale
sak (saak) c thing; matter,
affair
sakkunnig (saak-kewn-i) adj
expert
saklig (saak-li) adj matter-of-

-fact
sakna (saak-nah) v lack, miss
saknad (saak-nahd) c lack
sakta ned (sahk-tah) slow
down
sal (saal) c hall
saldo (sahl-doo) nt balance
saliv (sah-leev) c saliva, spit
sallad (sahl-ahd) c salad
salladsolja (sah-lahds-ol-

ʸah) c salad-oil

salong (sah-*long*) c drawing room; salon

salt (sahlt) nt salt; adj salty

saltkar (*sahlt*-kaar) nt salt cellar, salt shaker nAm

salu: till ~ (til *saa*-lew) for sale

saluhall (*saa*-lew-hahl) c market

salva (*sahl*-vah) c ointment

samarbete (*sahm*-ahr-*bāy*-tah) nt cooperation; v collaborate

samarbetsvillig (*sahm*-ahr-*bāyts*-vi-li) adj co-operative

samband (*sahm*-bahnd) nt relation

samfund (*sahm*-fewnd) nt society

samhälle (*sahm*-heh-ler) c community; locality; **samhälls-** social

samhällsbevarande (*sahm*-hehls-ber-*vaa*-rahn-der) adj conservative

samla (*sahm*-lah) v gather; assemble, collect; **~ ihop** compile; **~ in** collect

samlag (*sahm*-laag) nt sexual intercourse

samlare (*sahm*-lah-rer) c (pl ~) collector

samlas (*sahm*-lahss) v gather

samling (*sahm*-ling) c collection

samma (*sahm*-ah) adj same

*sammanbinda (*sah*-mahn-bin-dah) v link

sammandrag (*sah*-mahn-draag) nt summary

*sammanfalla (*sahm*-ahn-fahl-ah) v coincide

sammanfatta (*sahm*-ahn-fah-tah) v summarize

sammanfattning (*sah*-mahn-faht-ning) c summary, résumé

sammanfoga (*sahm*-ahn-*fōōg*-ah) v join, *put together

sammanhang (*sahm*-ahn-hahng) nt connection; coherence, reference

sammankomst (*sahm*-ahn-komst) c meeting; assembly

sammanlagd (*sahm*-ahn-lahgd) adj overall, total

sammanslagning (*sahm*-ahn-slaag-ning) c merger

sammanslutning (*sahm*-mahn-slewt-ning) c society; association

sammanställa (*sahm*-ahn-stehl-ah) v compose; compile

sammanstöta (*sahm*-ahn-*stūr*-tah) v bump

sammanstötning (*sahm*-ahn-stūrt-ning) c collision

*sammansvärja sig (*sahm*-ahn-*svær*-ʸah) conspire

sammansvärjning (sahm-ahn-svær-ʸ-ning) c conspiracy, plot

sammansättning (*sahm*-ahn-seht-ning) c composition

sammanträde (*sahm*-ahn-traid-er) nt meeting

sammanträffande (*sahm-ahn-trehf-ahn-der*) *nt* concurrence; encounter

sammet (*sah-mayt*) *c* velvet

samordna (*sahm-ord-nah*) *v* coordinate

samordning (*sahm-ord-ning*) *c* coordination

samtal (*sahm-taal*) *nt* conversation; talk, discussion; ~ **väntar** *nt* call waiting

samtalsämne (*sahm-taals-aim-ner*) *nt* topic

samtida (*sahm-tee-dah*) *adj* contemporary

samtidig (*sahm-tee-di*) *adj* simultaneous

samtycka (*sahm-tew-kah*) *v* consent

samtycke (*sahm-tew-ker*) *nt* consent

samverkan (*sahm-vær-kahn*) *c* cooperation

samvete (*sahm-vāy-ter*) *nt* conscience

samåka (*sahm-ōä-kah*) *v* carpool

samåkning (*sahm-ōāk-ning*) *c* carpool

sanatorium (*sah-nah-tō̄-ri-ewm*) *nt* (pl -rier) sanatorium

sanu (sahnd) *c* sand

sandal (*sahn-daal*) *c* sandal

sandig (*sahn-di*) *adj* sandy

sandpapper (*sahnd-pahp-err*) *nt* sandpaper

sanitär (*sah-ni-tǽær*) *adj* sanitary

sann (sahn) *adj* very, true

sannfärdig (*sahn-fæær-di*) *adj* truthful

sanning (*sah-ning*) *c* truth

sannolik (*sahn-oo-leek*) *adj* likely; probable

sansad (*sahns-ahd*) *adj* sober

sardin (*sahr-deen*) *c* sardine

satellit (*sah-tay-leet*) *c* satellite

satellitradio (*sah-tay-leet-raa-di-oo*) *c* satellite radio

sateng (*sah-tehng*) *c* satin

Saudiarabien (*sou-di-ah-raa-bi-ern*) Saudi Arabia

saudiarabisk (*sou-di-ah-raab-isk*) *adj* Saudi Arabian

sax (sahks) *c* scissors *pl*

scen (sāyn) *c* scene, stage

schack (shahk) *nt* chess; **schack!** check!

schackbräde (*shahk*-brai-der) *nt* checkerboard *nAm*

schal (shaal) *c* shawl

schampo (*shahm-pō̄o*) *nt* shampoo

scharlakansfeber (*shahr-laa-kahns-fāy-*berr) *c* scarlet fever

scharlakansröd (*shahr-laa-kahns-*rūrd) *adj* scarlet

schema (*shāy-mah*) *nt* scheme

schlager (*shlaa-*gerr) *c* (pl ~, -rar) hit

Schweiz (shvayts) Switzerland

schweizare (*shvay-tsah-rer*) *c* (pl ~) Swiss

schweizisk (*shvay-tsisk*) *adj*

Swiss

scout (skout) *c* boy scout

*se (say) *v* *see; notice; ~ **på** look at; ~ **till** attend to; ~ **upp** look out; watch out; ~ **ut** look

sebra (*say*b-rah) *c* zebra

sedan (*say*-dahn) *adv* then; afterwards; *conj* since, after; *prep* since; **för** ... ~ ago; ~ **dess** since

sedel (*say*-dayl) *c* (pl sedlar) banknote

seder (*say*-derr) *pl* customs *pl*

sediment (say-di-*maynt*) *nt* deposit

sedvanlig (*say*d-vaan-li) *adj* customary

sedvänja (*say*d-vehn-ʸah) *c* usage

seg (sayg) *adj* tough

segel (*say*-gerl) *nt* sail

segelbar (*say*-gerl-baar) *adj* navigable

segelbåt (*say*-gerl-bōat) *c* sailing boat

segelflygplan (*say*-gerl-flewg-plaan) *nt* glider

segelsport (*say*-gerl-sport) *c* yachting

segelsällskap (*say*-gerl-sehl-skaap) *nt* yacht club

seger (*say*-gerr) *c* (pl segrar) victory

segerrik (*say*-gerr-reek) *adj* triumphant

segla (*say*g-lah) *v* sail; navigate

segra (*say*g-rah) *v* *win

segrare (*say*g-rah-ray) *c* (pl ~)

winner, victor

sekreterare (sayk-ray-*tay*-rah-rer) *c* (pl ~) secretary; clerk

sektion (sehk-*shōōn*) *c* section

sekund (ser-*kewnd*) *c* second

sekundär (ser-kewn-*dæær*) *adj* secondary

selfie (*seyl*-fee) *c* selfie

selleri (say-ler-*ree*) *nt* celery

semester (say-*mayss*-terr) *c* holiday

semesterort (say-*mayss*-terr-oort) *c* holiday resort

semikolon (say-mi-*kōō*-lon) *nt* semicolon

sen (sayn) *adj* late; **för sent** too late

sena (*say*n-ah) *c* sinew; tendon

senap (*say*-nahp) *c* mustard

senat (ser-*naat*) *c* senate

senator (ser-*naa*-tor) *c* senator

senil (say-*neel*) *adj* senile

sensation (sayn-sah-*shōōn*) *c* sensation

sensationell (sayn-sah-shoo-*nayl*) *adj* sensational

sentimental (sayn-ti-mayn-*taal*) *adj* sentimental

separat (say-pah-*raat*) *adv* separately

september (sayp-*taym*-berr) September

septisk (*sayp*-tisk) *adj* septic

serie (*say*-ri-er) *c* series; **tecknad** ~ comics *pl*

seriös (say-ri-*ürss*) *adj*

serious
servera (sær-*vāy*-rah) v serve
serveringsfat (sær-*vāy*-rings-faat) nt dish
servett (sær-*vayt*) c napkin; serviette
servitris (sær-vit-*reess*) c waitress
servitör (sær-vi-*tūrr*) c waiter
session (say-*shōōn*) c session
sevärdhet (*sāy*-væærd-hāyt) c sight
sex (sayks) num six
sextio (sayks-ti) num sixty
sextonde (sayks-ton-der) num sixteenth
sexualitet (sayk-sew-ah-li-*tāyt*) c sexuality
sexuell (sayk-sew-*ayl*) adj sexual
siames (see-ah-*māyss*) c Siamese
siamesisk (see-ah-*māyss*-isk) adj Siamese
sida (*see*-dah) c side; page; på andra sidan across; på andra sidan om beyond; åt sidan aside; sideways
siden (*see*-dayn) nt silk
sidogata (*see*-doo-gaat-ah) c side street
sidoljus (*see*-doo-*yēwss*) nt sidelight
sidoskepp (*see* doo-shayp) nt aisle
siffra (*sif*-rah) c figure; digit
sig (say) pron himself, herself; themselves; itself
sigill (si-*yil*) nt seal
signal (sing-*naal*) c signal

signalement (sing-nah-lay-*maynt*) nt description
signalera (sing-nah-*lāyr*-ah) v signal
signalhorn (sing-*naal*-hōōrn) nt hooter, horn
signatur (sing-nah-*tēwr*) c signature
sikt (sikt) c visibility
sikta[1] (*sik*-tah) v aim at; ~ på aim at
sikta[2] (*sik*-tah) v sift
sil (seel) c strainer
sila (*seel*-ah) v strain
sill (sil) c herring
silver (*sil*-verr) nt silver; silverware
silversmed (*sil*-verr-smāyd) c silversmith
simbassäng (*sim*-bah-sehng) c swimming pool
simma (*sim*-ah) v *swim
simmare (*si*-mah-rer) c (pl ~) swimmer
simning (*sim*-ning) c swimming
simpel (*sim*-pŧl) adj common
simulera (si-mew-*lāyr*-ah) v pretend
sin (sin) pron (nt sitt, pl sina) his, her, its, one's, their
singularis (*sing*-gēw-laa-riss) nt singular
sinne (*si*-ner) nt sense
sinnesförvirrad (*si*-nerss-furr-vi-rahd) adj mad
sinnesrörelse (*si*-nerss-rūr-rayl-ser) c emotion
sinnessjuk[1] (*si*-nerss-shewk)

sinnessjuk 156

adj insane
sinnessjuk² (*si*-nerss-shēwk)
c (pl ~a) lunatic
sinnesstämning (*si*-nerss-
stehm-ning) *c* spirits
siren (si-*rāy*n) *c* siren
sist (sist) *adj* last; **till ~ at** last
sista (*siss*-tah) *adj* ultimate
***sitta** (*sit*-ah) *v* *sit
sittplats (*sit*-plahts) *c* seat
situation (si-tew-ah-*shōōn*) *c*
situation
sju (shew) *num* seven
sjuk (shēwk) *adj* ill; sick
sjukdom (*shēwk*-doom) *c*
illness; sickness, disease
sjukhus (*shēwk*-hēwss) *nt*
hospital
sjukledighet (*shēwk*-lāy-di-
hāyt) *c* sick-leave
sjuksköterska (*shēwk*-shūrt-
err-skah) *c* nurse
sjukvård (*shēwk*-vōard) *c*
public health
sjunde (*shewn*-der) *num*
seventh
***sjunga** (*shewng*-ah) *v* *sing
***sjunka** (*shewng*-kah) *v* *sink
sjuttio (*shewt*-i) *num* seventy
sjutton (*shewt*-on) *num*
seventeen
sjuttonde (*shewt*-on-der)
num seventeenth
själ (shail) *c* soul
själv (shehlv) *pron* myself,
yourself, himself, herself,
itself, oneself
själva (*shehl*-vah) *pron*
ourselves, yourselves,
themselves

självbetjäning (*shehlv*-ber-
t*y*ai-ning) *c* self-service
självgod (*shehlv*-gōōd) *adj*
self-righteous
självisk (*shehl*-visk) *adj*
selfish
självklar (*shehlv*-klaar) *adj*
self-evident
självmord (*shehlv*-mōōrd) *nt*
suicide
självmordsattack (*shehlv*-
mōōrds-ah-tahk) *c* suicide
attack
självmordsbombare
(*shehlv*-mōōrds-bomb-arer)
c (pl ~) suicide bomber
självservering (*shehlv*-sayr-
vāy-ring) *c* self-service
restaurant
självstyre (*shehlv*-stēw-rer)
nt self-government
självständig (*shehlv*-stehn-
di) *adj* independent
självständighet (*shehlv*-
stehn-di-hāyt) *c*
independence
självupptagen (*shehlv*-ewp-
taag-ern) *adj* self-centred
sjätte (*sheh*-ter) *num* sixth
sjö (shūr) *c* lake
sjöborre (*shūr*-bo-rer) *c* sea
urchin
sjöfart (*shūr*-faart) *c*
navigation; shipping
sjöfågel (*shūr*-fōa-gayl) *c* (pl
-glar) seabird
sjökort (*shūr*-koort) *nt*
nautical chart
sjöman (*shūr*-mahn) *c* (pl
-män) sailor

sjörövare (*shur̄-rūr-vah-rer*) *c* (pl ~) pirate

sjösjuk (*shūr-shewk*) *adj* seasick

sjösjuka (*shūr-shēw-kah*) *c* seasickness

sjösättning (*shūr-seht-ning*) *c* launching

sjötunga (*shūr-tewng-ah*) *c* sole

***ska** (skaa) *v* *shall; *will

skada (*skaa-dah*) *c* injury; damage, mischief, harm; *v* *hurt, injure, harm

skadad (*skaa-dahd*) *adj* injured

skadeersättning (*skaa-der-āyr-seht-ning*) *c* compensation; indemnity

skadlig (*skaad-li*) *adj* harmful; hurtful

skaffa (*skahf-ah*) *v* get, procure, provide; ~ **sig** acquire, *v* acquire; obtain

skaft (skahft) *nt* handle

skaka (*skaa-kah*) *v* *shake

skal (skaal) *nt* skin, peel; shell

skala (*skaa-lah*) *c* scale; *v* peel

skalbagge (*skaal-bahg-er*) *c* beetle; bug

skald (skahld) *c* poet

skaldjur (*skaal-ȳewr*) *nt* shellfish

skalle (*skah ler*) *c* skull

skam (skahm) *c* shame; disgrace

skamsen (*skahm-sayn*) *adj* ashamed

skandal (skahn-*daal*) *c* scandal

skandinav (skahn-di-*naav*) *c* Scandinavian

Skandinavien (skahn-di-*naav*-i-ern) Scandinavia

skandinavisk (skahn-di-*naav*-isk) *adj* Scandinavian

skanna (*skahn-ah*) *v* scan

skanner (*skahn-ehr*) *c* scanner

skanning (*skahn-ing*) *c* scan

skapa (*skaa-pah*) *v* create

skarp (skahrp) *adj* sharp; keen; strong

skatt (skaht) *c* tax; treasure

skattefri (*skah-ter-free*) *adj* tax-free

skattmästare (*skaht-mehss-tah-rer*) *c* (pl ~) treasurer

ske (shāy) *v* happen; occur

sked (shāyd) *c* spoon; spoonful

skelett (skay-*layt*) *nt* skeleton

skelögd (*shāyl-ūrgd*) *adj* cross-eyed

sken (shāyn) *nt* glare

skenhelig (*shāyn-hāy-li*) *adj* hypocritical

skepp (shayp) *nt* boat

skeppa (*shayp-ah*) *v* ship

skeppsredare (*shayps-rāy dah-rer*) *c* (pl ~) shipowner

skeppsvarv (*shayps*-vahrv) *nt* shipyard

skicka (*shik-ah*) *v* *send; ~ **bort** dismiss, ~ **efter** *send for; ~ **iväg** *send off; ~ **tillbaka** *send back

skicklig (*shik-li*) *adj* skilled; skilful; clever

skicklighet (*shik-li-hāyt*) *c*

ability; skill
skida (*shee*-dah) *c* ski; **åka skidor** ski
skidbyxor (*sheed*-bewks-err) *pl* ski pants
skidlift (*sheed*-lift) *c* ski lift
skidstavar (*sheed*-staa-vahr) *pl* ski sticks; ski poles *Am*
skidåkare (*sheed*-ōā-kah-rer) *c* (pl ~) skier
skidåkning (*sheed*-ōāk-ning) *c* skiing
skiffer (*shif*-err) *nt* slating
skift (shift) *nt* gang, shift
skiftnyckel (*shift*-new-kayl) *c* (pl -klar) wrench
skilja (*shil*-ʸah) *v* separate; part; **skiljas** divorce; ~ **sig** divorce
skiljedomare (skil-ʸeh-doo-mah-rer) *c* (pl ~) referee
skiljevägg (*shil*-ʸer-vehg) *c* partition
skillnad (*shil*-nahd) *c* difference; distinction; ***göra ~** distinguish
skilsmässa (*shils*-meh-sah) *c* divorce
*skina (*shee*-nah) *v* *shine
skinka (*shing*-kah) *c* ham; buttock
skinn (shin) *nt* hide; **skinn**-leather
skinna (*shi*-nah) *v* skin, fleece
skir (sheer) *adj* sheer
skiss (skiss) *c* sketch
skissera (ski-*sāy*-rah) *v* sketch
skit (scheet) *c* crap V

skiva (*sheev*-ah) *c* slice; disc
skivenhet (*sheev*-en-hāyt) *c* disk drive
skivspelare (*shiv*-spāy-lah-rer) *c* (pl ~) record player
skjorta (*shoor*-tah) *c* shirt
skjul (shēwl) *nt* shed
*skjuta (*shēwt*-ah) *v* fire, *shoot; push
skjutdörr (*shēwt*-durr) *c* sliding door
sko (skōō) *c* shoe
skoaffär (*skōō*-ah-fæær) *c* shoe shop
skog (skōōg) *c* forest; wood
skogig (skōōg-i) *adj* wooded
skogsdunge (*skoogs*-dewnger) *c* grove
skogstrakt (*skoogs*-trahkt) *c* woodland
skogvaktare (*skōōg*-vahk-tah-rer) *c* (pl ~) forester
skoj (skoi) *nt* fun
skoja (*skoi*-ah) *v* joke, fool
skokräm (*skōō*-krehm) *c* shoe polish
skola (*skōōl*-ah) *c* school
skolbänk (*skōōl*-behngk) *c* desk
skolflicka (*skōōl*-fli-kah) *c* schoolgirl
skolka (*skol*-kah) *v* play truant
skollärare (*skōōl*-læær-ah-rer) *c* (pl ~) schoolmaster, schoolteacher
skolpojke (*skōōl*-poi-ker) *c* schoolboy
skolväska (*skōōl*-vehss-kah) *c* satchel

skomakare (*skōo-maa-kah-rer*) c (pl ~) shoemaker

skorpa (*skor-pah*) c crust; rusk

skorsten (*skors-tāyn*) c chimney

skosnöre (*skōo-snūr-rer*) nt shoelace

skotsk (skotsk) adj Scottish

skott (skot) nt shot

skottavla (*skot-taav-lah*) c target

skottkärra (*skot-t*yær-ah) c wheelbarrow

Skottland (*skot-lahnd*) Scotland

skottår (*skot-ōar*) nt leap year

skovel (*skōa-*verl) c (pl -vlar) shovel

skrapa (*skraap-ah*) v scrape; scratch

skratt (skraht) nt laugh; laughter

skratta (*skrah-tah*) v laugh

skreva (*skrāy-*vah) c cleft

skri (skree) nt scream

skridsko (*skri-skoo*) c skate; åka skridskor skate

skridskobana (*skri-skoo-baa-nah*) c skating rink

skridskoåkning (*skri-skoo-ōak-ning*) c skating

skriftlig (*skrift-li*) adj written

skrik (skreek) nt cry; scream, shout

***skrika** (*skree-kah*) v shriek; scream, shout; cry

***skriva** (*skree-*vah) v *write; ~ in book; enter; ~ in sig check in; ~ om *rewrite; ~ på endorse; ~ upp *write down

skrivblock (*skreev-*blok) nt writing pad

skrivbord (*skreev-*bōord) nt desk; bureau

skrivmaskin (*skreev-mah-sheen*) c typewriter

skrivmaskinspapper (*skreev-mah-sheens-*pah-perr) nt typing paper

skrivpapper (*skreev-*pah-perr) nt notepaper

skrovlig (*skrōav-*li) adj hoarse

skrubbsår (*skrewb-*sōar) nt graze

skruv (skrēwv) c screw

skruva (*skrēw-*vah) v screw; ~ av unscrew; ~ på screw on, turn on

skruvmejsel (*skrēwv-*may-sayl) c (pl -slar) screwdriver

skrymmande (*skrewm-ahn-der*) adj bulky

skrynkla (*skrewngk-lah*) c crease; v crease

***skryta** (*skrēwt-ah*) v boast

skråma (*skrōa-*mah) c scratch

skräck (skrehk) c scare; fright; horror, terror

skräddare (*skreh-dah-rer*) c (pl ~) tailor

skräddarsydd (*skreh-dahr-sewd*) adj tailor-made

skrämd (skrehmd) adj frightened

skrämma (*skrehm-ah*) v frighten; scare

skrämmande (*skrehm-ahn-der*) adj terrifying

skräp (skraip) *nt* rubbish; refuse, junk

skugga (*skewg*-ah) *c* shadow; shade

skuggig (*skewg*-i) *adj* shady

skuld (skewld) *c* guilt, fault; debt

skulptur (skewlp-*tewr*) *c* sculpture

skulptör (skewlp-*turr*) *c* sculptor

skum (skewm) *nt* foam; *adj* obscure

skumgummi (*skewm*-gewm-i) *nt* foam rubber

skumma (*skewm*-ah) *v* foam

skura (*skew*-rah) *v* scrub

skurk (skewrk) *c* villain

skutta (*skew*-tah) *v* skip; *leap

skvadron (skvah-*droon*) *c* squadron

skvaller (skvah-lerr) *nt* gossip

skvallra (*skvahl*-rah) *v* gossip

sky (shew) *c* sky, cloud; gravy

skydd (shewd) *nt* protection; shelter, cover

skydda (*shewd*-ah) *v* protect; shelter

skygg (shewg) *adj* shy

skygghet (*shewg*-hayt) *c* shyness

skyldig (*shewl*-di) *adj* guilty; *vara ~ owe

skyltdocka (*shewlt*-do-kah) *c* dummy, mannequin

skyltfönster (*shewlt*-furns-terr) *nt* shopwindow

skymfa (*shewm*-fah) *v* call names

skymning (*shewm*-ning) *c* twilight; dusk

skymt (shewmt) *c* glimpse

skymta (*shewm*-tah) *v* glimpse

skynda sig (*shewn*-dah) hurry; hasten

skyskrapa (*shew*-skraa-pah) *c* skyscraper

skådespel (*skoa*-der-spayl) *nt* spectacle; drama

skådespelare (*skoa*-der-spay-lah-rer) *c* (pl ~) actor; comedian

skådespelerska (*skoa*-der-spay-lerrs-kah) *c* actress

skådespelsförfattare (*skoa*-der-spayls-furr-*fah*-tah-rer) *c* (pl ~) playwright

skål (skoal) *c* bowl; basin; toast

skåp (skoap) *nt* cupboard; closet

skåpvagn (*skoap*-vahngn) *c* pick-up van

skägg (shehg) *nt* beard

skäl (shail) *nt* reason

skälla (*shehl*-ah) *v* bark, bay; scold; ~ ut scold

skälm (shehlm) *c* rascal

skälva (*shehl*-vah) *v* shiver; tremble

skämma bort (sheh-mah bort) *spoil

skämmas (*shehm*-ahss) *v* *be ashamed

skämt (shehmt) *nt* joke

skämtsam (*shehmt*-sahm) *adj* humorous

skär (shæær) *adj* pink

slump

*skära (*shææ*-rah) v *cut;
carve; ~ av *cut off; ~ ned
reduce, *cut down; decrease

skärgård (*shæær-*goård) c
archipelago

skärm (shærm) c screen

skärmmössa (*shærm*-mur-
sah) c cap

skärpt (shærpt) adj bright

skärsår (*shæær-*soar) nt cut

sköldpadda (*shurld*-pahd-
ah) c turtle

skölja (*shurl*-ʸah) v rinse

sköljmedel (*shurlʸ*-māy-derl)
nt conditioner

sköljning (*shurlʸ*-ning) c
rinse

skön (shurn) adj beautiful,
fine; comfortable

skönhet (*shurn*-hāyt) c
beauty

skönhetsmedel (*shurn*-
hāyts-māyd-ayl) pl
cosmetics pl

skönhetssalong (*shurn*-
hāyts-sah-*long*) c beauty
salon

skönhetsvård (*shurn*-hāyts-
voård) c beauty treatment

skör (shurr) adj fragile

skörd (shurrd) c harvest; crop

skörda (*shurr*-dah) v reap;
harvest; gather

sköta (*shur*-tah) v look after;
~ om *take care of

sladd (slahd) c flex, electric
cord; skid

slag¹ (slaag) nt a sort of, a
kind of; **all slags** all sorts of

slag² (slaag) nt battle; blow;

tap; bump; smash

slaganfall (*slaag*-ahn-fahl) nt
stroke

slagord (slaag-*oord*) nt (pl ~)
catchword

slagsmål (slahgs-*moal*) nt
fight

slaktare (*slahk*-tah-rer) c (pl
~) butcher

slang (slahng) c slang

slangtryck (*slahng*-trewk) nt
tyre pressure

slank (slahngk) adj slender;
slim

slant (slahnt) c coin

slapp (slahp) adj limp

slappna av (*slahp*-nah) relax

slarv (slahrv) nt neglect

slarvig (*slahr*-vi) adj careless;
slovenly

slav (slaav) c slave

slicka (*sli*-kah) v lick

slingra sig (*sling*-rah) *wind

slingrande (*sling*-rahn-der)
adj winding

slipa (*slee*-pah) v sharpen

*slippa (*sli*-pah) v not *have to

slipprig (*slip*-ri) adj slippery

slips (slips) c necktie

slira (*slee*-rah) v skid; slip

*slita (*slee*-tah) v *tear; ~ ut
wear out

sliten (*sleet*-ern) adj worn

slogan (*sloa*-gahn) c (pl ~)
slogan

slott (slot) nt castle

slug (slewg) adj sly

sluka (*slew*-kah) v swallow

slump (slewmp) c chance,
luck; **av en ~** by chance

slumpartad (*slewmp-ahr-tahd*) *adj* accidental

sluss (*slewss*) *c* lock

slut (*slewt*) *nt* end; finish

till slut at last

sluta (*slewt-ah*) *v* end; discontinue, finish

*sluta (*slewt-ah*) *v* close

slutbetala (*slewt-ber-taa-lah*) *v* *pay off

sluten (*slewt-ern*) *adj* closed; reserved

slutlig (*slewt-li*) *adj* final; eventual; **slutligen** *adv* finally

slutresultat (*slewt-ray-sewl-taat*) *nt* final result

slutsats (*slewt-sahts*) *c* conclusion

slutta (*slewt-ah*) *v* slope; slant

sluttning (*slewt-ning*) *c* hillside, slope; incline

*slå (*slōa*) *v* *beat; *strike, *hit; slap, punch; ~ **ifrån** switch off; ~ **igen** slam; ~ **ihop** merge; ~ **ihjäl** kill; ~ **in** wrap; ~ **till** *strike; ~ **upp** look up

slående (*slōa-ayn-der*) *adj* striking

*slåss (*sloss*) *v* struggle

släcka (*slehk-ah*) *v* *put out; extinguish

släde (*slai-der*) *c* sleigh, sledge

släkt (*slehkt*) *c* family

släkting (*slehk-ting*) *c* relative; relation

slänga (*slehng-ah*) *v* *throw

släpa (*slaip-ah*) *v* drag; haul

släppa in (*slehp-ah*) admit; *let in

släpvagn (*slaip-vahngn*) *c* trailer

slät (*slait*) *adj* smooth; level

slätt (*sleht*) *c* plain

slätvar (*slait-vaar*) *c* brill

slö (*slūr*) *adj* blunt, dull

slöja (*slur-*ᵞ*ah*) *c* veil

slösa bort (*slūr-sah bort*) waste

slösaktig (*slūrss-ahk-ti*) *adj* wasteful; lavish, extravagant

slöseri (*slur-ser-ree*) *nt* waste, wastefulness

smak (*smaak*) *c* taste; flavour

smaka (*smaa-kah*) *v* taste

smaklig (*smaak-li*) *adj* savoury

smaklös (*smaak-lūrss*) *adj* tasteless

smaksätta (*smaak-say-tah*) *v* flavour

smal (*smaal*) *adj* narrow

smaragd (*smah-rahgd*) *c* emerald

smart (*smart*) *adj* smart

smartmobil (*smart-moo-beel*) *c* smartphone

smarttelefon (*smart-tay-lay-foan*) *c* smartphone

smed (*smayd*) *c* (black)smith

smekmånad (*smayk-mōa-nahd*) *c* honeymoon

smeknamn (*smayk-nahmn*) *nt* nickname

smet (*smayt*) *c* batter

smidig (*smeed-i*) *adj* supple; flexible

smink (*smingk*) *c* make-up

*smita (*smee*-tah) v slip away

smitta (*smit*-ah) v infect

smittande (*smi*-tahn-der) adj
contagious

smittkoppor (*smit*-ko-poor)
pl smallpox

smittosam (*smi*-too-sahm)
adj infectious; contagious

smoking (*smōa*-king) c
dinner jacket; tuxedo nAm

smuggla (*smewg*-lah) v
smuggle

smula (*smew*-lah) c crumb; bit

smultron (*smewlt*-ron) nt wild
strawberry

smuts (smewts) c dirt

smutsig (*smewt*-si) adj dirty;
filthy

smycke (*smew*-ker) nt jewel;
smycken jewellery

*smyga (*smēw*-gah) v sneak

småaktig (*smōa*-ahk-ti) adj
stingy

småfranska (*smōa*-frahns-
kah) c roll

småningom (*smōa*-ning-om)
adv gradually; så ~
eventually

småpengar (*smōa*-payng-
ahr) pl change

småprat (*smōa*-praat) nt chat

småprata (*smōa*-praat-ah) v
chat

småskratta (*smōa*-skraht-ah)
v chuckle

smäll (smehl) c spanking;
crack

smälla (*smehl*-ah) v spank;
crack

smälta (*smehl*-tah) v melt,

thaw; digest

smärta (*smær*-tah) c pain

smärtfri (*smært*-free) adj
painless

smärting (*smær*-ting) c
canvas

smärtsam (*smært*-sahm) adj
painful

smärtstillande (*smært*-sti-
lahn-der) adj pain-relieving,
analgesic; ~ medel nt
painkiller

smör (smūrr) nt butter

smörgås (*smūrr*-gōass) c
sandwich

smörja (*smurr-*ʸah) c trash

*smörja (*smurr-*ʸah) v grease,
lubricate

smörjning (*smurr*ʸ-ning) c
lubrication

smörjolja (*smurr*ʸ-ol-ʸah) c
lubrication oil

smörjsystem (*smurr*ʸ-sew-
stäym) nt lubrication system

snabb (snahb) adj rapid; fast

snabbgående (*snahb*-gōa-
ayn-der) adj express, high-
speed

snabbhet (*snahb*-hāyt) c
rapidity, swiftness

snabbkurs (*snahb*-kewrs) c
intensive course

snabbköp (*snahb* tʸūrp) nt
supermarket

snabbuppbringning (*snabb*-
ewp-ring-ning) c speed
dial(ing)

snackbar (*snahk*-baar) c
snack bar

snarare (*snaar*-ah-rer) adv

rather

snarka (*snahr*-kah) *v* snore

snart (snaart) *adv* soon;
presently; shortly; **så ~ som**
as soon as

snask (snahsk) *nt* candy *nAm*

sned (snäyd) *adj* slanting

snickare (*snik*-ah-rer) *c* (pl ~)
carpenter

snida (*snee*-dah) *v* carve

snideri (snee-der-*ree*) *nt*
carving

snideriarbete (snee-der-*ree*-
ahr-*bay*-ter) *nt* wood carving

snigel (*snee*-gayl) *c* (pl -glar)
snail

snilleblixt (*sni*-ler-blikst) *c*
brain wave

snitt (snit) *nt* cut

snodd (snood) *c* twine

snorkel (*snor*-kayl) *c* (pl
-klar) snorkel

snubbla (*snewb*-lah) *v*
stumble

snurra (*snew*-rah) *v* *spin

snygg (snewg) *adj* good-
looking

***snyta sig** (*snew*-tah) *blow
one's nose

snäcka (*sneh*-kah) *c* seashell

snäckskal (*snehk*-skaal) *nt*
shell

snäll (snehl) *adj* good; sweet,
kind, nice

snälltåg (*snehl*-toag) *nt*
through train, express train

snäv (snaiv) *adj* narrow

snö (snur) *c* snow

snöa (*snur*-ah) *v* snow

snöig (*snur*-i) *adj* snowy

snöre (*snur*-rer) *nt* string;
tape

snöslask (*snur*-slahsk) *nt*
slush

snöstorm (*snur*-storm) *c*
snowstorm; blizzard

social (soo-si-*aal*) *adj* social

socialism (soo-si-ah-*lism*) *c*
socialism

socialist (soo-si-ah-*list*) *c*
socialist

socialistisk (soo-siah-*lis*-
tisk) *adj* socialist

socka (*sok*-ah) *c* sock

socker (*so*-kerr) *nt* sugar

sockerbit (*so*-kerr-beet) *c*
lump of sugar

sockerlag (*so*-kerr-laag) *c*
syrup

sockersjuk (*so*-kerr-shewk) *c*
(pl ~a) diabetic

sockersjuka (*so*-kerr-shew-
kah) *c* diabetes

sodavatten (*soo*-dah-vah-
tern) *nt* soda water

soffa (*so*-fah) *c* sofa; couch

sol (sool) *c* sun

sol- (sool) *adj* solar

solbada (*sool*-baa-dah) *v*
sunbathe

solbränd (*sool*-brehnd) *adj*
tanned

solbränna (*sool*-breh-nah) *c*
suntan

soldat (sol-*daat*) *c* soldier

solfjäder (*sool*-f*y*eh-derr) *c*
fan

solglasögon (*sool*-glaass-*ur*-
goan) *pl* sunglasses *pl*

solid (so-*leed*) *adj* firm

solig (sōō-li) adj sunny

solistframträdande (sōō-list-frahm-trai-dahn-der) nt recital

solljus (sōōl-ʸewss) nt sunlight

solnedgång (sōōl-nāyd-gong) c sunset

sololja (sōōl-ol-ʸah) c suntan oil

solparasoll (sōōl-pah-rah-sol) nt sunshade

solsken (sōōl-shāyn) nt sunshine

solsting (sōōl-sting) nt sunstroke

solsystem (sōōl-sewss-tāym) nt solar system

soluppgång (sōōl-ewp-gong) c sunrise

som (som) conj as; pron who, that, which; ~ om as if

somliga (som-li-gah) pron some

sommar (so-mahr) c summer

sommartid (so-mahr-teed) c summer time

son (sōān) c (pl söner) son

sondotter (sōān-do-terr) c (pl -döttrar) granddaughter

sonson (sōān-sōān) c (pl -söner) grandson

sopa (sōō-pah) v *sweep

sophink (sōōp-hingk) c rubbish bin

sopor (sōō-por) pl garbage

soppa (sop-ah) c soup

soppsked (sop-shāyd) c soup spoon

sopptallrik (sop-tahl-rik) c

soup plate

soptunna (sōōp-tewn-ah) c dustbin; trash can Am

sorg (sorʸ) c sorrow; mourning, grief

sorgespel (sor-ʸer-spāyl) nt tragedy

sorglös (sorʸ-lürss) adj carefree

sorgsen (sorʸ-sayn) adj sad

sort (sort) c kind; sort

sortera (sor-tāyr-ah) v sort; assort

sortiment (sor-ti-maynt) nt assortment

souvenir (soo-ver-neer) c souvenir

*sova (sōā-vah) v *sleep

sovande (sōāv-ahn-der) adj asleep

sovbrits (sōāv-brits) c berth

sovjetisk (sov-ʸāy-tisk) adj Soviet

sovkupé (sov-kew-pāy) c sleeping compartment

sovrum (sōāv-rewm) nt bedroom

sovsal (sōāv-saal) c dormitory

sovsäck (sōāv-sehk) c sleeping bag

sovvagn (sōāv-vahngn) c sleeping car; Pullman

spade (spaa-der) c spade

Spanien (spak-ni-ayn) Spain

spanjor (spahn-ʸōōr) c Spaniard

spannmål (spahn-mōal) c corn, cereals pl

spansk (spahnsk) adj

Spanish

spara (*spaa*-rah) v save; economize

sparbank (*spaar*-bahngk) c savings bank

spargris (spaar-greess) c piggy bank

spark (spahrk) c kick

sparka (*spahr*-kah) v kick

sparkcykel (*spahrk*-sew-kerl) c (pl -klar) scooter

sparris (*spahr*-iss) c asparagus

sparsam (*spaar*-sahm) adj economical

sparv (spahrv) c sparrow

speceriaffär (spay-say-*ree*-ah-fæær) c grocer's

specerier (spay-say-*ree*-err) pl groceries pl

specerihandlare (spay-say-*ree*-hahnd-lah-rer) c (pl ~) grocer

specialisera sig (spay-si-ah-li-*say*-rah) specialize

specialist (spay-si-ah-*list*) c specialist

specialitet (spay-si-ah-li-*tayt*) c speciality

speciell (spay-si-*ayl*) adj special

specifik (spay-si-*feek*) adj specific

specimen (*spay*-si-mern) nt specimen

spegel (*spay*-gayl) c (pl -glar) mirror; looking-glass

spegelbild (*spay*-gerl-bild) c reflected image, reflection

spekulera (spay-kew-*layr*-ah)

v speculate

spel (spayl) nt game

spela (*spayl*-ah) v play; act

spelare (*spayl*-lah-rer) c (pl ~) player

spelkort (*spayl*-koort) nt playing card

spelkula (*spayl*-kewl-ah) c marble

spelmark (*spayl*-mahrk) c chip, counter

spenat (spay-*naat*) c spinach

spendera (spayn-*dayr*-ah) v *spend

spets (spayts) c tip; point; lace

spetsig (*spayt*-si) adj pointed

spett (spayt) nt spit

spetälska (*späyt*-ehls-kah) c leprosy

spik (speek) c nail

spikböld (*speek*-burld) c boil

spilla (*spil*-ah) v *spill

spindel (*spin*-dayl) c (pl -dlar) spider

spindelnät (*spin*-derl-nait) nt spider's web

*spinna (*spin*-ah) v purr; *spin

spion (spi-*ōōn*) c spy

spira (*spee*-rah) c spire

spirituell (spi-ri-*tēw*-ayl) adj witty

spis (speess) c cooker; öppen ~ fireplace

spisgaller (*speess*-gah-lerr) c grate

sjut (sp*ẽwt*) nt spear

spjäla (sp*ᵞai*-lah) c lath; bar; splint

spjällåda (*sp^{y}ail-lōad-ah*) *c* crate

splitter (*spli-terr*) *nt* splinter

splitterfri (*spli-terr-free*) *adj* shatterproof

spole (*spōol-er*) *c* spool

spoliera (*spoo-li-āy-rah*) *v* mess up

sporra (*spo-rah*) *v* incite

sport (*sport*) *c* sport

sportbil (*sport-beel*) *c* sports car

sportjacka (*sport-^{y}ah-kah*) *c* sports jacket

sportkläder (*sport-klai-derr*) *pl* sportswear

spott (*spot*) *nt* spit

spotta (*spo-tah*) *v* *spit

spratt (*spraht*) *nt* trick

spray (*spray*) *c* spray; atomizer

sprayflaska (*spray-flahss-kah*) *c* atomizer

spricka (*sprik-ah*) *c* crack

***spricka** (*sprik-ah*) *v* crack; *burst

***sprida** (*spreed-ah*) *v* *spread; *shed

***springa** (*spring-ah*) *v* *run

sprit (*spreet*) *c* liquor, booze *colloquial*

spritdrycker (*spreet-drewk-err*) *pl* spirits

spritkök (*spreet-t^{y}ūrk*) *c* spirit stove

spritvaror (*spreet-vaa-ror*) *pl* spirits

spruta (*sprewt-ah*) *c* shot

språk (*sprōak*) *nt* language; speech

språklaboratorium (*sprōak-lah-bo-rah-tōo-ri-ewm*) *nt* (pl -rier) language laboratory

språng (*sprong*) *nt* jump

spräcka (*spreh-kah*) *v* crack

sprängämne (*sprehng-ehm-ner*) *nt* explosive

spy (*spew*) *v* vomit

spår (*spōar*) *nt* trace; trail

spåra (*spōar-ah*) *v* trace

spårvagn (*spōar-vahngn*) *c* tram; streetcar *nAm*

spädbarn (*spaid-baarn*) *nt* infant

spädgris (*spaid-greess*) *c* piglet

spänd (*spehnd*) *adj* tense

spänna fast (*speh-nah*) fasten

spännande (*spehn-ahn-der*) *adj* exciting

spänne (*speh-ner*) *nt* buckle; fastener

spänning (*speh-ning*) *c* excitement; voltage, tension

spärra (*spæ-rah*) *v* block

spöke (*spūr-ker*) *nt* ghost; spirit

spörsmål (*spurrs-mōal*) *nt* question, problem

stabil (*stah-beel*) *adj* stable

stad (*staad*) *c* (pl städer) city, town; **stads-** urban

stadig (*staa-di*) *adj* steady

stadigvarande (*staa-di-vaa-rahn-der*) *adj* permanent

stadion (*staad-^{y}on*) *nt* stadium

stadium (*staa-d^{y}ewm*) *nt* (pl

-dier) stage

stadsbo (*stahds-bōō*) *c* citizen

stadscentrum (*stahds-sayntrewm*) *nt* town centre

stadsdel (*stahds-dāyl*) *c* district

stadshus (*stahds-hēwss*) *nt* town hall

staket (*stah-kāyt*) *nt* fence

stall (*stahl*) *nt* stable

stam (*stahm*) *c* trunk; tribe

stamanställd (*stahm-ahn-stehld*) *c* (pl ~a) cadre, regular

stamcell (*stahm-sayl*) *c* stem cell

stamma (*stahm-ah*) *v* falter

stampa (*stahm-pah*) *v* stamp

standard- (*stahn-dahrd*) standard

stanna (*stahn-ah*) *v* halt; pull up; ~ **kvar** stay

stapel (*staa-perl*) *c* (pl -plar) pile, stack

stapla (*staap-lah*) *v* pile, stack

stare (*staar-er*) *c* starling

stark (*stahrk*) *adj* strong; powerful

start (*staart*) *c* take-off

starta (*staar-tah*) *v* start

startbana (*stahrt-baa-nah*) *c* runway

stat (*staat*) *c* state; **stats-** national

station (*stah-shōōn*) *c* depot *nAm*

statistik (*stah-ti-steek*) *c* statistics *pl*

statskassa (*stahts-kah-sah*) *c*

treasury

statsman (*stahts-mahn*) *c* (pl -män) statesman

statsminister (*stahts-mi-niss-terr*) *c* (pl -trar) Prime Minister

statstjänsteman (*stahts-tᵉehns-ter-mahn*) *c* (pl -män) civil servant

statsöverhuvud (*stahts-ūr-verr-hēw-vewd*) *nt* (pl ~, ~en) head of state

staty (*stah-tēw*) *c* statue

stava (*staa-vah*) *v* *spell

stavelse (*staa-vayl-ser*) *c* syllable

stavning (*staav-ning*) *c* spelling

stearinljus (*stay-ah-reen-ᵞēwss*) *nt* candle

steg (*stāyg*) *nt* step, move; pace

stege (*stāy-ger*) *c* ladder

steka (*stāy-kah*) *v* fry

stekpanna (*stāyk-pahn-ah*) *c* frying pan

stel (*stāyl*) *adj* stiff

sten (*stāyn*) *c* stone; **sten-stone**

stenblock (*stāyn-blok*) *nt* boulder

stenbrott (*stāyn-brot*) *nt* quarry

stengods (*stāyn-goods*) *nt* stoneware

stenlägga (*stāyn-leh-gah*) *v* pave

stenografi (*stay-noo-grah-fee*) *c* shorthand

stereo (*stay-ree-oh*) *c* (pl ~)

straff

stereo

steril (stay-*reel*) *adj* sterile

sterilisera (stay-ri-li-*say*-rah) *v* sterilize

steward (st*ōō*-ahrd) *c* steward

stick (stik) *nt* sting

sticka (*stik*-ah) *v* *knit

***sticka** (*stik*-ah) *v* *sting; prick; ~ **in** plug in

stickkontakt (*stik*-kon-tahkt) *c* plug, socket

stifta (*stif*-tah) *v* found; institute

stiftelse (*stif*-tayl-ser) *c* foundation

stig (steeg) *c* trail, path

***stiga** (*steeg*-ah) *v* *rise; ascend; ~ **av** *get off; ~ **ned** descend; ~ **på** *get on; ~ **upp** *rise; *get up; ~ **uppåt** ascend

stigning (*steeg*-ning) *c* ascent

stil (steel) *c* style

stilla (*stil*-ah) *adj* quiet; calm, still

Stilla havet (*sti*-lah-*haa*-vert) Pacific Ocean

stillastående (*sti*-lah-stōa-ayn-der) *adj* stationary, still

stillhet (*stil*-hayt) *c* quiet

stillsam (*stil*-sahm) *adj* calm, quiet

stimulans (*sti*-mew-lahngs) *c* stimulant; impulse

stimulera (sti-mew-*layr*-ah) *v* stimulate

sting (sting) *nt* sting

***stinka** (*sting*-kah) *v* *stink

stipendium (*sti*-*payn*-di-

ewm) *nt* (pl -dier) grant, scholarship

stipulera (sti-pew-*lay*-rah) *v* stipulate

stirra (*sti*-rah) *v* gaze, stare

***stjäla** (*shail*-ah) *v* *steal

stjälk (shehlk) *c* stem

stjärna (*shæær*-nah) *c* star

stjärt (shært) *c* bottom

sto (stōō) *nt* mare

stock (stock) *c* log

stol (stōōl) *c* chair

stola (*stōal*-ah) *c* stole

stolpe (*stol*-per) *c* post; pillar

stolpiller (*stōōl*-pi-lerr) *nt* suppository

stolt (stolt) *adj* proud

stolthet (*stolt*-hayt) *c* pride

stoppa (*stop*-ah) *v* stop; *put; darn; upholster; **stopp!** stop!

stoppgarn (*stop*-gaarn) *nt* (pl ~er) darning wool

stor (stōōr) *adj* large; great, big, major

storartad (*stōōr*-aar-tahd) *adj* magnificent, superb, terrific

Storbritannien (*stōōr*-bri-tahn-yayn) Great Britain

stork (stork) *c* stork

storlek (*stōōr*-layk) *c* size

storm (storm) *c* gale, storm

stormig (*stor*-mi) *adj* stormy, gusty

stormlykta (*storm*-lewk-tah) *c* hurricane lamp

storslagen (*stōōr*-slaa-gern) *adj* grand

straff (strahf) *nt* punishment; penalty

straffa

170

straffa (*strah*-fah) *v* punish

strafflag (*strahf*-laag) *c* criminal law

straffspark (*strahf*-spahrk) *c* penalty kick

stram (straam) *adj* tight

strama åt (*straa*-mah) tighten

strand (strahnd) *c* (pl stränder) beach; shore

strandsnäcka (*strahnd*-snehkah) *c* winkle

strandsten (*strahnd*-stāyn) *c* pebble

strax (strahks) *adv* presently

streberaktig (*strāy*-berr-ahkti) *adj* ambitious

streck (strayk) *nt* line

strejk (strayk) *c* strike

strejka (*stray*-kah) *v* *strike

stress (strayss) *c* stress

strid (streed) *c* fight; combat, struggle

***strida** (*streed*-ah) *v* *fight

strikt (strikt) *adj* strict

strof (strōaf) *c* stanza

struktur (strewk-*tēwr*) *c* structure, fabric; texture

strumpa (*strewm*-pah) *c* stocking

strumpbyxor (*strewmp*-bewks-err) *pl* tights *pl*; panty hose

strumpebandshållare (*strewm*-per-bahnds-ho-lah-rer) *c* (pl ~) garter belt *Am*

strunt (strewnt) *c* rubbish

strupe (*strew*-per) *c* throat

strupkatarr (*strewp*-kah-*tahr*) *c* laryngitis

struts (strewts) *c* ostrich

***stryka** (*strēw*-kah) *v* iron; ~ under underline

strykfri (*strēwk*-fri) *adj* drip--dry; wash and wear

strykjärn (*strēwk*-ʸǣrn) *nt* iron

***strypa** (*strēwp*-ah) *v* strangle; choke

strålande (*strōa*-lahn-der) *adj* splendid, bright

stråle (*strōal*-er) *c* ray, beam; spout, jet, squirt

strålkastare (*strōal*-kahss-tah-rer) *c* (pl ~) searchlight; spotlight, headlamp, headlight

sträcka (*streh*-kah) *c* stretch

sträng (strehng) *adj* severe; strict, harsh; *c* string

sträv (straiv) *adj* harsh

sträva (*straiv*-ah) *v* aspire; ~ efter aim at

strö (strūr) *v* scatter, strew; sprinkle

ström (strurm) *c* (pl ~mar) stream, current

strömbrytare (*strurm*-brēwtah-rer) *c* (pl ~) switch

strömdrag (*strurm*-draag) *nt* rapids *pl*

strömfördelare (*strurm*-furrdāyl-ah-rer) *c* (pl ~) distributor

strömma (*strurm*-ah) *v* stream; flow

ströva (*strūrv*-ah) *v* roam

stubintråd (stew-*been*-trōad) *c* fuse

student (stew-*daynt*) *c* student

studera (*stew-dáyr*-ah) *v* study

studerande (*stew-dáy-rahn-der*) *c* (pl ~) student

studier (*stew-dee-er*) *pl* studies *pl*

studium (*stéw*-di-ewm) *nt* (pl -dier) study

stuga (*stéw*-gah) *c* cottage

stuka (*stéw*-kah) *v* sprain

stukning (*stéwk*-ning) *c* sprain

stum (stewm) *adj* dumb; mute

stund (stewnd) *c* while

stup (stewp) *nt* precipice

stycke (*stewk*-er) *nt* piece; part, chunk

stygg (stewg) *adj* naughty; bad

stygn (stewngn) *nt* stitch

styra (*stéw*-rah) *v* manage; rule; steer

styrbord (*stéwr*-boord) *nt* starboard

styrelse (*stéw*-rayl-ser) *c* government; direction, management; commitee

styrelseordförande (*stew-rayl·ser-óord-fur-rahn-der*) *c* (pl ~) chairman of the board

styrelsesätt (*stéw-rayl-ser-seht*) *nt* rule

styrka (*stéwr*-kah) *c* strength, power; **beväpnade styrkor** armed forces

styvbarn (*stéwv*-baarn) *nt* stepchild

styvfar (*stéwv*-taar) *c* (pl -fäder) stepfather

styvmor (*stéwv*-moor) *c* (pl -mödrar) stepmother

*stå (stoa) *v* *stand; ~ **ut med** endure

stål (stoal) *nt* steel; **rostfritt ~** stainless steel

ståltråd (*stóal*-troad) *c* wire

stånd (stond) *nt* stand; stall; ***vara i ~ till** *be able to

ståndpunkt (*stónd*-poongkt) *c* standpoint

stång (stong) *c* (pl stänger) bar; rod

ståtlig (*stóat*-li) *adj* magnificent

städa (*stáid*-ah) *v* clean; tidy up

städad (*stái*-dahd) *adj* tidy

städerska (*stái-derr*-skah) *c* cleaning-woman

ställa (*steh*-lah) *v* *put; ~ **in** tune in; ~ **ut** exhibit

ställe (*steh*-ler) *nt* place; spot **i stället för** (ee *steh*-lert furr) instead of

ställföreträdare (*stehl-fúrrer-trai-dah-rer*) *c* (pl ~) substitute, deputy

ställning (*stehl*-ning) *c* position

stämma överens (*steh*-mah úrver-*rayns*) agree; tally

stämning (*stehn*-ning) *c* atmosphere

stämpel (*stehm*-perl) *c* (pl -plar) stamp

ständig (*stehn*-di) *adj* constant; permanent; continual

stänga (*stehng*-ah) *v* *shut, close; fasten; ~ **av** turn off;

*cut off; ~ in *shut in

stängd (stehngd) *adj* closed; shut

stängsel (stehng-serl) *nt* fence

stänka (stehng-kah) *v* splash

stärkelse (stær-kayl-ser) *c* starch

stöd (sturd) *nt* support

stödja (sturd-ᵛah) *v* support

stödstrumpor (sturd-strewm-por) *pl* support hose

stöld (sturld) *c* theft; robbery

stöna (stūrn-ah) *v* groan

störa (stūr-rah) *v* disturb; bother

störning (stūrr-ning) *c* disturbance

större (sturr-er) *adj* major, superior, bigger

störst (sturrst) *adj* major, main, biggest

störta (sturr-tah) *v* crash

störtregn (sturrt-rehngn) *nt* downpour

störtskur (sturrt-skēwr) *c* shower

stöt (stūrt) *c* bump, thrust

stöta (stūrt-ah) *v* bump; ~ emot knock against; ~ på *come across

stötdämpare (stūrt-dehm-pah-rer) *c* (pl ~) shock absorber

stötta (stur-tah) *v* *hold up, prop

stövel (stur-verl) *c* (pl -vlar) boot

subjekt (sewb-ᵛehkt) *nt* subject

substans (sewb-stahns) *c* substance

substantiv (sewb-stahn-teev) *nt* noun

subtil (sewb-teel) *adj* subtle

succé (sewk-sāy) *c* success

suddgummi (sewd-gew-mi) *nt* eraser, rubber

*suga (sēw-gah) *v* suck

sula (sēw-lah) *c* sole

summa (sewm-ah) *c* sum; total, amount

sumpmark (sewmp-mahrk) *c* marsh

*supa (sēw-pah) *v* booze

super (sēw-perr) *adj* super *colloquial*

superlativ (sew-perr-lah-teev) *adj* superlative; *c* superlative

sur (sēwr) *adj* sour

surfa (sewr-fah) *v* surf

surfingbräda (sewr-fing-brai-dah) *c* surfboard

surfplatta (sewrf-plaht-ah) *c* tablet

surr (sewrr) *nt* buzz

surrogat (sew-roo-gaat) *nt* substitute

suspendera (sewss-payn-dāyr-ah) *v* suspend

SUV (s-ew-ve) *c* SUV; sport utility vehicle

svag (svaag) *adj* weak; faint, slight, feeble

svaghet (svaag-hāyt) *c* weakness

svala (svaal-ah) *c* swallow

svalka (svahl-kah) *v* refresh

svamp (svahmp) c
mushroom; toadstool

svan (svaan) c swan

svans (svahns) c tail

svar (svaar) nt answer; reply

svara (svaa-rah) v answer;
reply

svart (svahrt) adj black

svartsjuk (svahrt-shewk) adj
jealous

svartsjuka (svahrt-shew-kah)
c jealousy

svensk (svaynsk) adj
Swedish; c Swede

svepa in (svāy-pah in) v
envelop

svepskål (svāyp-shail) nt
pretext

Sverige (svær-ᵞer) Sweden

svetsa (svayt-sah) v weld

svetsfog (svayts-fōōg) c
welding seam

svett (svayt) c sweat;
perspiration

svettas (svay-tahss) v sweat,
perspire

svettning (svayt-ning) c
perspiration

*svika (svee-kah) v fail; betray

svimma (svi-mah) v faint

svindel (svin-derl) c swindle

svindla (svind-lah) v swindle

svindlare (svind-lah-rer) c (pl
~) swindler

svinläder (sveen-lai-derr) nt
pigskin

svit (sveet) c suite

svordom (svōōr-doom) c
curse

svullnad (svewl-nahd) c

swelling

svulst (svewlst) c tumour,
growth

svåger (svōa-gerr) c (pl -grar)
brother-in-law

svår (svōar) adj difficult, hard

svårighet (svōa-ri-hāyt) c
difficulty

svägerska (svai-gayr-skah) c
sister-in-law

*svälja (svehl-ᵞah) v swallow

svälla (sveh-lah) v *swell

svälta (svehl-tah) v starve

svänga (svehng-ah) v turn;
*swing

svängdörr (svehng-durr) c
revolving door

*svära (svææ-rah) v *swear,
curse; vow

svärd (svæærd) nt sword

svärdotter (svæær-do-terr)
(pl -döttrar) daughter-in-law

svärfar (svæær-faar) c (pl
-fäder) father-in-law

svärföräldrar (svæær-furr
ehld-rahr) pl parents-in-law
pl

svärmor (svæær-mōōr) c (pl
-mödrar) mother-in-law

svärson (svæær-sōan) c (pl
-söner) son-in-law

sväva (svai-vah) v float in the
air

swahili (svah-kee-li) Swahili

sy (sew) v *sew; ~ ihop *sew
up

Sydafrika (sēwd-aaf-ri-kah)
South Africa

sydlig (sēwd-li) adj southern;
southerly

sydost (sēwd-*oost*) c
southeast

Sydpolen (sēwd-pōo-lern)
South Pole

sydväst (sēwd-*vehst*) c
southwest

syfte (sewf-ter) nt aim;
purpose, object

sylt (sewlt) c jam

symaskin (sēw-mah-sheen) c
sewing machine

symbol (sewm-*bōal*) c
symbol

symfoni (sewm-fo-*nee*) c
symphony

sympati (sewm-pah-*tee*) c
sympathy

sympatisk (sewm-*paat*-isk)
adj nice

symptom (sewmp-*tōam*) nt
symptom

syn (sēwn) c eyesight; sight;
outlook

synagoga (sew-nah-*gōo*-gah)
c synagogue

synas (sēw-nahss) v seem;
appear; **det syns att** it is
obvious that

synbar (sēwn-baar) adj
visible

synbarligen (sēwn-baar-li-
ern) adv apparently

synd (sewnd) c sin; **så synd!**
what a pity!

syndabock (sewn-dah-bok) c
scapegoat

synhåll (sēwn-hol) nt sight

synlig (sēwn-li) adj visible

synnerligen (sew-nerr-li-ern)
adj extremely

synonym (sew-noo-*nēwm*) c
synonym

synpunkt (sēwn-pewngkt) c
point of view

syntetisk (sewn-*tāy*-tisk) adj
synthetic

syre (sēw-rer) nt oxygen

Syrien (sēwr-i-ern) Syria

syrier (sēwr-i-err) c Syrian

syrisk (sēwr-isk) adj Syrian

syrsa (sewr-sah) c cricket

***sysselsätta** (sew-serl-seht-
ah) v occupy, employ; **~ sig**
occupy oneself

sysselsättning (sew-sayl-
seht-ning) c occupation;
employment

syssla (sewss-lah) c work,
task

system (sewss-*tāym*) nt
system

systematisk (sewss-tay-*maa*-
tisk) adj systematic

systembolag (sew-*stāym*-
boo-laag) nt off-licence,
liquor store nAm

syster (sewss-terr) c (pl -trar)
sister

systerdotter (sewss-terr-do-
terr) c (pl -döttrar) niece

systerson (sewss-terr-soan) c
(pl -söner) nephew

så¹ (sōa) adv how, so, such;
conj so that, so; **~ att** so that

så² (sōa) v *sow

sådan (sōa-dahn) adj such; **~
som** such as

såg (sōag) c saw

sågspån (*sōag*-spōan) nt
sawdust

sågverk (*sōag*-værk) *nt*
sawmill

således (*sōa*-lāy-dayss) *adv*
thus

sålla (*sol*-ah) *v* sift

sång (song) *c* song

sångare (*song*-ah-rer) *c* (pl ~)
singer; sångerska (*song*-
err-skah) *c* singer

sår (sōar) *nt* wound; ulcer,
sore

såra (*sōar*-ah) *v* injure,
wound; offend, *hurt

sårbar (*sōar*-baar) *adj*
vulnerable

sås (sōass) *c* sauce

såsom (*sōa*-som) *conj* like

såväl som (*sōa*-vail som) as
well as

säck (sehk) *c* sack

säd (said) *c* corn

sädesfält (*sai*-derss-fehlt) *nt*
cornfield

sädeskorn (*sai*-derss-kōorn)
nt grain

*säga (*seh*-ᵞah) *v* *say; ~ hej
till say hello to

säker (*sai*-kerr) *adj* sure;
certain; safe, secure; helt
säkert without fail

säkerhet (*sai*-kerr-hāyt) *c*
safety, security; guarantee

säkerhetsbälte (*sai*-kerr-
hāyts-behl-ter) *nt* safety
belt; seat belt

säkerhetsnål (*sai*-kerr-hāyts-
nōal) *c* safety pin

säkerligen (*sai*-kerr-li-ern)
adv surely

säkert (*sai*-kerrt) *adv*
certainly

säl (sail) *c* seal

*sälja (*sehl*-ᵞah) *v* *sell

säljbar (*sehl*ᵞ-baar) *adj*
saleable

sällan (*sehl*-ahn) *adv* seldom,
rarely

sällsam (*sehl*-sahm) *adj*
strange, singular

sällskap (*sehl*-skaap) *nt*
society; company, party

sällskaplig (*sehl*-skaap-li)
adj sociable

sällskapsdjur (*sehl*-skaaps-
ᵞewr) *nt* pet

sällskapsrum (*sehl*-skaaps-
rewm) *nt* lounge

sällsynt (*sehl*-sewnt) *adj* rare;
uncommon, infrequent

sämre (*sehm*-rer) *adj* worse;
inferior

sända (*sehn*-dah) *v* *send;
transmit

sändare (*sehn*-dah-rer) *c* (pl
~) transmitter

sändning (*sehnd*-ning) *c*
transmission

säng (sehng) *c* bed

sängkläder (*sehng*-klai-derr)
pl bedding

sängöverkast (*sehng*-ūr-
verr-kahst) *nt* bedspread

sänka (*sehng*-kah) *v* lower

säregen (*sæer*-āy-gern) *adj*
peculiar; singular

särskild (*sæer*-shild) *adj*
special; particular, separate;
särskilt especially; in
particular

säsong (seh-*song*) *c* season

säte

176

säte (*sai*-ter) *nt* seat

sätt (seht) *nt* way; fashion, manner; **på samma ~** alike

***sätta** (*seht*-ah) *v* place; *set; *lay; **~ ihop** assemble; **~ in** bank; **~ på** turn on; **~ sig** *sit down; **~ upp** *make up

säv (saiv) *c* rush

söder (*sūr*-derr) *c* south

söka (*sūr*-kah) *v* *seek; search

sökare (*sūr*-kah-rer) *c* (pl **~**) viewfinder

söm (surm) *c* (pl **~**mar) seam

sömmerska (surm-err-skah) *c* seamstress; dressmaker

sömn (surmn) *c* sleep

sömnig (*surm*-ni) *adj* sleepy

sömnlös (surmn-*lūrss*) *adj* sleepless

sömnlöshet (surmn-lūrss-*hāyt*) *c* insomnia

sömntablett (surmn-tahb-*layt*) *c* sleeping pill

söndag (*surn*-daag) *c* Sunday

sönder (surn-derr) *adj* broken; ***gå ~** *break down; ***riva ~** rip

sörja (surr-²ah) *v* grieve; **~ för** see to

söt (sūrt) *adj* sweet; nice, pretty, lovely

söta (*sūr*-tah) *v* sweeten

sötsaker (*sūrt*-saa-kerr) *pl* sweets

sötvatten (*sūrt*-vah-tern) *nt* fresh water

T

tabell (tah-*bayl*) *c* table; chart

tablett (tahb-*layt*) *c* tablet

tabu (tah-*bēw*) *nt* taboo

tack! (tahk) thank you!

tacka (*tahk*-ah) *v* thank; ***ha att ~ för** owe

tacksam (*tahk*-sahm) *adj* grateful; thankful

tacksamhet (*tahk*-sahm-*hāyt*) *c* gratitude

tagg (tahg) *c* thorn

taggtråd (*tahg*-troåd) *c* barbed wire

tak (taak) *nt* roof

takräcke (*taak*-reh-ker) *nt* roof-rack

takt (tahkt) *c* tact; beat

taktik (tahk-*teek*) *c* tactics *pl*

tal (taal) *nt* speech; number

tala (*taa*-lah) *v* *speak; talk; **~ om** talk about; *tell

talang (tah-*lahng*) *c* gift, talent; faculty

talarstol (*taa*-lahr-stōōl) *c* pulpit; desk

talförmåga (*taal*-furr-*mōā*-gah) *c* speech

talk (tahlk) *c* talc powder

tall (tahl) *c* pine

tallrik (*tahl*-rik) *c* plate; dish

talong (tah-*long*) *c* counterfoil; stub

talrik (*taal*-reek) *adj* numerous

tam (taam) *adj* tame

tampong (tahm-*pong*) *c*

tampon

tand (tahnd) c (pl tänder)
tooth

tandborste (tahnd-bors-ter)
c toothbrush

tandfyllning (tahnd-fewl-
ning) c filling, inlay

tandkräm (tahnd-kraim) c
toothpaste

tandkött (tahnd-tᵞurt) nt gum

tandläkare (tahnd-lai-kah-
rer) c (pl ~) dentist

tandpetare (tahnd-pāy-tah-
rer) c (pl ~) toothpick

tandprotes (tahnd-proo-
tāyss) c denture

tandställning (tahnd-stehl-
ning) c brace, braces

tandtråd (tahnd-trōad) c
dental floss

tandvärk (tahnd-værk) c
toothache

tank (tahngk) c tank

tanka (tahng-kah) v fill up

tanke (tahng-ker) c idea,
thought

tankfartyg (tahngk-faar-
tēwg) nt tanker

tankfull (tahngk-fewl) adj
thoughtful

tanklös (tahngk-lūss) adj
scatterbrained

tankstreck (tahngk-strayk) nt
dash

tant (tahnt) c aunt

tapet (tah-pāyt) c wallpaper

tappa (tahp-ah) v drop

tapper (tahp-err) adj
courageous; brave

tapperhet (tahp-err-hāyt) c

courage

tariff (tah-rif) c tariff

tarm (tahrm) c intestine; gut;
tarmar bowels pl

tass (tahss) c paw

tavla (taav-lah) c picture;
board

taxa (tahk-sah) c rate

taxameter (tahks-ah-māy-
terr) c (pl -trar) taximeter

taxi (tahk-si) c (pl ~) taxi; cab

taxichaufför (tahk-si-sho-
fūrr) c cab driver; taxi driver

taxistation (tahks-i-stah-
shōōn) c taxi rank; taxi stand
nAm

te (tāy) nt tea

teater (tay-aa-terr) c (pl -trar)
theatre

tecken (tay-kayn) nt sign,
indication; token; signal

teckna (tayk-nah) v sketch

teckning (tayk-ning) c
drawing; sketch

tefat (tāy-faat) nt saucer

tegelpanna (tāy-gerl-pah-
nah) c tile

tegelsten (tāy-gerl-stāyn) c
brick

tejp (tayp) c adhesive tape

tekanna (tāy-kah-nah) c
teapot

teknik (tayk-neek) c
technique

tekniker (tayk-ni-kerr) c (pl
~) technician

teknisk (tayk-nisk) adj
technical

teknisk support (tayk-nisk
sew-poort) c technical

teknologi　　　　　　　　　　178

support
teknologi (tayk-no-lo-*gee*) *c*
    technology
teknologisk (tayk-no-*lo*-
    gisk) *adj* technological
tekopp (*tay*-kop) *c* teacup
telefon (tay-lay-*fōan*) *c*
    telephone; phone
telefonera (tay-lay-foo-*nāyr*-
    ah) *v* phone
telefonhytt (tay-lay-*fōan*-
    hewt) *c* telephone booth
telefonkatalog (tay-lay-*fōan*-
    kah-tah-*lōāg*) *c* telephone
    directory; telephone book
    Am
telefonkort (tay-lay-*fōan*-
    koort) *nt* (pl ~) phone card
telefonsamtal (tay-lay-*fōan*-
    sahm-taal) *nt* telephone call
telefonsvarare (tay-lay-*foan*-
    svāa-rah-rer) *c* answering
    machine
telefonväxel (tay-lay-*fōan*-
    vehks-ayl) *c* (pl -xlar)
    telephone exchange,
    switchboard
telegrafera (tay-ler-grah-*fay*-
    rah) *v* telegraph; cable
telegram (tay-ler-*grahm*) *nt*
    telegram; cable
telekommunikation (tay-lay-
    ko-mew-ni-kah-*shōon*) *c*
    telecommunications
teleobjektiv (*tay*-ler-ob-ᵞayk-
    teev) *nt* telephoto lens
telepati (tay-ler-pah-*tee*) *c*
    telepathy
television (tay-ler-vi-*shōon*)
    c television; **kabel ~** *c* cable

TV; **satellit ~** *c* satellite TV
televisionsapparat (tay-ler-
    vi-*shōons*-ah-pah-*raat*) *c*
    television set
telex (*tāy*-layks) *nt* telex
tema (*tāy*-mah) *nt* theme
tempel (*taym*-payl) *nt* temple
temperatur (taym-per-rah-
    tewr) *c* temperature
tempo (*taym*-poo) *nt* pace
tendens (tayn-*dayns*) *c*
    tendency
tendera (tayn-*dāyr*-ah) *v*
    tend; **~ åt** tend to
tenn (tayn) *nt* tin; pewter
tennis (*tayn*-iss) *c* tennis
tennisbana (*tayn*-iss-baa-
    nah) *c* tennis court
tennisskor (*tayn*-iss-skōōr)
    pl tennis shoes
teologi (tay-o-lo-*gee*) *c*
    theology
teoretisk (tayn-o-*rāyt*-isk) *adj*
    theoretical
teori (tay-o-*ree*) *c* theory
terapi (tay-rah-*pee*) *c* therapy
term (tærm) *c* term
termin (tær-*meen*) *c* term
termometer (tær-moo-*māy*-
    terr) *c* (pl -trar)
    thermometer
termosflaska (*tær*-mooss-
    flahss-kah) *c* vacuum flask
termostat (tær-moo-*staat*) *c*
    thermostat
terpentin (tær-payn-*teen*) *nt*
    turpentine
terrass (tay-*rahss*) *c* terrace
territorium (tær-i-*tōō*-ri-
    ewm) *nt* (pl -rier) territory

terror (*teh*-ror) *c* terrorism

terrorism (teh-ro-*rism*) *c* terrorism

terrorist (teh-ro-*rist*) *c* terrorist

terräng (tær-*ehng*) *c* terrain

tes (tāyss) *c* thesis

tesalong (*tāy*-sah-*loang*) *c* tea-shop

teservis (*tāy*-sær-*veess*) *c* tea set

tesked (*tāy*-shāyd) *c* teaspoon; teaspoonful

testa (*tayss*-tah) *v* test

testamente (tayss-tah-*mayn*-tay) *nt* will

text (taykst) *c* text

textilier (tehk-*stee*-li-ayr) *pl* textiles *pl*

Thailand (*tigh*-lahnd) Thailand

thailändare (*tigh*-lehn-dah-rer) *c* (pl ~) Thai

thailändsk (*tigh*-lehndsk) *adj* Thai

tid (teed) *c* time; **hela tiden** all the time; **i ~ in** time; **på sista tiden** lately

tidig (*tee*-di) *adj* early

tidigare (*tee*-di-gah-rer) *adj* previous

tidning (*teed*-ning) *c* paper

tidningsbilaga (*teed*-nings-bi-*laa*-gah) *c* supplement

tidningsförsäljare (*teed*-nings-furr-*sehl*-'ah-rer) *c* (pl ~) newsagent

tidningskiosk (*teed*-nings-t'osk) *c* newsstand

tidningspress (*teed*-nings-prayss) *c* press

tidsbesparande (*teeds*-ber-spaa-rahn-der) *adj* time-saving

tidskrift (*teed*-skrift) *c* periodical; magazine, review, journal

tidsschema (*teeds*-*shāy*-mah) *nt* schedule

tidtabell (*teed*-tah-bayl) *c* schedule, timetable

tidvatten (*teed*-vah-tern) *nt* tide

***tiga** (*teeg*-ah) *v* *be silent; *keep quiet

tiger (*teeg*-err) *c* (pl tigrar) tiger

tigga (*tig*-ah) *v* beg

tiggare (*ti*-gah-rer) *c* (pl ~) beggar

tik (teek) *c* bitch

till (til) *prep* to; for, until, till; **en ~** another; **~ och med** even

tillaga (*til*-laag-ah) *v* cook

tillbaka (til-*baa*-kah) *adv* back, *gå ~ *go back

tillbakagång (til-*baa*-kah-gong) *c* recession; decline

tillbakaväg (til-*baa*-kah-vaig) *c* way back

tillbehör (*til*-bay-*hūrr*) *nt* accessory

tillbringa (*til*-bring-ah) *v* *spend

tillbringare (*til*-bring-ah-rer) *c* (pl ~) jug

tillbörlig (*til*-būrr-li) *adj* proper

tilldela (*til*-dāyl-ah) *v* assign

to, award

tilldragande (*til*-draag-ahn-der) *adj* attractive

tilldragelse (*til*-draag-ayl-ser) *c* event, occurrence

*tilldra sig (*til*-draa) happen, occur; attract

tillfredsställa (*til*-fray-*stehl*-ah) *v* satisfy

tillfredsställd (*til*-fray-*stehld*) *adj* satisfied

tillfredsställande (*til*-frayds-*stehl*-ahn-der) *adj* satisfactory

tillfredsställelse (*til*-fray-*stehl*-ayl-ser) *c* satisfaction

tillfriskna (*til*-frisk-nah) *v* recover

tillfrisknande (*til*-frisk-nahn-der) *nt* recovery

*tillfångata (*til*-*fo*-ngah-taa) *v* capture

tillfångatagande (til-*fong*-ah-taag-ahn-der) *nt* capture

tillfälle (*til*-fehl-er) *nt* opportunity; occasion

tillfällig (*til*-feh-li) *adj* temporary; incidental, momentary

tillfällighet (*til*-feh-li-hāyt) *c* coincidence, chance

tillgiven (*til*-ʸeev-ern) *adj* affectionate

tillgivenhet (*til*-ʸeev-ern-hāyt) *c* affection

tillgjord (*til*-ʸōōrd) *adj* affected

tillgång (*til*-gong) *c* asset; access

tillgänglig (*til*-ʸehng-li) *adj* accessible; available

tillhöra (*til*-hūr-rah) *v* belong to, belong

tillhörigheter (*til*-hūr-ri-hāy-terr) *pl* belongings *pl*

tillit (*til*-leet) *c* faith

tillitsfull (*til*-leets-fewl) *adj* confident

*tillkännage (*til*-tʸeh-nah-ʸay) *v* announce

tillkännagivande (*til*-tʸehn-ah-ʸeev-ahn-der) *nt* announcement

tillmötesgående (*til*-mūr-terss-gōa-ayn-der) *adj* obliging

tillråda (*til*-rōa-dah) *v* recommend

tillräcklig (*til*-rehk-li) *adj* sufficient; adequate, enough

tillrättavisa (*til*-reht-ah-veess-ah) *v* reprimand

tills (tils) *prep* till; until

tillsammans (til-*sah*-mahns) *adv* together

tillstånd (*til*-stond) *nt* permission, permit; condition, state

tillståndsbevis (*til*-stonds-ber-*veess*) *nt* licence, permit, permission

*tillta (*til*-taa) *v* increase

tilltagande (*til*-taa-gahn-der) *adj* increasing, progressive

tillträde (*til*-trai-der) *nt* entrance; access, admittance, entry; ~ **förbjudet** no entry, no admittance

tillvaro (*til*-vaa-roo) *c*

existence
tillverka (*til-vær-kah*) *v*
manufacture
*****gå tillväga** (*gōa til-vai-gah*)
proceed
tillvägagångssätt (*til-vai-gah-gongs-seht*) *nt*
procedure
*****tillåta** (*til-lōa-tah*) *v* allow;
permit; *****vara tillåten** *****be
allowed
tillåtelse (*til-lōat-ayl-ser*) *c*
authorization; permission
tillägg (*til-lehg*) *nt* addition;
surcharge
*****tillägga** (*til-leh-gah*) *v* add
tillämpa (*til-lehm-pah*) *v*
apply
timjan (*tim-ʸahn*) *c* thyme
timme (*tim-er*) *c* hour; **~ je ~**
hourly
timmer (*tim-err*) *nt* timber
tinnling (*tin-ing*) *c* temple
tio (*tee-oo*) *num* ten
tionde (*tee-on-der*) *num*
tenth
tisdag (*teess-daag*) *c* Tuesday
tistel (*tiss-terl*) *c* (*pl* -tlar)
thistle
titel (*ti-tayl*) *c* (*pl* *titlar*) title
titt (*tit*) *c* look, glance
titta (*tit-ah*) *v* look, **~ på** look
at
tjata (*tʸaa-tah*) *v* nag
Tjeckiska republiken (*tʸeh-kis-kah rer-pew-blee-*kayn) *c*
Czech Republic
tjock (*tʸok*) *adj* fat, big;
corpulent, thick, stout;
*****göra ~** thicken

tjocklek (*tʸok-lāyk*) *c*
thickness
tjockna (*tʸok-nah*) *v* thicken;
swell; become wider
tjugo (*tʸew-goo*) *num* twenty
tjugonde (*tʸew-gon-der*)
num twentieth
tjur (*tʸewr*) *c* bull
tjurfäktning (*tʸewr-fehkt-ning*) *c* bullfight
tjurfäktningsarena (*tʸewr-fehkt-nings-ah-rāy-nah*) *c*
bullring
tjurskallig (*tʸewr-skahl-i*) *adj*
pig-headed
tjusa (*tʸew-sah*) *v* charm,
captivate, delight
tjusig (*tʸew-si*) *adj* charming
tjusning (*tʸewss-ning*) *c*
charm
tjut (*tʸewt*) *nt* yell
*****tjuta** (*tʸewt-ah*) *v* yell;
scream; roar
tjuv (*tʸewv*) *c* thief
tjuvlyssna (*tʸewv-lewss-nah*)
v eavesdrop
*****tjuvskjuta** (*tʸewv-shewt-ah*) *v*
v poach
tjäder (*tʸai-derr*) *c* (*pl* -drar)
capercailzie
tjäna (*tʸai-nah*) *v* earn,
*make; ~ till *****be of use
tjänare (*tʸain-ah-rer*) *c* (*pl* **~**)
domestic; boy
tjänst (*tʸehnst*) *c* service,
favour; post
tjära (*tʸæær-ah*) *c* tar
tjärn (*tʸæærn*) *nt* tarn
toalett (*too-ah-layt*) *c* toilet,
bathroom, lavatory;

washroom *nAm*

toalettartiklar (too-ah-*layt*-ahr-tik-lahr) *pl* toiletry

toalettbord (too-ah-*layt*-bōōrd) *nt* dressing table

toalettpapper (too-ah-*layt*-pahp-err) *nt* toilet paper

tobak (*too*-bahk) *c* tobacco

tobaksaffär (*too*-bahks-ah-*fæær*) *c* tobacconist's

tobakshandlare (*too*-bahks-*hahnd*-lah-rer) *c* (pl ~) tobacconist

tobakspung (*too*-bahks-pewng) *c* tobacco pouch

toffel (*to*-fayl) *c* (pl -flor) slipper

tofsvipa (*tofs*-veep-ah) *c* pewit

tokig (*tōō*-ki) *adj* mad; crazy

tolfte (*tolf*-ter) *num* twelfth

tolk (tolk) *c* interpreter

tolka (*tol*-kah) *v* interpret

tolv (tolv) *num* twelve

tom (toom) *adj* empty

tomat (too-*maat*) *c* tomato

tomt (tomt) *c* site

ton¹ (tōōn) *c* tone, note

ton² (ton) *nt* ton

tonfisk (*tōōn*-fisk) *c* tuna

tonskala (*tōōn*-skaa-lah) *c* scale

tonvikt (*tōōn*-vikt) *c* accent

tonåring (*ton*-ōā-ring) *c* teenager

topp (top) *c* top, peak; summit

topplock (*top*-lok) *nt* cylinder head

torg (torᵧ) *nt* marketplace;

square

torka (*tor*-kah) *v* dry; *c* drought; ~ av wipe; ~ bort wipe

torktumlare (*tork*-tewm-lah-rer) *c* dryer

torn (tōōrn) *nt* tower

torr (tor) *adj* dry

***torrlägga** (*tor*-leh-gah) *v* drain

torsdag (*toors*-daag) *c* Thursday

torsk (torsk) *c* cod

tortera (tor-*tāyr*-ah) *v* torture

tortyr (tor-*tēwr*) *c* torture

total (too-*taal*) *adj* total; utter; **totalt** completely

totalitär (to-tah-li-*tæær*) *adj* totalitarian

tradition (trah-di-*shōōn*) *c* tradition

traditionell (trah-di-shoo-*nayl*) *adj* traditional

trafik (trah-*feek*) *c* traffic; **enkelriktad ~** one-way traffic

trafikljus (trah-*feek*-ᵧēwss) *nt* traffic light

trafikolycka (trah-*feek*-ōō-lew-kah) *c* traffic accident

trafikomläggning (trah-*feek*-om-lehg-ning) *c* diversion

trafikstockning (trah-*feek*-stok-ning) *c* traffic jam; jam

tragedi (trah-shay-*dee*) *c* tragedy

tragisk (*traa*-gisk) *adj* tragic

trakt (trahkt) *c* area

traktat (trahk-*taat*) *c* treaty

traktor (*trahk*-tor) *c* tractor

trampa (*trahm-pah*) *v* tread,
tramp

trams (*trahms*) *nt* rubbish

transaktion (*trahns-ahk-*
shōōn) *c* transaction

transatlantisk (*trahns-aht-*
lahn-tisk) *adj* transatlantic

transformator (*trahns-for-*
maa-tor) *c* transformer

transpiration (*trahn-spi-rah-*
shōōn) *c* perspiration

transpirera (*trahn-spi-rāyr-*
ah) *v* perspire

transport (*trahns-port*) *c*
transportation; transport

transportbil (*trahns-port-*
beel) *c* van

transportera (*trahns-por-tāy-*
rah) *v* transport

trappa (*trah-pah*) *c* stairs *pl*;
staircase

trasa (*traass-ah*) *c* rag; cloth

trasig (*traass-i*) *adj* broken

trast (*trahst*) *c* thrush

tratt (*traht*) *c* funnel

tre (*trāy*) *num* three

tredje (*trāyd-Yay*) *num* third

trekantig (*trāy-kahn-ti*) *adj*
triangular

trendig (*trayn-day*) *adj* trendy
colloquial

trettio (*tray-ti*) *num* thirty

tretton (*tray-ton*) *num*
thirteen

trettonde (*tray-ton-der*) *num*
thirteenth

trevlig (*trāyv-li*) *adj*
enjoyable, pleasant, nice

triangel (*tri-ahng-erl*) *c* (*pl*
-glar) triangle

trick (*trik*) *nt* trick

trimma (*trim-ah*) *v* trim

tripp (*trip*) *c* trip

triumf (*tri-ewmf*) *c* triumph

triumfera (*tri-ewm-fāyr-ah*) *v*
triumph

trivsam (*treev-sahm*) *adj*
pleasant, comfortable, cosy

tro (*trōō*) *c* belief, faith; *v*
believe

trofast (*trōō-fahst*) *adj* true

trogen (*trōō-gern*) *adj*
faithful; true

trolig (*trōō-li*) *adj*
presumable, probable

trolleri (*tro-ler-ree*) *nt* magic

trollkarl (*trol kaar*) *c*
magician

trollkonst (*trol-konst*) *c*
magic

tron (*trōōn*) *c* throne

tropikerna (*tro-pee-kerr-nah*)
pl tropics *pl*

tropisk (*trōā-pisk*) *adj*
tropical

trosor (*trōō-sor*) *pl* panties *pl*;
briefs *pl*

trots (*trots*) *prep* in spite of;
despite

trottoar (*troo-too-aar*) *c*
pavement; sidewalk *nAm*

trottoarkant (*troo-too-aar-*
kahnt) *c* curb

trovärdig (*trōō-væær-di*) *adj*
credible

trubbig (*trewb i*) *adj* blunt

trumhinna (*trewm-hin-ah*) *c*
eardrum

trumma (*trewm ah*) *c* drum

trumpet (*trewm-pāyt*) *c*

trupper 184

trumpet

trupper (*trew-perr*) *pl* troops *pl*

tryck (trewk) *nt* pressure; print

trycka (*trewk-ah*) *v* press; print

tryckknapp (*trewk-*knahp) *c* pressstud; push button

tryckkokare (trewk-kōō-kah-rer) *c* (pl ~) pressure cooker

trycksak (*trewk-*saak) *c* printed matter

tråd (trōad) *c* thread

trådlös (trōad-*lürss*) *adj* wireless

trådsliten (trōad-slee-tern) *adj* threadbare

tråka ut (*trōa*-kah) bore

tråkig (*trōak*-i) *adj* dull; boring

tråkmåns (*trōak*-mons) *c* bore

trång (trong) *adj* narrow; tight

trä (trai) *nt* wood; **trä-** wooden

trä upp (trai) thread

träd (traid) *nt* tree

trädgård (treh-gōard) *c* garden

trädgårdsmästare (treh-gōards-mehss-tah-rer) *c* (pl ~) gardener

trädgårdsodling (treh-gōards-ōōd-ling) *c* horticulture

träff (trehf) *c* hit; date; get-together

träffa (*trehf*-ah) *v* encounter, *meet; *hit

träkol (*trai*-kōal) *nt* charcoal

träna (*train*-ah) *v* train; drill

tränare (*trai*-nah-rer) *c* (pl ~) coach

tränga sig fram (*trehng*-ah) push one's way

trängande (*trehng*-ahn-der) *adj* pressing

träning (*trai*-ning) *c* training

träsk (trehsk) *nt* swamp; bog

träsko (treh-skōō) *c* clog, wooden shoe

trög (trürg) *adj* sluggish; inert

trögtänkt (*trürg*-tehngkt) *adj* slow

tröja (trur-ᵛah) *c* sweater

tröskel (*trürss*-kayl) *c* (pl -klar) threshold

tröst (trurst) *c* comfort

trösta (*trurss*-tah) *v* comfort

tröstpris (*trurst*-preess) *nt* (pl ~, ~er) consolation prize

trött (trurt) *adj* tired; weary; ~ på tired of

trötta (*trurt*-ah) *v* tire

tröttsam (*trurt*-sahm) *adj* tiring

tub (tewb) *c* tube

tuberkulos (tew-behr-kew-*lōass*) *c* tuberculosis

tugga (*tewg*-ah) *v* chew

tuggummi (*tewg*-gew-mi) *nt* chewinggum

tull (tewl) *c* Customs duty; Customs *pl*

tullavgift (*tewl*-aav-ᵛift) *c* Customs duty; duty

tullfri (*tewl*-free) *adj* duty-free

tulltjänsteman (*tewl*-tᵛehns-ter-mahn) *c* (pl -män)

tvärtom

Customs officer
tulpan (*tewl-paan*) c tulip
tum (tewn) c (pl ~) inch
tumme (*tewm-*er) c thumb
tumvantar (*tewm-*vahn-tahr) pl mittens pl
tumör (tew-*mūrr*) c tumour
tung (tewng) adj heavy
tunga (*tewng-*ah) c tongue
tunika (*tew*-ni-kah) c tunic
Tunisien (tew-*nee*-si-ern) Tunisia
tunisier (tew-*nee*-si-err) c (pl ~) Tunisian
tunisisk (tew-*nee*-sisk) adj Tunisian
tunn (tewn) adj thin; weak, light
tunna (*tewn-*ah) c barrel; cask
tunnel (*tew*-nayl) c (pl -nlar) tunnel
tunnelbana (*tew*-nayl-baa-nah) c underground; subway nAm
tupp (tewp) c cock
tupplur (tewp-*lewr*) c nap
tur (tewr) c luck; turn; ~ och retur round trip Am
turbin (tewr-*been*) c turbine
turbojet (*tewr*-bo-yeht) c turbojet
turism (tew-*rism*) c tourism
turist (tew-*rist*) c tourist
turistbyrå (tew-*rist*-bew-rōā) c tourist office
turistklass (tew-*rist*-klahss) c tourist class
turistsäng (tew-*rist*-sehng) c folding bed, cot nAm
Turkiet (tewr-*kee*-ayt) Turkey

turkisk (*tewr*-kisk) adj Turkish; **turkiskt bad** Turkish bath
turnering (tewr-*nāyr*-ing) c tournament
tusen (*tēw*-sern) num thousand
tuta (*tew*-tah) v hoot; honk vAm, toot vAm
tv (te-ve) c telly colloquial; television nAm
tveka (*tvāy*-kah) v hesitate
tvekan (*tvāy*-kahn) c hesitation
tvetydig (*tvāy*-tēwd-i) adj ambiguous
tvillingar (*tvi*-ling-ahr) pl twins pl
tvinga (*tving*-ah) v force; compel
tvist (tvist) c dispute
tvista (*tviss*-tah) v dispute
tvisteämne (*tviss*-ter-ehm-ner) nt controversial issue
tvivel (*tveev*-erl) nt doubt
tvivelaktig (tvee-verl-*ahk*-ti) adj doubtful
tvivla (*tveev*-lah) v doubt
två (tvōa) num two
tvådelad (*tvōa*-dāy-lahd) adj two-piece
tvål (tvōal) c soap
tvåltvättmedel (*tvōal*-tveht-māy-dayl) nt soap powder
tvång (tvong) nt compulsion; med ~ by force; *vara tvungen att *be obliged to
tvåspråkig (*tvōa*-sprōak-i) adj bilingual
tvärtom (tvært-om) adv the

other way round, on the contrary

tvätt (tveht) *c* laundry; washing

tvätta (*tveht-ah*) *v* wash

tvättbar (*tveht-baar*) *adj* washable

tvättinrättning (*tveht-in-reht-ning*) *c* laundry

tvättmaskin (*tveht-mah-sheen*) *c* washing machine

tvättmedel (*tveht-māy-dayl*) *nt* washing powder

tvättomat (*tveh-too-maat*) *c* launderette

tvättsvamp (*tveht-svahmp*) *c* sponge

tvättäkta (*tveht-ehk-tah*) *adj* washable, fast-dyed

tycka (*tewk-ah*) *v* *think; **inte ~ om** dislike; **~ illa om** dislike; **~ om** like; fancy, *be fond of

tyckas (*tewk-ahss*) *v* look; appear

tyda (*tēw-dah*) *v* decipher

tydlig (*tēwd-li*) *adj* clear; obvious, evident, apparent, distinct

tyfus (*tēw-fewss*) *c* typhoid

tyg (*tēwg*) *nt* cloth; fabric, material

tygla (*tēwg-lah*) *v* curb; restrain

tynga (*tewng-ah*) *v* oppress

tyngdkraft (*tewngd-krahft*) *c* gravity

typ (*tēwp*) *c* type

typisk (*tēw-pisk*) *adj* typical

tyrann (*tew-rahn*) *c* tyrant

tysk (*tewsk*) *adj* German; *c* German

Tyskland (*tewsk-lahnd*) Germany

tyst (*tewst*) *adj* silent

tysta (*tewss-tah*) *v* silence

tystnad (*tewst-nahd*) *c* silence

tyvärr (*tew-vær*) *adv* unfortunately

tå (*tōa*) *c* toe

tåg (*tōag*) *nt* train

tågfärja (*tōag-fær-ʸah*) *c* train ferry

tåla (*tōal-ah*) *v* *bear

tålamod (*tōal-ah-mōod*) *nt* patience

tålmodig (*tōal-mōod-i*) *adj* patient

tång (*tong*) *c* (pl tänger) tongs *pl*; pliers *pl*

tår (*tōar*) *c* tear

tårta (*tōar-tah*) *c* cake

täcka (*tehk-ah*) *v* cover

täcke (*tehk-er*) *nt* quilt

tält (*tehlt*) *nt* tent

tältsäng (*tehlt-sehng*) *c* camp bed

tämja (*tehm-ʸah*) *v* tame

tämligen (*tehm-li-ern*) *adv* fairly, rather, pretty

tända (*tehn-dah*) *v* *light; turn on

tändare (*tehn-dah-rer*) *c* (pl ~) lighter

tändning (*tehnd-ning*) *c* ignition; lighting

tändspole (*tehnd-spōol-er*) *c* ignition coil

tändsticka (*tehnd-sti-kah*) *c* match

underkasta sig

tändsticksask (*tehnd-stiks-ahsk*) *c* matchbox

tändstift (*tehnd-stift*) *nt* sparking plug

tänja (*tehn-³ah*) *v* stretch

tänjbar (*tehn³-baar*) *adj* elastic

tänka (*tehng-kah*) *v* *think; ~ på *think of; ~ sig imagine; fancy; ~ ut conceive

tärning (*tær-ning*) *c* dice *pl*; cube; **spela ~** play dice

tät (*tait*) *adj* dense; thick

tätort (*tait-oort*) *c* built-up area

tävla (*taiv-lah*) *v* compete

tävlan (*taiv-lahn*) *c* (pl -lingar) competition

tävling (*taiv-ling*) *c* competition; contest

tävlingsbana (*taiv-lings-baa-nah*) *c* racetrack

töa (*tūr-ah*) *v* thaw

tölp (*turlp*) *c* lout, bastard

tömma (*tur-mah*) *v* empty

törst (*turrst*) *c* thirst

törstig (*turrs-ti*) *adj* thirsty

töväder (*tūr-vai-derr*) *nt* thaw

U

udda (*ewd-ah*) *adj* odd

udde (*ewd-er*) *c* cape

uggla (*ewg-lah*) *c* owl

ugn (*ewngn*) *c* stove; furnace, oven; **mikrovågs ~** *c* microwave oven

ull (*ewl*) *c* wool

ultraviolett (*ewlⱦ-rah-vi-ōō-layt*) *adj* ultraviolet

***umgås med** (*ewm-gōass*) mix with;

undanröjning (*ewn-dahn-rur³-ning*) *c* removal

undantag (*ewn-dahn-taag*) *nt* exception; **med ~ av** except

under¹ (*ewn-derr*) *prep* under; beneath, below; during; *adv* underneath; ~ tiden meanwhile; in the meantime

under² (*ewn-derr*) *nt* wonder; marvel

underbar (*ewn-derr-baar*) *adj* wonderful; marvellous

underbyxor (*ewn-derr-bewks-err*) *pl* pants *pl*

underdrift (*ewn-ⱦerr-dreef*) *c* understatement

undergång (*ewn-derr-gong*) *c* ruin; destruction

underhåll (*ewn-derr-hol*) *nt* allowance; maintenance, upkeep

***underhålla** (*ewn-derr-hol-ah*) *v* entertain; amuse

underhållande (*ewn-derr-hol-ahn-der*) *adj* entertaining

underhållning (*ewn-derr-hol-ning*) *c* entertainment

underjordisk (*ewn-derr-³ōōr-disk*) *adj* underground

underkasta sig (*ewn-derr-kahss-tah*) submit

underkläder (*ewn-derr-klai-derr*) *pl* underwear

underklänning (*ewn-derr-kleh-ning*) *c* slip

underkuva (*ewn-derr-kēw-vah*) *v* subdue, subjugate

underlagskräm (*ewn-derr-laags-kraim*) *c* foundation cream

underlig (*ewn-derr-li*) *adj* queer, odd

underlägsen (*ewn-derr-laig-sern*) *adj* inferior

undernäring (*ewn-derr-næær-ing*) *c* malnutrition

underordnad (*ewn-derr-awrd-nahd*) *adj* subordinate; minor

underrätta (*ewn-derr-reht-ah*) *v* inform; notify; ~ sig enquire

underrättelse (*ewn-derr-reht-erl-ser*) *c* notice, information, news

underskatta (*ewn-derr-skah-tah*) *v* underestimate

underskott (*ewn-derr-skot*) *nt* deficit

underström (*ewn-derr-strurm*) *c* (pl ~mar) undercurrent

understöd (*ewn-derr-stürd*) *nt* subsidy; assistance

understödja (*ewn-derr-stürd-ᵞah*) *v* support

undersåte (*ewn-derr-sōa-ter*) *c* subject

undersöka (*ewn-derr-sūr-kah*) *v* examine; enquire

undersökning (*ewn-derr-sūrk-ning*) *c* inquiry; enquiry, examination; checkup

underteckna (*ewn-derr-tayk-nah*) *v* sign

undertitel (*ewn-derr-ti-terl*) *c* (pl -tlar) subtitle

undertrycka (*ewn-derr-trewk-ah*) *v* suppress

undertröja (*ewn-derr-trur-ᵞah*) *c* vest; undershirt

undervattens- (*ewn-derr-vah-tayns*) underwater

undervisa (*ewn-derr-vee-sah*) *v* *teach

undervisning (*ewn-derr-veess-ning*) *c* instruction; tuition

*undgå (*ewnd-gōa*) *v* avoid; escape

undra (*ewnd-rah*) *v* wonder

*undslippa (*ewnd-slip-ah*) *v* escape

*undvika (*ewnd-veek-ah*) *v* avoid

ung (*ewng*) *adj* young

ungdom (*ewng-doom*) *c* youth

ungdomlig (*ewng-doom-li*) *adj* juvenile

ungdomshärbärge (*ewng-dooms-hæær-bær-ᵞer*) *nt* youth hostel

unge (*ewng-er*) *c* kid

ungefär (*ewn-ᵞay-fæær*) *adv* about; approximately

ungefärlig (*ewn-ᵞay-fæær-li*) *adj* approximate

Ungern (*ewng-errn*) Hungary

ungersk (*ewng-ayrsk*) *adj*

Hungarian

ungkarl (*ewng-kaar*) *c*
bachelor

ungrare (*ewng-rah-rer*) *c* (pl
~) Hungarian

uniform (ēw-ni-*form*) *c*
uniform

unik (ēw-*neek*) *adj* unique

union (ēw-ni-*ōōn*) *c* union

universell (ēw-ni-vær-*sayl*)
adj universal

universitet (ēw-ni-vær-si-
tāyt) *nt* university

universum (ēw-ni-*vær*-sewm)
nt universe

uns (ewns) *nt* ounce

upp (ewp) *adv* up; upwards;
upstairs; ~ **och ner** upside
down; up and down

uppassa (*ewp*-pah-sah) *v*
attend on, wait on

uppblomstring (*ewp*-blomst-
ring) *c* prosperity

uppblåsbar (*ewp*-blōass-
baar) *adj* inflatable

uppbygga (*ewp*-bewg-ah) *v*
erect; edify

uppdikta (*ewp*-dik-tah) *v*
invent

uppdrag (*ewp*-draag) *nt*
assignment

uppehåll (*ewp*-pay-hol) *nt*
pause; **utan** ~ without
stopping

*****uppehålla sig** (*ew*-pay-hol-
ah) stay

uppehållstillstånd (*ew*-pay-
hols-til-stond) *nt* residence
permit

uppehälle (*ew*-per-hehl-er) *nt*

livelihood

uppenbar (*ewp*-ern-baar) *adj*
apparent

uppenbara (*ewp*-ern-baar-
ah) *v* reveal

uppfatta (*ewp*-faht-ah) *v*
apprehend, *catch

uppfattning (*ewp*-faht-ning)
c view, opinion; conception

*****uppfinna** (*ewp*-fin-ah) *v*
invent

uppfinnare (*ewp*-fi-nah-rer) *c*
(pl ~) inventor

uppfinning (*ewp*-fi-ning) *c*
invention

uppfinningsrik (*ewp*-fi-
nings-reek) *adj* inventive

uppfostra (*ewp*-foost-rah) *v*
*bring up; rear, educate;
raise

uppfostran (*ewp*-foost-rahn)
c education

uppfriskande (*ewp*-friss-
kahn-der) *adj* refreshing

uppföda (*ewp*-fūrd-ah) *v*
*breed; raise

uppför (*ewp*-fūrr) *adv* uphill

uppföra (*ewp*-fūrr-ah) *v*
construct; ~ **sig** behave; act

uppförande (*ewp*-fūr-rahn-
day) *nt* behaviour; manners
pl, conduct; production;
construction

*****uppge** (*ewp*-ᵞay) *v* state;
declare

uppgift (*ewp*-ᵞift) *c* task;
information

*****uppgå till** (*ewp*-gōa) amount
to

uppgörelse (*ewp*-ᵞūr-rayl-ser) *c* settlement

upphetsa (*ewp*-hayt-sah) *v*
excite

upphetsad (*ewp*-hayt-sahd)
adj excited

upphängningsanordning
(*ewp*-hehng-nings-ahn-
ōārd-ning) *nt* suspension

upphäva (*ewp*-haiv-ah) *v*
nullify; annul

upphöjning (*ewp*-hur^y-ning)
c rise

upphöra (*ewp*-hūr-rah) *v*
cease, stop; quit

uppkalla (*ewp*-kah-lah) *v*
name

uppköp (*ewp*-t^yurp) *nt*
purchase

upplaga (*ewp*-laa-gah) *c*
edition; issue

uppleva (*ewp*-lāy-vah) *v*
experience

upplevelse (*ewp*-lāy-vayl-
say) *c* experience

upplopp (*ewp*-lop) *nt* riot

upplysa (*ewp*-lēwss-ah) *v*
inform

upplysning (*ewp*-lēwss-ning)
c information

upplysningsbyrå (*ewp*-
lēwss-nings-*bew*-rōā) *c*
information bureau; inquiry
office

upplösa (*ewp*-lūrss-ah) *v*
dissolve; ~ **sig** dissolve

uppmana (*ewp*-maan-ah) *v*
exhort, urge

uppmuntra (*ewp*-mewn-trah)
v encourage

uppmärksam (*ewp*-mærk-

sahm) *adj* attentive

uppmärksamhet (*ewp*-
mærk-sahm-hāyt) *c* notice,
attention

uppmärksamma (*ewp*-mærk-
sahm-ah) *v* attend to, notice,
*pay attention to

uppnå (*ewp*-nōā) *v* achieve;
attain

uppnåelig (*ewp*-nōā-er-li) *adj*
attainable

upprepa (*ewp*-rāy-pah) *v*
repeat

upprepning (*ewp*-rāyp-ning)
c repetition

uppriktig (*ewp*-rik-ti) *adj*
sincere; honest

uppriktigt (*ewp*-rik-tit) *adv*
sincerely

uppror (*ewp*-rōōr) *nt*
rebellion; rising; *göra ~
revolt

upprätt (*ewp*-reht) *adv*
upright; *adj* erect, upright

upprätta (*ewp*-reh-tah) *v*
found, establish

***upprätthålla** (*ewp*-reht-ho-
lah) *v* maintain

upprättstående (*ewp*-reht-
stōā-ayn-der) *adj* upright,
erect

upprörande (*ewp*-rūr-rahn-
der) *adj* shocking, revolting

upprörd (*ewp*-rūrrd) *adj*
upset

uppsats (*ewp*-sahts) *c* essay,
paper

uppseendeväckande (*ewp*-
sāy-ern-der-*vehk*-ahn-der)
adj sensational

uppsikt (ewp-sikt) c
supervision
uppskatta (ewp-skah-tah) v
appreciate; esteem
uppskattning (ewp-skaht-
ning) c appreciation
***uppskjuta** (ewp-shew-tah) v
*put off; delay, postpone
uppskov (ewp-skoov) nt
delay; respite
uppslagsbok (ewp-slaags-
book) c (pl -böcker)
encyclopaedia
uppstigning (ewp-steeg-
ning) c rise, ascent
***uppstå** (ewp-stoa) v *arise
uppståndelse (ewp-stond-
ayl-ser) c commotion,
excitement; resurrection
uppsving (ewp-sving) nt rise
uppsyningsman (ewp-sew-
nings-mahn) c (pl -män)
supervisor
uppsättning (ewp-seht-ning)
c set
***uppta** (ewp-taa) v *take up;
occupy
upptagen (ewp-taa-gern) adj
engaged; busy
uppträda (ewp-trææ-dah) v
act
upptäcka (ewp-teh-kah) v
discover; detect
upptäckt (ewp-tehkt) c
discovery
uppvisa (ewp-vee-sah) v
exhibit
uppvärma (ewp-væι-mah) v
heat
uppvärmning (ewp-værm-

ning) c heating
uppåt (ewp-ot) adv up
ur (ewr) prep out of; nt clock
urbena (ewr-bay-nah) v bone
urin (ew-reen) nt urine
urinblåsa (ew-reen-bloa-sah)
c bladder
urmakare (ewr-maa-kah-rer)
c (pl ~) watchmaker
ursinne (ewr-sin-er) nt rage;
fury
ursinnig (ewr-si-ni) adj
furious
urskilja (ewr-shil-Yah) v
distinguish
urskog (ewr-skoog) c jungle
ursprung (ewr-sprewng) nt
origin
ursprunglig (ewr-sprewng-li)
adj original; initial;
ursprungligen originally
ursäkt (ewr-sehkt) c apology;
excuse; ***be om** ~ apologize
ursäkta (ewr-sehk-tah) v
excuse; **ursäkta!** sorry!
urtavla (ewr-taav-lah) c (pl
urtavlor) dial
Uruguay (ew-rew-gew-igh)
Uruguay
uruguayare (ew-rew-gew-
igh-ah-rer) c (pl ~)
Uruguayan
uruguaysk (ew-rew-gew-
ighsk) adj Uruguayan
urval (ewr-vaal) nt choice;
selection, assortment
usel (ew-serl) adj poor
ut (ewt) adv out; ~ **och in**
inside out
utan (ew-tahn) prep without;

utandas

*vara ~ *be without, spare*
utandas (*ewt*-ahn-dahss) *v*
   expire; exhale
utanför (*ew*-tahn-*furr*) *prep*
   outside; out of
utantill (*ew*-tahn-*til*) *adv by*
   heart
utarbeta (*ewt*-ahr-bäyt-ah) *v*
   compose, elaborate, prepare
utbetalning (*ewt*-bay-taal-
   ning) *c* payment
utbilda (*ewt*-bil-dah) *v*
   educate
utbildning (*ewt*-bild-ning) *c*
   education, background
utbreda (*ewt*-bräyd-ah) *v*
   *spread; expand
utbrott (*ewt*-brot) *nt*
   outbreak; eruption
utbud (*ewt*-bewd) *nt* supply
utbyta (*ewt*-bewt-ah) *v*
   exchange
utbyte (*ewt*-bew-ter) *nt*
   exchange; benefit
utdela (*ewt*-däyl-ah) *v*
   distribute
*utdra (*ewt*-draa) *v* extract
utdrag (*ewt*-draag) *nt* excerpt;
   extract
ute (*ew*-ter) *adv* out
utelämna (*ew*-ter-lehm-nah)
   v *leave out; omit
*utesluta (*ew*-ter-slew-tah) *v*
   exclude
uteslutande (*ew*-ter-slew-
   tahn-der) *adv* exclusively;
   solely
utfart (*ewt*-faart) *c* exit
utfattig (*ewt*-fah-ti) *adj*
   destitute

utflykt (*ewt*-flewkt) *c*
   excursion; trip
utforska (*ewt*-fors-kah) *v*
   explore
utföra (*ewt*-für-rah) *v*
   perform; execute; carry out
utförbar (*ewt*-fürr-baar) *adj*
   feasible; realizable
utförlig (*ewt*-fürr-li) *adj*
   detailed
*utge (*ewt*-gäy) *v* issue;
   publish
utgift (*ewt*-*y*ift) *c* expense;
   utgifter expenditure
utgivning (*ewt*-*y*eev-ning) *c*
   issue, publication
*utgjuta (*ewt*-*y*ew-tah) *v*
   *shed
utgrävning (*ewt*-graiv-ning) *c*
   excavation
utgång (*ewt*-gong) *c* way out,
   exit; expiration; result
utgångspunkt (*ewt*-gongs-
   pewngkt) *c* starting point
till uthyrning (til *ewt*-hewr-
   ning) for hire
uthållighet (*ewt*-hol-i-*h*äyt) *c*
   perseverance
uthärda (*ewt*-hæær-dah) *v*
   *stand, endure
uthärdlig (*ewt*-hæærd-li) *adj*
   tolerable, endurable
utjämna (*ewt*-*y*ehm-nah) *v*
   equalize; level
utkant (*ewt*-kahnt) *c* outskirts
   pl
utkast (*ewt*-kahst) *nt* draft,
   design
utled (*ewt*-läyd) *adj* fed up
utlämna (*ewt*-lehm-nah) *v*

give out; extradite

utländsk (ewt-lehnsk) adj
foreign; alien

utlänning (ewt-lehn-ing) c
foreigner; alien

utlöpa (ewt-lurp-ah) v expire

utmana (ewt-maan-ah) v
challenge; dare

utmaning (ewt-maan-ing) c
challenge

utmatta (ewt-maht-ah) v
exhaust

utmattad (ewt-maht-ahd) adj
exhausted

utmärka (ewt-mær-kah) v
mark; ~ **sig** excel

utmärkt (ewt-mærkt) adj
excellent

utnyttja (ewt-newt-Yah) v
exploit; utilize

utnämna (ewt-nehm-nah) v
appoint

utnämning (ewt-nehm-ning)
c appointment; nomination

utom (ewt-om) prep except;
but, besides

utomhus (ew-tom-hewss) adv
outdoors; outside

utomlands (ewt-om-lahnds)
adv abroad

utomordentlig (ewt-om-or-
daynt-li) adj extraordinary

utpeka (ewt-pay-kah) v point
out

utplocka (ewt-plo-kah) v
select

utpressa (ewt-prayss-ah) v
extort; ~ **pengar** blackmail

utpressning c blackmail,
extortion

utreda (ewt-ray-dah) v
investigate

utredning (ewt-rayd-ning) c
investigation

utrop (ewt-roop) nt
exclamation

utropa (ewt-roo-pah) v
exclaim

utrusta (ewt-rewss-tah) v
equip

utrustning (ewt-rewst-ning) c
outfit, equipment; kit, gear

utrymma (ewt-rew-mah) v
vacate

utrymme (ewt-rew-mer) nt
room

utsatt för (ewt-saht) liable to,
subject to

utsätta (ewt-seht-ah) v
expose

utseende (ewt-say-ayn-der)
nt look; semblance,
appearance

utsida (ewt-seed-ah) c outside

utsikt (ewt-sikt) c view;
prospect, outlook

utskott (ewt-skot) nt
committee

***utskära** (ewt-shææ-rah) v
carve

utsliten (ewt-slee-tern) adj
worn-out

utsmyckning (ewt-smewk-
ning) c ornament

utspäda (ewt-spai-dah) v
dilute

utsträckt (ewt-strehkt) adj
extended

***utstå** (ewt-stoa) v endure,
*bear

utställa (*ewt*-steh-lah) *v* issue;
show, exhibit; display

utställning (*ewt*-stehl-ning) *c*
exhibition; exposition,
display, show

***utsuga** (*ewt*-sew-gah) *v*
exploit

utsåld (*ewt*-sold) *adj* sold out

utsända (*ewt*-sehn-dah) *v*
*broadcast

utsändning (*ewt*-sehnd-ning)
c broadcast

utsökt (*ewt*-surkt) *adj*
exquisite; delicious, superb

uttag (*ewt*-taag) *nt* socket,
outlet

uttagsautomat (*ewt*-taags-
ou-to-*maat*) *c* ATM, auto-
matic teller machine, cash
dispenser, cash machine

uttal (*ewt*-taal) *nt*
pronunciation

uttala (*ewt*-taa-lah) *v*
pronounce; ~ **fel**
mispronounce

uttorkad (*ewt*-tor-kahd) *adj*
dried-up, parched

uttryck (*ewt*-trewk) *nt*
expression; *ge ~ åt express

uttrycka (*ewt*-trew-kah) *v*
express

uttrycklig (*ewt*-trewk-li) *adj*
explicit; express

uttröttad (*ewt*-trur-tahd) *adj*
overtired

utvald (*ewt*-vaald) *adj* select

utvandra (*ewt*-vahnd-rah) *v*
emigrate

utvandrare (*ewt*-vahnd-rah-
rer) *c* (pl ~) emigrant

utvandring (*ewt*-vahnd-ring)
c emigration

utveckla (*ewt*-vayk-lah) *v*
develop

utveckling (*ewt*-vayk-ling) *c*
development

utvidga (*ewt*-vid-gah) *v*
extend; enlarge, expand

utvidgande (*ewt*-vid-gahn-
der) *nt* extension

utvisa (*ewt*-vee-sah) *v* expel

utväg (*ewt*-vaig) *c* way out

***utvälja** (*ewt*-vehl-Yah) *v*
select

utvändig (*ewt*-vehn-di) *adj*
external

utåt (*ewt*-ot) *adv* outwards

utöva (*ewt*-urv-ah) *v* exercise

utöver (*ewt*-urv-err) *prep*
beyond, besides

V

vaccination (vahk-si-nah-
shoon) *c* vaccination

vaccinera (vahks-i-*nay*-rah) *v*
vaccinate

vacker (*vah*-kerr) *adj*
beautiful; pretty

vackla (*vahk*-lah) *v* stagger,
waver

vacklande (*vahk*-lahn-der)
adj tottering, failing

vad¹ (vaad) *pron* what; ~ **som
helst** anything; ~ **som än**

whatever
vad² (vaad) *nt* bet; ***slå ~ *bet**
vad³ (vaad) *c* calf
vada (*vaa-*dah) *v* wade
vadhållningsagent (*vaad-*hol-nings-ah-*gehnt*) *c* bookmaker
vag (vaag) *adj* faint, vague; dim
vagga (*vah-*gah) *c* cradle
vagn (vahngn) *c* carriage, coach
vakans (va-*kahns*) *c* vacancy
vaken (*vaa-*kayn) *adj* awake
vakna (*vaak-*nah) *v* *wake up
vaksam (*vaak-*sahm) *adj* vigilant
vakt (vahkt) *c* guard; warden
vaktel (*vahk-*tayl) *c* (pl -tlar) quail
vaktmästare (*vahkt-*mehss-tah-rer) *c* (pl ~) waiter
vakuum (*vaa-*kewm) *nt* vacuum
val (vaal) *nt* election, pick, choice; *c* whale
valfri (*vaal-*free) *adj* optional
valkrets (*vaal-*krayts) *c* constituency
vallfartsort (*vahl-*faarts-oort) *c* place of pilgrimage
valigrav (*vahl-*graav) *c* moat
vallmo (*vahl-*moo) *c* poppy
valnöt (*vaal-*nūrt) *c* (pl ~ter) walnut
vals (vahls) *c* waltz
valspråk (*vaal-*sprōāk) *nt* motto

valuta (vah-*loo-*tah) *c* currency; **utländsk ~** foreign currency
valutakurs (vah-*lew-*tah-kewrs) *c* rate of exchange
valv (vahlv) *nt* vault; arch
valvbåge (*vahlv-*bōā-ger) *c* arch
van (vaan) *adj* accustomed; ***vara ~** *be used to
vana (*vaa-*nah) *c* habit; custom
vandra (*vahnd-*rah) *v* wander; hike, tramp
vanilj (vah-*nil*³) *c* vanilla
vankelmodig (*vahng-*kerl-mōō-di) *adj* irresolute
vanlig (*vaan-*li) *adj* usual; normal, ordinary, common, plain; frequent; **vanligen** generally, as a rule
vanligtvis (*vaan-*lit-veess) *adv* usually
vansinne (*vaan-*sin-er) *nt* madness; lunacy
vansinnig (*vaan-*sin-i) *adj* crazy; lunatic
vanskapt (*vaan-*skaapt) *adj* deformed
vansklig (*vahnsk-*li) *adj* precarious
vanställd (*vaan-*stehld) *adj* deformed, disfigured
vanvettig (*vaan-*vay-ti) *adj* mad; absurd
vapen (*vaap-*ern) *nt* weapon; arm
var¹ (vaar) *conj* where; *adv* where; **~ som helst** anywhere

var² (vaar) *pron* each; ~ för sig apart; ~ och en everybody, everyone

var³ (vaar) *nt* pus

vara (vaar-ah) *v* last

*vara (*vaar*-ah) *v* *be

varaktig (*vaar*-ahk-ti) *adj* lasting; permanent

varaktighet (*vaar*-ahk-ti-hāyt) *c* duration

varandra (vaar-*ahnd*-rah) *pron* each other

vardag (*vaar*-daag) *c* weekday

vardagsrum (*vaar*-daags-rewm) *nt* living room; sitting room

vare sig … eller (*vaa*-rer say … *eh*-lerr) whether … or

varelse (*vaa*-rayl-ser) *c* being; creature

varför (*vahr*-furr) *adv* why; what for

varg (vahrʸ) *c* wolf

varhelst (vaar-*hehlst*) *adv* wherever

variation (vah-ri-ah-*shoon*) *c* variation, variety

variera (vah-ri-*āy*-rah) *v* vary

varierad (vah-ri-*āy*-rahd) *adj* varied

varietéteater (vah-ri-ay-tāy-tay-*aa*-terr) *c* (pl -trar) variety theatre

varifrån (vaar-i-*frōan*) *adv* from where

varje (*vahr*-ʸer) *pron* every; anyone, each

varken … eller (*vahr*-kern … *eh*-lerr) neither … nor

yarm (vahrm) *adj* warm; hot

vattensflaska (*vahrm*-vah-terns-*flahss*-kah) *c* hot-water bottle

varna (*vaar*-nah) *v* warn; caution

varning (*vaar*-ning) *c* warning

varor (*vaar*-or) *pl* goods *pl*; wares *pl*

varsam (*vaar*-sahm) *adj* careful; wary

varubil (*vaa*-rēw-beel) *c* delivery van

varuhus (*vaa*-rēw-hēwss) *nt* department store

varumärke (*vaa*-rēw-mær-ker) *nt* trademark

varumässa (*vaa*-rēw-meh-sah) *c* trade fair

varuprov (*vaarēw*-proov) *nt* sample

varv (vahrv) *nt* revolution; shipyard

vas (vaass) *c* vase

vask (vahsk) *c* sink

vass (vahss) *c* reed; *adj* sharp

vatten (*vah*-tern) *nt* water; rinnande ~ running water

vattenblåsa (*vaht*-ern-blōa-sah) *c* blister

vattenfall (*vaht*-ern-fahl) *nt* waterfall

vattenfärg (*vaht*-ern-færʸ) *c* watercolour

vattenkran (*vaht*-ern-kraan) *c* faucet, tap

vattenkrasse (*vaht*-ern-krah-ser) *c* watercress

vattenmelon (*vah*-tern-may-

lōōn) *c* watermelon
vattenpass (*vaht-ern-pahss*) *nt* level
vattenpump (*vaht-ern-pewmp*) *c* water pump
vattenskida (*vah-tern-shee-dah*) *c* water ski
vattentät (*vah-tern-tait*) *adj* waterproof
vattkoppor (*vaht-ko-perr*) *pl* chickenpox
vax (vahks) *nt* wax
vaxkabinett (*vahks-kah-bi-nayt*) *nt* waxworks *pl*
veck (vayk) *nt* fold; crease
vecka (*vay-kah*) *c* week; **vecko-** weekly
veckla upp (*vayk-lah*) unwrap
veckla ut (*vayk-lah*) unfold
veckopeng (*vay-koo-pehng*) *c* weekly allowance
veckoslut (*vay-koo-slewt*) *nt* weekend
veckotidning (*vay-koo-teed-ning*) *c* weekly magazine
vedervärdig (*vāy-derr-væær-di*) *adj* repulsive
vedträ (*vāyd-trai*) *nt* log
vegan (*vay-gaan*) *c* vegan; **vegansk** *adj* vegan
vegetarian (*vay-ger-tahr-i-aan*) *c* vegetarian; **vegetarisk** *adj* vegetarian
vegetation (*vay-ger-tah-shōōn*) *c* vegetation
vem (vaym) *pron* who; **till ~ to whom**; **~ som helst** anybody; **~ som än** whoever
vemod (*vāy-mōōd*) *nt*

melancholy; sadness
vemodig (*vāy-mōōd-i*) *adj* melancholy, sad
Venezuela (vay-nay-tsew-*āy*-lah) Venezuela
venezuelan (vay-nay-tsew-ay-*laan*) *c* Venezuelan
venezuelansk (vay-nay-tsew-ay-*laansk*) *adj* Venezuelan
ventil (vayn-*teel*) *c* valve
ventilation (vayn-ti-lah-*shōōn*) *c* ventilation
ventilator (vayn-ti-*laa*-tor) *c* ventilator
ventilera (vayn-ti-*lāy*-rah) *v* ventilate
veranda (vay-*rahn*-dah) *c* veranda
verb (værb) *nt* verb
verifiera (vay-ri-fi-*āy*-rah) *v* verify
verka (*vær*-kah) *v* appear, seem
verkan (*vær*-kahn) *c* effect; result; consequence
verklig (*vær*k-li) *adj* real; actual, true; very; **verkligen** really; indeed
verklighet (*vær*k-li-hāyt) *c* reality
verksam (*vær*k-sahm) *adj* active, effective
verkstad (*vær*k-staad) *c* (pl -städer) workshop; garage
verkställande (*vær*k-stehl-ahn-der) *adj* executive
verktyg (*vær*k-*tēwg*) *nt* tool; utensil

verktygslåda (*værk*-tēwgs-*lōa*-dah) *c* tool box

vers (værs) *c* verse

version (vær-*shōōn*) *c* version

vespa (*vayss*-pah) *c* scooter

vestibul (vehss-ti-*bēwl*) *c* lobby

***veta** (*vāy*-tah) *v* *know

vete (*vāy*-tay) *nt* wheat

vetemjöl (*vāy*-tay-m^y*ūrl*) *nt* flour

vetenskap (*vāy*-tayn-skaap) *c* science

vetenskaplig (*vāy*-tayn-skaap-li) *adj* scientific

vetenskapsman (*vāy*-tayn-skaaps-mahn) *c* (pl -män) scientist

veterinär (vay-tay-ri-*næær*) *c* veterinary surgeon

vett (vaytt) *nt* wit

vevaxel (*vāyv*-ahks-ayl) *c* (pl -xlar) crankshaft

vi (vee) *pron* we

via (*vee*-ah) *prep* via

viadukt (vee-ah-*dewkt*) *c* viaduct

vibration (vi-brah-*shōōn*) *c* vibration

vibrera (vi-*brāy*-rah) *v* vibrate

vid (veed) *prep* on, by; *adj* wide

vidbränna (*veed*-breh-nah) *v* *burn

video (*vee*-day-oh) *c* video

video(bandspelare) (*vee*-day-o-bahnd-spāy-lay-rer) *c* video recorder

videoinspelning (*vee*-day-o-in-*spāy*l-ning) *c* video recording

videokamera (*vee*-day-o-kāä-mer-rah) *c* video camera

videokassett (*vee*-day-o-kah-*sēht*) *c* video cassette

videospel (*vee*-dee-o-spāy) *nt* video game

videospelare (*vee*-day-o-spāy-lah-rer) *c* (pl ~) video recorder

vidga (*vid*-gah) *v* widen

***vidhålla** (*veed*-hol-ah) *v* insist

vidrig (*veed*-ri) *adj* disgusting

vidröra (*veed*-rūr-rah) *v* touch

vidskepelse (*veed*-shāy-payl-ser) *c* superstition

vidsträckt (*vid*-strehkt) *adj* broad, vast; extensive

vigselring (*vig*-sehl-ring) *c* wedding ring

vik (veek) *c* bay; creek

***vika** (*vee*-kah) *v* fold

vikt (vikt) *c* weight

viktig (*vik*-ti) *adj* important, essential; self-important; ***vara viktigt** matter

vila (*veel*-ah) *v* rest; *c* rest

vild (vild) *adj* wild; fierce, savage

vilja (*vil*-^yah) *c* will; **med ~** on purpose

***vilja** (*vil*-^yah) *v* want, *will

viljekraft (*vil*-^yer-krahft) *c* willpower

vilken (*vil*-kayn) *pron* which

villa (*vi*-lah) *c* villa

villebråd (*vi*-ler-*brōad*) *nt* game

199   **visa**

villfarelse (*vil-faa-rayl-ser*) *c*
illusion
villig (*vi-li*) *adj* willing
villkor (*vil-kōar*) *nt* condition;
term
villkorlig (*vil-kōar-li*) *adj*
conditional
villrådig (*vil-rōa-di*) *adj*
irresolute
vilohem (*vee-loo-haym*) *nt*
rest home
vilsegången (*vil-ser-gong-
ern*) *adj* lost
vilstol (*veel-stōol*) *c* deck
chair
vilthandlare (*vilt-hahnd-lah-
rer*) *c* (pl ~) poulterer
vin (*veen*) *nt* wine
*****vina** (*vee-nah*) *v* howl
vinbär (*veen-bæær*) *nt* cur-
rant; **svarta ~** blackcurrant
vind (*vind*) *c* wind; attic
vindbrygga (*vind-brewg-ah*)
c drawbridge
vindpust (*vind-pewst*) *c* whiff
of wind
vindruta (*vind-rēw-tah*) *c*
windscreen; windshield
nAm
vindrutetorkare (*vind-rēw-
ter-tor-kah-rer*) *c* (pl ~)
windscreen wiper;
windshield wiper *Am*
vindruvor (*veen-drēw-voor*)
pl grapes *pl*
vindsrum (*vinds-rewm*) *nt*
attic
vinge (*ving-er*) *c* wing
vingård (*veen-gōard*) *c*
vineyard

vinhandlare (*veen-hahnd-
lah-rer*) *c* (pl ~) wine
merchant
vink (*vingk*) *c* wave; hint
vinka (*ving-kah*) *v* wave
vinkel (*ving-kerl*) *c* (pl -klar)
angle
vinkällare (*veen-t*ᵛ*eh-lah-rer*)
c (pl ~) wine cellar
vinlista (*veen-liss-tah*) *c* wine
list
*****vinna** (*vi-nah*) *v* *win; gain
vinnande (*vi-nahn-der*) *adj*
winning
vinranka (*veen-rahn-kah*) *c*
vine
vinskörd (*veen-shūrrd*) *c*
grape harvest, vintage
vinst (*vinst*) *c* benefit, profit;
winnings *pl*
vinstbringande (*vinst-bring-
ahn-der*) *adj* profitable
vinter (*vin-terr*) *c* (pl -trar)
winter
vintersport (*vin-terr-sport*) *c*
winter sports
vinthund (*vint-hewnd*) *c*
greyhound
vinäger (*vi-nai-gerr*) *c*
vinegar
viol (*vi-ōol*) *c* violet
violett (*vi-ēw-layt*) *adj* violet
VIP (*vip*) *c* VIP
virka (*veer-kah*) *v* crochet
virrvarr (*veer-vahr*) *nt* muddle
virus (*vee-rews*) *c* (pl ~) virus
vis (*veess*) *nt* way, manner;
adj wise
visa¹ (*veess-ah*) *v* *show;
indicate, point out, display

visa

200

visa² (*veess*-ah) *c* tune
visdom (*veess*-doom) *c* wisdom
vision (vi-*shōōn*) *c* vision
visit (vi-*seet*) *c* visit
visitera (vi-si-*tāyr*-ah) *v* search
visitering (vi-si-*tāy*-ring) *nt* search
visitkort (vi-*seet*-koort) *nt* visitingcard
viska (*viss*-kah) *v* whisper
viskning (*visk*-ning) *c* whisper
vispa (*viss*-pah) *v* whip
viss (viss) *adj* certain
visselpipa (*vi*-serl-pee-pah) *c* whistle
vissla (*viss*-lah) *v* whistle
vistas (*viss*-tahss) *v* stay
vistelse (*viss*-tayl-ser) *c* stay
visum (*vee*-sewm) *nt* (pl visa) visa
vit (veet) *adj* white
vitamin (vi-tah-*meen*) *nt* vitamin
vitling (*vit*-ling) *c* whiting
vitlök (*veet*-lurk) *c* garlic
vits (vits) *c* joke
vittna (*vit*-nah) *v* testify
vittne (*vit*-ner) *nt* witness
vokal (voo-*kaal*) *c* vowel
vokalist (voo-kah-*list*) *c* vocalist
volt (volt) *c* (pl ~) volt
volym (vo-*lewm*) *c* volume; bulk
vrak (vraak) *nt* wreck
vred (vrāyd) *adj* angry
vrede (*vrāy*-day) *c* anger
vresig (*vrāyss*-i) *adj* cross

*vrida (*vree*-dah) *v* twist, turn; wrench; ~ **om** turn
vriden (*vreed*-ern) *adj* crooked
vridning (*vreed*-ning) *c* twist
vrål (vrōal) *nt* roar
vulgär (vewl-*gæær*) *adj* vulgar
vulkan (vewl-*kaan*) *c* volcano
vuxen¹ (*vewk*-sern) *adj* adult; grown-up
vuxen² (*vewk*-sern) *c* (pl vuxna) grown-up; adult
vykort (*vēw*-koort) *nt* picture postcard
våffla (*vof*-lah) *c* waffle
våg¹ (vōag) *c* (pl ~or) wave
våg² (vōag) *c* (pl ~ar) scales *pl*; weighing machine
våga (*vōa*-gah) *v* dare; venture
vågad (*vōag*-ahd) *adj* risky
vågig (*vōa*-gi) *adj* wavy
våglängd (*vōag*-lehngd) *c* wavelength
våld (vold) *nt* violence; force
våldsam (*vold*-sahm) *adj* violent
våldsdåd (*volds*-dōad) *nt* act of violence; outrage
*våldta (*vold*-taa) *v* rape; assault
vålla (*vol*-ah) *v* cause
våning (*vōan*-ing) *c* floor; storey; apartment *nAm*
vår (vōar) *c* spring; springtime; *pron* our
vård (vōard) *c* care
vårda (*vōar*-dah) *v* nurse; tend
vårdhem (*vōard*-haym) *nt*

nursing home
vårdslös (voards-lŭrss) adj
careless
våt (voat) adj wet
väcka (veh-kah) v *wake;
*awake
väckarklocka (veh-kahr-klo-kah) c alarm-clock
väder (vai-derr) nt weather
väderkvarn (vai-derr-kvaarn) c windmill
väderleksrapport (vai-derr-lãyks-rah-port) c weather
forecast
vädjan (vaid-³ahn) c appeal
vädra (vaid-rah) v ventilate
väg (vaig) c road; drive, way;
på ~ till bound for
väga (vai-gah) v weigh
vägarbete (vaig-ahr-bāy-ter) nt road up, road work
vägavgift (vaig-aav-³ift) c toll
vägbank (vaig-bahngk) c embankment
vägg (vehg) c wall
vägglus (vehg lewss) c (pl -löss) bug
vägkant (vaig-kahnt) c roadside; wayside
vägkarta (vaig-kaar-tah) c road map
vägkorsning (vaig-korss-ning) c junction, intersection
vägleda (vaig-lãyd-ah) v direct, guide
vägmärke (vaig-mær-ker) c road sign
på ... **vägnar** (poa vehng-nahr) on behalf of

vägnät (vaig-nait) nt road system
vägra (vaig-rah) v refuse; deny
vägran (vaig-rahn) c refusal
vägräcke (vaig-rehk-er) nt crash barrier
vägskäl (vaig-shail) nt road fork
vägvisare (vaig-vee-sah-rer) c (pl ~) signpost
välbefinnande (vail-ber-fin-ahn-der) nt well-being; comfort
välbärgad (vail-bær-³ahd) adj well-to-do
väldig (vehl-di) adj enormous; huge, gigantic
välgrundad (vail-grewn dahd) adj well-founded
välgång (vail-gong) c prosperity
välgörenhet (vail-³ur-rern-hãyt) c charity
***välja** (vehl-³ah) v *choose, elect, pick
väljare (vehl-³ah-rer) c (pl ~) voter
välkommen (vail-ko-mern) adj welcome
välkomna (vail-kom-nah) v welcome
välkomnande (vail-kom-nahn-der) nt welcome
välkänd (vail-t³ehnd) adj well-known; familiar
välsigna (vehl-sing-nah) v bless
välsignelse (vehl-sing naylser) c blessing

välsmakande

välsmakande (vail-smaak-ahn-der) adj tasty; savoury

välstånd (vail-stond) nt prosperity

välvilja (vail-vil-ʸah) c goodwill

välvårdad (vail-voår-dahd) adj neat

vämjelig (vehm-ʸer-li) nauseous

vän (vehn) c (pl ~ner) friend

vända (vehn-dah) v turn; ~ på turn round; ~ sig om turn round; ~ sig till address; ~ tillbaka turn back; ~ upp och ner turn over

vändning (vehnd-ning) c change, turn

vändpunkt (vehnd-pewngkt) c turning point

väninna (veh-nin-ah) c friend; girlfriend

***vänja** (vehn-ʸah) v accustom

vänlig (vehn-li) adj friendly; kind

vänskap (vehn-skaap) c friendship

vänskaplig (vehn-skaap-li) adj friendly

vänster (vehns-terr) adj left; left-hand

vänsterhänt (vehns-terr-hehnt) adj left-handed

vänta (vehn-tah) v wait; ~ på await; ~ sig expect; await

väntad (vehn-tahd) adj due

väntan (vehn-tahn) c waiting

väntelista (vehn-ter-liss-tah) c waiting list

väntrum (vehnt-rewm) nt waiting room

värd (væærd) c host

värde (væær-der) nt worth, value; *vara värd *be worth

värdefull (væær-der-fewl) adj valuable

värdelös (væær-der-lürss) adj worthless

värdepapper (væær-der-pah-perr) pl stocks and shares

värdera (vær-dāyr-ah) v value; estimate, evaluate

värdering (vær-dāyr-ing) c appraisal

värdesaker (væær-der-saa-kerr) pl valuables pl

***värdesätta** (væær-der-seh-tah) v value, appreciate

värdig (væær-di) adj dignified; worthy of

värdighet (væær-di-heet) c dignity

värdinna (vær-di-nah) c hostess

värdshus (væærds-hēwss) nt inn; roadhouse; roadside restaurant

värk (værk) c ache; **värkar** labour pains

värka (vær-kah) v ache; *hurt

värld (væærd) c world

världsberömd (væærds-ber-rurmd) adj world-famous

världsdel (væærds-dāyl) c continent

världshav (væærds-haav) nt ocean

världskrig (væærds-kreeg) nt world war

världsomfattande (væærds-

om-fah-tahn-der) *adj* global
världsomspännande
(*væærds-om-speh-nahn-der*) *adj* world-wide
värma (*vær-mah*) *v* warm
värme (*vær-mer*) *c* heat; warmth
värmedyna (*vær-mer-dēw-nah*) *c* heating pad
värmeelement (*vær-mer-ay-ler-mehnt*) *nt* radiator
värnpliktig (*væærn-plik-tig*) *c* (pl ~a) conscript
värre (*væ-rer*) *adv* worse; *adj* worse; **värst** worst
väsen (*vaiss-ern*) *nt* essence; noise; fuss
väsentlig (*veh-saynt-li*) *adj* essential; **väsentligen** essentially
väska (*vehss-kah*) *c* bag
vässa (*veh-sah*) *v* sharpen
väst (*vehst*) *c* waistcoat, vest *nAm*; west
väster (*vehss-terr*) *c* west
västlig (*vehst-li*) *adj* western, westerly
väte (*vai-ter*) *nt* hydrogen
vätska (*veht-skah*) *c* fluid
väva (*vai-vah*) *v* *weave
vävare (*vai-vah-rer*) *c* (pl ~)

weaver
vävnad (*vaiv-nahd*) *c* tissue
väx (*vehks-ah*) *v* *grow
växel (*vehks-ayl*) *c* (pl växlar) gear; draft
växelkontor (*vehks-ayl-kon-tōōr*) *nt* exchange office; money exchange
växelkurs (*vehks-ayl-kewrs*) *c* exchange rate
växellåda (*vehks-ayl-lōa-dah*) *c* gearbox
växelpengar (*vehks-ayl-peh-ngahr*) *pl* small change
växelspak (*vehks-ayl-spaak*) *c* gear lever
växelström (*vehks-ayl-strurm*) *c* alternating current
växla (*vehks-lah*) *v* change; switch, exchange; change gear
växlande (*vehks-lahn-der*) *adj* variable
växt (*vehkst*) *c* growth; plant
växthus (*vehkst-hēwss*) *nt* greenhouse
vördnad (*vūūrd-nahd*) *c* veneration, respect
vördnadsvärd (*vūūrd-nahds-væærd*) *adj* venerable

W

watt (*vaht*) *c* (pl ~) watt
webbplats (*veb-plahts*) *c* website
Wi-Fi (*oo-ay-ti*) (*nt*) wi-fi, WiFi®; ~ **hotspot** *c* wi-fi

hotspot
WLAN (*vāy-laan*) *nt* wi-fi, WiFi®

Y

ylle- (*ew*-ler) woollen
ylletröja (*ew*-ler-trur-ᵞah) *c* jersey
ympa (*ewm*-pah) *v* inoculate; graft
ympning (*ewmp*-ning) *c* grafting
ynkrygg (*ewngk*-rewg) *c* coward
yoghurt (ᵞo-gŭrt) *c* yoghurt
yr (*ewr*) *adj* dizzy; giddy
yrke (*ewr*-ker) *nt* profession; trade; **yrkes-** professional
yrkesutbildad (*ewr*-kerss-ēwt-bil-dahd) *adj* skilled, trained
yrsel (*ewr*-serl) *c* dizziness; giddiness
yta (*ēw*-tah) *c* surface; area
ytlig (*ēwt*-li) *adj* superficial

ytterlig (*ewt*-err-li) *adj* extreme
ytterligare (*ewt*-err-li-gah-rer) *adj* further; additional
ytterlighet (*ewt*-err-li-hāyt) *c* extreme
ytterlinje (*ewt*-err-lin-ᵞer) *c* outline
yttersta (*ew*-terrs-tah) *adj* utmost; extreme
yttra (*ewt*-rah) *v* utter
yttrande (*ewt*-rahn-der) *nt* expression
yttrandefrihet (*ewt*-rahn-der-fri-hāyt) *c* freedom of speech
yttre (*ewt*-rer) *nt* exterior; *adj* outer; exterior
yuppie (yew-pee) *c* yuppie
yxa (*ewks*-ah) *c* axe

Z

zenit (*sāy*-nit) zenith
zigenare (si-ᵞāy-nah-rer) *c* (pl ~) gipsy
zink (singk) *c* zinc
zon (sōōn) *c* zone
zoo (sōō) *nt* zoo
zoologi (so-o-lo-*gee*) *c* zoology
zoomlins (*sōōm*-lins) *c* zoom lens

Å

å (ōa) *c* river, stream
åder (*ōa*-derr) *c* (pl ådror) vein
åderbrock (*ōa*-derr-brok) *nt* varicose vein
*ådraga sig (*ōa*-draa-gah)

contract

åhörare (*ōa*-hürr-ah-rer) *c* (pl
~) listener, auditor

åka (*ōa*-kah) *v* *ride, *drive,
*go; ~ **bort** *go away; ~ **fort**
*speed; ~ **runt om** by-pass; ~
tillbaka *go back

åker (*ōak*-err) *c* (pl åkrar)
field

ål (ōal) *c* eel

ålder (*ol*-derr) *c* (pl åldrar)
age

ålderdom (*ol*-derr-doom) *c*
age; old age

åldrig (*old*-ri) *adj* aged

***ålägga** (*ōa*-lehg-ah) *v* enjoin

ånga (*ong*-ah) *c* steam;
vapour

ångare (*ong*-ah-rer) *c* (pl ~)
steamer

ånger (*ong*-err) *c* repentance

ångest (*ong*-erst) *c* anguish;
fear

ångra (*ong*-rah) *v* regret,
repent

år (ōar) *nt* year; **per ~** per
annum

åra (*ōa*-rah) *c* oar

årgång (*ōar*-gong) *c* vintage

århundrade (*ōar*-hewnd-rah-
der) *nt* century

årlig (*ōar*-li) *adj* annual;
yearly

årsbok (*ōars*-book) *c* (pl
böcker) annual

årsdag (*ōars*-daag) *c*
anniversary

årstid (*ōars*-teed) *c* season

åsikt (*ōa*-sikt) *c* opinion; view

åska (*oss*-kah) *c* thunder; *v*

thunder; **åsk-** thundery

åskväder (*osk*-vai-derr) *nt*
thunderstorm

åskådare (*ōa*-skōa-dah-rer) *c*
(pl ~) spectator

åsna (*ōass*-nah) *c* donkey

***åstadkomma** (*ōa*-stah-kom-
ah) *v* effect

åsyn (*ōa*-sewn) *c* sight

åt (ōat) *prep* to; towards

åtala (*ōa*-taa-lah) *v* prosecute

***åta sig** (*ōa*-taa) *take upon
oneself

åter (*ōat*-err) *adv* again

återbetala (*ōat*-err-bay-*taal*-
ah) *v* *repay; reimburse,
refund

återbetalning (*ōat*-err-bay-
taal-ning) *c* repayment;
refund

***återfå** (*ōa*-terr-*fōa*) *v* *find
again, recover

återföra (*ōat*-err-fürr-ah) *v*
*bring back

återförena (*ōat*-err-fur-*rāy*-
nah) *v* reunite

återkalla (*ōat*-err-kahl-ah) *v*
recall

återkomst (*ōat*-err-komst) *c*
return

återresa (*ōat*-err-rāy-sah) *c*
return journey

återstod (*ōat*-err-stōd) *c*
remainder

***återstå** (*ōat*-err-stōa) *v*
remain

***återuppta** (*ōat*-err-ewp-tah)
v resume

återvinna (*oat*-err-vi-nah) *v*
recycle

återvinningsbar (*oat-err-vin-nings-bāār*) *adj* recyclable

återvända (*ōat-err-vehn-dah*) *v* return

återvändsgränd (*ōat-err-vehnds-grehnd*) *c* cul-de-sac

åtfölja (*ōat-furl-ᵛah*) *v* accompany

åtgärd (*ōat-ᵞærd*) *c* measure

åtkomlig (*ōat-kom-li*) *adj* attainable

åtminstone (*ōat-mins-to-ner*) *adv* at least

åtrå (*ōa-trōa*) *c* lust

åtråvärd (*ōa-trōa-vææerd*) *adj*

desirable

åtskild (*ōat-shild*) *adj* separate

åtskilja (*ōat-shil-ᵛah*) *v* divide; disconnect

åtskilliga (*ōat-shi-li-gah*) *adj* several; various

åtstrama (*ōat-straam-ah*) *v* tighten

åtta (*o-tah*) *num* eight

åttio (*o-ti*) *num* eighty

åttonde (*o-ton-der*) *num* eighth

åverkan (*ōa-vehr-kahn*) *c* damage, mischief

Ä

äcklig (*ehk-li*) *adj* disgusting; revolting

ädel (*ai-dayl*) *adj* noble

ädelsten (*ai-dayl-stāyn*) *c* stone; gem

äga (*ai-gah*) *v* own; possess; ~ **rum** *take place

ägare (*ai-gah-rer*) *c* (pl ~) owner; proprietor

ägg (*ehg*) *nt* egg

äggplanta (*ehg-plahn-tah*) *c* eggplant

äggula (*ehg-gēwl-ah*) *c* egg yolk; yolk

ägna (*ehng-nah*) *v* devote; dedicate

ägodelar (*ai-goo-dāyl-ahr*) *pl* property; possessions

äkta (*ehk-tah*) *adj* true; authentic, genuine; ~ **man**

husband

äktenskap (*ehk-tayn-skaap*) *nt* marriage; matrimony

äldre (*ehld-rer*) *adj* elder; elderly; **äldst** eldest

älg (*ehlᵞ*) *c* elk, moose

älska (*ehls-kah*) *v* love

älskad (*ehls-kahd*) *adj* beloved

älskare (*ehls-kah-rer*) *c* (pl ~) lover

älskarinna (*ehls-kah-rin-ah*) *c* mistress

älskling (*ehlsk-ling*) *c* darling; sweetheart; **älsklings-** favourite; pet

älv (*ehlv*) *c* river

ämbar (*ehm-baar*) *nt* pail

ämbete (*ehm-bāyt-er*) *nt* office

ämbetsdräkt (ehm-bāyts-
drehkt) c official dress, robe

ämna (ehm-nah) v intend

ämne (ehm-ner) nt theme;
matter

än (ehn) conj than

ända till (ehn-dah til) until; as
far as

ändamål (ehn-dah-mōal) nt
purpose; object

ändamålsenlig (ehn-dah-
mōals-āyn-li) adj suitable,
appropriate

ände (ehn-der) c end

ändra (ehnd-rah) v change

ändring (ehnd-ring) c
alteration

ändstation (ehnd-stah-
shōōn) c terminal

ändtarm (ehnd-tahrm) c
rectum

äng (ehng) c meadow

ängel (ehng-ayl) c (pl änglar)
angel

ängslig (ehngs-li) adj afraid;
worried

änka (ehng-kah) c widow

änkling (ehngk-ling) c

widower

ännu (ehn-ew) adv still; yet; ~
en gång once more

äpple (ehp-lay) nt apple

ära (ǣær-ah) v honour; c
glory

ärelysten (ǣær-er-lewss-tern)
adj ambitious

ärende (ǣæ-rayn-der) nt
errand

ärftlig (ǣrft-li) adj hereditary

ärlig (ǣær-li) adj honest

ärlighet (ǣær-li-hāyt) c
honesty

ärm (ærm) c sleeve

ärofull (ǣæ-roo-fewl) adj
honourable

ärr (ær) nt scar

ärta (ær-tah) c pea

ärva (ær-vah) v inherit

***äta** (ai-tah) v *eat

ätbar (ait-baar) adj edible

ättling (eht-ling) c descendant

även (aiv-ern) adv also; even;
likewise; ~ om although;
though

äventyr (ai-vayn-tēwr) nt
adventure

Ö

ö (ūr) c island

öde (ūrd-er) nt fate; destiny;
fortune; adj desert; waste

***ödelägga** (ūr-day-leh-gah) v
wreck; ruin

ödesdiger (ūr-derss-dee-
gerr) adj fatal

ödla (ūrd-lah) c (pl ödlor)

lizard

ödmjuk (ūrd-m'ʊ̄ok) adj
humble

öga (ūr-gah) nt (pl ögon) eye

ögla (ūrg-lah) c loop

ögonblick (ūr-gon-blik) nt
moment; second, instant

ögonblickligen (ūr-gon-blikli-ern) *adv* instantly

ögonblicksbild (ūr-gon-bliks-*bild*) *c* snapshot

ögonbryn (ūr-gon-brēwn) *nt* eyebrow

ögonbrynspenna (ūr-gon-brēwns-peh-nah) *c* eyebrow pencil

ögonfrans (ūr-gon-frahns) *c* eyelash

ögonlock (ūr-gon-lok) *nt* eyelid

ögonläkare (ūr-gon-lai-kah-rer) *c* (pl ~) eye specialist, oculist

ögonskugga (ūr-gon-skew-gah) *c* eye shadow

ögonvittne (ūr-gon-vit-ner) *nt* eyewitness

öka (ūr-kah) *v* increase; raise

öken (ūr-kern) *c* (pl öknar) desert

ökning (ūrk-ning) *c* increase

öl (ūrl) *nt* beer; ale

öm (urm) *adj* tender; sore

ömsesidig (urm-say-*seed*-i) *adj* mutual

ömtålig (urm-tōä-li) *adj* delicate; perishable

önska (urns-kah) *v* wish; desire, want

önskan (urns-kahn) *c* (pl -kningar) wish; desire

önskvärd (urnsk-væærd) *adj* desirable

öppen (ur-payn) *adj* open

öppenhjärtig (ur-pern-ᵞ*ær*-ti) *adj* open-hearted, frank

öppna (urp-nah) *v* open

öppnare (urp-nah-rer) *c* (pl

~) opener

öppning (urp-ning) *c* breach, gap; opening

öra (ūr-rah) *nt* (pl öron) ear

örfil (ūr-feel) *c* slap; blow; *ge en ~ smack

örhänge (urr-hehng-er) *nt* earring

örlogsfartyg (ūrr-logs-faar-tēwg) *nt* man-of-war

örn (urrn) *c* eagle

örngott (ūrrn-got) *nt* pillowcase

örsprång (ūrr-sprong) *nt* earache

ört (urrt) *c* herb

öst (urst) east

öster (urss-terr) *c* east

österrikare (urss-terr-ree-kah-rer) *c* (pl ~) Austrian

Österrike (urss-terr-ree-ker) Austria

österrikisk (urss-terr-ree-kisk) *adj* Austrian

östra (urst-rah) *adj* eastern

öva (ūrv-ah) *v* exercise; ~ sig practise

över (ūrv-err) *prep* over; across, *adv* over; *gå ~ cross, pass; **över**- upper, chief

överallt (ūr-verr-*ahlt*) *adv* everywhere; throughout

överanstränga (ūr-verr-ahn-strehng-ah) *v* strain; ~ sig overstrain, overwork

överdrift (ūr-verr-drift) *c* exaggeration

*****överdriva** (ūr-verr-dree-vah) *v* exaggerate

överdriven (ūr-verr-dreev-

ern) *adj* excessive;
extravagant

överdäck (ūr-verr-dehk) *nt*
main deck

överenskommelse (ūr-verr-
ayns-ko-mayl-ser) *c*
settlement, agreement

överensstämma (ūr-verr-
ayns-steh-mah) *v*
correspond

överfart (ūr-verr-faart) *c*
crossing; passage

överflöd (ūr-verr-flūrd) *nt*
abundance; plenty; ***finnas i
~ *be in plenty**

överflödig (ūr-verr-flūrd-i)
adj superfluous; redundant

överfull (ūr-verr-fewl) *adj*
overfull, crowded

överföra (ūr-verr-fūr-rah) *v*
transfer

*överge (ūr-verr-^yay) *v* desert

övergång (ūr-verr-gong) *c*
crossing, change over,
transition

övergångsställe (ur-verr-
gongs-*steh*-ler) *nt* zebra
crossing; crosswalk *nAm*

överlagd (ūr-verr-lahgd) *adj*
deliberate, premeditated

överleva (ūr-verr-lāy-vah) *v*
survive

överlevnad (ūr-verr-lāy-
nahd) *c* survival

*överlägga (ūr-verr-lehg-ah)
v deliberate

överläggning (ūr-verr-lehg-
ning) *c* discussion,
deliberation

överlägsen (ūr-verr-laig-

sern) *adj* superior

överlämna (ūr-verr-lehm-
nah) *v* deliver, hand ... over;
commit

överlärare (ūr-verr-lææ-rah-
rer) *c* (pl ~) head teacher

övermodig (ūr-verr-mōōd-i)
adj presumptuous, reckless

överraska (ūr-verr-rahss-
kah) *v* surprise

överraskning (ūr-verr-rahsk-
ning) *c* surprise

överrock (ūr-verr-rok) *c*
overcoat

överrumpla (ūr-verr-rewmp-
lah) *v* surprise

översida (ūr-verr *see*-dah) *c*
top side; top

översikt (ūr-verr-sikt) *c*
survey; summary

överskott (ūr-verr-skot) *nt*
surplus

*överskrida (ur-verr-sk₁eed-
ah) *v* exceed

överskrift (ūr-verr-skrift) *c*
heading; headline

överspänd (ūr-verr-spehnd)
adj overstrung

överste (ūr-verr-ster) *c*
colonel

översvallande (ūr-verr-
svahl-ahn-der) *adj*
exuberant

översvämning (ūr-verr-
svehm-ning) *c* flood

översända (ūr-verr-sehn-
dah) *v* *send, remit

*översätta (ūr-verr-seh-tah) *v*
translate

översättare (ūr-verr-seh-tah-

rer) c (pl ~) translator
översättning (ūr-verr-seht-ning) c translation
*****överta** (ūr-verr-taa) v *take over
övertala (ūr-verr-taa-lah) v persuade
övertrassera (ūr-verr-trah-seh-rah) v overdraw
övertrassering (ūr-verr-trah-seh-ring) c overdraft
överträffa (ūr-verr-trehf-ah) v exceed; *outdo
övertyga (ūr-verr-tēw-gah) v convince; persuade
övertygelse (ūr-verr-tew-gayl-ser) c conviction;

persuasion
övervaka (ūr-verr-vaak-ah) v supervise; watch
övervikt (ūr-verr-vikt) c overweight
*****övervinna** (ūr-verr-vin-ah) v *overcome
överväga (ūr-verr-vaig-ah) v consider; deliberate
övervägande (ūr-verr-vaig-ahn-der) nt consideration
överväldiga (ūr-verr-vehl-di-gah) v overwhelm
övning (ūrv-ning) c exercise
övre (ūrv-rer) adj upper; top
övrig (ūrv-ri) adj remaining;
 för övrigt moreover

English – Swedish
Engelsk – Svensk

A

a [ei,ǝ] *art* (an) en *art*

abbey ['æbi] *n* kloster *nt*

abbreviation [ǝ,bri:vi'eiʃǝn] *n* förkortning *c*

ability [ǝ'bilǝti] *n* skicklighet *c*; förmåga *c*

able ['eibǝl] *adj* i stånd att; duglig; ***be ~ to** *vara i stånd till; *kunna

aboard [ǝ'bɔ:d] *adv* ombord

abolish [ǝ'bɔliʃ] *v* avskaffa

abortion [ǝ'bɔ:ʃǝn] *n* abort *c*

about [ǝ'baut] *prep* om; beträffande, angående; *adv* ungefär, omkring

above [ǝ'bʌv] *prep* ovanför; *adv* ovan

abroad [ǝ'brɔ:d] *adv* utomlands

abscess ['æbses] *n* böld *c*

absence ['æbsǝns] *n* frånvaro *c*

absent ['æbsǝnt] *adj* frånvarande

absolutely ['æbsǝlu:tli] *adv* absolut

abstain from [ǝb'stein] *avstå från, *avhålla sig från

abstract ['æbstrækt] *adj* abstrakt

absurd [ǝb'sǝ:d] *adj* orimlig, absurd

abundance [ǝ'bʌndǝns] *n* överflöd *nt*

abundant [ǝ'bʌndǝnt] *adj* riklig

abuse [ǝ'bju:s] *n* missbruk *nt*

academy [ǝ'kædǝmi] *n* akademi *c*

accelerate [ǝk'selǝreit] *v* öka farten

accelerator [ǝk'selǝreitǝ] *n* gaspedal *c*

accent ['æksǝnt] *n* accent *c*; tonvikt *c*

accept [ǝk'sept] *v* acceptera, *motta

access ['ækses] *n* tillträde *nt*

accessible [ǝk'sesǝbǝl] *adj* tillgänglig

accessories [ǝk'sesǝriz] *pl* tillbehör *pl*

accident ['æksidǝnt] *n* olycksfall *nt*, olycka *c*

accidental [,æksi'dentǝl] *adj* slumpartad

accommodate [ǝ'kɔmǝdeit] *v* härbärgera, logera

accommodation [ǝ,kɔmǝ'deiʃǝn] *n* husrum *nt*, logi *nt*

accompany [ǝ'kʌmpǝni] *v*

åtfölja; följa; ackompanjera

accomplish [ə'kʌmpliʃ] *v*
fullborda

in accordance with [in
ə'kɔ:dəns wið] i enlighet
med

according to [ə'kɔ:diŋ tu:]
enligt

account [ə'kaunt] *n* konto *nt*;
redogörelse *c*; ~ **for**
redovisa; **on** ~ **of** på grund
av

accurate ['ækjurət] *adj*
noggrann

accuse [ə'kju:z] *v* beskylla;
anklaga

accused [ə'kju:zd] *n*
anklagad person

accustom [ə'kʌstəm] *v*
*vänja; **accustomed** van

ache [eik] *v* värka; *n* värk *c*

achieve [ə'tʃi:v] *v* uppnå;
prestera

achievement [ə'tʃi:vmənt] *n*
prestation *c*

acknowledge [ək'nɔlidʒ] *v*
erkänna; bekräfta

acne ['ækni] *n* finnar

acorn ['eikɔ:n] *n* ekollon *nt*

acquaintance [ə'kweintəns]
n bekant *c*

acquire [ə'kwaiə] *v* skaffa sig

acquisition [,ækwi'ziʃən] *n*
förvärv *nt*

acquittal [ə'kwitəl] *n*
frikännande *nt*

across [ə'krɔs] *prep* över;
adv på andra sidan

act [ækt] *n* handling *c*; akt *c*;
nummer *nt*; *v* handla,

uppträda; uppföra sig; spela

action ['ækʃən] *n* handling *c*

active ['æktiv] *adj* aktiv

activity [æk'tivəti] *n* aktivitet
c

actor ['æktə] *n* aktör *c*,
skådespelare *c*

actress ['æktris] *n*
skådespelerska *c*, aktris *c*

actual ['æktʃuəl] *adj* faktisk,
verklig

actually ['æktʃuəli] *adv*
faktiskt

acute [ə'kju:t] *adj* akut

adapt [ə'dæpt] *v* anpassa

adaptor [ə'dæptə] *n* adapter *c*

add [æd] *v* addera; *lägga till

addition [ə'diʃən] *n* addition
c; tillägg *nt*

additional [ə'diʃənəl] *adj*
extra; ytterligare

address [ə'dres] *n* adress *c*; *v*
adressera; vända sig till

addressee [,ædre'si:] *n*
adressat *c*

adequate ['ædikwət] *adj*
tillräcklig; passande,
adekvat

adjective ['ædʒiktiv] *n*
adjektiv *nt*

adjust [ə'dʒʌst] *v* justera;
anpassa

administer [əd'ministə] *v*
dela ut

administration
[əd,mini'streiʃən] *n*
administration *c*;
förvaltning *c*

administrative
[əd'ministrətiv] *adj*

administrativ; förvaltande; ~ **law** förvaltningsrätt c

admiration [ˌædməˈreiʃən] n beundran c

admire [ədˈmaiə] v beundra

admission [ədˈmiʃən] n inträde nt; intagning c

admit [ədˈmit] v *ta in, släppa in; erkänna, *medge; rymma

admittance [ədˈmitəns] n tillträde nt; **no ~** tillträde förbjudet

adopt [əˈdɔpt] v adoptera

adorable [əˈdɔːrəbəl] adj bedårande

adult [ˈædʌlt] n vuxen c; adj vuxen

advance [ədˈvɑːns] n framsteg nt; förskott nt; v *göra framsteg; förskottera; **in ~** i förväg, på förhand

advanced [ədˈvɑːnst] adj avancerad

advantage [ədˈvɑːntidʒ] n fördel c

advantageous [ˌædvənˈteidʒəs] adj fördelaktig

adventure [ədˈventʃə] n äventyr nt

adverb [ˈædvəːb] n adverb nt

advertisement [ədˈvəːtismənt] n annons c

advertising [ˈædvətaiziŋ] n reklam c

advice [ədˈvais] n råd nt

advise [ədˈvaiz] v råda

advocate [ˈædvəkət] n försvarare c, talespråkare c

aerial [ˈɛəriəl] n antenn c

aeroplane [ˈɛərəplein] n flygplan nt

affair [əˈfɛə] n angelägenhet c; förhållande nt, kärleksaffär c

affect [əˈfekt] v påverka; beröra

affected [əˈfektid] adj tillgjord

affection [əˈfekʃən] n tillgivenhet c

affectionate [əˈfekʃənit] adj kärleksfull, tillgiven

affiliated [əˈfilieitid] adj ansluten

affirm [əˈfəːm] v försäkra

affirmative [əˈfəːmətiv] adj jakande

afford [əˈfɔːd] v *ha råd med

afraid [əˈfreid] adj rädd, ängslig; *be ~ *vara rädd

Africa [ˈæfrikə] Afrika

African [ˈæfrikən] adj afrikansk; n afrikan c

after [ˈɑːftə] prep efter; conj sedan

afternoon [ˌɑːftəˈnuːn] n eftermiddag c; **this ~** i eftermiddag

afterwards [ˈɑːftəwədz] adv sedan; efteråt

again [əˈgen] adv igen, åter; ~ **and again** gång på gång

against [əˈgenst] prep mot

age [eidʒ] n ålder c; ålderdom c; **of ~** myndig; **under ~** minderårig

aged [ˈeidʒid] adj åldrig; gammal

agency ['eidʒənsi] n agentur
c; byrå c

agenda [ə'dʒendə] n
dagordning c

agent ['eidʒənt] n agent c,
representant c

aggressive [ə'gresiv] adj
aggressiv

ago [ə'gou] adv för ... sedan

agree [ə'gri:] v *vara enig;
instämma; stämma överens

agreeable [ə'gri:əbl] adj
angenäm

agreement [ə'gri:mənt] n
kontrakt nt; avtal nt,
överenskommelse c

agriculture ['ægrikʌltʃə] n
jordbruk nt

ahead [ə'hed] adv framför;
~ of före; *go ~ *fortsätta;
straight ~ rakt fram

aid [eid] n hjälp c; v *bistå,
hjälpa

AIDS [eidz] n aids c

airbag ['eəbæg] n
krockkudde c

aim [eim] n syfte nt; ~ at sikta,
sikta på; sträva efter

air [eə] n luft c; v lufta

air conditioning
['eəkən,diʃəniŋ] n
luftkonditionering c; air-
-conditioned adj
luftkonditionerad

airfield ['eəfi:ld] n flygfält nt

air-filter ['eə,filtə] n luftfilter
nt

airline ['eəlain] n flygbolag nt

airmail ['eəmeil] n flygpost c

airplane ['eəplein] nAm

flygplan nt

airport ['eəpɔ:t] n flygplats c

airsickness ['eə,siknəs] n
flygsjuka c

airtight ['eətait] adj lufttät

airy ['eəri] adj luftig

aisle [ail] n sidoskepp nt;
gång c

alarm [ə'lɑ:m] n alarm nt; v
larma

alarm-clock [ə'lɑ:mklɔk] n
väckarklocka c

album ['ælbəm] n album c

alcohol ['ælkəhɔl] n alkohol c

alcoholic [,ælkə'hɔlik] adj
alkoholhaltig

ale [eil] n öl nt

algebra ['ældʒibrə] n algebra
c

Algeria [æl'dʒiəriə] Algeriet

Algerian [æl'dʒiəriən] adj
algerisk; n algerier c

alien ['eiliən] n utlänning c;
främling c; adj utländsk

alike [ə'laik] adj likadan, lik;
adv på samma sätt

alive [ə'laiv] adj levande

all [ɔ:l] adj all; ~ in allt
inkluderat; ~ right! fint!; at
~ överhuvudtaget

allergy ['ælədʒi] n allergi c

alley ['æli] n gränd c

alliance [ə'laiəns] n allians c

Allies ['ælaiz] pl (de)
allierade

allow [ə'lau] v *tillåta,
bevilja; ~ to *låta; *be
allowed *vara tillåten; *be
allowed to *få

allowance [ə'lauəns] n

analysis

fickpengar *pl*, underhåll *nt*

almond [ˈɑːmənd] *n* mandel *c*

almost [ˈɔːlmoust] *adv* nästan

alone [əˈloun] *adv* endast; *adj* ensam, för sig själv

along [əˈlɔŋ] *prep* längs

aloud [əˈlaud] *adv* högt

alphabet [ˈælfəbet] *n* alfabet *nt*

already [ɔːlˈredi] *adv* redan

also [ˈɔːlsou] *adv* också; dessutom, även

altar [ˈɔːltə] *n* altare *nt*

alter [ˈɔːltə] *v* förändra, ändra

alteration [ˌɔːltəˈreiʃən] *n* ändring *c*, förändring *c*

alternate [ɔːlˈtəːnət] *adj* alternerande

alternative [ɔːlˈtəːnətiv] *n* alternativ *nt*

although [ɔːlˈðou] *conj* fastän, även om

altitude [ˈæltitjuːd] *n* höjd *c*

alto [ˈæltou] *n* (pl ~s) alt *c*

altogether [ˌɔːltəˈgeðə] *adv* helt och hållet

always [ˈɔːlweiz] *adv* alltid

am [æm] *v* (pr be)

amaze [əˈmeiz] *v* förbluffa, förvåna

amazement [əˈmeizmənt] *n* förvåning *c*

amazing [əˈmeiziŋ] *adj* häpnadsväckande

ambassador [æmˈbæsədə] *n* ambassadör *c*

amber [ˈæmbə] *n* bärnsten *c*

ambiguous [æmˈbigjuəs] *adj* tvetydig

ambition [æmˈbiʃən] *n* ambition *c*

ambitious [æmˈbiʃəs] *adj* ambitiös; ärelysten

ambulance [ˈæmbjuləns] *n* ambulans *c*

ambush [ˈæmbuʃ] *n* bakhåll *c*

America [əˈmerikə] Amerika

American [əˈmerikən] *adj* amerikansk; *n* amerikan *c*

amethyst [ˈæmiθist] *n* ametist *c*

amid [əˈmid] *prep* bland; mitt ibland, mitt i

ammonia [əˈmouniə] *n* ammoniak *c*

amnesty [ˈæmnisti] *n* amnesti *c*

among [əˈmʌŋ] *prep* bland, mellan, ibland; ~ other things bland annat

amount [əˈmaunt] *n* mängd *c*; summa *c*, belopp *nt*; ~ to *upppgå till

amuse [əˈmjuːz] *v* roa, *underhålla

amusement [əˈmjuːzmənt] *n* nöje *nt*, förströelse *c*

amusing [əˈmjuːziŋ] *adj* lustig

anaemia [əˈniːmiə] *n* blodbrist *c*

anaesthesia [ˌænisˈθiːziə] *n* bedövning *c*

anaesthetic [ˌænisˈθetik] *n* bedövningsmedel *nt*

analyse [ˈænəlaiz] *v* analysera

analysis [əˈnæləsis] *n* (pl

-ses) analys c

analyst ['ænəlist] *n*
analytiker c;
psykoanalytiker c

anarchy ['ænəki] *n* anarki c

anatomy [ə'nætəmi] *n*
anatomi c

ancestor ['ænsestə] *n*
förfader c

anchor ['æŋkə] *n* ankare *nt*

anchovy ['æntʃəvi] *n* sardell
c, ansjovis c

ancient ['einʃənt] *adj*
gammal; forntida

and [ænd, ənd] *conj* och

angel ['eindʒəl] *n* ängel c

anger ['æŋgə] *n* ilska c, vrede
c

angle ['æŋgəl] *v* meta; *n*
vinkel c

angry ['æŋgri] *adj* vred, arg

animal ['æniməl] *n* djur *nt*

ankle ['æŋkəl] *n* ankel c

annex[1] ['æneks] *n* annex *nt*;
bilaga c

annex[2] [ə'neks] *v* annektera

anniversary [,æni'vɔːsəri] *n*
årsdag c

announce [ə'nauns] *v*
*tillkännage, *offentliggöra

announcement
[ə'naunsmənt] *n*
tillkännagivande *nt*,
kungörelse c

annoy [ə'nɔi] *v* förarga,
irritera; reta

annoyance [ə'nɔiəns] *n*
förargelse c

annoying [ə'nɔiiŋ] *adj*
förarglig, retsam

annual ['ænjuəl] *adj* årlig; *n*
årsbok c

per annum [pər 'ænəm] per
år

anonymous [ə'nɔniməs] *adj*
anonym

another [ə'nʌðə] *adj* en till;
en annan

answer ['ɑːnsə] *v* svara;
besvara; *n* svar *nt*

answering machine
['ɑːnsəriŋ mə'ʃiːn] *n*
telefonsvarare

ant [ænt] *n* myra c

antibiotic [,æntibai'ɔtik] *n*
antibiotikum *nt*

anticipate [æn'tisipeit] *v*
*förutse, *föregripa;
*förekomma

antifreeze ['æntifriːz] *n*
frostskyddsvätska c

antipathy [æn'tipəθi] *n*
motvilja c

antique [æn'tiːk] *adj* antik; *n*
antikvitet c

antiquities *pl* antikviteter

antiseptic [,ænti'septik] *n*
antiseptiskt medel

anxiety [æŋ'zaiəti] *n*
bekymmer *nt*

anxious ['æŋkʃəs] *adj* ivrig;
orolig

any ['eni] *adj* någon

anybody ['enibɔdi] *pron* vem
som helst

anyhow ['enihau] *adv* hur
som helst

anyone ['eniwʌn] *pron* varje

anything ['eniθiŋ] *pron* vad
som helst

anyway ['eniwei] *adv* i varje fall

anywhere ['eniweə] *adv* var som helst

apart [ə'pɑːt] *adv* isär, var för sig; ~ **from** bortsett från

apartment [ə'pɑːtmənt] *nAm* våning *c*, lägenhet *c*; ~ **house** *Am* hyreshus *nt*

aperitif [ə'perətiv] *n* aperitif *c*

apologize [ə'pɔlədʒaiz] *v* *be om ursäkt

apology [ə'pɔlədʒi] *n* ursäkt *c*

app [æp] *n* app *c*

apparatus [,æpə'reitəs] *n* anordning *c*, apparat *c*

apparent [ə'pærənt] *adj* uppenbar; tydlig

apparently [ə'pærəntli] *adv* tydligen

appeal [ə'piːl] *n* vädjan *c*

appear [ə'piə] *v* verka, tyckas; *framgå; synas; framträda

appearance [ə'piərəns] *n* utseende *nt*; framträdande *nt*

appendicitis [ə,pendi'saitis] *n* blindtarmsinflammation *c*

appendix [ə'pendiks] *n* (pl -dices, -dixes) blindtarm *c*

appetite ['æpətait] *n* aptit *c*, matlust *c*

appetizer ['æpətaizə] *n* aptitretare *c*

appetizing ['æpətaizin] *adj* aptitlig

applaud [ə'plɔːd] *v* applådera

applause [ə'plɔːz] *n* applåd *c*

apple ['æpəl] *n* äpple *nt*

appliance [ə'plaiəns] *n* apparat *c*, anordning *c*

application [,æpli'keiʃən] *n* användning *c*; ansökan *c*

apply [ə'plai] *v* tillämpa, *lägga på; använda; ansöka; gälla

appoint [ə'pɔint] *v* anställa, utnämna

appointment [ə'pɔintmənt] *n* avtalat möte, avtal *nt*; utnämning *c*

appreciate [ə'priːʃieit] *v* uppskatta, *värdesätta

appreciation [ə,priːʃi'eiʃən] *n* värdestegring *c*; uppskattning *c*

apprentice [ə'prentis] *n* lärling *c*

approach [ə'proutʃ] *v* närma sig; *n* tillvägagångssätt *nt*; närmande *nt*

appropriate [ə'proupriət] *adj* rätt, lämplig, ändamålsenlig

approval [ə'pruːvəl] *n* gillande *nt*; bifall *nt*

approve [ə'pruːv] *v* gilla; ~ **of** godkänna

approximate [ə'prɔksimət] *adj* ungefärlig

approximately [ə'prɔksimətli] *adv* ungefär, cirka

apricot ['eiprikɔt] *n* aprikos *c*

April ['eiprəl] april

apron ['eiprən] *n* förkläde *nt*

Arab ['ærəb] *adj* arabisk; *n* arab *c*

arbitrary ['ɑ:bitrəri] *adj*
godtycklig

arcade [ɑ:'keid] *n* pelargång
c, arkad *c*

arch [ɑ:tʃ] *n* valvbåge *c*; valv
nt

archaeologist
[,ɑ:ki'ɔlədʒist] *n* arkeolog *c*

archaeology [,ɑ:ki'ɔlədʒi] *n*
arkeologi *c*

arched [ɑ:tʃt] *adj* bågformig

architect ['ɑ:kitekt] *n*
arkitekt *c*

architecture ['ɑ:kitektʃə] *n*
byggnadskonst *c*, arkitektur
c

archives ['ɑ:kaivz] *pl* arkiv
nt

are [ɑ:] *v* (pr be)

area ['eəriə] *n* område *nt*; yta
c; ~ code riktnummer *nt*

Argentina [,ɑ:dʒən'ti:nə]
Argentina

Argentinian [,ɑ:dʒən'tiniən]
adj argentinsk; *n*
argentinare *c*

argue ['ɑ:gju:] *v*
argumentera, diskutera,
debattera; gräla

argument ['ɑ:gjumənt] *n*
argument *nt*; diskussion *c*;
ordväxling *c*

*arise [ə'raiz] *v* *uppstå

arithmetic [ə'riθmətik] *n*
räkning *c*

arm [ɑ:m] *n* arm *c*; vapen *nt*;
armstöd *nt*; *v* beväpna

armchair ['ɑ:mtʃeə] *n* fåtölj *c*

armed [ɑ:md] *adj* beväpnad;
~ forces beväpnade styrkor

armour ['ɑ:mə] *n* rustning *c*

army ['ɑ:mi] *n* armé *c*

aroma [ə'roumə] *n* arom *c*

around [ə'raund] *prep*
omkring; *adv* runt

arrange [ə'reindʒ] *v* ordna;
arrangera

arrangement [ə'reindʒmənt]
n arrangemang *nt*; avtal *nt*;
åtgärd *c*

arrest [ə'rest] *v* arrestera; *n*
arrestering *c*

arrival [ə'raivəl] *n* ankomst *c*

arrive [ə'raiv] *v* anlända

arrow ['ærou] *n* pil *c*

art [ɑ:t] *n* konst *c*; skicklighet
c; list *c*; ~ collection
konstsamling *c*; ~ exhibition
konstutställning *c*; ~ gallery
konstgalleri *nt*; ~ history
konsthistoria *c*; arts and
crafts konstindustri *c*; ~
school konstakademi *c*

artery ['ɑ:təri] *n* pulsåder *c*

artichoke ['ɑ:titʃouk] *n*
kronärtskocka *c*

article ['ɑ:tikəl] *n* artikel *c*

artificial [,ɑ:ti'fiʃəl] *adj*
konstgjord

artist ['ɑ:tist] *n* konstnär *c*;
konstnärinna *c*

artistic [ɑ:'tistik] *adj*
artistisk, konstnärlig

as [æz] *conj* liksom, som;
lika; därför att, eftersom; ~
from från; från och med; ~ if
som om

asbestos [æz'bestɔs] *n*
asbest *c*

ascend [ə'send] *v* *stiga;

*stiga uppåt; *bestiga

ascent [ə'sent] n stigning c;
bestigning c

ascertain [ˌæsə'tein] v
konstatera; förvissa sig om,
fastställa

ash [æʃ] n aska c

ashamed [ə'feimd] adj
skamsen; *be ~ skämmas

ashore [ə'ʃɔː] adv i land

ashtray ['æʃtrei] n askkopp c

Asia ['eiʃə] Asien

Asian ['eiʃən] adj asiatisk; n
asiat c

aside [ə'said] adv åt sidan

ask [ɑːsk] v fråga; *be;
*inbjuda

asleep [ə'sliːp] adj sovande

asparagus [ə'spærəgəs] n
sparris c

aspect ['æspekt] n aspekt c

asphalt ['æsfælt] n asfalt c

aspire [ə'spaiə] v sträva

aspirin [ˈæspərin] n aspirin c

assassination
[əˌsæsi'neiʃən] n mord nt

assault [ə'sɔːlt] v *angripa;
*våldta

assemble [ə'sembəl] v
samla; *sätta ihop, montera

assembly [ə'sembli] n
församling c, sammankomst
c

assignment [ə'sainmənt] n
uppdrag nt

assign to [ə'sain] tilldela;
*överlåta

assist [ə'sist] v hjälpa, *bistå;
~ **at** vara närvarande vid

assistance [ə'sistəns] n

hjälp c; bistånd nt,
understöd nt

assistant [ə'sistənt] n
assistent c

associate[1] [ə'souʃiət] n
kompanjon c, delägare c;
kollega c; medlem c

associate[2] [ə'souʃieit] v
associera; ~ **with** *umgås
med

association [əˌsousi'eiʃən] n
förening c, sammanslutning
c

assort [ə'sɔːt] v sortera

assortment [ə'sɔːtmənt] n
urval nt, sortiment nt

assume [ə'sjuːm] v *anta,
förmoda

assure [ə'ʃuə] v försäkra

asthma ['æsmə] n astma c

astonish [ə'stɔniʃ] v förvåna

astonishing [ə'stɔniʃiŋ] adj
förvånansvärd

astonishment
[ə'stɔniʃmənt] n förvåning e

astronaut ['æstrənɔːt] n
astronaut c

astronomy [ə'strɔnəmi] n
astronomi c

asylum [ə'sailəm] n asyl c;
mentalsjukhus nt,
vårdanstalt c

at [æt] prep på, hos, i

ate [et] v (p eat)

atheist ['eiθiist] n ateist c

athlete ['æθliːt] n atlet c

athletics [æθ'letiks] pl
fridrott c

Atlantic [ət'læntik] Atlanten

ATM ['eitiː'em] n bankomat c

atmosphere ['ætməsfiə] n
atmosfär c; stämning c

atom ['ætəm] n atom c

atomic [ə'tɔmik] adj atom-;
kärn-

atomizer ['ætəmaizə] n
sprayflaska c; spray c

attach [ə'tætʃ] v fästa; bifoga;
attached to fäst vid

attack [ə'tæk] v *anfalla; n
anfall c

attain [ə'tein] v uppnå

attainable [ə'teinəbəl] adj
uppnåelig; åtkomlig

attempt [ə'tempt] v försöka,
pröva; n försök nt

attend [ə'tend] v *vara
närvarande vid; ~ **on**
uppassa; ~ **to** *ta hand om,
*se till; beakta,
uppmärksamma

attendance [ə'tendəns] n
deltagande nt

attendant [ə'tendənt] n
vaktmästare c

attention [ə'tenʃən] n
uppmärksamhet c

attentive [ə'tentiv] adj
uppmärksam

attest [ə'test] v intyga

attic ['ætik] n vindsrum nt

attitude ['ætitjuːd] n
inställning c

attorney [ə'təːni] n advokat c

attract [ə'trækt] v *tilldra sig

attraction [ə'trækʃən] n
attraktion c; lockelse c

attractive [ə'træktiv] adj
tilldragande

auction ['ɔːkʃən] n auktion c

audible ['ɔːdibəl] adj hörbar

audience ['ɔːdiəns] n publik
c

auditor ['ɔːditə] n åhörare c

auditorium [,ɔːdi'tɔːriəm] n
hörsal c

August ['ɔːgəst] augusti

aunt [ɑːnt] n tant c, moster c,
faster c

Australia [ɔ'streiliə]
Australien

Australian [ɔ'streiliən] adj
australisk; n australier c

Austria ['ɔstriə] Österrike

Austrian ['ɔstriən] adj
österrikisk; n österrikare c

authentic [ɔː'θentik] adj
autentisk; äkta

author ['ɔːθə] n författare c

authoritarian
[ɔː,θɔri'teəriən] adj
auktoritär

authority [ɔː'θɔrəti] n
auktoritet c;
maktbefogenhet c;
authorities pl myndigheter
pl

authorization
[,ɔːθərai'zeiʃən] n tillåtelse
c

automatic [,ɔːtə'mætik] adj
automatisk; ~ **teller**
machine n bankomat c

automation [,ɔːtə'meiʃən] n
automatisering c

automobile ['ɔːtəməbiːl] n
bil c; ~ **club** automobilklubb
c

autonomous [ɔː'tɔnəməs]
adj autonom

autopsy ['ɔːtəpsi] n
  obduktion c
autumn ['ɔːtəm] n höst c
available [ə'veiləbəl] adj
  disponibel, tillgänglig, i
  lager
avalanche ['ævəlɑːnʃ] n
  lavin c
avenue ['ævənjuː] n aveny c
average ['ævəridʒ] adj
  genomsnittlig; n genomsnitt
  nt; on the ~ i genomsnitt
averse [ə'vəːs] adj obenägen,
  ovillig
aversion [ə'vəːʃən] n
  motvilja c
avoid [ə'vɔid] v *undgå;

*undvika
await [ə'weit] v vänta på,
  vänta sig
awake [ə'weik] adj vaken
*awake [ə'weik] v väcka
award [ə'wɔːd] n pris nt; v
  tilldela
aware [ə'wɛə] adj medveten
away [ə'wei] adv bort; *go ~
  åka bort
awful ['ɔːfəl] adj
  fruktansvärd, ryslig
awkward ['ɔːkwəd] adj
  brydsam; tafatt, klumpig
awning ['ɔːniŋ] n markis c
axe [æks] n yxa c
axle ['æksəl] n hjulaxel c

B

baby ['beibi] n baby c; ~
  carriage Am barnvagn c
babysitter ['beibi,sitə] n
  barnvakt c
bachelor ['bætʃələ] n
  ungkarl c
back [bæk] n rygg c; adv
  tillbaka; *go ~ åka tillbaka
backache ['bækeik] n
  ryggvärk c
backbone ['bækboun] n
  ryggrad c
background ['bækgraund] n
  bakgrund c; utbildning c
backwards ['bækwədz] adv
  bakåt
bacon ['beikən] n bacon nt
bacterium [bæk'tiːriəm] n
  (pl -ria) bakterie c

bad [bæd] adj dålig, allvarlig;
  stygg
bag [bæg] n påse c; väska c,
  handväska c; resväska c
baggage ['bægidʒ] n bagage
  nt; ~ deposit office Am
  bagageinlämning c; hand ~
  handbagage nt
bail [beil] n borgen c
bait [beit] n bete nt
bake [beik] v baka
baker ['beikə] n bagare c
bakery ['beikəri] n bageri nt
balance ['bæləns] n jämvikt
  c; våg c; saldo nt
balcony ['bælkəni] n balkong
  c
bald [bɔːld] adj flintskallig
ball [bɔːl] n boll c; bal c

ballet ['bælei] *n* balett *c*

balloon [bə'lu:n] *n* ballong *c*

ballpoint pen ['bɔ:lpɔintpen] *n* kulspetspenna *c*

ballroom ['bɔ:lru:m] *n* balsal *c*

banana [bə'nɑ:nə] *n* banan *c*

band [bænd] *n* band *nt*

bandage ['bændidʒ] *n* förband *nt*

bank [bæŋk] *n* flodbank *c*; bank *c*; *v* deponera, *sätta in; ~ account* bankkonto *c*

banknote ['bæŋknout] *n* sedel *c*

bank rate ['bæŋkreit] *n* diskonto *c*

bankrupt ['bæŋkrʌpt] *adj* konkursmässig, brutt

banner ['bænə] *n* baner *nt*

banquet ['bæŋkwit] *n* bankett *c*

banqueting-hall ['bæŋkwitiŋhɔ:l] *n* bankettsal *c*

baptism ['bæptizəm] *n* dop *nt*

baptize [bæp'taiz] *v* döpa

bar [bɑ:] *n* bar *c*; stång *c*; fönstergaller *nt*

barbecue ['bɑ:bikju:] *n* grill; *v* grilla

barbed wire ['bɑ:bd waiə] *n* taggtråd

barber ['bɑ:bə] *n* herrfrisör *c*

bare [bɛə] *adj* naken, bar; kal

barely ['bɛəli] *adv* nätt och jämt

bargain ['bɑ:gin] *n* fynd *nt*; *v* *köpslå, pruta

baritone ['bæritoun] *n* baryton *c*

bark [bɑ:k] *n* bark *c*; *v* skälla

barley ['bɑ:li] *n* korn *nt*

barn [bɑ:n] *n* lada *c*

barometer [bə'rɔmitə] *n* barometer *c*

baroque [bə'rɔk] *adj* barock

barracks ['bærəks] *pl* kasern *c*

barrel ['bærəl] *n* tunna *c*, fat *nt*

barrier ['bæriə] *n* barriär *c*; bom *c*

barrister ['bæristə] *n* advokat *c*

bartender ['bɑ:tendə] *n* bartender *c*

base [beis] *n* bas *c*; grundval *c*; *v* basera

baseball ['beisbɔ:l] *n* baseboll *c*

basement ['beismənt] *n* källarvåning *c*

basic ['beisik] *adj* grundläggande

basilica [bə'zilikə] *n* basilika *c*

basin ['beisən] *n* balja *c*, skål *c*

basis ['beisis] *n* (pl bases) basis *c*, grundprincip *c*

basket ['bɑ:skit] *n* korg *c*

bass[1] [beis] *n* bas *c*

bass[2] [bæs] *n* (pl ~) abborre *c*

bastard ['bɑ:stəd] *n* bastard *c*; tölp *c*

batch [bætʃ] *n* parti *nt*; hop *c*

bath [bɑ:θ] *n* bad *nt*; ~ *salts* badsalt *nt*; ~ *towel*

badhanddduk *c*
bathe [beið] *v* bada
bathing cap ['beiðiŋkæp] *n*
badmössa *c*
bathing suit ['beiðiŋsu:t] *n*
baddräkt *c*; badbyxor *pl*
bathrobe ['bɑ:θroub] *n*
badrock *c*
bathroom ['bɑ:θru:m] *n*
badrum *nt*; toalett *c*
batter ['bætə] *n* smet *c*
battery ['bætəri] *n* batteri *nt*
battle ['bætəl] *n* slag *nt*; kamp
c, strid *c*; *v* kämpa
bay [bei] *n* vik *c*; *v* skälla
***be** [bi:] *v* *vara
beach [bi:tʃ] *n* strand *c*;
nudist ~ nudistbadstrand *c*
bead [bi:d] *n* pärla *c*; **beads**
pl pärlhalsband *c*; radband
nt
beak [bi:k] *n* näbb *c*
beam [bi:m] *n* stråle *c*; bjälke
c
bean [bi:n] *n* böna *c*
bear [bɛə] *n* björn *c*
***bear** [bɛə] *v* *bära; tåla,
*utstå
beard [biəd] *n* skägg *nt*
beast [bi:st] *n* djur *nt*; **~ of
prey** rovdjur *nt*
***beat** [bi:t] *v* *slå; besegra
beautiful ['bju:tifəl] *adj*
vacker
beauty ['bju:ti] *n* skönhet *c*; **~
parlour** skönhetssalong *c*; **~
salon** skönhetssalong *c*; **~
treatment** skönhetsvård *c*
beaver ['bi:və] *n* bäver *c*
because [bi'kɔz] *conj* därför

att; eftersom; **~ of** på grund
av
***become** [bi'kʌm] *v* *bli; klä
bed [bed] *n* säng *c*; **~ and
board** helpension *c*, mat och
logi; **~ and breakfast** rum
med frukost
bedding ['bediŋ] *n*
sängkläder *pl*
bedroom ['bedru:m] *n*
sovrum *nt*
bee [bi:] *n* bi *nt*
beech [bi:tʃ] *n* bok *c*
beef [bi:f] *n* oxkött *nt*
beefburger ['bi:fbə:gə] *n*
biffburgare *c*
beehive ['bi:haiv] *n* bikupa *c*
been [bi:n] *v* (pp be)
beer [biə] *n* öl *nt*
beet [bi:t] *n* beta *c*
beetle ['bi:təl] *n* skalbagge *c*
beetroot ['bi:tru:t] *n* rödbeta
c
before [bi'fɔ:] *prep* före;
framför; *conj* innan; *adv*
förut; innan
beg [beg] *v* tigga; *bönfalla,
*be
beggar ['begə] *n* tiggare *c*
***begin** [bi'gin] *v* begynna,
börja
beginner [bi'ginə] *n*
nybörjare *c*
beginning [bi'giniŋ] *n*
begynnelse *c*; början *c*
on behalf of [bi'hɑ:f] på ...
vägnar
behave [bi'heiv] *v* uppföra
sig
behaviour [bi'heivjə] *n*

uppförande *nt*

behind [bi'haind] *prep*
bakom; *adv* bakom

beige [beiʒ] *adj* beige

being [ˈbiːiŋ] *n* varelse *c*

Belgian [ˈbeldʒən] *adj*
belgisk; *n* belgare *c*

Belgium [ˈbeldʒəm] Belgien

belief [biˈliːf] *n* tro *c*

believe [biˈliːv] *v* tro

bell [bel] *n* klocka *c*;
ringklocka *c*

bellboy [ˈbelbɔi] *n*
hotellpojke *c*

belly [ˈbeli] *n* buk *c*

belong [biˈlɔŋ] *v* tillhöra

belongings [biˈlɔŋiŋz] *pl*
tillhörigheter *pl*

beloved [biˈlʌvd] *adj* älskad

below [biˈlou] *prep* nedanför;
under; *adv* nedan

belt [belt] *n* bälte *nt*; **garter ~**
Am strumpebandshållare *c*

bench [bentʃ] *n* bänk *c*

bend [bend] *n* kurva *c*,
böjning *c*; krök *c*

*bend [bend] *v* böja; **~ down**
böja sig

beneath [biˈniːθ] *prep* under;
adv nedanför

benefit [ˈbenifit] *n* vinst *c*,
nytta *c*; förmån *c*; *v* *dra
nytta

bent [bent] *adj* (pp bend)
böjd

berry [ˈberi] *n* bär *nt*

beside [biˈsaid] *prep* bredvid

besides [biˈsaidz] *adv*
dessutom; förresten; *prep*
utom

best [best] *adj* bäst

bet [bet] *n* vad *nt*; insats *c*

*bet [bet] *v* *slå vad

betray [biˈtrei] *v* förråda

better [ˈbetə] *adj* bättre

between [biˈtwiːn] *prep*
mellan

beverage [ˈbevəridʒ] *n* dryck
c

beware [biˈwɛə] *v* akta sig

beyond [biˈjɔnd] *prep*
bortom; på andra sidan om;
utöver; *adv* bortom

bible [ˈbaibəl] *n* bibel *c*

bicycle [ˈbaisikəl] *n* cykel *c*

bid [bid] *n* bud *nt*

big [big] *adj* stor; omfångsrik;
tjock; viktig

bike [baik] *n colloquial* cykel
c

bile [bail] *n* galla *c*

bilingual [baiˈliŋwəl] *adj*
tvåspråkig

bill [bil] *n* räkning *c*; nota *c*; *v*
fakturera

billiards [ˈbiljədz] *pl* biljard *c*

billion [ˈbiljən] *n* miljard *c*

*bind [baind] *v* *binda

binding [ˈbaindiŋ] *n* band *nt*;
bård *c*

binoculars [biˈnɔkjələz] *pl*
kikare *c*

biodegradable
[ˌbaioudiˈgreidəbəl] *adj*
biologiskt nedbrytbar

biology [baiˈɔlədʒi] *n* biologi
c

bipolar [ˌbaiˈpoulə] *adj*
bipolär

birch [bəːtʃ] *n* björk *c*

board

bird [bə:d] n fågel c

birth [bə:θ] n födelse c

birthday ['bə:θdei] n
födelsedag c

biscuit ['biskit] n kex nt

bishop ['biʃəp] n biskop c

bit [bit] n bit c; smula c

bitch [bitʃ] n tik c

bite [bait] n munsbit c; bett nt

*bite [bait] v *bita

bitter ['bitə] adj bitter

black [blæk] adj svart; ~
market svarta börsen

blackberry ['blækbəri] n
björnbär nt

Blackberry® ['blækbəri] n
Blackberry c

blackbird ['blækbə:d] n
koltrast c

blackboard ['blækbə:d] n
svarta tavlan

blackcurrant [ˌblæk'kʌrənt]
n svarta vinbär nt

blackmail ['blækmeil] n
utpressning c; v utpressa
pengar

blacksmith ['blæksmiθ] n
smed c

bladder ['blædə] n urinblåsa
c

blade [bleid] n knivblad nt; ~
of grass grässtrå nt

blame [bleim] n klander nt; v
förebrå, klandra

blank [blæŋk] adj blank

blanket ['blæŋkit] n filt c

blast [blɑ:st] n explosion c

blazer ['bleizə] n blazer c

bleach [bli:tʃ] v bleka

bleak [bli:k] adj karg, kal

*bleed [bli:d] v blöda

bless [bles] v välsigna

blessing ['blesiŋ] n
välsignelse c

blind [blaind] n persienn c,
rullgardin c; adj blind; v
blända

blister ['blistə] n blåsa c,
vattenblåsa

blizzard ['blizəd] n snöstorm
c

block [blɔk] v blockera,
spärra; n kloss c; ~ of flats
hyreshus nt

Blog [blɔg] n blogg c

blond [blɔnd] adj blond

blood [blʌd] n blod nt; ~
pressure blodtryck nt

blood poisoning
['blʌd,pɔizəniŋ] n
blodförgiftning c

blood vessel ['blʌd,vesəl] n
blodkärl nt

bloody ['blʌdi] adj colloquial
blodig

blossom ['blɔsəm] n
blomma c

blot [blɔt] n fläck c; blotting
paper läskpapper nt

blouse [blauz] n blus c

blow [blou] n örfil c, slag nt;
vindpust c

*blow [blou] v blåsa

blowout ['blouaut] n
punktering c

blue [blu:] adj blå; nedstämd

blunt [blʌnt] adj slö; trubbig

blush [blʌʃ] v rodna

board [bɔ:d] n bräda c; tavla
c; pension c; styrelse c; ~

and lodging mat och logi, helpension *c*

boarder ['bɔːdə] *n* internatselev *c*, inackordering *c*

boardinghouse ['bɔːdiŋhaus] *n* pensionat *nt*

boarding school ['bɔːdiŋskuːl] *n* internatskola *c*

boast [boust] *v* *skryta

boat [bout] *n* båt *c*, skepp *nt*

body ['bɔdi] *n* kropp *c*

bodyguard ['bɔdigaːd] *n* livvakt *c*

bog [bɔg] *n* träsk *nt*

boil [bɔil] *v* koka; *n* spikböld *c*

bold [bould] *adj* djärv, fräck

Bolivia [bə'liviə] Bolivia

Bolivian [bə'liviən] *adj* boliviansk; *n* bolivian *c*

bolt [boult] *n* regel *c*; bult *c*

bomb [bɔm] *n* bomb *c*; *v* bombardera

bond [bɔnd] *n* obligation *c*

bone [boun] *n* ben *nt*; fiskben *nt*; *v* urbena

bonnet ['bɔnit] *n* motorhuv *c*

book [buk] *n* bok *c*; *v* boka, reservera; bokföra, *skriva in

booking ['bukiŋ] *n* beställning *c*, reservation *c*

bookmaker ['buk,meikə] *n* vadhållningsagent *c*

bookseller ['buk,selə] *n* bokhandlare *c*

bookstand ['bukstænd] *n* bokstånd *nt*

bookstore ['bukstɔː]

bokhandel *c*, boklåda *c*

boot [buːt] *n* stövel *c*; bagageutrymme *nt*

booth [buːð] *n* bod *c*; hytt *c*

booze [buːz] *n* *colloquial* sprit

border ['bɔːdə] *n* gräns *c*; kant *c*

bore[1] [bɔː] *v* tråka ut; borra; *n* tråkmåns *c*

bore[2] [bɔː] *v* (p bear)

boring ['bɔːriŋ] *adj* tråkig, långtråkig

born [bɔːn] *adj* född

borrow ['bɔrou] *v* låna

bosom ['buzəm] *n* barm *c*; bröst *nt*

boss [bɔs] *n* chef *c*

botany ['bɔtəni] *n* botanik *c*

both [bouθ] *adj* båda; **both ... and** både ... och

bother ['bɔðə] *v* besvära, störa; *göra sig besvär; *n* besvär *nt*

bottle ['bɔtəl] *n* flaska *c*; ~ **opener** flasköppnare *c*; **hot-water** ~ varmvattensflaska *c*

bottleneck ['bɔtəlnek] *n* flaskhals *c*

bottom ['bɔtəm] *n* botten *c*; bakdel *c*, stjärt *c*; *adj* nedersta

bought [bɔːt] *v* (p, pp buy)

boulder ['bouldə] *n* stenblock *c*

bound [baund] *n* gräns *c*; *be ~ to *måste; ~ **for** på väg till

boundary ['baundəri] *n* gränslinje *c*; landgräns *c*

bouquet [bu'kei] *n* bukett *c*

bribery

bourgeois ['buəʒwɑ:] adj
kälkborgerlig

boutique [bu'ti:k] n boutique
c

bow¹ [bau] v bocka

bow² [bou] n båge c; ~ tie
fluga c

bowels [bauəlz] pl inälvor pl,
tarmar pl

bowl [boul] n skål c

bowling ['bouliŋ] n kägelspel
nt, bowling c; ~ alley
bowlingbana c

box¹ [bɔks] v boxas; boxing
match boxningsmatch c

box² [bɔks] n ask c

box office ['bɔks,ɔfis] n
biljettlucka c, biljettkassa c

boy [bɔi] n pojke c; tjänare c;
~ scout scout c

boyfriend ['bɔifrend] n
pojkvän c

bra [brɑ:] n behå c

bracelet ['breislit] c
armband nt

braces ['breisiz] pl hängslen
pl

brain [brein] n hjärna c;
förstånd nt

brain wave ['breinweiv] n
snilleblixt c

brake [breik] n broms c; ~
drum bromstrumma c; ~
lights bromsljus nt

branch [brɑ:ntʃ] n gren c;
filial c

brand [brænd] n märke nt;
brännmärke nt

brand-new [,brænd'nju:] adj
splitter ny

brass [brɑ:s] n mässing c; ~
band mässingsorkester c

brave [breiv] adj tapper,
modig

Brazil [brə'zil] Brasilien

Brazilian [brə'ziljən] adj
brasiliansk; n brasilianare c

breach [bri:tʃ] n rämna c;
brott nt

bread [bred] n bröd nt;
wholemeal ~ fullkornsbröd
nt

breadth [bredθ] n bredd c

break [breik] n brytning c;
rast c

*break [breik] v *bryta; ~
down *gå sönder; *bryta
samman; analysera

breakdown ['breikdaun] n
sammanbrott nt,
motorstopp nt

breakfast ['brekfəst] n
frukost c

breast [brest] n bröst nt

breaststroke ['breststrouk]
n bröstsim nt

breath [breθ] n ande c

breathe [bri:ð] v andas

breathing ['bri:ðiŋ] n
andning c

breed [bri:d] n ras c; art c

*breed [bri:d] v uppföda

breeze [bri:z] n bris c

brew [bru:] v brygga

brewery ['bru:əri] n bryggeri
nt

Brexit ['breksit] n brexit c

bribe [braib] v muta

bribery ['braibəri] n mutning
c

brick [brik] *n* tegelsten *c*

bricklayer ['brikleiə] *n* murare *c*

bride [braid] *n* brud *c*

bridegroom ['braidgru:m] *n* brudgum *c*

bridge [bridʒ] *n* bro *c*; bridge *c*

brief [bri:f] *adj* kort; kortfattad

briefcase ['bri:fkeis] *n* portfölj *c*

briefs [bri:fs] *pl* trosor *pl*, kalsonger *pl*

bright [brait] *adj* glänsande; strålande; kvicktänkt, skärpt

brighten ['braitən] *v* göra ljusare

brill [bril] *n* slätvar *c*

brilliant ['briljənt] *adj* briljant; begåvad

brim [brim] *n* brädd *c*

*****bring** [briŋ] *v* *ta med, medföra; *ha med sig; ~ back återföra; ~ up uppfostra; *ta upp

brisk [brisk] *adj* pigg

British ['britiʃ] *adj* brittisk

Briton ['britən] *n* britt *c*

broad [brɔ:d] *adj* bred; utsträckt, vidsträckt; allmän

broadband ['brɔ:dæbænd] *n* bredband *c*

broadcast ['brɔ:dka:st] *n* utsändning *c*

*****broadcast** ['brɔ:dka:st] *v* utsända

brochure ['brouʃuə] *n* broschyr *c*

broke[1] [brouk] *v* (p break)

broke[2] [brouk] *adj* pank

broken ['broukən] *adj* (pp break) sönder; trasig

broker ['broukə] *n* mäklare *c*

bronchitis [brɔŋ'kaitis] *n* luftrörskatarr *c*

bronze [brɔnz] *n* brons *c*; *adj* brons-

brooch [broutʃ] *n* brosch *c*

brook [bruk] *n* bäck *c*

broom [bru:m] *n* kvast *c*

brothel ['brɔθəl] *n* bordell *c*

brother ['brʌðə] *n* bror *c*; broder *c*

brother-in-law ['brʌðərinlɔ:] *n* (pl brothers-) svåger *c*

brought [brɔ:t] *v* (p, pp bring)

brown [braun] *adj* brun

bruise [bru:z] *n* blodutgjutning *c*, blåmärke *nt*; *v* *slå gul och blå

brunette [bru:'net] *n* brunett *c*

brush [brʌʃ] *n* borste *c*; pensel *c*; *v* borsta

brutal ['bru:təl] *adj* brutal

bubble ['bʌbəl] *n* bubbla *c*

buck [bʌk] *n* colloquial bock *c*

bucket ['bʌkit] *n* hink *c*

buckle ['bʌkəl] *n* spänne *nt*

bud [bʌd] *n* knopp *c*

buddy ['bʌdi] *n* colloquial kompis *c*

budget ['bʌdʒit] *n* budget *c*

buffet ['bufei] *n* gående bord *c*

bug [bʌg] *n* vägglus *c*; skalbagge *c*; *nAm* insekt *c*

*build [bild] *v* bygga

building ['bildiŋ] *n* byggnad *c*

bulb [bʌlb] *n* blomlök *c*; **light**
~ glödlampa *c*

Bulgaria [bʌl'geəriə]
Bulgarien

Bulgarian [bʌl'geəriən] *adj*
bulgarisk; *n* bulgar *c*

bulk [bʌlk] *n* volym *c*; massa
c; största delen

bulky ['bʌlki] *adj* omfångsrik,
skrymmande

bull [bul] *n* tjur *c*

bullet ['bulit] *n* kula *c*

bulletin ['bulitin] *n* anslag *nt*;
~ **board** *n* anslag stavla *c*

bullfight ['bulfait] *n*
tjurfäktning *c*

bullring ['bulriŋ] *n*
tjurfäktningsarena *c*

bump [bʌmp] *v* stöta;
sammanstöta; dunka; *v*
duns *c*, slag *nt*, stöt *c*

bumper ['bʌmpə] *n*
kofångare *c*

bumpy ['bʌmpi] *adj* gropig

bun [bʌn] *n* bulle *c*

bunch [bʌntʃ] *n* bukett *c*;
hop *c*

bundle ['bʌndəl] *n* bunt *c*; *v*
bunta ihop

bunk [bʌŋk] *n* koj *c*

buoy [bɔi] *n* boj *c*

burden ['bəːdən] *n* börda *c*

bureau ['bjuərou] *n* (pl ~x,
~s) skrivbord *nt*; *nAm* byrå *c*

bureaucracy [bjuə'rɔkrəsi] *n*
byråkrati *c*

burglar ['bəːglə] *n*
inbrottstjuv *c*

burgle ['bəːgəl] *v* *göra
inbrott

burial ['beriəl] *n* begravning
c, gravsättning *c*

burn [bəːn] *n* brännsår *nt*

*burn [bəːn] *v* *brinna;
bränna; vidbränna

*burst [bəːst] *v* *spricka;
*brista

bury ['beri] *v* begrava

bus [bʌs] *n* buss *c*

bush [buʃ] *n* buske *c*

business ['biznəs] *n* affärer
pl, handel *c*; affär *c*,
affärsverksamhet *c*;
sysselsättning *c*; ~ **hours**
kontorstid *c*, affärstid *c*; ~
trip affärsresa *c*, **on** ~ i
affärer

business-like ['biznislaik]
adj affärsmässig

businessman ['biznəsmən]
n (pl -men) affärsman *c*

businesswoman
['biznəswumən] *n*
affärskvinna *c*

bust [bʌst] *n* byst *c*

bustle ['bʌsəl] *n* jäkt *nt*

busy ['bizi] *adj* upptagen;
livlig

but [bʌt] *conj* men; dock;
prep utom

butcher ['butʃə] *n* slaktare *c*

butter ['bʌtə] *n* smör *nt*

butterfly ['bʌtəflai] *n* fjäril *c*;
~ **stroke** fjärilsim *nt*

buttock ['bʌtək] *n* skinka *c*

button ['bʌtən] *n* knapp *c*; *v*
knäppa

buttonhole ['bʌtənhoul] *n*

knapphål *nt*
*buy [bai] *v* köpa; anskaffa
buyer ['baiə] *n* köpare *c*
buzz [bʌz] *n* surr *nt*
by [bai] *prep* av; med; vid

bye-bye [bai'bai] *colloquial*
hej då
by-pass ['baipɑːs] *n*
omfartsled *c*; *v* *fara förbi;
*undvika

C

cab [kæb] *n* taxi *c*
cabaret ['kæbərei] *n* kabaré
c; nattklubb *c*
cabbage ['kæbidʒ] *n* kål *c*
cab driver ['kæb,draivə] *n*
taxichaufför *c*
cabin ['kæbin] *n* kabin *c*;
hydda *c*; hytt *c*; kajuta *c*
cabinet ['kæbinət] *n* skåp *nt*;
regering *c*
cable ['keibəl] *n* kabel *c*;
telegram *nt*; *v* telegrafera
cadre ['kɑːdə] *n* stamanställd
c; stamtrupp *c*
café ['kæfei] *n* kafé *nt*
cafeteria [,kæfə'tiəriə] *n*
kafeteria *c*
caffeine ['kæfiːn] *n* koffein *nt*
cage [keidʒ] *n* bur *c*
cake [keik] *n* kaka *c*; bakverk
nt, tårta *c*
calamity [kə'læməti] *n*
katastrof *c*, olycka *c*
calcium ['kælsiəm] *n* kalcium
nt
calculate ['kælkjuleit] *v*
räkna ut, beräkna
calculation [,kælkju'leiʃən] *n*
beräkning *c*
calculator ['kælkjuleitə] *n*
miniräknare *c*

calendar ['kæləndə] *n*
kalender *c*
calf [kɑːf] *n* (pl calves) kalv *c*;
vad *c*; ~ **skin** kalvskinn *nt*
call [kɔːl] *v* ropa; kalla; ringa;
n rop *nt*; besök *nt*;
påringning *c*; *be called
heta; ~ **names** skymfa; ~ **on**
besöka; ~ **up** *Am* ringa upp
call waiting ['kɔːl,'weitiŋ] *n*
samtal väntar *c*
caller ID ['kɔːlər,ai'diː] *n*
nummerpresentatör *c*
calm [kɑːm] *adj* stilla, lugn; ~
down lugna
calorie ['kæləri] *n* kalori *c*
Calvinism ['kælvinizəm] *n*
kalvinism *c*
came [keim] *v* (p come)
camel ['kæməl] *n* kamel *c*
camera ['kæmərə] *n* kamera
c; filmkamera *c*; ~ **shop**
fotoaffär *c*
camp [kæmp] *n* läger *nt*; *v*
kampa
campaign [kæm'pein] *n*
kampanj *c*
camp bed [,kæmp'bed] *n*
tältsäng *c*, fältsäng *c*
camper ['kæmpə] *n* kampare
c

camping ['kæmpiŋ] n
kamping c; ~ **site**
kampingplats c

can [kæn] n konservburk c; ~
opener konservöppnare c

***can** [kæn] v *kunna

Canada ['kænədə] Kanada

Canadian [kə'neidiən] adj
kanadensisk; n kanadensare
c

canal [kə'næl] n kanal c

canary [kə'neəri] n
kanariefågel c

cancel ['kænsəl] v annullera;
avbeställa

cancellation [,kænsə'leiʃən]
n annullering c

cancer ['kænsə] n cancer c

candidate ['kændidət] n
kandidat c

candle ['kændəl] n
stearinljus nt

candy ['kændi] nAm
karamell c; snask nt, godis
nt; ~ **store** Am gottaffär c

cane [kein] n rör nt; käpp c

canister ['kænistə] n
bleckburk c

canoe [kə'nu:] n kanot c

canteen [kæn'ti:n] n kantin c

canvas ['kænvəs] n smärting
c

cap [kæp] n skärmmössa c,
mössa c

capable ['keipəbəl] adj
kapabel, duglig

capacity [kə'pæsəti] n
kapacitet c; förmåga c

cape [keip] n cape c; udde c

capital ['kæpitəl] n

huvudstad c; kapital nt; adj
huvudsaklig, huvud-; ~
letter stor bokstav

capitalism ['kæpitəlizəm] n
kapitalism c

capitulation [kə,pitju'leiʃən]
n kapitulation c

capsule ['kæpsju:l] n kapsyl
c

captain ['kæptin] n kapten c

capture ['kæptʃə] v
*tillfångata; *inta; n
tillfångatagande nt; erövring
c

car [ka:] n bil c; ~ **hire**
biluthyrning c; ~ **park**
parkeringsplats c; ~ **rental**
Am biluthyrning c

caramel ['kærəməl] n
karamell c

carat ['kærət] n karat c

caravan ['kærəvæn] n
husvagn c

carburettor [,ka:bju'retə] n
förgasare c

card [ka:d] n kort nt;
brevkort nt

cardboard ['ka:dbɔ:d] n
papp c; adj papp-

cardigan ['ka:digən] n kofta c

cardinal ['ka:dinəl] n
kardinal c; adj huvudsaklig,
huvud-

care [kɛə] n vård c;
bekymmer nt; ~ **about** bry
sig om; ~ **for** vilja ha; tycka
om; *take ~ **of** sköta om, *ta
hand om

career [kə'riə] n karriär c

carefree ['kɛəfri:] adj sorglös

careful ['kɛəfəl] *adj* försiktig; omsorgsfull

careless ['kɛələs] *adj* vårdslös, slarvig

caretaker ['kɛə,teikə] *n* vaktmästare *c*

cargo ['kɑ:gou] *n* (pl ~es) last *c*, laddning *c*

carjacking ['kɑ:,dʒækiŋ] *n* bilkapning *c*

carnival ['kɑ:nivəl] *n* karneval *c*

carp [kɑ:p] *n* (pl ~) karp *c*

carpenter ['kɑ:pintə] *n* snickare *c*

carpet ['kɑ:pit] *n* matta *c*

carpool ['kɑ:,pu:l] *n* samåkning *c*; *v* samåka

carriage ['kæridʒ] *n* järnvägsvagn *c*; vagn *c*, ekipage *nt*

carriageway ['kæridʒwei] *n* körbana *c*

carrot ['kærət] *n* morot *c*

carry ['kæri] *v* *bära; föra; ~ on *fortsätta; ~ out genomföra

carrycot ['kærikɔt] *n* babykorg *c*

cart [kɑ:t] *n* kärra *c*

cartilage ['kɑ:tilidʒ] *n* brosk *nt*

carton ['kɑ:tən] *n* kartong *c*; cigarrettlimpa *c*

cartoon [kɑ:'tu:n] *n* tecknad film

cartridge ['kɑ:tridʒ] *n* patron *c*

carve [kɑ:v] *v* *skära; *utskära, snida

carving ['kɑ:viŋ] *n* snideri *nt*

case [keis] *n* fall *nt*; resväska *c*; etui *nt*; **attaché** ~ dokumentportfölj *c*; **in** ~ ifall; **in** ~ **of** i händelse av

cash [kæʃ] *n* kontanter *pl*; *v* lösa in, inkassera; ~ **dispenser** bankomat *c*

cashier [kæ'ʃiə] *n* kassör *c*; kassörska *c*

cash machine ['kæʃmə'ʃi:n] *n* bankomat *c*; uttagsautomat *c*

cashmere ['kæʃmiə] *n* kaschmir *c*

casino [kə'si:nou] *n* (pl ~s) kasino *nt*

cask [kɑ:sk] *n* tunna *c*

cassette [kə'set] *n* kassett *c*

cast [kɑ:st] *n* kast *nt*

***cast** [kɑ:st] *v* kasta

castle ['kɑ:səl] *n* slott *nt*, borg *c*

casual ['kæʒuəl] *adj* informell; flyktig, oförmodad, tillfällig

casualty ['kæʒuəlti] *n* offer *nt*; olycksfall *nt*

cat [kæt] *n* katt *c*

catacomb ['kætəkoum] *n* katakomb *c*

catalogue ['kætələg] *n* katalog *c*

catarrh [kə'tɑ:] *n* katarr *c*

catastrophe [kə'tæstrəfi] *n* katastrof *c*

***catch** [kætʃ] *v* fånga; *gripa; överrumpla; *hinna

catchword ['kætʃwəːd] *n* slagord *nt*

category ['kætɪgərɪ] n kategori c

cathedral [kə'θiːdrəl] n domkyrka c, katedral c

catholic ['kæθəlɪk] adj katolsk

cattle ['kætəl] pl boskap c

caught [kɔːt] v (p, pp catch)

cauliflower ['kɔlɪflauə] n blomkål c

cause [kɔːz] v orsaka; vålla; n orsak c; grund c, anledning c; sak c; ~ **to** förmå att

caution ['kɔːʃən] n försiktighet c; v varna

cautious ['kɔːʃəs] adj försiktig

cave [keɪv] n grotta c

cavern ['kævən] n håla c

caviar ['kævɪɑː] n kaviar c

cavity ['kævətɪ] n hålighet c

CD(-ROM) [siː'diː] n CD-(ROM) c

CD player ['siː'diːˌpleɪə] n CD-spelare c

cease [siːs] v upphöra

ceasefire ['siːsfaɪə] n eld upphör nt

ceiling ['siːlɪŋ] n innertak c

celebrate ['selɪbreɪt] v fira

celebration [ˌselɪ'breɪʃən] n firande nt

celebrity [sɪ'lebrətɪ] n berömdhet c

celery ['selərɪ] n selleri nt

cell [sel] n cell c; mobil c

cellar ['selə] n källare c

cellphone ['selfəun] n mobil(telefon) c

cement [sɪ'ment] n cement nt

cemetery ['semɪtrɪ] n kyrkogård c, begravningsplats c

censorship ['sensəʃɪp] n censur c

center ['sentə] nAm center nt

centimetre ['sentɪmiːtə] n centimeter c

central ['sentrəl] adj central; ~ **heating** centralvärme c; ~ **station** centralstation c

centralize ['sentrəlaɪz] v centralisera

centre ['sentə] n centrum nt; medelpunkt c

century ['sentʃərɪ] n århundrade nt

ceramics [sɪ'ræmɪks] pl keramik c, lergods nt

ceremony ['serəmənɪ] n ceremoni c

certain ['sɜːtən] adj säker; viss

certainly ['sɜːtənlɪ] adv säkert

certificate [sə'tɪfɪkət] n certifikat nt; intyg nt, handling c, diplom nt, attest c

chain [tʃeɪn] n kedja c

chair [tʃeə] n stol c

chairman ['tʃeəmən] n (pl -men) ordförande c

chairwoman ['tʃeəwumən] n ordförande (kvinnlig) c

chalet ['ʃæleɪ] n alpstuga c

chalk [tʃɔːk] n krita c

challenge ['tʃæləndʒ] v utmana; n utmaning c

chamber ['tʃeɪmbə] n kammare c

champagne [ʃæmˈpeɪn] *n*
champagne *c*

champion [ˈtʃæmpjən] *n*
mästare *c*; förkämpe *c*

chance [tʃɑːns] *n* slump *c*;
chans *c*, tillfällighet *c*; risk *c*;
by ~ av en slump

change [tʃeɪndʒ] *v* förändra,
ändra; växla; klä om sig;
byta; *n* förändring *c*;
småpengar *pl*; **for a ~** som
omväxling

channel [ˈtʃænəl] *n* kanal *c*;
English Channel Engelska
kanalen

chaos [ˈkeɪɔs] *n* kaos *nt*

chaotic [keiˈɔtik] *adj* kaotisk

chap [tʃæp] *n* karl *c*

chapel [ˈtʃæpəl] *n* kapell *nt*

chaplain [ˈtʃæplin] *n* kaplan
c

character [ˈkærəktə] *n*
karaktär *c*

characteristic
[ˌkærəktəˈristik] *adj*
betecknande, karakteristisk;
n kännetecken *nt*;
karaktärsdrag *nt*

characterize [ˈkærəktəraiz]
v karakterisera

charcoal [ˈtʃɑːkoul] *n* träkol
nt

charge [tʃɑːdʒ] *v* *ta betalt;
*ålägga; anklaga; lasta; *n*
avgift *c*; laddning *c*, börda *c*,
belastning *c*; anklagelse *c*;
free of ~ kostnadsfri; **in ~ of**
ansvarig för; *take ~ of *ta
hand om

charger [ˈtʃɑːdʒə] *n* laddare *c*

charity [ˈtʃærəti] *n*
välgörenhet *c*

charm [tʃɑːm] *n* tjusning *c*,
charm *c*; amulett *c*

charming [ˈtʃɑːmiŋ] *adj*
charmerande

chart [tʃɑːt] *n* tabell *c*;
diagram *nt*; sjökort *nt*;
conversion ~
omräkningstabell *c*

chase [tʃeis] *v* förfölja;
*fördriva, jaga bort; *n* jakt *c*

chasm [ˈkæzəm] *n* klyfta *c*

chassis [ˈʃæsi] *n* (pl ~) chassi
nt

chaste [tʃeist] *adj* kysk

chat [tʃæt] *v* prata, småprata;
n pratstund *c*, prat *nt*,
småprat *nt*

chatterbox [ˈtʃætəbɔks] *n*
pratmakare *c*

chauffeur [ˈʃoufə] *n* chaufför
c

cheap [tʃiːp] *adj* billig;
förmånlig

cheat [tʃiːt] *v* lura, fuska;
*bedra

check [tʃek] *v* kolla,
kontrollera; *n* rutigt
mönster; nota *c*; *nAm* check
c; **check!** schack!; **~ in**
checka in, *skriva in sig; **~
out** lämna

checkbook [ˈtʃekbuk] *nAm*
checkhäfte *nt*

checkerboard [ˈtʃekəbɔːd]
nAm schackbräde *nt*

checkers [ˈtʃekəz] *plAm*
damspel *nt*

checkroom [ˈtʃekruːm] *nAm*

garderob c

checkup ['tʃekʌp] n undersökning c

cheek [tʃi:k] n kind c

cheekbone ['tʃi:kboun] n kindben nt

cheeky ['tʃi:ki] adj colloquial fräck

cheer [tʃiə] v heja, hälsa med jubel; ~ **up** muntra upp

cheerful ['tʃiəfəl] adj munter, glad

cheese [tʃi:z] n ost c

chef [ʃef] n kökschef c

chemical ['kemikəl] adj kemisk

chemist ['kemist] n apotekare c; **chemist's** apotek nt; kemikalieaffär c

chemistry ['kemistri] n kemi c

cheque [tʃek] n check c

chequebook ['tʃekbuk] n checkhäfte nt

cherry ['tʃeri] n körsbär nt

chess [tʃes] n schack nt

chest [tʃest] n bröst nt; bröstkorg c; kista c; ~ **of drawers** byrå c

chestnut ['tʃesnʌt] n kastanj c

chew [tʃu:] v tugga

chewing gum ['tʃu:iŋɡʌm] n tuggummi nt

chicken ['tʃikin] n kyckling c

chickenpox ['tʃikinpɔks] n vattkoppor pl

chief [tʃi:f] n chef c; adj huvud-, över

chieftain ['tʃi:ftən] n

hövding c

child [tʃaild] n (pl children) barn nt

childbirth ['tʃaildbə:θ] n förlossning c

childhood ['tʃaildhud] n barndom c

Chile ['tʃili] Chile

Chilean ['tʃiliən] adj chilensk; n chilenare c

chill [tʃil] n rysning nt

chilly ['tʃili] adj kylig

chimes [tʃaimz] pl klockspel nt

chimney ['tʃimni] n skorsten c

chin [tʃin] n haka c

China ['tʃainə] Kina

china ['tʃainə] n porslin nt

Chinese [tʃai'ni:z] adj kinesisk; n kines c

chip [tʃip] n flisa c; spelmark c; v kantstöta, tälja; **chips** pommes frites

chisel ['tʃizəl] n mejsel c

chives [tʃaivz] pl gräslök c

chlorine ['klɔ:ri:n] n klor c

chock-full [tʃɔk'ful] adj fullpackad, proppfull

chocolate ['tʃɔklət] n choklad c; chokladpralin c

choice [tʃɔis] n val nt; urval nt

choir [kwaiə] n kör c

choke [tʃouk] v kväva; *strypa, kväva; n choke c

***choose** [tʃu:z] v *välja

chop [tʃɔp] n kotlett c; v hacka

Christ [kraist] Kristus

christen ['krisən] v döpa

christening ['krisəniŋ] n dop nt

Christian ['kristʃən] adj kristen; ~ name förnamn nt

Christmas ['krisməs] jul c

chronic ['krɔnik] adj kronisk

chronological [,krɔnə'lɔdʒikəl] adj kronologisk

chuckle ['tʃʌkəl] v småskratta

chunk [tʃʌŋk] n stycke nt

church [tʃəːtʃ] n kyrka c

churchyard ['tʃəːtʃjɑːd] n kyrkogård c

cigar [si'gɑː] n cigarr c; ~ shop cigarraffär c

cigarette [,sigə'ret] n cigarrett c

cigarette case [,sigə'retkeis] n cigarrettetui c

cigarette holder [,sigə'ret,houldə] n cigarrettmunstycke nt

cigarette lighter [,sigə'ret,laitə] n cigarrettändare c

cinema ['sinəmə] n biograf c

cinnamon ['sinəmən] n kanel c

circle ['səːkəl] n cirkel c; krets c; balkong c; v *omge, *omsluta

circulation [,səːkju'leiʃən] n cirkulation c; blodcirkulation c; omlopp nt

circumstance ['səːkəmstæns] n

omständighet c

circus ['səːkəs] n cirkus c

citizen ['sitizən] n stadsbo c

citizenship ['sitizənʃip] n medborgarskap nt

city ['siti] n stad c

civic ['sivik] adj medborgar-

civil ['sivəl] adj medborgerlig; höylig; ~ law civilrätt c; ~ servant statstjänsteman c

civilian [si'viljən] adj civil; n civilist c

civilization [,sivəlai'zeiʃən] n civilisation c

civilized ['sivəlaizd] adj civiliserad

claim [kleim] v kräva, fordra; *påstå; n anspråk nt, fordran c

clamp [klæmp] n klämma c; krampa c

clap [klæp] v applådera

clarify ['klærifai] v *klargöra

class [klɑːs] n klass c

classical ['klæsikəl] adj klassisk

classify ['klæsifai] v indela

classmate ['klɑːsmeit] n klasskamrat c

classroom ['klɑːsruːm] n klassrum nt

clause [klɔːz] n klausul c

claw [klɔː] n klo c

clay [klei] n lera c

clean [kliːn] adj ren; v städa, *rengöra

cleaning ['kliːniŋ] n rengöring c; ~ fluid rengöringsmedel nt clear [kliə] *adj* klar; tydlig; *v* röja

clearing ['kliəriŋ] *n* uthuggning *c*

cleft [kleft] *n* skreva *c*

clergyman ['klə:dʒimən] *n* (pl -men) präst *c*

clerk [klɑ:k] *n* kontorist *c*; bokhållare *c*; sekreterare *c*

clever ['klevə] *adj* intelligent; skicklig, klok

click [klik] *v* klicka; ~ into place klicka på plats

client ['klaiənt] *n* kund *c*; klient *c*

cliff [klif] *n* klippa *c*

climate ['klaimit] *n* klimat *nt*

climb [klaim] *v* klättra; *n* klättring *c*

cling [kliŋ] *v* klänga sig; ~ to klänga sig fast

clinic ['klinik] *n* klinik *c*

cloak [klouk] *n* cape *c*

cloakroom ['kloukru:m] *n* kapprum *nt*

clock [klɔk] *n* ur *nt*; at ... o'clock klockan ...

cloister ['klɔistə] *n* kloster *nt*

clone [kloun] *v* klona; *n* klon *c*

close¹ [klouz] *v* stänga, *sluta; closed adj* stängd, sluten

close² [klous] *adj* nära

closet ['klɔzit] *n* skåp *nt*; garderob *c*

cloth [klɔθ] *n* tyg *nt*; trasa *c*

clothes [klouðz] *pl* kläder *pl*

clothing ['klouðiŋ] *n* beklädnad *c*

cloud [klaud] *n* moln *nt*

cloudy ['klaudi] *adj* mulen, molnig

clover ['klouvə] *n* klöver *c*

clown [klaun] *n* clown *c*

club [klʌb] *n* klubb *c*, förening *c*; påk *c*, klubba *c*

clumsy ['klʌmzi] *adj* klumpig

clutch [klʌtʃ] *n* koppling *c*; grepp *nt*

coach [koutʃ] *n* buss *c*; vagn *c*; kaross *c*; tränare *c*

coal [koul] *n* kol *nt*

coarse [kɔ:s] *adj* grov

coast [koust] *n* kust *c*

coat [kout] *n* överrock *c*, kappa *c*

coat hanger ['kout,hæŋə] *n* galge *c*

cocaine [kou'kein] *n* kokain *nt*

cock [kɔk] *n* tupp *c*

cocktail ['kɔkteil] *n* cocktail *c*

coconut ['koukənʌt] *n* kokosnöt *c*

cod [kɔd] *n* (pl ~) torsk *c*

code [koud] *n* kod *c*

coffee ['kɔfi] *n* kaffe *nt*

cognac ['kɔnjæk] *n* konjak *c*

coherence [kou'hiərəns] *n* sammanhang *c*

coin [kɔin] *n* mynt *nt*; slant *c*

coincide [,kouin'said] *v* *sammanfalla

cold [kould] *adj* kall; *n* kyla *c*; förkylning *c*; *catch a ~ *bli förkyld

collaborate [kə'læbərait] *v* samarbeta

collapse [kə'læps] v kollapsa, *bryta samman

collar ['kɔlə] n halsband nt; krage c; ~ stud kragknapp c

collarbone ['kɔləboun] n nyckelben nt

colleague ['kɔliːg] n kollega c

collect [kə'lekt] v samla; hämta; samla in

collection [kə'lekʃən] n samling c; brevlådstömning c; kollekt c, insamling c

collective [kə'lektiv] adj kollektiv

collector [kə'lektə] n samlare c; insamlare c

college ['kɔlidʒ] n högre läroanstalt; högskola c

collide [kə'laid] v kollidera

collision [kə'liʒən] n sammanstötning c, kollision c; ombordläggning c

Colombia [kə'lɔmbiə] Colombia

Colombian [kə'lɔmbiən] adj colombiansk; n colombian c

colonel ['kɔːnəl] n överste c

colony ['kɔləni] n koloni c

colour ['kʌlə] n färg c; v färga; ~ film färgfilm c

colour-blind ['kʌləblaind] adj färgblind

coloured ['kʌləd] adj färgad

colourful ['kʌləfəl] adj färgrik, färgstark

column ['kɔləm] n pelare c; kolumn c; rubrik c

coma ['koumə] n koma c

comb [koum] v kamma; n kam c

combat ['kɔmbæt] n kamp c, strid c; v bekämpa, kämpa

combination [,kɔmbi'neiʃən] n kombination c

combine [kəm'bain] v kombinera

*come [kʌm] v *komma; ~ across råka träffa, stöta på; *få tag i

comedian [kə'miːdiən] n skådespelare c; komiker c

comedy ['kɔmədi] n lustspel nt, komedi c; musical ~ musikalisk komedi

comfort ['kʌmfət] n komfort c, bekvämlighet c; tröst c; v trösta

comfortable ['kʌmfətəbəl] adj bekväm, komfortabel

comic ['kɔmik] adj komisk

comics ['kɔmiks] pl tecknad serie

coming ['kʌmiŋ] n ankomst c

comma ['kɔmə] n kommatecken nt

command [kə'mɑːnd] v befalla; n befallning c

commander [kə'mɑːndə] n befälhavare c

commemoration [kə,memə'reiʃən] n minnesfest c

commence [kə'mens] v börja

comment ['kɔment] n kommentar c; v kommentera

commerce ['kɔməːs] n

handel c

commercial [kə'mə:ʃəl] *adj*
kommersiell, handels-; *n*
reklamsändning *c*; ~ **law**
handelsrätt *c*

commission [kə'miʃən] *n*
kommission *c*

commit [kə'mit] *v* anförtro,
överlämna; *begå, föröva

committee [kə'miti] *n*
kommitté *c*, utskott *nt*

common ['kɔmən] *adj*
gemensam; allmän, vanlig;
simpel

commune ['kɔmju:n] *n*
kommun *c*

communicate
[kə'mju:nikeit] *v* meddela

communication
[kə,mju:ni'keiʃən] *n*
kommunikation *c*;
meddelande *nt*

communism ['kɔmjunizəm]
n kommunism *c*

communist ['kɔmjunist] *n*
kommunist *c*

community [kə'mju:nəti] *n*
gemenskap *c*, samhälle *nt*

commuter [kə'mju:tə] *n*
pendlare *c*

compact ['kɔmpækt] *adj*
kompakt

compact disc ['kɔmpækt
disk] *n* CD-skiva *c*; ~ **player**
CD-spelare *c*

companion [kəm'pænjən] *n*
följeslagare *c*

company ['kʌmpəni] *n*
sällskap *nt*; bolag *nt*; företag
nt, firma *c*

comparative [kəm'pærətiv]
adj relativ

compare [kəm'pɛə] *v*
jämföra

comparison [kəm'pærisən] *n*
jämförelse *c*

compartment
[kəm'pɑ:tmənt] *n* kupé *c*;
fack *nt*

compass ['kʌmpəs] *n*
kompass *c*

compel [kəm'pel] *v* tvinga

compensate ['kɔmpənseit] *v*
kompensera

compensation
[,kɔmpən'seiʃən] *n*
kompensation *c*;
skadeersättning *c*

compete [kəm'pi:t] *v* tävla

competition [,kɔmpə'tiʃən]
n tävlan *c*; tävling *c*

competitor [kəm'petitər] *n*
medtävlare *c*

compile [kəm'pail] *v*
sammanställa, samla ihop

complain [kəm'plein] *v* klaga

complaint [kəm'pleint] *n*
reklamation *c*, klagomål *nt*;
complaints book
reklamationsbok *c*

complete [kəm'pli:t] *adj*
fullkomlig, komplett; *v*
avsluta

completely [kəm'pli:tli] *adv*
fullkomligt, totalt,
fullständigt

complex ['kɔmpleks] *n*
komplex *nt*; *adj* invecklad

complexion [kəm'plekʃən] *n*
hy *c*

complicated ['kɔmplikeitid]
adj komplicerad, invecklad
compliment ['kɔmplimənt] n
komplimang c; v
komplimentera, gratulera
compose [kəm'pouz] v
sammanställa
composer [kəm'pouzə] n
kompositör c
composition [,kɔmpə'ziʃən]
n komposition c;
sammansättning c
comprehensive
[,kɔmpri'hensiv] adj
omfattande, innehållsrik
comprise [kəm'praiz] v
*inbegripa, omfatta
compromise ['kɔmprəmaiz]
n kompromiss c
compulsory [kəm'pʌlsəri]
adj obligatorisk
computer [kəm'pjutə] n
dator c
conceal [kən'si:l] v *dölja
conceited [kən'si:tid] adj
egenkär
conceive [kən'si:v] v avla;
tänka ut; fatta
concentrate ['kɔnsəntreit] v
koncentrera
concentration
[,kɔnsən'treiʃən] n
koncentration c
conception [kən'sepʃən] n
uppfattning c; befruktning c
concern [kən'sə:n] v
beträffa, *angå; n oro c;
angelägenhet c; koncern c
concerned [kən'sə:nd] adj
bekymrad; inblandad

concerning [kən'sə:niŋ]
prep angående, beträffande
concert ['kɔnsət] n konsert c;
~ hall konsertsal c
concession [kən'seʃən] n
koncession c; beviljande nt
concise [kən'sais] adj
kortfattad, koncis
conclusion [kəŋ'klu:ʒən] n
slut nt, slutsats c
concrete ['kɔŋkri:t] adj
konkret; n betong c
concurrence [kəŋ'kʌrəns] n
sammanträffande nt
concussion [kəŋ'kʌʃən] n
hjärnskakning c
condition [kən'diʃən] n
villkor nt; tillstånd nt,
kondition c
conditional [kən'diʃənəl] adj
villkorlig
conditioner [kən'diʃənə] n
sköljmedel
condom ['kɔndəm] n
kondom c
conduct[1] ['kɔndʌkt] n
uppförande nt
conduct[2] [kən'dʌkt] v
ledsaga; dirigera
conductor [kən'dʌktə] n
förare c; dirigent c
confectioner [kən'fekʃənə]
n konditor c
conference ['kɔnfərəns] n
konferens c
confess [kən'fes] v erkänna;
bikta sig; bekänna
confession [kən'feʃən] n
bekännelse c; bikt c
confidence ['kɔnfidəns] n

förtroende *nt*
confident ['kɔnfidənt] *adj*
tillitsfull
confidential [,kɔnfi'denʃəl]
adj konfidentiell
confirm [kən'fəːm] *v*
bekräfta
confirmation
[,kɔnfə'meiʃən] *n*
bekräftelse *c*
confiscate ['kɔnfiskeit] *v*
konfiskera
conflict ['kɔnflikt] *n* konflikt
c
confuse [kən'fjuːz] *v*
förvirra
confusion [kən'fjuːʒən] *n*
förvirring *c*
congratulate
[kəŋ'grætʃuleit] *v*
lyckönska, gratulera
congratulation
[kəŋ,grætʃu'leiʃən] *n*
lyckönskning *c*, gratulation
c
congregation
[,kɔŋgri'geiʃən] *n*
församling *c*; kongregation *c*
congress ['kɔŋgres] *n*
kongress *c*
connect [kə'nekt] *v*
*förbinda, koppla; koppla
till, *anknyta; *ansluta
connection [kə'nekʃən] *n*
förbindelse *c*; sammanhang
nt, anknytning *c*
connoisseur [,kɔnə'səː] *n*
kännare *c*
connotation [,kɔnə'teiʃən] *n*
bibetydelse *c*

conquer ['kɔŋkə] *v* erövra;
besegra
conqueror ['kɔŋkərə] *c*
erövrare *c*
conquest ['kɔŋkwest] *n*
erövring *c*
conscience ['kɔnʃəns] *n*
samvete *nt*
conscious ['kɔnʃəs] *adj*
medveten
consciousness ['kɔnʃəsnəs]
n medvetande *nt*
conscript ['kɔnskript] *n*
värnpliktig *c*
consent [kən'sent] *v*
samtycka; *n* samtycke *nt*,
bifall *nt*
consequence ['kɔnsikwəns]
n verkan *c*, följd *c*
consequently
['kɔnsikwəntli] *adv*
följaktligen
conservative [kən'səːvətiv]
adj samhällsbevarande,
konservativ
consider [kən'sidə] *v*
betrakta; överväga; *anse
considerable
[kən'sidərəbəl] *adj* betydlig;
avsevärd, betydande
considerate [kən'sidərət]
adj hänsynsfull
consideration
[kən,sidə'reiʃən] *n*
övervägande *nt*; hänsyn *c*,
hänsynsfullhet *c*
considering [kən'sidəriŋ]
prep med hänsyn till
consignment
[kən'sainmənt] *n*

försändelse c

consist of [kən'sist] *bestå av

conspire [kən'spaiə] v *sammansvärja sig

constant ['kɔnstənt] adj ständig

constipation [ˌkɔnsti'peiʃən] n förstoppning c

constituency [kən'stitʃuənsi] n valkrets c

constitution [ˌkɔnsti'tjuːʃən] n grundlag c; sammansättning c

construct [kən'strʌkt] v konstruera; bygga, uppföra

construction [kən'strʌkʃən] n konstruktion c; uppförande nt; bygge nt, byggnad c

consul ['kɔnsəl] n konsul c

consulate ['kɔnsjulət] n konsulat nt

consult [kən'sʌlt] v rådfråga

consultation [ˌkɔnsəl'teiʃən] n konsultation c; ~ hours mottagningstid c

consume [kən'sjuːm] v konsumera

consumer [kən'sjuːmə] n konsument c

contact ['kɔntækt] n kontakt c, beröring c; v kontakta; ~ lenses kontaktlinser pl

contagious [kən'teidʒəs] adj smittosam, smittande

contain [kən'tein] v *innehålla; rymma

container [kən'teinə] n

behållare c; container c

contemporary [kən'tempərəri] adj samtida; nutida; n samtida person

contempt [kən'tempt] n förakt nt, ringaktning c

content [kən'tent] adj nöjd

contents ['kɔntents] pl innehåll nt

contest ['kɔntest] n strid c; tävling c

continent ['kɔntinənt] n kontinent c, världsdel c

continental [ˌkɔnti'nentəl] adj kontinental

continual [kən'tinjuəl] adj ständig; **continually** adv oupphörligen

continue [kən'tinjuː] v *fortsätta, *fortgå

continuous [kən'tinjuəs] adj oavbruten, kontinuerlig

contour ['kɔntuə] n kontur c

contraceptive [ˌkɔntrə'septiv] n preventivmedel nt

contract[1] ['kɔntrækt] n kontrakt nt

contract[2] [kən'trækt] v *ådraga sig

contractor [kən'træktə] n entreprenör c

contradict [ˌkɔntrə'dikt] v *motsäga

contradictory [ˌkɔntrə'diktəri] adj motsägande

contrary ['kɔntrəri] n motsats c; adj motsatt; **on**

the ~ däremot
contrast ['kɒntrɑːst] n
kontrast c
contribution
[,kɒntri'bjuːʃən] n bidrag nt
control [kən'troul] n kontroll
c; v kontrollera
controversial
[,kɒntrə'vəːʃəl] adj
omtvistad, omstridd
convenience [kən'viːnjəns]
n bekvämlighet c
convenient [kən'viːnjənt]
adj bekväm; lämplig,
passande
convent ['kɒnvənt] n kloster
nt
conversation
[,kɒnvə'seiʃən] n
konversation c, samtal nt
convert [kən'vəːt] v
omvända; omräkna
convict[1] [kən'vikt] v förklara
skyldig
convict[2] ['kɒnvikt] n
brottsling c
conviction [kən'vikʃən] n
övertygelse c; fällande dom
convince [kən'vins] v
övertyga
convulsion [kən'vʌlʃən] n
kramp c
cook [kuk] n kock c; v laga
mat, tillaga
cookbook ['kukbuk] nAm
kokbok c
cooker ['kukə] n spis c; gas ~
gasspis c
cookery book ['kukəribuk] n
kokbok c

cookie ['kuki] nAm kex nt
cool [kuːl] adj kylig
cooperation
[kou,ɒpə'reiʃən] n
samarbete nt; samverkan c
co-operative [kou'ɒpərətiv]
adj kooperativ;
samarbetsvillig; n
kooperation c
coordinate [kou'ɔːdineit] v
samordna
coordination
[kou,ɔːdi'neiʃən] n
samordning c
cope [koup] v klara det
copper ['kɒpə] n koppar c
copy ['kɒpi] n kopia c;
avskrift c; exemplar nt; v
kopiera; härma; carbon ~
karbonkopia c
coral ['kɒrəl] n korall c
cord [kɔːd] n rep nt; lina c
cordial ['kɔːdiəl] adj hjärtlig
corduroy ['kɔːdərɔi] n
manchester c
core [kɔː] n kärna c; kärnhus
nt
cork [kɔːk] n kork c
corkscrew ['kɔːkskruː] n
korkskruv c
corn [kɔːn] n korn nt;
spannmål c, säd c; liktorn c;
~ on the cob majskolv c
corner ['kɔːnə] n hörn nt
cornfield ['kɔːnfiːld] n
sädesfält nt
corpse [kɔːps] n lik nt
corpulent ['kɔːpjulənt] adj
korpulent; tjock
correct [kə'rekt] adj riktig,

korrekt, rätt; *v* rätta, rätta
till
correction [kə'rekʃən] *n*
rättelse *c*
correctness [kə'rektnəs] *n*
riktighet *c*
correspond [,kɔri'spɔnd] *v*
korrespondera;
överensstämma, motsvara
correspondence
[,kɔri'spɔndəns] *n*
överensstämmelse *c*,
brevväxling *c*
correspondent
[,kɔri'spɔndənt] *n*
korrespondent *c*
corridor ['kɔridɔ:] *n* korridor
c
corrupt [kə'rʌpt] *adj*
korrumperad; *v* korrumpera
corruption [kə'rʌpʃən] *n*
korruption *c*
corset ['kɔ:sit] *n* korsett *c*
cosmetics [kɔz'metiks] *pl*
skönhetsmedel *pl*,
kosmetika *pl*
cost [kɔst] *n* kostnad *c*; pris
nt
***cost** [kɔst] *v* kosta
cosy ['kouzi] *adj* mysig,
hemtrevlig
cot [kɔt] *nAm* turistsäng *c*
cottage ['kɔtidʒ] *n* stuga *c*
cotton ['kɔtən] *n* bomull *c*
cotton wool ['kɔtənwul] *n*
bomull *c*
couch [kautʃ] *n* soffa *c*
cough [kɔf] *n* hosta *c*; *v* hosta
could [kud] *v* (p can)
council ['kaunsəl] *n*

rådsförsamling *c*
councillor ['kaunsələ] *n*
rådsmedlem *c*
counsel ['kaunsəl] *n*
överläggning *c*, råd *nt*
counsellor ['kaunsələ] *n*
rådgivare *c*
count [kaunt] *v* räkna; räkna
ihop; medräkna; *anse; *n*
greve *c*
counter ['kauntə] *n* disk *c*
counterfeit ['kauntəfi:t] *v*
förfalska
counterfoil ['kauntəfɔil] *n*
talong *c*
countess ['kauntis] *n*
grevinna *c*
country ['kʌntri] *n* land *nt*;
landsbygd *c*; ~ **house**
lantställe *nt*
countryman ['kʌntrimən] *n*
(pl -men) landsman *c*
countryside ['kʌntrisaid] *n*
landsbygd *c*
county ['kaunti] *n* grevskap
nt
couple ['kʌpəl] *n* par *nt*
coupon ['ku:pɔn] *n* kupong
c, biljett *c*
courage ['kʌridʒ] *n*
tapperhet *c*, mod *nt*
courageous [kə'reidʒəs] *adj*
modig, tapper
course [kɔ:s] *n* kurs *c*; rätt *c*;
lopp *nt*; **intensive** ~
snabbkurs *c*; **of** ~ givetvis,
naturligtvis
court [kɔ:t] *n* domstol *c*; hov
nt
courteous [kə:tiəs] *adj* artig

cousin ['kʌzən] n kusin c

cover ['kʌvə] v täcka; n
skydd nt; lock nt; pärm c; ~
charge kuvertavgift c

cow [kau] n ko c

coward ['kauəd] n ynkrygg c

cowardly ['kauədli] adj feg

crab [kræb] n krabba c

crack [kræk] n smäll c;
spricka c; v smälla; *spricka,
spräcka

cracker ['krækə] nAm kex nt

cradle ['kreidəl] n vagga c

cramp [kræmp] n kramp c

crane [krein] n lyftkran c

crankshaft ['kræŋkʃɑːft] n
vevaxel c

crap [kræp] n V skit c

crash [kræʃ] n kollision c; v
kollidera; störta; ~ barrier
vägräcke nt

crate [kreit] n spjällåda c

crater ['kreitə] n krater c

crawl [krɔːl] v *krypa; n
crawlsim nt

craze [kreiz] n mani c

crazy ['kreizi] adj galen;
vansinnig, tokig

creak [kriːk] v gnissla

cream [kriːm] n kräm c;
grädde c; adj gräddfärgad

creamy ['kriːmi] adj grädd-

crease [kriːs] v skrynkla; n
veck nt; skrynkla c

create [kriˈeit] v skapa

creative [kriˈeitiv] adj
kreativ

creature ['kriːtʃə] n varelse c

credible ['kredibəl] adj
trovärdig

credit ['kredit] n kredit c; v
kreditera; ~ card kreditkort
nt

creditor ['kreditə] n
fordringsägare c

credulous ['kredjuləs] adj
godtrogen

creek [kriːk] n vik c

*creep [kriːp] v *krypa

creepy ['kriːpi] adj kuslig

cremate [kriˈmeit] v kremera

crew [kruː] n besättning c

cricket ['krikit] n kricket nt;
syrsa c

crime [kraim] n brott nt

criminal ['kriminəl] n
förbrytare c, brottsling c; adj
kriminell, brottslig; ~ law
strafflag c

criminality [ˌkrimiˈnæləti] n
brottslighet c

crimson ['krimzən] adj
karmosinröd

crippled ['kripəld] adj
invalidiserad

crisis ['kraisis] n (pl crises)
kris c

crisp [krisp] adj knaprig,
frasig

critic ['kritik] n kritiker c

critical ['kritikəl] adj kritisk,
farlig

criticism ['kritisizəm] n
kritik c

criticize ['kritisaiz] v
kritisera

crochet ['krouʃei] v virka

crockery ['krɔkəri] n lergods
nt, porslin nt

crocodile ['krɔkədail] n

crooked 246

krokodil c
crooked ['krukid] adj krokig, vriden; oärlig
crop [krɔp] n skörd c
cross [krɔs] v *gå över; adj vresig, arg; n kors nt
cross-eyed ['krɔsaid] adj skelögd
crossing ['krɔsiŋ] n överfart c; korsning c; övergångsställe nt
crossroads ['krɔsroudz] n gatukorsning c
crosswalk ['krɔswɔːk] nAm övergångsställe nt
crow [krou] n kråka c
crowbar ['krcoubɑː] n bräckjärn nt
crowd [kraud] n folkmassa c, hop c
crowded ['kraudid] adj fullpackad; överfull
crown [kraun] n krona c; v kröna
crucifix ['kruːsifiks] n krucifix nt
crucifixion [,kruːsi'fikʃən] n korsfästelse c
crucify ['kruːsifai] v korsfästa
cruel [kruəl] adj grym
cruise [kruːz] n kryssning c
crumb [krʌm] n smula c
crusade [kruː'seid] n korståg nt
crust [krʌst] n skorpa c
crutch [krʌtʃ] n krycka c
cry [krai] v *gråta; *skrika; ropa; n skrik nt; rop nt
crystal ['kristəl] n kristall c; adj kristall-

Cuba ['kjuːbə] Kuba
Cuban ['kjuːbən] adj kubansk; n kuban c
cube [kjuːb] n kub c; tärning c
cuckoo ['kukuː] n gök c
cucumber ['kjuːkəmbə] n gurka c
cuddle ['kʌdəl] v krama, kela med
cuff [kʌf] n manschett c
cuff links ['kʌfliŋks] pl manschettknappar pl
cul-de-sac ['kʌldəsæk] n återvändsgränd c
cultivate ['kʌltiveit] v odla
culture ['kʌltʃə] n kultur c
cultured ['kʌltʃəd] adj kultiverad
cunning ['kʌniŋ] adj listig
cup [kʌp] n kopp c; pokal c
cupboard ['kʌbəd] n skåp nt
curb [kəːb] n trottoarkant c; v tygla, kuva
cure [kjuə] v bota; n kur c; tillfrisknande nt
curiosity [,kjuəri'ɔsəti] n nyfikenhet c
curious ['kjuəriəs] adj vetgirig, nyfiken; märkvärdig
curl [kəːl] v locka; krusa; n lock c
curler ['kəːlə] n papiljott c
curly ['kəːli] adj lockig
currant ['kʌrənt] n korint c; vinbär nt
currency ['kʌrənsi] n valuta c; **foreign ~** utländsk valuta

current ['kʌrənt] n ström c;
adj nuvarande, gällande
   alternating ~ växelström c;
   direct ~ likström c

curry ['kʌri] n curry c

curse [kəːs] v *svära;
förbanna; n svordom c

curtain ['kəːtən] n gardin c;
ridå c

curve [kəːv] n kurva c;
krökning c

curved [kəːvd] adj böjd

cushion ['kuʃən] n kudde c

custody ['kʌstədi] n häkte
nt; förvaring c;
förmynderskap nt

custom ['kʌstəm] n vana c;
bruk nt

customary ['kʌstəməri] adj
vanlig, sedvanlig, bruklig

customer ['kʌstəmə] n kund
c; klient c

Customs ['kʌstəmz] pl tull c;
   ~ duty tull c; **~ officer**
   tulltjänsteman c

cut [kʌt] n snitt nt; skärsår nt

***cut** [kʌt] v *skära; klippa;
   ***skära ned; ~ off** *skära av;
   klippa av; stänga av

cutlery ['kʌtləri] n bestick c

cutlet ['kʌtlət] n kotlett c

cycle ['saikəl] n cykel c;
kretslopp nt

cyclist ['saiklist] n cyklist c

cylinder ['silində] n cylinder
c; **~ head** topplock nt

Czech Republic [tʃek
riˈpʌblik] Tjeckiska
republiken

D

dad [dæd] n pappa c

daddy ['dædi] n pappa c

daffodil ['dæfədil] n påsklilja
c

daily ['deili] adj daglig; n
dagstidning c

dairy ['deəri] n mejeri nt

dam [dæm] n damm c;
jordvall c

damage ['dæmidʒ] n skada c;
v förstöra

damn [dæm] v förbanna

damp [dæmp] adj fuktig; n
fukt c; v fukta

dance [dɑːns] v dansa; n dans
c

dandelion ['dændilaiən] n
maskros c

dandruff ['dændrəf] n mjäll
nt

Dane [dein] n dansk c

danger ['deindʒə] n fara c

dangerous ['deindʒərəs] adj
farlig

Danish ['deiniʃ] adj dansk

dare [deə] v våga; utmana

daring ['deəriŋ] adj djärv,
oförskräckt

dark [dɑːk] adj mörk; n
mörker nt

darling ['dɑːliŋ] n älskling c

darn [dɑːn] v stoppa

dash

dash [dæ∫] *v* rusa; *n*
tankstreck *nt*

dashboard ['dæ∫bɔ:d] *n*
instrumentbräda *c*

data ['deitə] *pl* data *pl*

date[1] [deit] *n* datum *nt*; träff
c; *v* datera; **out of ~**
omodern

date[2] [deit] *n* dadel *c*

daughter ['dɔ:tə] *n* dotter *c*

daughter-in-law
['dɔ:tərinlɔ:] *n* svärdotter *c*

dawn [dɔ:n] *n* gryning *c*;
dagning *c*

day [dei] *n* dag *c*; **by ~** om
dagen; **~ trip** dagsutflykt *c*;
per ~ per dag; **the ~ before
yesterday** i förrgår

day spa ['dei͵spa:] *n* day spa
c

daybreak ['deibreik] *n*
dagbräckning *c*

daylight ['deilait] *n* dagsljus
nt

dead [ded] *adj* död

deaf [def] *adj* döv

deal [di:l] *n* affärsuppgörelse
c, affärstransaktion *c*

***deal** [di:l] *v* dela ut; **~ with**
befatta sig med; *göra
affärer med

dealer ['di:lə] *n* agent *c*,
-handlare

dear [diə] *adj* kär; dyr; dyrbar

death [deθ] *n* död *c*; **~
penalty** dödsstraff *nt*

debate [di'beit] *n* debatt *c*

debit ['debit] *n* debet *c*

debit card ['debit͵ka:d] *n*
kontokort *nt*

debt [det] *n* skuld *c*

decaf(feinated)
[di:'kæfeinitid] *adj*
koffeinfri

decaffeinated
[di:'kæfineitid] *adj*
koffeinfri

deceit [di'si:t] *n* bedrägeri *nt*

deceive [di'si:v] *v* *bedra

December [di'sembə]
december

decency ['di:sənsi] *n*
anständighet *c*

decent ['di:sənt] *adj*
anständig

decide [di'said] *v* *besluta,
bestämma, *avgöra

decision [di'siʒən] *n*
avgörande *nt*, beslut *nt*

deck [dek] *n* däck *nt*; **~ cabin**
däckshytt *c*; **~ chair** vilstol *c*

declaration [͵deklə'reiʃən] *n*
förklaring *c*; deklaration *c*

declare [di'kleə] *v* förklara;
*uppge; förtulla

decorate ['dekəreit] *v*
dekorera

decoration [͵dekə'reiʃən] *n*
dekoration *c*

decrease [di:'kri:s] *v* *skära
ned, minska; *avta; *n*
minskning *c*

dedicate ['dedikeit] *v* ägna

deduce [di'dju:s] *v* härleda

deduct [di'dʌkt] *v* *dra av

deed [di:d] *n* handling *c*,
gärning *c*

deep [di:p] *adj* djup

deep-freeze [͵di:p'fri:z] *n*
frys *c*

deer [diə] n (pl ~) hjort c
defeat [di'fi:t] v besegra; n
nederlag nt
defective [di'fektiv] adj
bristfällig
defence [di'fens] n försvar nt
defend [di'fend] v försvara
deficiency [di'fiʃənsi] n brist
c
deficit ['defisit] n underskott
nt
define [di'fain] v definiera,
bestämma
definite ['definit] adj
bestämd
definition [,defi'niʃən] n
definition c
degree [di'gri:] n grad c
delay [di'lei] v försena,
*uppskjuta; n försening c;
uppskov nt
delegate ['deligət] n delegat
c
delegation [,deli'geiʃən] n
deputation c, delegation c
deliberate[1] [di'libəreit] v
*överlägga, överväga
deliberate[2] [di'libərət] adj
överlagd
deliberation [di,libə'reiʃən]
n överläggning c
delicacy ['delikəsi] n
delikatess c
delicate ['delikət] adj fin;
ömtålig; känslig
delicatessen [,delikə'tesən]
n delikatessaffär c
delicious [di'liʃəs] adj
utsökt, läcker
delight [di'lait] n förtjusning

c, njutning c; v *glädja;
delighted förtjust
delightful [di'laitfəl] adj
härlig, förtjusande
deliver [di'livə] v leverera,
avlämna; frälsa
delivery [di'livəri] n leverans
c; förlossning c; frälsning c;
~ **van** varubil c
demand [di'ma:nd] v fordra,
kräva; n begäran c;
efterfrågan c
democracy [di'mɔkrəsi] n
demokrati c
democratic [,demə'krætik]
adj demokratisk
demolish [di'mɔliʃ] v *riva
demolition [,demə'liʃən] n
rivning c
demonstrate ['demənstreit]
v bevisa; demonstrera
demonstration
[,demən'streiʃən] n
demonstration c
den [den] n lya c
Denmark ['denma:k]
Danmark
denomination
[di,nɔmi'neiʃən] n
benämning c
dense [dens] adj tät
dent [dent] n buckla c
dental ['dentl] adj dental;
dental floss n tandtråd c
dentist ['dentist] n
tandläkare c
denture ['dentʃə] n
tandprotes c
deny [di'nai] v förneka; neka,
*bestrida, vägra

deodorant [diː'oudərənt] *n*
deodorant *c*

depart [di'pɑːt] *v* avresa,
avlägsna sig; *avlida

department [di'pɑːtmənt] *n*
avdelning *c*, departement
nt; ~ **store** varuhus *nt*

departure [di'pɑːtʃə] *n*
avgång *c*, avresa *c*

dependant [di'pendənt] *adj*
beroende

depend on [di'pend] bero på;
*vara beroende av; **that
depends on** det beror på

deposit [di'pɔzit] *n*
inbetalning *c*; handpenning
c, pant *c*; avlagring *c*,
sediment *nt*; *v* deponera

depot ['depou] *n* depå *c*;
nAm station *c*

depressed [di'prest] *adj*
deprimerad

depressing [di'presiŋ] *adj*
nedslående

depression [di'preʃən] *n*
depression *c*; lågtryck *nt*

deprive of [di'praiv] beröva

depth [depθ] *n* djup *nt*

deputy ['depjuti] *n*
deputerad *c*;
ställföreträdare *c*

descend [di'send] *v* *stiga
ned

descendant [di'sendənt] *n*
ättling *c*

descent [di'sent] *n*
nedstigning *c*

describe [di'skraib] *v*
*beskriva

description [di'skripʃən] *n*

beskrivning *c*; signalement
nt

desert[1] ['dezət] *n* öken *c*; *adj*
öde

desert[2] [di'zəːt] *v* desertera;
*överge

deserve [di'zəːv] *v* förtjäna

design [di'zain] *v* *planlägga;
n utkast *nt*; mönster *nt*

designate ['dezigneit] *v*
bestämma

desirable [di'zaiərəbəl] *adj*
önskvärd, åtråvärd

desire [di'zaiə] *n* önskan *c*;
lust *c*, begär *nt*; *v* önska,
längta

desk [desk] *n* skrivbord *nt*;
talarstol *c*; skolbänk *c*

despair [di'spɛə] *n* förtvivlan
c; *v* förtvivla

despatch [di'spætʃ] *v*
avsända

desperate ['despərət] *adj*
desperat

despise [di'spaiz] *v* förakta

despite [di'spait] *prep* trots

dessert [di'zəːt] *n* dessert *c*

destination [‚desti'neiʃən] *n*
bestämmelseort *c*

destine ['destin] *v* *avse,
bestämma

destiny ['destini] *n* öde *nt*

destroy [di'strɔi] *v* förstöra

destruction [di'strʌkʃən] *n*
förstörelse *c*; undergång *c*

detach [di'tætʃ] *v* avskilja

detail ['diːteil] *n* detalj *c*

detailed ['diːteild] *adj*
detaljerad, utförlig

detect [di'tekt] *v* upptäcka

detective [di'tektiv] n
  detektiv c; ~ **story**
  detektivroman c
detergent [di'tə:dʒənt] n
  rengöringsmedel nt
determine [di'tə:min] v
  bestämma, fastställa
determined [di'tə:mind] adj
  beslutsam
detest [di'test] v avsky
detour ['di:tuə] n omväg c
devaluation
  [,di:vælju'eiʃən] n
  devalvering c
devalue [di:'vælju:] v
  devalvera
develop [di'veləp] v
  utveckla; framkalla
development [di'veləpmənt]
  n utveckling c; framkallning
  c
deviate ['di:vieit] v *avvika
devil ['devəl] n djävul c
devise [di'vaiz] v uttänka
devote [di'vout] v ägna, offra
dew [dju:] n dagg c
diabetes [,daiə'bi:ti:z] n
  sockersjuka c, diabetes c
diabetic [,daiə'betik] n
  diabetiker c, sockersjuk c
diagnose [,daiəg'nouz] v
  ställa en diagnos
diagnosis [,daiəg'nousis] n
  (pl -ses) diagnos c
diagonal [dai'ægənəl] n
  diagonal c; adj diagonal
diagram ['daiəgræm] n
  diagram nt; grafisk
  framställning
dial ['daiəl] n urtavla

dialect ['daiəlekt] n dialekt c
diamond ['daiəmənd] n
  diamant c
diaper ['daiəpə] nAm blöja c
diaphragm ['daiəfræm] n
  diafragma c; bländare c
diarrhoea [daiə'riə] n diarré
  c
diary ['daiəri] n
  fickalmanacka c; dagbok c
dictaphone ['diktəfoun] n
  diktafon c
dictate [dik'teit] v diktera
dictator [dik'teitə] n diktator
  c
dictionary ['dikʃənəri] n
  ordbok c
did [did] v (p do)
die [dai] v *dö
diesel ['di:zəl] n diesel c
diet ['daiət] n diet c
differ ['difə] v *vara olik
difference ['difərəns] n
  skillnad c
different ['difərənt] adj olik,
  annan
difficult ['difikəlt] adj svår;
  kinkig
difficulty ['difikəlti] n
  svårighet c
***dig** [dig] v gräva
digest [di'dʒest] v smälta
  maten
digestible [di'dʒestəbəl] adj
  lättsmält
digestion [di'dʒestʃən] n
  matsmältning c
digit ['didʒit] n siffra c
digital ['didʒitəl] adj digital
digital camera ['didʒi-

təl‚'kæmərə] n
digitalkamera c

digital photo
['didʒitəl‚'foutou] n
digitalfoto nt

digital projector
['didʒitəl‚prə'jektə] n
digital projektor nt

dignified ['dignifaid] adj
värdig

dignity ['digniti] n värdighet
c

dike [daik] n fördämning c

dilapidated [di'læpideitid]
adj förfallen

diligence ['dilidʒəns] n nit nt,
flit c

diligent ['dilidʒənt] adj
ihärdig, flitig, arbetsam

dilute [dai'lju:t] v förtunna,
utspäda

dim [dim] adj matt, dunkel;
vag, oklar

dine [dain] v *äta middag

dinghy ['diŋgi] n jolle c

dining car ['daiŋiŋ‚ka:] n
restaurangvagn c

dining room ['daiŋiŋru:m] n
matsal c

dinner ['dinə] n middag c,
lunch c

dinner jacket ['dinə‚dʒækit]
n smoking c

dinner service ['dinə‚sə:vis]
n matservis c

diphtheria [dif'θiəriə] n
difteri c

diploma [di'ploumə] n
diplom nt

diplomat ['dipləmæt] n

diplomat c

direct [di'rekt] adj direkt; v
rikta; vägleda; leda;
regissera

direction [di'rekʃən] n
riktning c; instruktion c;
regi c; styrelse c, direktion c;
directions for use
bruksanvisning c

directive [di'rektiv] n
direktiv nt

director [di'rektə] n direktör
c; regissör c

directory [di'rektəri] n
adress-förteckning c

dirt [də:t] n smuts c

dirty ['də:ti] adj smutsig

disabled [di'seibəld] adj
invalidiserad, handikappad

disadvantage
[‚disəd'va:ntidʒ] n nackdel
c

disagree [‚disə'gri:] v *vara
oenig, *vara oense

disagreeable [‚disə'gri:əbəl]
adj obehaglig

disappear [‚disə'piə] v
*försvinna

disappoint [‚disə'point] v
*göra besviken; *be
disappointing *vara en
besvikelse

disappointment
[‚disə'pointmənt] n
besvikelse c

disapprove [‚disə'pru:v] v
ogilla

disaster [di'za:stə] n
katastrof c, olycka c

disastrous [di'za:strəs] adj

katastrofal

disc [disk] *n* kota *c*, skiva *c*;
grammofonskiva *c*; **slipped**
~ diskbråck *nt*

discard [di'ska:d] *v* kassera

discharge [dis'tʃa:dʒ] *v*
lossa; urladda; ~ **of** *frita
från

discipline ['disiplin] *n*
disciplin *c*

discolour [di'skʌlə] *v*
urbleka, avfärga;
discoloured missfärgad

disconnect [,diskə'nekt] *v*
åtskilja; stänga av; *ta loss

discontented
[,diskən'tentid] *adj*
missbelåten

discontinue [,diskən'tinju:]
v sluta, *avbryta

discourage [di'skʌridʒ] *v*
göra modfälld

discount ['diskaunt] *n* rabatt
c, avdrag *nt*

discover [di'skʌvə] *v*
upptäcka

discovery [di'skʌvəri] *n*
upptäckt *c*

discuss [di'skʌs] *v*
diskutera; debattera

discussion [di'skʌʃən] *n*
diskussion *c*; överläggning *c*,
debatt *c*, samtal *nt*

disease [di'zi:z] *n* sjukdom *c*

disembark [,disim'ba:k] *v*
*landstiga, *gå i land

disgrace [dis'greis] *n* skam *c*

disguise [dis'gaiz] *v* förklä
sig, *n* förklädnad *c*

disgust [dis'gʌst] *n* avsky *c*

disgusting [dis'gʌstiŋ] *adj*
äcklig, vidrig

dish [diʃ] *n* tallrik *c*;
serveringsfat *nt*, fat *nt*;
maträtt *c*

dishonest [di'sɔnist] *adj*
oärlig

dishwasher ['diʃwɔʃə] *n*
tvättmaskin *c*

disinfect [,disin'fekt] *v*
desinfektera

disinfectant [,disin'fektənt]
n desinfektionsmedel *nt*

disk drive [disk,,draiv] *n*
skivenhet *c*

dislike [di'slaik] *v* inte tycka
om, tycka illa om, *n* antipati
c, motvilja *c*

dislocated ['disləkeitid] *adj*
ur led

dismiss [dis'mis] *v* skicka
bort; avskeda

disorder [di'sɔdə] *n* oreda *c*

dispatch [di'spætʃ] *v*
avsända

display [di'splei] *v* utställa;
visa; *n* utställning *c*

displease [di'spli:z] *v*
misshaga, förarga

disposable [di'spouzəbəl]
adj engångs-

disposal [di'spouzəl] *n*
förfogande *nt*

dispose of [di'spouz] *göra
sig av med

dispute [di'spju:t] *n* dispyt *c*;
gräl *nt*, tvist *c*; *v* tvista,
*bestrida

dissatisfied [di'sætisfaid]
adj missnöjd

dissolve 254

dissolve [di'zɔlv] v upplösa

dissuade from [di'sweid]
avråda

distance ['distəns] n avstånd
nt; ~ in kilometres
kilometeravstånd nt

distant ['distənt] adj
avlägsen

distinct [di'stiŋkt] adj tydlig;
olik

distinction [di'stiŋkʃən] n
skillnad c

distinguish [di'stiŋgwiʃ] v
urskilja, *göra skillnad

distinguished [di'stiŋgwiʃt]
adj framstående

distress [di'stres] n nöd c; ~
signal nödsignal c

distribute [di'stribjuːt] v
utdela

distributor [di'stribjutə] n
distributör c;
strömfördelare c

district ['distrikt] n distrikt
nt; område nt; stadsdel c

disturb [di'stəːb] v störa

disturbance [di'stəːbəns] n
störning c; oro c

ditch [ditʃ] n dike nt

dive [daiv] v *dyka

diversion [dai'vəːʃən] n
trafikomläggning c;
förströelse c

divide [di'vaid] v dela; indela;
åtskilja

divine [di'vain] adj gudomlig

division [di'viʒən] n delning
c; avdelning c

divorce [di'vɔːs] n skilsmässa
c; v skiljas, skilja sig

dizziness ['dizinəs] n yrsel c

dizzy ['dizi] adj yr

***do** [duː] v *göra; *vara nog

dock [dɔk] n docka c; kaj c; v
docka

docker ['dɔkə] n
hamnarbetare c

doctor ['dɔktə] n doktor c,
läkare c

document ['dɔkjumənt] n
handling c, intyg nt

dog [dɔg] n hund c

doll [dɔl] n docka c

dollar ['dɔlə] n dollar c

dolphin ['dɔlfin] n delfin c

dome [doum] n kupol c

domestic [də'mestik] adj
inrikes; n tjänare c

domicile ['dɔmisail] n
hemort c

domination [,dɔmi'neiʃən] n
herravälde nt

dominion [də'minjən] n
makt c

donate [dou'neit] v donera

donation [dou'neiʃən] n
donation c

done [dʌn] v (pp do)

donkey ['dɔŋki] n åsna c

donor ['dounə] n donator c

door [dɔː] n dörr c; revolving
~ svängdörr c; sliding ~
skjutdörr c

doorbell ['dɔːbel] n
dörrklocka c

doorkeeper ['dɔː,kiːpə] n
dörrvaktmästare c

doorman ['dɔːmən] n (pl
-men) dörrvaktmästare c

dormitory ['dɔːmitri] n

drink

sovsal *c*

dose [dous] *n* dos *c*
dot [dɔt] *n* punkt *c*
double ['dʌbəl] *adj* dubbel
doubt [daut] *v* tvivla,
betvivla; *n* tvivel *nt*; **without**
~ **utan** tvivel
doubtful ['dautfəl] *adj*
tvivelaktig; oviss
dough [dou] *n* deg *c*
down[1] [daun] *adv* ned;
omkull, ner, nedåt; *adj*
nedstämd; *prep* nedåt,
nedför; ~ **payment**
handpenning *c*
down[2] [daun] *n* dun *nt*
download ['daun,loud] *n*
nerladdning *c*
downpour ['daunpɔ:] *n*
störtregn *nt*
downstairs [,daun'stɛəz]
adv där nere, ner
downstream [,daun'stri:m]
adv medströms
down-to-earth [,dauntu'ə:θ]
adj omdömesgill
downwards ['daunwədz]
adv nedåt
dozen ['dʌzən] *n* (pl ~, ~s)
dussin *nt*
draft [drɑ:ft] *n* växel *c*
drag [dræg] *v* släpa
dragon ['drægən] *n* drake *c*
drain [drein] *v* dränera,
*torrlägga; *n* avlopp *nt*
drama ['drɑ:mə] *n* drama *nt*;
skådespel *nt*
dramatic [drə'mætik] *adj*
dramatisk
drank [dræŋk] *v* (p drink)

draught [drɑ:ft] *n* drag *nt*;
draughts damspel *nt*; ~
beer fatöl
draw [drɔ:] *n* dragplåster *nt*,
oavgjord match; dragning *c*
***draw** [drɔ:] *v* rita; *dra; *ta
ut; ~ **up** avfatta, redigera
drawbridge ['drɔ:bridʒ] *n*
vindbrygga *c*
drawer ['drɔ:ə] *n* låda *c*,
byrålåda *c*; **drawers**
kalsonger *pl*
drawing ['drɔ:iŋ] *n* teckning
c
drawing pin ['drɔ:iŋpin] *n*
häftstift *nt*
drawing room ['drɔ:iŋru:m]
n salong *c*
dread [dred] *v* frukta; *n*
fruktan *c*
dreadful ['dredfəl] *adj*
förskräcklig, förfärlig
dream [dri:m] *n* dröm *c*
***dream** [dri:m] *v* drömma
dress [dres] *v* klä på, klä sig,
*förbinda; *n* klänning *c*
dressing gown ['dresiŋ-
gaun] *n* morgonrock *c*
dressing room ['dresiŋru:m]
n påklädningsrum *c*
dressing table
['dresiŋ,teibəl] *n*
toalettbord *nt*
dressmaker ['dres,meikə] *n*
sömmerska *c*
drill [dril] *v* borra, träna; *n*
borr *c*
drink [driŋk] *n* drink *c*, dryck
c
***drink** [driŋk] *v* *dricka

drinking water 256

drinking water
['drɪŋkɪŋ,wɔːtə] n
dricksvatten nt
drip-dry [,drɪp'draɪ] adj
strykfri
drive [draɪv] n väg c; biltur c
*drive [draɪv] v köra
driver ['draɪvə] n förare c
drive-thru ['draɪv,θruː] v
drive-in
driver's licence, driving
licence körkort nt
drizzle ['drɪzəl] n duggregn nt
drop [drɔp] v tappa; n droppe
c
drought [draut] n torka c
drown [draun] v dränka; *be
drowned drunkna
drug [drʌg] n drog c; medicin
c
drugstore ['drʌgstɔː] nAm
apotek nt, kemikalieaffär c;
varuhus nt
drum [drʌm] n trumma c
drunk [drʌŋk] adj (pp drink)
berusad, full
dry [draɪ] adj torr; v torka
dry-clean [,draɪ'kliːn] v
kemtvätta
dry cleaner's [,draɪ'kliːnəz]
n kemtvätt c
dryer ['draɪə] n torktumlare c
duchess [dʌtʃis] n
hertiginna c
duck [dʌk] n anka c

due [djuː] adj väntad; *bör
betalas; betalbar
dues [djuːz] pl avgifter
dug [dʌg] v (p, pp dig)
duke [djuːk] n hertig c
dull [dʌl] adj tråkig,
långtråkig; matt, dov; slö
dumb [dʌm] adj stum; dum
dune [djuːn] n dyn c
dung [dʌŋ] n dynga c
duration [djuˈreɪʃən] n
varaktighet c
during ['djuərɪŋ] prep under
dusk [dʌsk] n skymning c
dust [dʌst] n damm nt
dustbin ['dʌstbɪn] n
soptunna c
dusty ['dʌsti] adj dammig
Dutch [dʌtʃ] adj holländsk,
nederländsk
Dutchman ['dʌtʃmən] n (pl
-men) holländare c,
nederländare c
duty ['djuːti] n plikt c;
tullavgift c; Customs ~
tullavgift c
duty-free [,djuːtiˈfriː] adj
tullfri
DVD ['diːviːˈdiː] n DVD c
DVD-ROM ['diːviːdiːˈrɔm] n
DVD-ROM c
dwarf [dwɔːf] n dvärg c
dye [daɪ] v färga; n färg c
dynamo ['daɪnəmou] n (pl
~s) dynamo c

E

each [i:tʃ] adj varje, var; ~
  other varandra
eager ['i:gə] adj ivrig, otålig
eagle ['i:gəl] n örn c
ear [iə] n öra nt
earache ['iəreik] n örsprång
  nt
eardrum ['iədrʌm] n
  trumhinna c
earl [ə:l] n greve c
early ['ə:li] adj tidig
earn [ə:n] v tjäna, förtjäna
earnest ['ə:nist] n allvar nt
earnings ['ə:niŋz] pl
  inkomster, intäkter pl
earring ['iəriŋ] n örhänge nt
earth [ə:θ] n jord c; mark c
earthquake ['ə:θkweik] n
  jordbävning c
ease [i:z] n lätthet c;
  välbefinnande nt
east [i:st] n öster c, öst
Easter ['i:stə] påsk c
eastern ['i:stən] adj ostlig,
  östra
easy ['i:zi] adj lätt; bekväm; ~
  chair fåtölj c
easy-going ['i:zi,gouiŋ] adj
  avspänd, sorglös
*eat [i:t] v *äta
eavesdrop ['i:vzdrɔp] v
  tjuvlyssna
ebony ['ebəni] n ebenholts c
eccentric [ik'sentrik] adj
  excentrisk
echo ['ekou] n (pl ~es)

genljud nt, eko nt
eclipse [i'klips] n
  förmörkelse c
economic [,i:kə'nɔmik] adj
  ekonomisk
economical [,i:kə'nɔmikəl]
  adj sparsam, ekonomisk
economist [i'kɔnəmist] n
  ekonom c
economize [i'kɔnəmaiz] v
  spara
economy [i'kɔnəmi] n
  ekonomi c
eco-tourist ['i:kou,tu:rist] n
  ekoturist c
ecstasy ['ekstəzi] n extas c
Ecuador ['ekwədɔ:] Ecuador
Ecuadorian [,ekwə'dɔ:riən]
  n ecuadorian c
eczema ['eksimə] n eksem nt
edge [edʒ] n kant c
edible ['edibəl] adj ätbar
edit ['edit] v redigera
edition [i'diʃən] n upplaga c;
  morning ~ morgonupplaga
  c
editor ['editə] n redaktör c
educate ['edʒukeit] v
  uppfostra, utbilda
education [,edʒu'keiʃən] n
  uppfostran c; utbildning c
eel [i:l] n ål c
effect [i'fekt] n verkan c; v
  *åstadkomma; in ~ faktiskt
effective [i'fektiv] adj
  verksam, effektiv

efficient [i'fiʃənt] *adj*
effektiv, duglig, verksam

effort ['efət] *n* ansträngning *c*

egg [eg] *n* ägg *nt*

eggplant ['egplɑ:nt] *n*
äggplanta *c*

egg yolk ['egjouk] *n* äggula *c*

Egypt ['i:dʒipt] Egypten

Egyptian [i'dʒipʃən] *adj*
egyptisk; *n* egypter *c*

eiderdown ['aidədaun] *n*
duntäcke *nt*

eight [eit] *num* åtta

eighteen [,ei'ti:n] *num* arton

eighteenth [,ei'ti:nθ] *num*
artonde

eighth [eitθ] *num* åttonde

eighty ['eiti] *num* åttio

either ['aiðə] *pron* endera;
either ... or antingen ...
eller

elaborate [i'læbəreit] *v*
utarbeta

elastic [i'læstik] *adj* elastisk;
tänjbar; ~ **band** resårband *nt*

elasticity [,elæ'stisəti] *n*
elasticitet *c*

elbow ['elbou] *n* armbåge *c*

elder ['eldə] *adj* äldre

elderly ['eldəli] *adj* äldre

eldest ['eldist] *adj* äldst

elect [i'lekt] *v* *välja

election [i'lekʃən] *n* val *nt*

electric [i'lektrik] *adj*
elektrisk; ~ **cord** sladd *c*; ~
razor rakapparat *c*

electrician [,ilek'triʃən] *n*
elektriker *c*

electricity [,ilek'trisəti] *n*
elektricitet *c*

electronic [ilek'trɔnik] *adj*
elektronisk

elegance ['eligəns] *n* elegans
c

elegant ['eligənt] *adj* elegant

element ['elimənt] *n* element
nt, beståndsdel *c*

elephant ['elifənt] *n* elefant *c*

elevator ['eliveitə] *nAm* hiss
c

eleven [i'levən] *num* elva

eleventh [i'levənθ] *num* elfte

elf [elf] *n* (pl elves) älva *c*, alf *c*

eliminate [i'limineit] *v*
eliminera

elm [elm] *n* alm *c*

else [els] *adv* annars

elsewhere [,el'sweə] *adv*
någon annanstans

elucidate [i'lu:sideit] *v*
belysa, förklara

e-mail [i:'meil] *n* e-post *c*; ~
address *n* e-postadress *c*

emancipation
[i,mænsi'peiʃən] *n*
frigörelse *c*

embankment
[im'bæŋkmənt] *n* vägbank *c*

embargo [em'bɑ:gou] *n* (pl
~es) embargo *nt*

embark [im'bɑ:k] *v* *gå
ombord

embarkation
[,embɑ:'keiʃən] *n*
embarkering *c*

embarrass [im'bærəs] *v*
genera, *göra förlägen;
hindra; **embarrassed**
förlägen; **embarrassing**
pinsam; **embarrassment** *n*

förlägenhet c
embassy ['embəsi] n
ambassad c
emblem ['embləm] n emblem
nt
embrace [im'breis] v krama,
omfamna; n omfamning c
embroider [im'brɔidə] v
brodera
embroidery [im'brɔidəri] n
broderi nt
emerald ['emərəld] n
smaragd c
emergency [i'mə:dʒənsi] n
nödsituation c; nödläge nt; ~
exit nödutgång c
emigrant ['emigrənt] n
utvandrare c
emigrate ['emigreit] v
utvandra
emigration [,emi'greiʃən] n
utvandring c
emotion [i'mouʃən] n
sinnesrörelse c, känsla c
emperor ['empərə] n kejsare c
emphasize ['emfəsaiz] v
betona
empire ['empaiə] n imperium
nt, kejsardöme nt
employ [im'plɔi] v
*sysselsätta, anställa;
använda
employee [,emplɔi'i:] n
anställd c, löntagare c
employer [im'plɔiə] n
arbetsgivare c
employment [im'plɔimənt] n
anställning c, arbete nt; ~
exchange arbetsförmedling
c

empress ['empris] n
kejsarinna c
empty ['empti] adj tom; v
tömma
enable [i'neibəl] v
*möjliggöra
enamel [i'næməl] n emalj c
enamelled [i'næməld] adj
emaljerad
enchanting [in'tʃɑ:ntiŋ] adj
förtrollande, bedårande
encircle [in'sə:kəl] v inringa,
omringa; *innesluta
enclose [iŋ'klouz] v bifoga
enclosure [iŋ'klouʒə] n
bilaga c
encounter [iŋ'kauntə] v
möta, träffa; n
sammanträffande nt
encourage [iŋ'kʌridʒ] v
uppmuntra
encyclopaedia
[en,saiklə'pi:diə] n
uppslagsbok c
end [end] n ände c, slut nt; v
sluta
ending ['endiŋ] n slut nt
endless ['endləs] adj oändlig
endorse [in'dɔ:s] v endossera
endure [in'djuə] v *stå ut
med
enemy ['enəmi] n fiende c
energetic [,enə'dʒetik] adj
energisk
energy ['enədʒi] n energi c;
kraft c
engage [iŋ'geidʒ] v anställa;
förplikta sig; **engaged**
förlovad; upptagen
engagement [iŋ'geidʒmənt]

n förlovning *c*; förpliktelse *c*; avtalat möte; ~ **ring** förlovningsring *c*

engine ['endʒin] *n* maskin *c*, motor *c*; lokomotiv *nt*

engineer [,endʒi'niə] *n* ingenjör *c*

England ['iŋglənd] England

English ['iŋgliʃ] *adj* engelsk

Englishman ['iŋgliʃmən] *n* (pl -men) engelsman *c*

engrave [iŋ'greiv] *v* gravera

engraver [iŋ'greivə] *n* gravör *c*

engraving [iŋ'greiviŋ] *n* gravyr *c*

enigma [i'nigmə] *n* gåta *c*

enjoy [in'dʒɔi] *v* *njuta, *njuta av

enjoyable [in'dʒɔiəbəl] *adj* rolig, trevlig

enjoyment [in'dʒɔimənt] *n* nöje *nt*

enlarge [in'lɑ:dʒ] *v* förstora; utvidga

enlargement [in'lɑ:dʒmənt] *n* förstoring *c*

enormous [i'nɔ:məs] *adj* väldig, enorm

enough [i'nʌf] *adv* nog; *adj* tillräcklig

enquire [iŋ'kwaiə] *v* underrätta sig, förhöra sig; undersöka

enquiry [iŋ'kwaiəri] *n* undersökning *c*; förfrågan *c*

enter ['entə] *v* *gå in, inträda; *skriva in

enterprise ['entəpraiz] *n* företag *nt*

entertain [,entə'tein] *v* *underhålla, roa; *mottaga som gäst

entertainer [,entə'teinə] *n* underhållare *c*

entertaining [,entə'teiniŋ] *adj* underhållande, roande

entertainment [,entə'teinmənt] *n* underhållning *c*

enthusiasm [in'θju:ziæzəm] *n* entusiasm *c*

enthusiastic [in,θju:zi'æstik] *adj* entusiastisk

entire [in'taiə] *adj* hel

entirely [in'taiəli] *adv* helt

entrance ['entrəns] *n* ingång *c*; tillträde *nt*; inträde *nt*

entrance fee ['entrənsfi:] *n* inträdesavgift *c*

entry ['entri] *n* ingång *c*; tillträde *nt*; anteckning *c*; no ~ tillträde förbjudet

envelop [in'veləp] *v* svepa in

envelope ['envələup] *n* kuvert *nt*

envious ['enviəs] *adj* avundsjuk, avundsam

environment [in'vaiərənmənt] *n* miljö *c*; omgivning *c*

envoy ['envɔi] *n* envoyé *c*

envy ['envi] *n* avundsjuka *c*; *v* avundas

epic ['epik] *n* epos *nt*; *adj* episk

epidemic [,epi'demik] *n* epidemi *c*

epilepsy ['epilepsi] *n* epilepsi

c

epilogue ['epilɔg] n epilog c
episode ['episoud] n episod c
equal ['iːkwəl] adj lika; v
*vara likvärdig
equality [i'kwɔləti] n
jämlikhet c
equalize ['iːkwəlaiz] v
utjämna
equally ['iːkwəli] adv lika
equator [i'kweitə] n
ekvatorn
equip [i'kwip] v utrusta,
ekipera
equipment [i'kwipmənt] n
utrustning c
equivalent [i'kwivələnt] adj
motsvarande, likvärdig
eraser [i'reizə] n radergummi
nt
erect [i'rekt] v upphygga,
upprätta; adj
upprättstående, upprätt
err [əː] v *ta fel, *missta; irra
errand ['erənd] n ärende nt
error ['erə] n misstag nt, fel nt
escalator ['eskəleitə] n
rulltrappa c
escape [i'skeip] v
*undslippa; *undgå, fly; n
flykt c
escort[1] ['eskɔːt] n eskort c
escort[2] [i'skɔːt] v eskortera
especially [i'speʃəli] adv
särskilt, i synnerhet
esplanade [,esplə'neid] n
esplanad c
essay ['esei] n essä c; uppsats
c
essence ['esəns] n essens c,

essential [i'senʃəl] adj
oumbärlig; väsentlig
essentially [i'senʃəli] adv
väsentligen
establish [i'stæbliʃ] v
etablera; fastställa
estate [i'steit] n
lantegendom c
esteem [i'stiːm] n aktning c,
respekt c; v uppskatta
estimate[1] ['estimeit] v
värdera
estimate[2] ['estimət] n
beräkning c
estuary ['estʃuəri] n
flodmynning c
etcetera [et'setərə] och så
vidare
etching ['etʃiŋ] n etsning c
eternal [i'təːnəl] adj evig
eternity [i'təːnəti] n evighet c
Ethiopia [iθi'oupiə] Etiopien
Ethiopian [iθi'oupiən] adj
etiopisk; n etiopier c
e-ticket ['iː,tikət] n e-biljett c
EU ['iː'juː] EU
Euro ['juːrou] n euro c
Europe ['juərəp] Europa
European [,juərə'piːən] adj
europeisk; n europé c; ~
Union Europeiska Unionen
evacuate [i'vækjueit] v
evakuera
evaluate [i'væljueit] v
värdera
evaporate [i'væpəreit] v
avdunsta
even ['iːvən] adj jämn, plan,
lika; adv till och med

evening ['i:vniŋ] n kväll c; ~
dress aftonklädsel c

event [i'vent] n händelse c

eventual [i'ventʃuəl] adj
slutlig

eventually [i'ventʃuəli] adv
så småningom

ever ['evə] adv någonsin;
alltid

every ['evri] adj varje

everybody ['evri,bɔdi] pron
var och en

everyday ['evridei] adj daglig

everyone ['evriwʌn] pron
envar, var och en

everything ['evriθiŋ] pron
allting

everywhere ['evriweə] adv
överallt

evidence ['evidəns] n bevis
nt

evident ['evidənt] adj tydlig

evil ['i:vəl] n ondska c; adj
ond, elak

evolution [,i:və'lu:ʃən] n
utveckling c

exact [ig'zækt] adj exakt

exactly [ig'zæktli] adv exakt

exaggerate [ig'zædʒəreit] v
*överdriva

exam [ig'zæm] n colloquial
examen c

examination
[ig,zæmi'neiʃən]
undersökning c

examine [ig'zæmin] v
undersöka

example [ig'zɑ:mpəl] n
exempel nt; for ~ till
exempel

excavation [,ekskə'veiʃən] n
utgrävning c

exceed [ik'si:d] v
*överskrida; överträffa

excel [ik'sel] v utmärka sig

excellent ['eksələnt] adj
förträfflig

except [ik'sept] prep med
undantag av, utom

exception [ik'sepʃən] n
undantag nt

exceptional [ik'sepʃənəl] adj
enastående, ovanlig

excerpt ['eksə:pt] n utdrag nt

excess [ik'ses] n överdrift c

excessive [ik'sesiv] adj
överdriven

exchange [iks'tʃeindʒ] v
växla, utbyta, byta ut; n byte
nt; börs c; ~ office
växelkontor nt; ~ rate
växelkurs c

excite [ik'sait] v upphetsa

excited [ik'saitəd] adj
upphetsad

excitement [ik'saitmənt] n
uppståndelse c, spänning c

exciting [ik'saitiŋ] adj
spännande

exclaim [ik'skleim] v utropa

exclamation
[,eksklə'meiʃən] n utrop nt

exclude [ik'sklu:d] v
*utesluta

exclusive [ik'sklu:siv] adj
exklusiv

exclusively [ik'sklu:sivli]
adv enbart, uteslutande

excursion [ik'skə:ʃən] n
utflykt c

excuse[1] [ik'skju:s] n ursäkt c
excuse[2] [ik'skju:z] v ursäkta
execute ['eksikju:t] v utföra
execution [,eksi'kju:ʃən] n
avrättning c; utförande nt
executioner [,eksi'kju:ʃənə]
n bödel c
executive [ig'zekjutiv] adj
verkställande; n
verkställande myndighet;
direktör c
executive assistant
[ig'zekjutiv_ə'sistənt] n
chefssekreterare c
exempt [ig'zempt] v *frita,
frikalla, befria; adj befriad
exemption [ig'zempʃən] n
befrielse c
exercise ['eksəsaiz] n övning
c; skriftligt prov; v öva;
utöva
exhale [eks'heil] v utandas
exhaust [ig'zɔ:st] n avgas c; v
utmatta; ~ gases avgaser pl
exhibit [ig'zibit] v ställa ut;
förevisa, uppvisa
exhibition [,eksi'biʃən] n
utställning c
exile ['eksail] n landsflykt c;
landsflyktling c
exist [ig'zist] v existera
existence [ig'zistəns] n
existens c
exit ['eksit] n utgång c; utfart
c
exotic [ig'zɔtik] adj exotisk
expand [ik'spænd] v utvidga;
utbreda
expansion [ik'spænʃən] n
expansion c

expect [ik'spekt] v vänta sig
expectation [,ekspek'teiʃən]
n förväntan c
expedition [,ekspə'diʃən] n
expedition c; snabbhet c
expel [ik'spel] v utvisa
expenditure [ik'spendiʃə] n
utgifter, åtgång c
expense [ik'spens] n utgift c;
expenses pl omkostnader
pl
expensive [ik'spensiv] adj
dyrbar, dyr; kostsam
experience [ik'spiəriəns] n
erfarenhet c; v *erfara,
uppleva; experienced
erfaren
experiment [ik'sperimənt] n
experiment nt, försök nt; v
experimentera
expert ['ekspə:t] n fackman
c, expert c; adj sakkunnig
expire [ik'spaiə] v utlöpa,
*förfalla; utandas; expired
ogiltig
explain [ik'splein] v förklara
explanation [,eksplə'neiʃən]
n förklaring c
explicit [ik'splisit] adj tydlig,
uttrycklig
explode [ik'sploud] v
explodera
exploit [ik'splɔit] v *utsuga,
utnyttja
explore [ik'splɔ:] v utforska
explosion [ik'splouʒən] n
explosion c
explosive [ik'splousiv] adj
explosiv; n sprängämne nt
export[1] [ik'spɔ:t] v exportera

export² ['ekspɔːt] n export c

expose [ik'spous] v utsätta

exposition [,ekspə'ziʃən] n utställning c

exposure [ik'spouʒə] n utsättande nt; exponering c; ~ meter exponeringsmätare c

express [ik'spres] v uttrycka; *ge uttryck åt; adj snabbgående; uttrycklig; ~ train expresståg nt

expression [ik'spreʃən] n uttryck nt; yttrande c

exquisite [ik'skwizit] adj utsökt

extend [ik'stend] v förlänga; utvidga; bevilja

extension [ik'stenʃən] n förlängning c; utvidgande nt; anknytningslinje c; ~ cord förlängningssladd c

extensive [ik'stensiv] adj omfångsrik; vidsträckt, omfattande

extent [ik'stent] n utsträckning c, omfång nt

exterior [ek'stiəriə] adj yttre; n yttre nt

external [ek'stəːnəl] adj utvändig

extinguish [ik'stiŋgwiʃ] v släcka

extort [ik'stɔːt] v utpressa

extortion [ik'stɔːʃən] n utpressning c

extra ['ekstrə] adj extra

extract¹ [ik'strækt] v *utdra

extract² ['ekstrækt] n utdrag nt

extradite ['ekstrədait] v utlämna

extraordinary [ik'strɔːdənri] adj utomordentlig

extravagant [ik'strævəgənt] adj överdriven, extravagant, slösaktig

extreme [ik'striːm] adj extrem; ytterlig, yttersta; n ytterlighet c

exuberant [ig'zjuːbərənt] adj översvallande

eye [ai] n öga nt

eyebrow ['aibrau] n ögonbryn nt

eyelash ['ailæʃ] n ögonfrans c

eyelid ['ailid] n ögonlock nt

eyebrow pencil ['ai,pensəl] n ögonbrynspenna c

eye shadow ['ai,ʃædou] n ögonskugga c

eyewitness ['ai,witnəs] n ögonvittne nt

F

fable ['feibəl] n fabel c

fabric ['fæbrik] n tyg nt; struktur c

façade [fə'sɑːd] n fasad c

face [feis] n ansikte nt; v konfrontera, *vara vänd mot; ~ massage ansiktsmassage c; facing mittemot

face cream ['feiskriːm] n ansiktskräm c

face pack ['feispæk] n ansiktsmask c

face-powder ['feis,paudə] n ansiktspuder nt

facilities [fə'silitis] nl möjligheter nl; cooking ~ pl kokmöjligheter pl

fact [fækt] n faktum nt; in ~ i själva verket

factor ['fæktə] n faktor c

factory ['fæktəri] n fabrik c

factual ['fæktʃuəl] adj faktisk

faculty ['fækəlti] n förmåga c; fallenhet c, talang c; fakultet c

fade [feid] v blekna

fail [feil] v misslyckas; fattas; försumma; kuggas; without ~ helt säkert

failure ['feiljə] n misslyckande nt

faint [feint] v svimma; adj vag, svag

fair [feə] n marknad c; varumässa c; adj just,

rättvis; ljushårig, blond; fager

fairly ['feəli] adv tämligen, ganska

fairy ['feəri] n fe c

fairytale ['feəriteil] n saga c

faith [feiθ] n tro c; tillit c

faithful ['feiθful] adj trogen

fake [feik] n förfalskning c

*fall [fɔːl] v *falla

fall [fɔːl] n fall nt; nAm höst c

false [fɔːls] adj falsk; fel, oäkta; ~ teeth löständer pl

falter ['fɔːltə] v vackla; stamma

fame [feim] n ryktbarhet c, berömmelse c; rykte nt

familiar [fə'miljə] adj välkänd; familjär

family ['fæməli] n familj c; släkt c; ~ name efternamn nt

famous ['feiməs] adj berömd

fan [fæn] n fläkt c; solfjäder c; beundrare c; ~ belt fläktrem c

fanatical [fə'nætikəl] adj fanatisk

fancy ['fænsi] v *ha lust att, tycka om; tänka sig, föreställa sig; n nyck c; fantasi c

fantastic [fæn'tæstik] adj fantastisk

fantasy ['fæntəzi] n fantasi c

far [fɑː] adj avlägsen; by ~

betydligt; **so ~** hittills; **~ away** långt bort

fare [feə] n biljettpris nt; mat c, kost c

farm [fɑːm] n lantbruk nt

farmer ['fɑːmə] n lantbrukare c; **farmer's wife** lantbrukarhustru c

farmhouse ['fɑːmhaus] n lantgård c

far-off ['fɑːrɔf] adj avlägsen

farther ['fɑːðə] adj bortre

fascinate ['fæsineit] v fascinera

fascism ['fæʃizəm] n fascism c

fascist ['fæʃist] adj fascistisk; n fascist c

fashion ['fæʃən] n mode nt; sätt nt

fashionable ['fæʃənəbəl] adj modern

fast [fɑːst] adj snabb, hastig

fasten ['fɑːsən] v fästa, spänna fast; stänga

fastener ['fɑːsənə] n spänne nt

fat [fæt] adj tjock, fet; n fett nt

fat free ['fæt ˌ'friː] adj fettfri

fatal ['feitəl] adj ödesdiger, fatal, dödlig

fate [feit] n öde nt

father ['fɑːðə] n far c; pater c

father-in-law ['fɑːðərinlɔː] n (pl fathers-) svärfar c

fatty ['fæti] adj fet

faucet ['fɔːsit] nAm vattenkran c

fault [fɔːlt] n fel nt; defekt c

faultless ['fɔːltləs] adj felfri; oklanderlig

faulty ['fɔːlti] adj bristfällig

favour ['feivə] n välvilja c, tjänst c; v favorisera, gynna

favourable ['feivərəbəl] adj gynnsam

favourite ['feivərit] n favorit c, gunstling c; adj älsklings-

fawn [fɔːn] adj gulbrun; n rådjurskalv c, hjortkalv c

fax [fæks] n (tele)fax nt; **send a ~** skicka ett fax, faxa

fear [fiə] n rädsla c, oro c; v frukta

feasible ['fiːzəbəl] adj utförbar

feast [fiːst] n fest c

feat [fiːt] n bragd c, prestation c

feather ['feðə] n fjäder c

feature ['fiːtʃə] n kännemärke nt; ansiktsdrag nt

February ['februəri] februari

federal ['fedərəl] adj förbunds-

federation [ˌfedə'reiʃən] n federation c; förbundsstat c

fee [fiː] n arvode nt

feeble ['fiːbəl] adj svag

*feed [fiːd] v mata; **fed up with** utled på

*feel [fiːl] v känna; känna på; **~ like** *ha lust att

feeling ['fiːliŋ] n känsla c; känsel c

feet [fiːt] pl fötter pl

fell [fel] v (p fall)

fellow ['felou] n karl c

felt¹ [felt] *n* filt *c*

felt² [felt] *v* (p, pp feel)

female ['fi:meil] *adj* hon-*pref*

feminine ['feminin] *adj*
feminin

fence [fens] *n* stängsel *nt*;
staket *nt*; *v* fäkta

ferment [fə:'ment] *v* jäsa

ferry-boat ['feribout] *n* färja
c

fertile ['fə:tail] *adj* fruktbar

festival ['festivəl] *n* festival *c*

festive ['festiv] *adj* festlig

fetch [fetʃ] *v* hämta

feudal ['fju:dəl] *adj* feodal

fever ['fi:və] *n* feber *c*

feverish ['fi:vəriʃ] *adj* febrig

few [fju:] *adj* få

fiancé [fi'ɑ:sei] *n* fästman *c*

fiancée [fi'ɑ:sei] *n* fästmö *c*

fibre ['faibə] *n* fiber *c*

fiction ['fikʃən] *n*
skönlitteratur *c*, fiktion *c*

field [fi:ld] *n* fält *nt*, åker *c*; ~
glasses fältkikare *c*

fierce [fiəs] *adj* vild, häftig

fifteen [,fif'ti:n] *num* femton

fifteenth [,fif'ti:nθ] *num*
femtonde

fifth [fifθ] *num* femte

fifty ['fifti] *num* femtio

fig [fig] *n* fikon *nt*

fight [fait] *n* slagsmål *nt*;
kamp *c*, strid *c*

*fight [fait] *v* *strida, *slåss,
kämpa

figure ['figə] *n* figur *c*; siffra *c*

file [fail] *n* fil *c*, brevpärm *c*,
dossié *c*; rad *c*

fill [fil] *v* fylla; ~ in fylla i;

filling station bensinstation
c; ~ out *Am* fylla i; ~ up
tanka

filling ['filiŋ] *n* plomb *c*;
fyllning *c*

film [film] *n* film *c*; *v* filma

filter ['filtə] *n* filter *nt*

filthy ['filθi] *adj* lortig,
smutsig

final ['fainəl] *adj* slutlig

finally ['fainəli] *adv* slutligen

finance [fai'næns] *v*
finansiera

finances [fai'nænsiz] *pl*
finanser *c*

financial [fai'nænʃəl] *adj*
finansiell

finch [fintʃ] *n* bofink *c*

*find [faind] *v* hitta, *finna

fine [fain] *n* böter *pl*; *adj* fin;
skön; härlig, utmärkt; ~ arts
de sköna konsterna

finger ['fiŋgə] *n* finger *nt*;
little ~ lillfinger *nt*

fingerprint ['fiŋgəprint] *n*
fingeravtryck *nt*

finish ['finiʃ] *v* avsluta, sluta;
tullborda; *n* slut *nt*; mållinje
c; finished färdig

Finland ['finlənd] Finland

Finn [fin] *n* finländare *c*

Finnish ['finiʃ] *adj* finsk

fire [faiə] *n* eld *c*; eldsvåda *c*;
v *skjuta; avskeda

fire alarm ['faiərə,lɑ:m] *n*
brandalarm *c*

fire brigade ['faiəbri,geid] *n*
brandkår *c*

fire escape ['faiəri,skeip] *n*
brandstege *c*

fire extinguisher
['faiərik,stiŋgwiʃə] n
brandsläckare c

firefighter ['faiə,faitə] n
brandman c

fireplace ['faiəpleis] n öppen
spis

fireproof ['faiəpru:f] adj
brandsäker; eldfast

firewall ['faiə‿,wɔːl] n
brandvägg c

firm [fə:m] adj fast; solid; n
firma c

first [fə:st] num första; at ~
först; i början; ~ name
förnamn nt

first aid [,fə:st'eid] n första
hjälpen; ~ kit förbandslåda
c; ~ post hjälpstation c

first-class [,fə:st'kla:s] adj
förstklassig

first-rate [,fə:st'reit] adj
förstklassig

fir tree ['fə:tri:] n gran c,
barrträd nt

fish[1] [fiʃ] n (pl ~, ~es) fisk c; ~
shop fiskaffär c

fish[2] [fiʃ] v fiska; meta;
fishing gear fiskredskap nt;
fishing hook metkrok c;
fishing industry
fiskerinäring c; **fishing
licence** fiskekort nt; **fishing
line** metrev c; **fishing net**
fisknät nt; **fishing rod**
metspö nt; **fishing tackle**
fiskedon nt

fishbone ['fiʃboun] n fiskben
nt

fisherman ['fiʃəmən] n (pl

-men) fiskare c

fist [fist] n knytnäve c

fit [fit] adj lämplig; n anfall nt;
v passa; **fitting room**
provrum nt

five [faiv] num fem

fix [fiks] v laga

fixed [fikst] adj fästad,
orörlig

fizz [fiz] n brus nt

flag [flæg] n flagga c

flame [fleim] n låga c

flamingo [flə'miŋgou] n (pl
~s, ~es) flamingo c

flannel ['flænəl] n flanell c

flash [flæʃ] n blixt c, glimt c

flash bulb ['flæʃbʌlb] n
blixtlampa c

flashlight ['flæʃlait] n
ficklampa c

flask [fla:sk] n plunta c;
thermos ~ termos c

flat [flæt] adj flat, platt; n
lägenhet c; ~ tyre
punktering c

flavour ['fleivə] n smak c; v
smaksätta, krydda

flee [fli:] v fly

fleet [fli:t] n flotta c

flesh [fleʃ] n kött nt

flew [flu:] v (p fly)

flex [fleks] n sladd c

flexible ['fleksibəl] adj böjlig;
smidig

flight [flait] n flygresa c;
charter ~ charterflyg nt

flint [flint] n flintsten c

float [flout] v *flyta; n flöte
nt, flottör c

flock [flɔk] n hjord c

269 **foreman**

flood [flʌd] *n* översvämning
c; flod c

floor [flɔ:] *n* golv *nt*; våning *c*

florist ['flɔrist] *n*
blomsterhandlare *c*

flour [flauə] *n* mjöl *nt*,
vetemjöl *nt*

flow [flou] *v* *flyta, strömma

flower [flauə] *n* blomma *c*

flowerbed ['flauəbed] *n*
rabatt *c*

flower shop ['flauəʃɔp] *n*
blomsterhandel *c*

flown [floun] *v* (pp fly)

flu [flu:] *n* influensa *c*

fluent ['flu:ənt] *adj* flytande

fluid ['flu:id] *adj* flytande; *n*
vätska *c*

flute [flu:t] *n* flöjt *c*

fly [flai] *n* fluga *c*; gylf *c*

*fly [flai] *v* *flyga

foam [foum] *n* skum *nt*; *v*
skumma

foam rubber ['foum,rʌbə] *n*
skumgummi *nt*

focus ['foukəs] *n* brännpunkt
c

fog [fɔg] *n* dimma *c*

foggy ['fɔgi] *adj* dimmig

foglamp ['fɔglæmp] *n*
dimlykta *c*

fold [fould] *v* *vika; *n* veck *nt*

folk [fouk] *n* folk *nt*; ~ song
folkvisa *c*

folk dance ['foukdɑ:ns] *n*
folkdans *c*

folklore ['fouklɔ:] *n* folklore
c

follow ['fɔlou] *v* följa efter;
following *adj* nästa,

följande

*be fond of [bi: fɔnd ɔv]
tycka om

food [fu:d] *n* mat *c*; föda *c*; ~
poisoning matförgiftning *c*

foodstuffs ['fu:dstʌfs] *pl*
matvaror *pl*

fool [fu:l] *n* dumbom *c*, dåre
c; *v* skoja, lura

foolish ['fu:liʃ] *adj* löjlig,
dåraktig; dum

foot [fut] *n* (pl feet) fot *c*; ~
powder fotpuder *nt*; on ~
till fots

football ['futbɔ:l] *n* fotboll *c*;
~ match fotbollsmatch *c*

foot brake ['futbreik] *n*
fotbroms *c*

footpath ['futpɑ:θ] *n*
gångstig *c*

footwear ['futweə] *n* skodon
nt

for [fɔ:, fə] *prep* till; i; av, på
grund av, för; *conj* för

*forbid [fə'bid] *v* *förbjuda

force [fɔ:s] *v* tvinga; forcera;
n makt *c*, kraft *c*; våld *nt*; by
~ med tvång; driving ~
drivkraft *c*

forecast ['fɔ:kɑ:st] *n*
förutsägelse *c*; *v* *förutsäga

foreground ['fɔ:graund] *n*
förgrund *c*

forehead ['fɔred] *n* panna *c*

foreign ['fɔrin] *adj* utländsk;
främmande

foreigner ['fɔrinə] *n*
utlänning *c*

foreman ['fɔ:mən] *n* (pl
-men) förman *c*

foremost ['fɔːmoust] *adj* förnämst

forest ['fɔrist] *n* skog *c*

forester ['fɔristə] *n* skogvaktare *c*

forever, for ever [fə'revə] *adv* för alltid

forge [fɔːdʒ] *v* förfalska

*forget [fə'get] *v* glömma

forgetful [fə'getfəl] *adj* glömsk

*forgive [fə'giv] *v* *förlåta

fork [fɔːk] *n* gaffel *c*; vägskäl *nt*; *v* förgrenas, dela sig

form [fɔːm] *n* form *c*; formulär *nt*; klass *c*; *v* forma

formal ['fɔːməl] *adj* formell

formality [fɔː'mæləti] *n* formalitet *c*

former ['fɔːmə] *adj* förutvarande; före detta; formerly förr, förut

formula ['fɔːmjulə] *n* (pl ~e, ~s) formel *c*

fortnight ['fɔːtnait] *n* fjorton dagar

fortress ['fɔːtris] *n* fästning *c*

fortunate ['fɔːtʃənət] *adj* lycklig

fortunately *adv* lyckligtvis

fortune ['fɔːtʃuːn] *n* förmögenhet *c*; öde *nt*, lycka *c*

forty ['fɔːti] *num* fyrtio

forward ['fɔːwəd] *adv* fram, framåt; *v* eftersända

foster parents ['fɔstə,peərənts] *pl* fosterföräldrar *pl*

fought [fɔːt] *v* (p, pp fight)

foul [faul] *adj* osnygg; gemen

found[1] [faund] *v* (p, pp find)

found[2] [faund] *v* grunda, stifta

foundation [faun'deiʃən] *n* stiftelse *c*; ~ cream underlagskräm *c*

fountain ['fauntin] *n* fontän *c*; källa *c*

fountain pen ['fauntinpen] *n* reservoarpenna *c*

four [fɔː] *num* fyra

fourteen [,fɔː'tiːn] *num* fjorton

fourteenth [,fɔː'tiːnθ] *num* fjortonde

fourth [fɔːθ] *num* fjärde

fowl [faul] *n* (pl ~s, ~) fjäderfä *nt*

fox [fɔks] *n* räv *c*

foyer ['fɔiei] *n* foajé *c*

fraction ['frækʃən] *n* bråkdel *c*

fracture ['fræktʃə] *v* *bryta; *n* brott *nt*

fragile ['frædʒail] *adj* skör; bräcklig

fragment ['frægmənt] *n* brottstycke *nt*

frame [freim] *n* ram *c*; montering *c*

France [frɑːns] Frankrike

franchise ['fræntʃaiz] *n* koncession *c*, rösträtt *c*

fraternity [frə'təːnəti] *n* broderlighet *c*

fraud [frɔːd] *n* bedrägeri *nt*

fray [frei] *v* fransa sig

free [friː] *adj* fri; gratis; ~ of charge kostnadsfri; ~ ticket fribiljett *c*

freedom ['fri:dəm] *n* frihet *c*

*freeze [fri:z] *v* *frysa

freezer ['fri:zə] *n* frys *c*

freezing ['fri:ziŋ] *adj* iskall

freezing point ['fri:ziŋpɔint] *n* fryspunkt *c*

freight [freit] *n* frakt *c*, last *c*

freight train ['freittrein] *nAm* godståg *nt*

French [frentʃ] *adj* fransk; **the ~ pl** fransmännen *pl*; **~ fries** *pl* pommes frites *pl*

Frenchman ['frentʃmən] *n* (pl -men) fransman *c*

frequency ['fri:kwənsi] *n* frekvens *c*; förekomst *c*

frequent ['fri:kwənt] *adj* ofta förekommande, vanlig; **frequently** ofta

fresh [freʃ] *adj* färsk; ny, uppfriskande, **~ water** sötvatten *nt*

friction ['frikʃən] *n* friktion *c*

Friday ['fraidi] fredag *c*

fridge [fridʒ] *n* kylskåp *nt*

friend [frend] *n* vän *c*; väninna *c*

friendly ['frendli] *adj* vänlig, vänskaplig

friendship ['frendʃip] *n* vänskap *c*

fright [frait] *n* fruktan *c*, skräck *c*

frighten ['fraitən] *v* skrämma

frightened ['fraitənd] *adj* skrämd; ***be ~ *bli** förskräckt

frightful ['fraitfəl] *adj* förskräcklig, förfärlig

fringe [frindʒ] *n* frans *c*

frog [frɔg] *n* groda *c*

from [frɔm] *prep* från; av; från och med

front [frʌnt] *n* framsida *c*; **in ~ of** framför

frontier ['frʌntiə] *n* gräns *c*

frost [frɔst] *n* frost *c*

frozen ['frouzən] *adj* frusen; **~ food** djupfryst mat

fructose ['frʌktouz] *n* fruktos *c*; **fructose-free** *adj* fruktosfri

fruit [fru:t] *n* frukt *c*

fry [frai] *v* steka

frying pan ['fraiiŋpæn] *n* stekpanna *c*

fuck [fʌk] *v* V knulla

fuel ['fjuəl] *n* bränsle *nt*; bensin *c*; **~ pump** *Am* bensinpump *c*

full [ful] *adj* full; **~ board** helpension *c*; **~ stop** punkt *c*; **~ up** fullsatt

fun [fʌn] *n* nöje *nt*; skoj *nt*

function ['fʌŋkʃən] *n* funktion *c*

fund [fʌnd] *n* fond *c*

fundamental [,fʌndə'mentəl] *adj* grundläggande

funeral ['fju:nərəl] *n* begravning *c*

funnel ['fʌnəl] *n* tratt *c*

funny ['fʌni] *adj* rolig, lustig; konstig

fur [fə:] *n* päls *c*

furious ['fjuəriəs] *adj* ursinnig, rasande

furnace ['fə:nis] *n* ugn *c*

furnish ['fə:niʃ] *v* leverera,

*förse; möblera; ~ with
*förse med

furniture ['fɜːnitʃə] *n* möbler
pl

furrier ['fʌriə] *n* körsnär *c*

further ['fɜːðə] *adj*
avlägsnare; ytterligare

furthermore ['fɜːðəmɔː] *adv*

dessutom

furthest ['fɜːðist] *adj* längst
bort

fuse [fjuːz] *n* propp *c*;
stubintråd *c*

fuss [fʌs] *n* bråk *nt*, väsen *nt*

future ['fjuːtʃə] *n* framtid *c*;
adj framtida

G

gable ['geibəl] *n* gavel *c*

gadget ['gædʒit] *n* grej *c*

gain [gein] *v* *vinna; *n*
förvärv *nt*, förtjänst *c*

gale [geil] *n* storm *c*

gall [gɔːl] *n* galla *c*; ~ **bladder**
gallblåsa *c*

gallery ['gæləri] *n* galleri *nt*;
konstgalleri *nt*

gallon ['gælən] *n* (Brit 4,55 l;
Am 3,79 l) gallon *c*

gallop ['gæləp] *n* galopp *c*

gallows ['gæləuz] *pl* galge *c*

gallstone ['gɔːlstoun] *n*
gallsten *c*

game [geim] *n* spel *nt*;
villebråd *nt*; ~ **reserve**
djurreservat *c*

gang [gæŋ] *n* gäng *nt*; skift *nt*

gangway ['gæŋwei] *n*
landgång *c*

gap [gæp] *n* öppning *c*

garage ['gærɑːʒ] *n* garage *nt*;
v ställa in i garaget

garbage ['gɑːbidʒ] *n* avfall
nt, sopor *pl*

garden ['gɑːdən] *n* trädgård
c; **public** ~ offentlig park;

zoological gardens
djurpark *c*

gardener ['gɑːdənə] *n*
trädgårdsmästare *c*

gargle ['gɑːgəl] *v* gurgla

garlic ['gɑːlik] *n* vitlök *c*

gas [gæs] *n* gas *c*; *nAm*
bensin *c*; ~ **cooker** gaskök
nt; ~ **pump** *Am* bensinpump
c; ~ **station** bensinstation *c*;
~ **stove** gasspis *c*

gasoline ['gæsəliːn] *nAm*
bensin *c*

gastric ['gæstrik] *adj* mag-; ~
ulcer magsår *nt*

gasworks ['gæswɔːks] *n*
gasverk *nt*

gate [geit] *n* port *c*; grind *c*

gather ['gæðə] *v* samla;
samlas; skörda

gauge [geidʒ] *n* mätare *c*

gave [geiv] *v* (p give)

gay [gei] *adj* munter; brokig

gaze [geiz] *v* stirra

gazetteer [ˌgæzə'tiə] *n*
geografiskt lexikon

gear [giə] *n* växel *c*;
utrustning *c*; **change** ~

växla; ~ **lever** växelspak *c*
gearbox ['giəbɔks] *n*
växellåda *c*
geese [giːs] *pl* gäss *pl*
gem [dʒem] *n* juvel *c*,
ädelsten *c*; klenod *c*
gender ['dʒendə] *n* genus *nt*
general ['dʒenərəl] *adj*
allmän; *n* general *c*; ~
practitioner
allmänpraktiserande läkare;
in ~ i allmänhet
generate ['dʒenəreit] *v* alstra
generation [,dʒenə'reiʃən] *n*
generation *c*
generator ['dʒenəreitər] *n*
generator *c*
generosity [,dʒenə'rɔsəti] *n*
givmildhet *c*
generous ['dʒenərəs] *adj*
generös, givmild
genital ['dʒenitəl] *adj* köns-
genius ['dʒiːniəs] *n* geni *nt*
gentle ['dʒentəl] *adj* mild;
blid; varsam
gentleman ['dʒentəlmən] *n*
(pl -men) herre *c*
genuine ['dʒenjuin] *adj* äkta
geography [dʒi'ɔgrəfi] *n*
geografi *c*
geology [dʒi'ɔlədʒi] *n*
geologi *c*
geometry [dʒi'ɔmətri] *n*
geometri *c*
germ [dʒəːm] *n* bacill *c*,
grodd *c*
German ['dʒəːmən] *adj* tysk;
n tysk *c*
Germany ['dʒəːməni]
Tyskland

gesticulate [dʒi'stikjuleit] *v*
gestikulera
***get** [get] *v* *få; hämta; *bli; ~
back *gå tillbaka, *komma
tillbaka; ~ **off** *stiga av; ~ **on**
*stiga på; *göra framsteg; ~
up resa sig, *stiga upp
ghost [goust] *n* spöke *nt*;
ande *c*
giant ['dʒaiənt] *n* jätte *c*
giddiness ['gidinəs] *n* yrsel *c*
giddy ['gidi] *adj* yr
gift [gift] *n* gåva *c*; talang *c*
gift card ['gift‿kaːd] *n*
presentkort *nt*
gifted ['giftid] *adj* begåvad
gigantic [dʒai'gæntik] *adj*
väldig
giggle ['gigəl] *v* fnittra
gill [gil] *n* gäl *c*
gilt [gilt] *adj* förgylld
ginger ['dʒindʒə] *n* ingefära *c*
gipsy ['dʒipsi] *n* zigenare *c*
girdle ['gəːdəl] *n* gördel *c*
girl [gəːl] *n* flicka *c*;
girlfriend ['gəːlfrend] *n*
flickvän *c*
***give** [giv] *v* *ge; överräcka; ~
away förråda; ~ **in** *ge efter;
~ **up** *ge upp
glacier ['glæsiə] *n* glaciär *c*
glad [glæd] *adj* glad; **gladly**
gärna, med glädje
gladness ['glædnəs] *n* glädje
c
glamorous ['glæmərəs] *adj*
charmerande, förtrollande
glance [glɑːns] *n* blick *c*; *v*
kasta en blick
gland [glænd] *n* körtel *c*

glare [gleə] n skarpt sken;
  sken nt
glaring ['gleəriŋ] adj
  bländande; påfallande; gräll
glass [glɑːs] n glas nt; glas-;
  glasses glasögon pl;
  magnifying ~
  förstoringsglas nt
glaze [gleiz] v glasa; glasera
glide [glaid] v *glida
glider ['glaidə] n
  segelflygplan nt
glimpse [glimps] n skymt c;
  glimt c; v skymta
global ['gloubəl] adj
  världsomfattande; global
  positioning system n GPS
  c; global warming n global
  uppvärmning c
globalization
  [,gloubəlai'zeiʃən] n
  globalisering c
globalize ['gloubə,laiz] v
  globalisera
globe [gloub] n jordklot nt,
  glob c
gloom [gluːm] n dunkelhet c
gloomy ['gluːmi] adj dyster
glorious ['glɔːriəs] adj
  praktfull
glory ['glɔːri] n berömmelse
  c, ära c, lovord nt
gloss [glɔs] n glans c
glossy ['glɔsi] adj blank
glove [glʌv] n handske c
glow [glou] v glöda; n glöd c
glue [gluː] n lim nt
gluten ['gluːtən] n gluten nt;
  gluten-free adj glutenfri
*go [gou] v *gå; *bli; ~ ahead

*fortsätta; ~ away *fara; ~
  back *gå tillbaka; ~ home
  *gå hem; ~ in *gå in; ~ on
  *fortsätta; ~ out *gå ut; ~
  through *genomgå
goal [goul] n mål nt
goalkeeper ['goul,kiːpə] n
  målvakt c
goat [gout] n get c
god [gɔd] n gud c
goddess ['gɔdis] n gudinna c
godfather ['gɔd,fɑːðə] n
  gudfar c
godmother ['gɔd,mʌðə] n
  gudmor c
goggles ['gɔgəlz] pl
  skyddsglasögon pl
gold [gould] n guld nt; ~ leaf
  bladguld nt
golden ['gouldən] adj gyllene
goldsmith ['gouldsmiθ] n
  guldsmed c
golf [gɔlf] n golf c
golfclub ['gɔlfklʌb] n
  golfklubb c
golf course ['gɔlfkɔːs] n
  golfbana c
gondola ['gɔndələ] n gondol
  c
gone [gɔn] adv (pp go) borta
good [gud] adj bra, god; snäll
goodbye! [,gud'bai] adjö!
good-humoured
  [,gud'hjuːməd] adj gladlynt
good-looking [,gud'lukiŋ]
  adj snygg
good-natured [,gud'neitʃəd]
  adj godmodig
goods [gudz] pl varor pl; ~
  train godståg nt

good-tempered
  [,gud'tempəd] adj godlynt
goodwill [,gud'wil] n välvilja
  c
goose [guːs] n (pl geese) gås
  c
gooseberry ['guzbəri] n
  krusbär c
goose flesh ['guːsfleʃ] n
  gåshud c
gorge [gɔːdʒ] n bergsklyfta c
gorgeous ['gɔːdʒəs] adj
  praktfull
gospel ['gɔspəl] n
  evangelium nt
gossip ['gɔsip] n skvaller nt;
  v skvallra
got [gɔt] v (p, pp get)
gourmet ['guəmei] n
  gastronom c
gout [gaut] n gikt c
govern ['gʌvən] v regera
governess ['gʌvənis] n
  guvernant c
government ['gʌvənmənt] n
  regering c, styrelse c
governor ['gʌvənə] n
  guvernör c
gown [gaun] n klänning c
GPS ['dʒiːpiː'es] n GPS c
grace [greis] n grace c; nåd c
graceful ['greisfəl] adj
  graciös; intagande; behaglig
grade [greid] n grad c; v
  klassificera
gradient ['greidiənt] n
  stigning c
gradual ['grædʒuəl] adj
  gradvis
graduate ['grædʒueit] v *ta

examen
grain [grein] n korn nt,
  sädeskorn nt
gram [græm] n gram nt
grammar ['græmə] n
  grammatik c
grammatical [grə'mætikəl]
  adj grammatisk
gramophone ['græməfoun]
  n grammofon c
grand [grænd] adj storslagen
grandchild ['græn,tʃaild] n
  barnbarn c
granddaughter
  ['græn,dɔːtə] n sondotter c,
  dotterdotter c
grandfather ['græn,faːðə] n
  farfar c, morfar c
grandmother ['græn,mʌðə]
  n farmor c; mormor c
grandparents
  ['græn,peərənts] pl
  morföräldrar pl,
  farföräldrar pl
grandson ['grænsʌn] n
  sonson c, dotterson c
granite ['grænit] n granit c
grant [grɑːnt] v bevilja,
  *medge; n bidrag nt,
  stipendium c
grapefruit ['greipfruːt] n
  grapefrukt c
grapes [greips] pl vindruvor
  pl
graph [græf] n diagram nt
graphic ['græfik] adj grafisk
grasp [grɑːsp] v *gripa; n
  grepp nt
grass [grɑːs] n gräs nt
grasshopper ['grɑːs,hɔpə] n

gräshoppa *c*

grate [greit] *n* spisgaller *c*; *v*
*riva

grateful ['greitfəl] *adj*
tacksam

grater ['greitə] *n* rivjärn *nt*

gratis ['grætis] *adj* gratis

gratitude ['grætitju:d] *n*
tacksamhet *c*

gratuity [grə'tju:əti] *n*
gratifikation *c*

grave [greiv] *n* grav *c*; *adj*
allvarlig

gravel ['grævəl] *n* grus *nt*

gravestone ['greivstoun] *n*
gravsten *c*

graveyard ['greivja:d] *n*
begravningsplats *c*

gravity ['grævəti] *n*
tyngdkraft *c*; allvar *nt*

gravy ['greivi] *n* sky *c*

graze [greiz] *v* beta; *n*
skrubbsår *nt*

grease [gri:s] *n* fett *nt*; *v*
*smörja

greasy ['gri:si] *adj* flottig,
oljig

great [greit] *adj* stor; **Great
Britain** Storbritannien

Greece [gri:s] Grekland

greed [gri:d] *n* habegär *nt*

greedy ['gri:di] *adj* hagalen;
glupsk

Greek [gri:k] *adj* grekisk; *n*
grek *c*

green [gri:n] *adj* grön; ~ **card**
grönt kort

greengrocer ['gri:n,grousə]
n grönsakshandlare *c*

greenhouse ['gri:nhaus] *n*

drivhus *nt*, växthus *nt*

greens [gri:nz] *pl* grönsaker
pl

greet [gri:t] *v* hälsa

greeting ['gri:tiŋ] *n* hälsning
c

grey [grei] *adj* grå

greyhound ['greihaund] *n*
vinthund *c*

grief [gri:f] *n* sorg *c*,
bedrövelse *c*

grieve [gri:v] *v* sörja

grill [gril] *n* grill *c*; *v* grilla

grillroom ['grilru:m] *n*
grillrestaurang *c*

grim [grim] *adj* barsk

grin [grin] *v* flina; *n* flin *nt*

*grind [graind] *v* mala;
finmala

grip [grip] *v* *gripa; *n* grepp
nt; *nAm* kappsäck *c*

grit [grit] *n* grus *nt*

groan [groun] *v* stöna

grocer ['grousə] *n*
specerihandlare *c*; **grocer's**;

grocery speceriaffär *c*

groceries ['grousəriz] *pl*
specerier *pl*

groin [grɔin] *n* ljumske *c*

groom [gru:m] *n* brudgum *c*

groove [gru:v] *n* skåra *c*, fåra
c

gross¹ [grous] *n* (pl ~) gross
nt

gross² [grous] *adj* grov;
brutto-

grotto ['grɔtou] *n* (pl ~es, ~s)
grotta *c*

ground¹ [graund] *n* grund *c*,
mark *c*; ~ **floor** bottenvåning

c; **grounds** mark *c*

ground² [graund] *v* (p, pp grind)

group [gru:p] *n* grupp *c*

grouse [graus] *n* (pl ~) vildhönsfågel *c*, ripa *c*

grove [grouv] *n* skogsdunge *c*

***grow** [grou] *v* växa; odla; *bli

growl [graul] *v* morra

grown-up ['grounʌp] *adj* vuxen; *n* vuxen *c*

growth [grouθ] *n* växt *c*; svulst *c*

grudge [grʌdʒ] *v* missunna

grumble ['grʌmbəl] *v* knorra

guarantee [ˌgærən'ti:] *n* garanti *c*; säkerhet *c*; *v* garantera

guard [ga:d] *n* vakt *c*; *v* bevaka

guardian ['ga:diən] *n* förmyndare *c*

guess [ges] *v* gissa; förmoda; *n* förmodan *c*

guest [gest] *n* gäst *c*

guesthouse ['gesthaus] *n* pensionat *nt*

guest room ['gestru:m] *n* gästrum *nt*

guide [gaid] *n* reseledare *c*; guide *c*; *v* vägleda, guida

guide dog ['gaiddɔg] *n*

ledarhund *c*

guidebook ['gaidbuk] *n* resehandbok *c*

guideline ['gaidlain] *n* riktlinje *c*

guilt [gilt] *n* skuld *c*

guilty ['gilti] *adj* skyldig

guinea pig ['ginipig] *n* marsvin *nt*

guitar [gi'ta:] *n* gitarr *c*

gulf [gʌlf] *n* bukt *c*

gull [gʌl] *n* mås *c*

gum [gʌm] *n* tandkött *nt*; gummi *nt*; klister *nt*

gun [gʌn] *n* gevär *nt*; kanon *c*

gunpowder ['gʌn,paudə] *n* krut *nt*

gust [gʌst] *n* kastby *c*

gusty [ˈgʌsti] *adj* stormig

gut [gʌt] *n* tarm *c*; **guts** mod *nt*

gutter ['gʌtə] *n* rännsten *c*

guy [gai] *n* karl *c*

gymnasium [dʒim'neiziəm] *n* (pl ~s, -sia) gymnastiksal *c*

gymnast ['dʒimnæst] *n* gymnast *c*

gymnastics [dʒim'næstiks] *pl* gymnastik *c*

gynaecologist [ˌgainəˈkɔlədʒist] *n* gynekolog *c*

H

habit ['hæbit] *n* vana *c*

habitable ['hæbitəbəl] *adj* beboelig

habitual [hə'bitʃuəl] *adj* invand

had [hæd] *v* (p, pp have)

haddock ['hædək] *n* (pl ~) kolja *c*

haemorrhage ['heməridʒ] *n* blödning *c*

haemorrhoids ['heməroidz] *pl* hemorrojder *pl*

hail [heil] *n* hagel *c*

hair [heə] *n* hår *nt*; ~ cream hårkräm *c*; ~ gel hårgelé *nt*; ~ piece löshår *nt*; ~ rollers hårrullar *pl*

hairbrush ['heəbrʌʃ] *n* hårborste *c*

haircut ['heəkʌt] *n* hårklippning *c*

hairdo ['heədu:] *n* frisyr *c*

hairdresser ['heə,dresə] *n* damfrisör *c*

hairdrier, hairdryer ['heədraiə] *n* hårtork *c*

hairgrip ['heəgrip] *n* hårspänne *nt*

hair net ['heənet] *n* hårnät *nt*

hair oil ['heərɔil] *n* hårolja *c*

hairpin ['heəpin] *n* hårnål *c*

hair spray ['heəsprei] *n* hårspray *nt*

hairy ['heəri] *adj* hårig

half¹ [hɑ:f] *adj* halv; *adv* till hälften

half² [hɑ:f] *n* (pl halves) hälft *c*

half time [,hɑ:f'taim] *n* halvlek *c*

halfway [,hɑ:f'wei] *adv* halvvägs

halibut ['hælibət] *n* (pl ~) helgeflundra *c*

hall [hɔ:l] *n* hall *c*; sal *c*

halt [hɔ:lt] *v* stanna

halve [hɑ:v] *v* halvera

ham [hæm] *n* skinka *c*

hamlet ['hæmlət] *n* liten by

hammer ['hæmə] *n* hammare *c*

hammock ['hæmək] *n* hängmatta *c*

hamper ['hæmpə] *n* matkorg *c*

hand [hænd] *n* hand *c*; *v* överlämna; ~ cream handkräm *c*

handbag ['hændbæg] *n* handväska *c*

handbook ['hændbuk] *n* handbok *c*

handbrake ['hændbreik] *n* handbroms *c*

handcuffs ['hændkʌfs] *pl* handbojor *pl*

handful ['hændful] *n* handfull *c*

handheld ['hand,held] *adj* handhållen

handicap ['hændikæp] *n* handikapp *nt*

head

handicapped ['hændikæpt]
  adj handikappad
handicraft ['hændikrɑ:ft] n
  hantverk nt; konsthantverk
  nt
handkerchief ['hæŋkətʃif] n
  näsduk c
handle ['hændl] n skaft nt,
  handtag nt; v hantera;
  behandla
hand-made [,hænd'meid] adj
  handgjord
handshake ['hændʃeik] n
  handslag nt
handsome ['hænsəm] adj
  snygg
handwork ['hændwə:k] n
  hantverk nt
handwriting ['hænd,raitiŋ] n
  handstil c
*hang [hæŋ] v hänga
hanger ['hæŋə] n
  klädhängare c
hangover ['hæŋ,ouvə] n
  baksmälla c
happen ['hæpən] v hända,
  ske
happening ['hæpəniŋ] n
  händelse c
happiness ['hæpinəs] n
  lycka c
happy ['hæpi] adj belåten,
  lycklig
harbour ['hɑ:bə] n hamn c
hard [hɑ:d] adj hård; hardly
  knappast
hardware ['hɑ:dwɛə] n
  järnvaror pl; ~ store
  järnhandel c
hare [hɛə] n hare c

harm [hɑ:m] n skada c; ont
  nt; v skada, *göra illa
harmful ['hɑ:mfəl] adj
  skadlig
harmless ['hɑ:mləs] adj
  oförarglig
harmony ['hɑ:məni] n
  harmoni c
harp [hɑ:p] n harpa c
harpsichord ['hɑ:psikɔ:d] n
  cembalo c
harsh [hɑ:ʃ] adj sträv; sträng;
  grym
harvest ['hɑ:vist] n skörd c
has [hæz] v (pr have)
haste [heist] n brådska c, hast
  c
hasten ['heisən] v skynda sig
hasty ['heisti] adj hastig
hat [hæt] n hatt c; ~ rack
  hatthylla c
hatch [hætʃ] n lucka c
hate [heit] v hata; n hat nt
hatred ['heitrid] n hat nt
haughty ['hɔ:ti] adj
  högdragen
haul [hɔ:l] v släpa
*have [hæv] v *ha; *få; ~ to
  *måste
hawk [hɔ:k] n hök c; falk c
hay [hei] n hö nt; ~ fever
  hösnuva c
hazard ['hæzəd] n risk c
haze [heiz] n dis nt
hazelnut ['heizəlnʌt] n
  hasselnöt c
hazy ['heizi] adj disig
he [hi:] pron han
head [hed] n huvud nt; v leda;
  ~ of state statsöverhuvud nt;

~ **teacher** överlärare *c*
headache ['hedeik] *n*
huvudvärk *c*
heading ['hediŋ] *n* överskrift
c
headlamp ['hedlæmp] *n*
strålkastare *c*
headlight ['hedlait] *n*
strålkastare *c*
headline ['hedlain] *n* rubrik *c*
headmaster [,hed'mɑːstə] *n*
rektor *c*
headquarters
[,hed'kwɔːtəz] *pl*
högkvarter *nt*
head-strong ['hedstrɔŋ] *adj*
envis
head waiter [,hed'weitə] *n*
hovmästare *c*
heal [hiːl] *v* läka
health [helθ] *n* hälsa *c*; ~
centre hälsovårdscentral *c*;
~ **certificate** friskintyg *nt*
healthy ['helθi] *adj* frisk
heap [hiːp] *n* hög *c*
*hear [hiə] *v* höra
hearing ['hiəriŋ] *n* hörsel *c*
heart [hɑːt] *n* hjärta *nt*;
innersta *nt*; **by** ~ utantill; ~
attack hjärtattack *c*
heartburn ['hɑːtbəːn] *n*
halsbränna *c*
hearth [hɑːθ] *n* eldstad *c*
heartless ['hɑːtləs] *adj*
hjärtlös
hearty ['hɑːti] *adj* hjärtlig
heat [hiːt] *n* hetta *c*, värme *c*;
v uppvärma; **heating pad**
värmedyna *c*
heater ['hiːtə] *n* kamin *c*;

immersion ~ doppvärmare
c
heath [hiːθ] *n* hed *c*
heathen ['hiːðən] *n* hedning
c; *adj* hednisk
heather ['heðə] *n* ljung *c*
heating ['hiːtiŋ] *n*
uppvärmning *c*
heaven ['hevən] *n* himmel *c*
heavy ['hevi] *adj* tung
Hebrew ['hiːbruː] *n*
hebreiska *c*
hedge [hedʒ] *n* häck *c*
hedgehog ['hedʒhɔg] *n*
igelkott *c*
heel [hiːl] *n* häl *c*; klack *c*
height [hait] *n* höjd *c*;
höjdpunkt *c*
heir [eə] *n* arvinge *c*
heiress ['eəres] *n*
arvtagerska *c*
helicopter ['helikʌptə] *n*
helikopter *c*
hell [hel] *n* helvete *nt*
hello! [he'lou] hej!; **say hello
to** säg hej till
helm [helm] *n* rorkult *c*
helmet ['helmit] *n* hjälm *c*
helmsman ['helmzmən] *n*
rorsman *c*
help [help] *v* hjälpa; *n* hjälp *c*
helper ['helpə] *n* hjälp *c*
helpful ['helpfəl] *adj*
hjälpsam
helping ['helpiŋ] *n* portion *c*
hem [hem] *n* fåll *c*
hemp [hemp] *n* hampa *c*
hen [hen] *n* höna *c*
her [həː] *pron* henne; *adj*
hennes

herb [hə:b] *n* ört *c*

herd [hə:d] *n* hjord *c*

here [hiə] *adv* här; ~ **you are** var så god

hereditary [hi'reditəri] *adj* ärftlig

hernia ['hə:niə] *n* brock *nt*

hero ['hiərou] *n* (pl ~es) hjälte *c*

heron ['herən] *n* häger *c*

herring ['herin] *n* (pl ~, ~s) sill *c*

herself [hə:'self] *pron* sig; själv

hesitate ['heziteit] *v* tveka

heterosexual [,hetərə'sekʃuəl] *adj* heterosexuell

hiccup ['hikʌp] *n* hicka *c*

hide [haid] *n* djurhud *c*, skinn *nt*

***hide** [haid] *v* gömma; *dölja

hideous ['hidiəs] *adj* avskyvärd

hierarchy ['haiəra:ki] *n* hierarki *c*

high [hai] *adj* hög

highway ['haiwei] *n* landsväg *c*; *nAm* motorväg *c*

hijack ['haidʒæk] *v* kapa

hijacker ['haidʒækə] *n* kapare *c*

hike [haik] *v* vandra

hill [hil] *n* kulle *c*; backe *c*

hillside ['hilsaid] *n* sluttning *c*

hilltop ['hiltɔp] *n* backkrön *nt*

hilly ['hili] *adj* backig, kuperad

him [him] *pron* honom

himself [him'self] *pron* sig; själv

hinder ['hində] *v* hindra

hinge [hindʒ] *n* gångjärn *nt*

hint [hint] *n* vink *c*

hip [hip] *n* höft *c*

hip-hop ['hip,hɔp] *n* hip-hop *c*

hire [haiə] *v* hyra; **for** ~ till uthyrning

hire purchase[,haiə'pə:tʃəs] *n*, **installment plan** *nAm* avbetalningsköp *nt*

his [hiz] *adj* hans

historian [hi'stɔ:riən] *n* historiker *c*

historic [hi'stɔrik] *adj* historisk

historical [hi'stɔrikəl] *adj* historisk

history ['histəri] *n* historia *c*

hit [hit] *n* schlager *c*

***hit** [hit] *v* *slå; träffa

hitchhike ['hitʃhaik] *v* lifta

hitchhiker ['hitʃ,haikə] *n* liftare *c*

hoarse [hɔ:s] *adj* skrovlig, hes

hobby ['hɔbi] *n* hobby *c*

hobbyhorse ['hɔbihɔ:s] *n* käpphäst *c*

hockey ['hɔki] *n* hockey *c*

hoist [hɔist] *v* hissa

hold [hould] *n* lastrum *nt*

***hold** [hould] *v* *hålla fast, *hålla; *bibehålla; ~ **on** *hålla sig fast; ~ **up** stötta, *hålla uppe

hold-up ['houldʌp] *n* väpnat rån

hole [houl] *n* hål *nt*

holiday ['hɔlədi] *n* semester *c*; helgdag *c*; ~ **camp** ferieläger *nt*; ~ **resort** semesterort *c*; **on** ~ **på** semester

Holland ['hɔlənd] Holland

hollow ['hɔlou] *adj* ihålig

holy ['houli] *adj* helig

homage ['hɔmidʒ] *n* hyllning *c*

home [houm] *n* hem *nt*; hus *nt*, vårdhem *nt*; *adv* hemma, hem; **at** ~ hemma

home-made [,houm'meid] *adj* hemgjord

homesickness ['houm,siknəs] *n* hemlängtan *c*

homework ['houm,wə:k] *n* läxa *c*

homosexual [,houmə'sekʃuəl] *adj* homosexuell

honest ['ɔnist] *adj* ärlig; uppriktig

honesty ['ɔnisti] *n* ärlighet *c*

honey ['hʌni] *n* honung *c*

honeymoon ['hʌnimu:n] *n* smekmånad *c*, bröllopsresa *c*

honk [hʌŋk] *vAm* tuta

honour ['ɔnə] *n* heder *c*; *v* hedra, ära

honourable ['ɔnərəbəl] *adj* ärofull; rättskaffens

hood [hud] *n* kapuschong *c*; *nAm* motorhuv *c*

hoof [hu:f] *n* hov *c*

hook [huk] *n* krok *c*

hoot [hu:t] *v* tuta

hooter ['hu:tə] *n* signalhorn *nt*

hoover ['hu:və] *v* *dammsuga

hop[1] [hɔp] *v* hoppa; *n* hopp *nt*

hop[2] [hɔp] *n* humle *nt*

hope [houp] *n* hopp *nt*; *v* hoppas

hopeful ['houpfəl] *adj* hoppfull

hopeless ['houpləs] *adj* hopplös

horizon [hə'raizən] *n* horisont *c*

horizontal [,hɔri'zɔntəl] *adj* horisontal

horn [hɔ:n] *n* horn *nt*; blåsinstrument *nt*; signalhorn *nt*

horrible ['hɔribəl] *adj* förskräcklig; ryslig, avskyvärd, gräslig

horror ['hɔrə] *n* skräck *c*, fasa *c*

hors d'œuvre [ɔ:'də:vr] *n* förrätt *c*

horse [hɔ:s] *n* häst *c*

horseman ['hɔ:smən] *n* (pl -men) ryttare *c*

horsepower ['hɔ:s,pauə] *n* hästkraft *c*

horserace ['hɔ:sreis] *n* hästkapplöpning *c*

horseradish ['hɔ:s,rædiʃ] *n* pepparrot *c*

horseshoe ['hɔ:sʃu:] *n* hästsko *c*

horticulture ['hɔ:tikʌltʃə] *n* trädgårdsodling *c*

hurt

hosiery ['houʒəri] n
trikåvaror pl

hospitable ['hɔspitəbəl] adj
gästfri

hospital ['hɔspitəl] n sjukhus
nt, lasarett nt

hospitality [,hɔspi'tæləti] n
gästfrihet c

host [houst] n värd c

hostage ['hɔstidʒ] n gisslan c

hostel ['hɔstəl] n härbärge nt

hostess ['houstis] n värdinna
c

hostile ['hɔstail] adj fientlig

hot [hɔt] adj varm, het

hotel [hou'tel] n hotell nt

hotspot ['hɔt,spɔt] n
inneställe c

hot-tempered [,hɔt'tempəd]
adj hetlevrad

hour [auə] n timme c

hourly ['auəli] adj varje
timme

house [haus] n hus nt; bostad
c; ~ agent fastighetsmäklare
c; ~ block Am husblock nt;
public ~ restaurang c

houseboat ['hausbout] n
husbåt c

household ['haushould] n
hushåll nt

housekeeper ['haus,ki:pə] n
hushållerska c

housekeeping ['haus,ki:piŋ]
n hushållning c,
hushållssysslor pl

housemaid ['hausmeid] n
hembiträde nt

housewife ['hauswaif] n
hemmafru c

housework ['hauswə:k] n
hushållsarbete nt

how [hau] adv hur; så; ~
many hur många; ~ much
hur mycket

however [hau'evə] conj
likväl, emellertid

hug [hʌg] v omfamna; n kram
c

huge [hju:dʒ] adj kolossal,
jättestor, väldig

hum [hʌm] v nynna

human ['hju:mən] adj
mänsklig; ~ being människa
c

humanity [hju'mænəti] n
mänsklighet c

humble ['hʌmbəl] adj
ödmjuk

humid ['hju:mid] adj fuktig

humidity [hju'midəti] n
fuktighet c

humorous ['hju:mərəs] adj
skämtsam, humoristisk,
lustig

humour ['hju:mə] n humor c

hundred ['hʌndrəd] n hundra

Hungarian [hʌŋ'gɛəriən] adj
ungersk; n ungrare c

Hungary ['hʌŋgəri] Ungern

hunger ['hʌŋgə] n hunger c

hungry ['hʌŋgri] adj hungrig

hunt [hʌnt] v jaga; n jakt c

hunter ['hʌntə] n jägare c

hurricane ['hʌrikən] n orkan
c; ~ lamp stormlykta c

hurry ['hʌri] v skynda sig; n
brådska c; in a ~ fort

*hurt [hə:t] v värka, skada;
såra

hurtful ['hə:tfəl] *adj* skadlig

husband ['hʌzbənd] *n* äkta man, make *c*

hut [hʌt] *n* hydda *c*

hydrogen ['haidrədʒən] *n* väte *n*

hygiene ['haidʒi:n] *n* hygien *c*

hygienic [hai'dʒi:nik] *adj* hygienisk

hymn [him] *n* hymn *c*, psalm *c*

hyphen ['haifən] *n* bindestreck *nt*

hypocrisy [hi'pɔkrəsi] *n* hyckleri *nt*

hypocrite ['hipəkrit] *n* hycklare *c*

hypocritical [,hipə'kritikəl] *adj* hycklande, skenhelig

hysterical [hi'sterikəl] *adj* hysterisk

I

I [ai] *pron* jag

ice [ais] *n* is *c*

ice bag ['aisbæg] *n* isblåsa *c*

ice cream ['aiskri:m] *n* glass *c*

Iceland ['aislənd] Island

Icelander ['aisləndə] *n* islänning *c*

Icelandic [ais'lændik] *adj* isländsk

icon ['aikɔn] *n* ikon *c*

idea [ai'diə] *n* idé *c*; tanke *c*, infall *nt*; begrepp *nt*, föreställning *c*

ideal [ai'diəl] *adj* idealisk; *n* ideal *nt*

identical [ai'dentikəl] *adj* identisk

identification [ai,dentifi'keiʃən] *n* identifiering *c*; legitimation *c*

identify [ai'dentifai] *v* identifiera

identity [ai'dentəti] *n* identitet *c*; ~ **card**

identitetskort *nt*

idiom ['idiəm] *n* idiom *nt*

idiomatic [,idiə'mætik] *adj* idiomatisk

idiot ['idiət] *n* idiot *c*

idiotic [,idi'ɔtik] *adj* idiotisk

idle ['aidəl] *adj* overksam; lat; gagnlös, tom

idol ['aidəl] *n* avgud *c*; idol *c*

if [if] *conj* om; ifall

ignition [ig'niʃən] *n* tändning *c*; ~ **coil** tändspole *c*

ignorant ['ignərənt] *adj* okunnig

ignore [ig'nɔ:] *v* ignorera

ill [il] *adj* sjuk; dålig; elak

illegal [i'li:gəl] *adj* olaglig, illegal

illegible [i'ledʒəbəl] *adj* oläslig

illiterate [i'litərət] *n* analfabet *c*

illness ['ilnəs] *n* sjukdom *c*

illuminate [i'lu:mineit] *v* lysa upp

illumination [i,lu:mi'neiʃən]

n belysning *c*
illusion [i'lu:ʒən] *n* illusion *c*;
　villfarelse *c*
illustrate ['iləstreit] *v*
　illustrera
illustration [,ilə'streiʃən] *n*
　illustration *c*
image ['imidʒ] *n* bild *c*
imaginary [i'mædʒinəri] *adj*
　inbillad
imagination
　[i,mædʒi'neiʃən] *n* fantasi *c*,
　inbillning *c*
imagine [i'mædʒin] *v*
　föreställa sig; inbilla sig;
　tänka sig
imitate ['imiteit] *v* imitera,
　efterlikna
imitation [,imi'teiʃən] *n*
　imitation *c*
immediate [i'mi:djət] *adj*
　omedelbar
immediately [i'mi:djətli] *adv*
　genast, omedelbart
immense [i'mens] *adj*
　enorm, oerhörd, oändlig
immigrant ['imigrənt] *n*
　invandrare *c*
immigrate ['imigreit] *v*
　immigrera
immigration [,imi'greiʃən] *n*
　invandring *c*
immodest [i'mɔdist] *adj*
　oblyg
immunity [i'mju:nəti] *n*
　immunitet *c*
immunize ['imjunaiz] *v*
　immunisera
impartial [im'pɑ:ʃəl] *adj*
　opartisk

impassable [im'pɑ:səbəl]
　adj oframkomlig
impatient [im'peiʃənt] *adj*
　otålig
impede [im'pi:d] *v* hindra
impediment [im'pedimənt] *n*
　hinder *nt*
imperfect [im'pə:fikt] *adj*
　ofullkomlig
imperial [im'piəriəl] *adj*
　kejserlig; imperial-
impersonal [im'pə:sənəl] *adj*
　opersonlig
impertinence [im'pə:tinəns]
　n näsvishet *c*
impertinent [im'pə:tinənt]
　adj oförskämd, fräck, näsvis
implement¹ ['implimənt] *n*
　redskap *nt*, verktyg *nt*
implement² ['impliment] *v*
　utföra, *fullgöra
imply [im'plai] *v* antyda;
　*innebära
impolite [,impə'lait] *adj*
　ohövlig
import¹ [im'pɔ:t] *v* införa,
　importera
import² ['impɔ:t] *n* import *c*,
　införsel *c*, importvara *c*; ~
　duty importtull *c*
importance [im'pɔ:təns] *n*
　betydelse *c*
important [im'pɔ:tənt] *adj*
　viktig, betydelsefull
importer [im'pɔ:tə] *n*
　importör *c*
imposing [im'pouziŋ] *adj*
　imponerande
impossible [im'pɔsəbəl] *adj*
　omöjlig

impotence ['impətəns] *n*
impotens *c*

impotent ['impətənt] *adj*
impotent

impress [im'pres] *v* *göra
intryck på, imponera

impression [im'preʃən] *n*
intryck *nt*

impressive [im'presiv] *adj*
imponerande

imprison [im'prizən] *v*
fängsla

imprisonment
[im'prizənmənt] *n*
fångenskap *c*

improbable [im'prɔbəbəl]
adj otrolig

improper [im'prɔpə] *adj*
opassande, felaktig

improve [im'pru:v] *v*
förbättra

improvement
[im'pru:vmənt] *n*
förbättring *c*

improvise ['imprəvaiz] *v*
improvisera

impudent ['impjudənt] *adj*
oförskämd

impulse ['impʌls] *n* impuls *c*;
stimulans *c*

impulsive [im'pʌlsiv] *adj*
impulsiv

in [in] *prep* i; om, på; *adv* in

inaccessible [,inæk'sesəbəl]
adj otillgänglig

inaccurate [i'nækjurət] *adj*
oriktig

inadequate [i'nædikwət] *adj*
otillräcklig

incapable [in'keipəbəl] *adj*

oduglig

incense ['insens] *n* rökelse *c*

inch [intʃ] *n* (2,54 cm) tum *c*

incident ['insidənt] *n*
händelse *c*

incidental [,insi'dentəl] *adj*
tillfällig

incite [in'sait] *v* sporra

inclination [,inkli'neiʃən] *n*
benägenhet *c*

incline [in'klain] *n* sluttning *c*

inclined [in'klaind] *adj*
benägen; lutande; *be ~ to
*vara benägen att

include [in'klu:d] *v* innefatta,
omfatta; included
inberäknad

inclusive [in'klu:siv] *adj*
inklusive

income ['inkəm] *n* inkomst *c*

income tax ['inkəmtæks] *n*
inkomstskatt *c*

incompetent [iŋ'kɔmpətənt]
adj inkompetent

incomplete [,inkəm'pli:t] *adj*
ofullständig

inconceivable
[,inkən'si:vəbəl] *adj*
ofattbar

inconspicuous
[,inkən'spikjuəs] *adj*
oansenlig, försynt

inconvenience
[,inkən'vi:njəns] *n*
olägenhet *c*, besvär *nt*

inconvenient
[,inkən'vi:njənt] *adj*
olämplig; besvärlig

incorrect [,inkə'rekt] *adj*
felaktig, oriktig

increase[1] [iŋˈkriːs] v öka;
  *tillta

increase[2] [ˈiŋkriːs] n ökning
  c

incredible [iŋˈkredəbəl] adj
  otrolig

incurable [iŋˈkjuərəbəl] adj
  obotlig

indecent [inˈdiːsənt] adj
  opassande

indeed [inˈdiːd] adv
  verkligen

indefinite [inˈdefinit] adj
  obestämd

indemnity [inˈdemnəti] n
  skadeersättning c,
  gottgörelse c

independence
  [ˌindiˈpendəns] n
  självständighet c

independent [ˌindiˈpendənt]
  adj självständig; oberoende

index [ˈindeks] n register nt,
  förteckning c; ~ **finger**
  pekfinger nt

India [ˈindiə] Indien

Indian [ˈindiən] adj indisk;
  indiansk; n indier c; indian c

indicate [ˈindikeit] v påpeka,
  antyda, visa

indication [ˌindiˈkeiʃən] n
  tecken nt, antydan c

indicator [ˈindikeitə] n
  indikator c, blinker c

indifferent [inˈdifərənt] adj
  likgiltig

indigestion [ˌindiˈdʒestʃən]
  n matsmältningsbesvär nt

indignation [ˌindigˈneiʃən] n
  harm c, upprördhet c

indirect [ˌindiˈrekt] adj
  indirekt

individual [ˌindiˈvidʒuəl] adj
  enskild, individuell; n
  individ c, enskild person

Indonesia [ˌindəˈniːziə]
  Indonesien

Indonesian [ˌindəˈniːziən]
  adj indonesisk; n indones c

indoor [ˈindɔː] adj inomhus-

indoors [ˌinˈdɔːz] adv
  inomhus

indulge [inˈdʌldʒ] v *ge efter

industrial [inˈdʌstriəl] adj
  industriell; ~ **area**
  industriområde nt

industrious [inˈdʌstriəs] adj
  flitig

industry [ˈindəstri] n industri
  c

inedible [iˈnedibəl] adj
  oätbar

inefficient [ˌiniˈfiʃənt] adj
  ineffektiv; oduglig

inevitable [iˈnevitəbəl] adj
  oundviklig

inexpensive [ˌinikˈspensiv]
  adj billig

inexperienced
  [ˌinikˈspiəriənst] adj
  oerfaren

infant [ˈinfənt] n spädbarn nt

infantry [ˈinfəntri] n infanteri
  nt

infect [inˈfekt] v infektera,
  smitta

infection [inˈfekʃən] n
  infektion c

infectious [inˈfekʃəs] adj
  smittosam

infer [in'fə:] v *innebära, *dra en slutsats

inferior [in'fiəriə] adj underlägsen, sämre; mindervärdig; nedre

infinite ['infinit] adj oändlig

infinitive [in'finitiv] n infinitiv c

inflammable [in'flæməbəl] adj eldfarlig

inflammation [,inflə'meiʃən] n inflammation c

inflatable [in'fleitəbəl] adj uppblåsbar

inflate [in'fleit] v blåsa upp

inflation [in'fleiʃən] n inflation c

inflict [in'flikt] v tillfoga

influence ['influəns] n påverkan c; v påverka

influential [,influ'enʃəl] adj inflytelserik

influenza [,influ'enzə] n influensa c

inform [in'fɔ:m] v informera; meddela, underrätta

informal [in'fɔ:məl] adj informell

information [,infə'meiʃən] n uppgift c; upplysning c, meddelande nt; ~ bureau upplysningsbyrå c

infra-red [,infrə'red] adj infraröd

infrequent [in'fri:kwənt] adj sällsynt

ingredient [iŋ'gri:diənt] n ingrediens c

inhabit [in'hæbit] v bebo

inhabitable [in'hæbitəbəl] adj beboelig

inhabitant [in'hæbitənt] n invånare c

inhale [in'heil] v inandas

inherit [in'herit] v ärva

inheritance [in'heritəns] n arv nt

inhibit [in'hibit] v hämma

initial [i'niʃəl] adj ursprunglig, första; n initial c; v parafera

initiate [i'niʃieit] v påbörja

initiative [i'niʃətiv] n initiativ nt

inject [in'dʒekt] v inspruta

injection [in'dʒekʃən] n injektion c

injure ['indʒə] v skada, såra

injury ['indʒəri] n skada c, oförrätt c

injustice [in'dʒʌstis] n orättvisa c

ink [iŋk] n bläck nt

inlet ['inlet] n sund nt, inlopp nt

inn [in] n värdshus nt

inner ['inə] adj inre; ~ tube innerslang c

innocence ['inəsəns] n oskuld c

innocent ['inəsənt] adj oskyldig

inoculate [i'nɔkjuleit] v ympa

inoculation [i,nɔkju'leiʃən] n ympning c

inquire [iŋ'kwaiə] v *ta reda på, förhöra sig, förfråga sig

inquiry [iŋ'kwaiəri] n förfrågan c; undersökning c;

~ **office** upplysningsbyrå *c*

inquisitive [in'kwizətiv] *adj*
frågvis

insane [in'sein] *adj*
sinnessjuk

inscription [in'skripʃən] *n*
inskription *c*

insect ['insekt] *n* insekt *c*; ~
repellent insektsmedel *nt*

insecticide [in'sektisaid] *n*
insektsgift *nt*

insensitive [in'sensətiv] *adj*
känslolös

insert [in'sə:t] *v* infoga,
stoppa in

inside [,in'said] *n* insida *c*;
adj inre; *adv* inne; inuti;
prep innanför, in i; ~ **out** ut
och in

insight ['insait] *n* insikt *c*

insignificant
[,insig'nifikənt] *adj*
obetydlig; oansenlig,
intetsägande; oviktig

insist [in'sist] *v* insistera;
*vidhålla

insolence ['insələns] *n*
oförskämdhet *c*

insolent ['insələnt] *adj*
oförskämd, fräck

insomnia [in'səmniə] *n*
sömnlöshet *c*

inspect [in'spekt] *v*
inspektera, undersöka,
granska

inspection [in'spekʃən] *n*
inspektion *c*; kontroll *c*

inspector [in'spektə] *n*
inspektor *c*, inspektör *c*

inspire [in'spaiə] *v* inspirera

install [in'stɔ:l] *v* installera

installation [,instə'leiʃən] *n*
installation *c*

instalment [in'stɔ:lmənt] *n*
avbetalning *c*

instance ['instəns] *n*
exempel *nt*; fall *nt*; **for ~** till
exempel

instant ['instənt] *n* ögonblick
nt

instant message
['instənt,'mesədʒ] *n*
direktmeddelande *nt*

instantly ['instəntli]
ögonblickligen, omedelbart

instead of [in'sted əv] i
stället för

instinct ['instiŋkt] *n* instinkt
c

institute ['institju:t] *n*
institut *nt*; anstalt *c*; *v* stifta,
inrätta

institution [,insti'tju:ʃən] *n*
institution *c*, grundande *nt*

instruct [in'strʌkt] *v*
instruera

instruction [in'strʌkʃən] *n*
undervisning *c*

instructive [in'strʌktiv] *adj*
lärorik

instructor [in'strʌktə] *n*
lärare *c*, instruktör *c*

instrument ['instrumənt] *n*
instrument *nt*; **musical ~**
musikinstrument *nt*

insufficient [,insə'fiʃənt] *adj*
otillräcklig

insulate ['insjuleit] *v* isolera

insulation [,insju'leiʃən] *n*
isolering *c*

insulator ['insjuleitə] n
insolator c

insult[1] [in'sʌlt] v förolämpa

insult[2] ['insʌlt] n
förolämpning c

insurance [in'ʃuərəns] n
försäkring c; ~ **policy**
försäkringsbrev nt

insure [in'ʃuə] v försäkra

intact [in'tækt] adj intakt

integrate ['intəgreit] v
integrera

intellect ['intəlekt] n
förstånd nt, intellekt nt

intellectual [,intə'lektʃuəl]
adj intellektuell

intelligence [in'telidʒəns] n
intelligens c

intelligent [in'telidʒənt] adj
intelligent

intend [in'tend] v ämna

intense [in'tens] adj intensiv;
häftig

intention [in'tenʃən] n avsikt
c

intentional [in'tenʃənəl] adj
avsiktlig

intercourse ['intəkɔːs] n
umgänge c

interest ['intrəst] n intresse
nt; ränta c; v intressera

interested ['intristid] adj
intresserad

interesting ['intristiŋ] adj
intressant

interfere [,intə'fiə] v
*ingripa; ~ **with** blanda sig i

interference [,intə'fiərəns] n
inblandning c

interim ['intərim] n mellantid

interior [in'tiəriə] n insida c;
interiör c; inrikesärenden

interlude ['intəluːd] n
mellanspel nt

intermediary [,intə'miːdjəri]
n förmedlare c

intermission [,intə'miʃən] n
paus c

internal [in'təːnəl] adj inre;
invärtes; inhemsk, invändig

international [,intə'næʃənəl]
adj internationell

Internet ['intənet] n Internet
nt

interpret [in'təːprit] v tolka

interpreter [in'təːpritə] n
tolk c

interrogate [in'terəgeit] v
förhöra

interrogation
[in,terə'geiʃən] n förhör nt

interrogative [,intə'rɔgətiv]
adj interrogativ

interrupt [,intə'rʌpt] v
*avbryta

interruption [,intə'rʌpʃən] n
avbrott nt

intersection [,intə'sekʃən] n
skärning c, vägkorsning c

interval ['intəvəl] n paus c;
intervall c

intervene [,intə'viːn] v
*ingripa

interview ['intəvjuː] n
intervju c

intestine [in'testiŋ] n tarm c

intimate ['intimət] adj
förtrolig

into ['intu] prep in i

intolerable [in'tɔlərəbəl] adj
outhärdlig
intoxicated [in'tɔksikeitid]
adj berusad
intrigue [in'tri:g] n intrig c
introduce [,intrə'dju:s] v
presentera, introducera;
införa
introduction [,intrə'dʌkʃən]
n presentation c; inledning c
invade [in'veid] v invadera
invalid¹ [in'vælid] n invalid
c; adj invalidiserad
invalid² [in'vælid] adj ogiltig
invasion [in'veiʒən] n
invasion c
invent [in'vent] v *uppfinna;
uppdikta
invention [in'venʃən] n
uppfinning c
inventive [in'ventiv] adj
uppfinningsrik
inventor [in'ventə] n
uppfinnare c
inventory ['invəntri] n
inventering c
invert [in'və:t] v kasta om,
vända upp och ner
invest [in'vest] v investera;
placera pengar
investigate [in'vestigeit] v
efterforska, utreda
investigation
[in,vesti'geiʃən] n
utredning c
investment [in'vestmənt] n
investering c,
kapitalplacering c
investor [in'vestə] n
aktieägare c, investerare c

invisible [in'vizəbəl] adj
osynlig
invitation [,invi'teiʃən] n
inbjudan c
invite [in'vait] v *inbjuda
invoice ['invɔis] n faktura c
involve [in'vɔlv] v inblanda
inwards ['inwədz] adv inåt
iodine ['aiədi:n] n jod c
Iran [i'rɑ:n] Iran
Iranian [i'reiniən] adj iransk;
n iranier c
Iraq [i'rɑ:k] Irak
Iraqi [i'rɑ:ki] adj irakisk; n
irakier c
Ireland ['aiələnd] Irland
Irish ['aiəriʃ] adj irländsk
iron ['aiən] n järn nt;
strykjärn nt; järn-; v *stryka
ironical [ai'rɔnikəl] adj
ironisk
irony ['aiərəni] n ironi c
irregular [i'regjulə] adj
oregelbunden
irreparable [i'repərəbəl] adj
oreparerbar
irrevocable [i'revəkəbəl] adj
oåterkallelig
irritable ['iritəbəl] adj
lättretad
irritate ['iriteit] v irritera, reta
is [iz] v (pr be)
island ['ailənd] n ö c
isolate ['aisəleit] v isolera
isolation [,aisə'leiʃən] n
isolering c
Israel ['izreil] Israel
Israeli [iz'reili] adj israelisk; n
israelier c
issue ['iʃu:] v *utge; n

utgivning c, upplaga c; fråga
c, tvisteämne nt; resultat nt,
utgång c, följd c,
konsekvens c

it [it] *pron* den, det

Italian [i'tæljən] *adj* italiensk;
n italienare c

Italy ['itəli] Italien

itch [it∫] *n* klåda c; *v* klia

item ['aitəm] *n* post c; punkt c

itinerary [ai'tinərəri] *n*
resrutt c, resplan c

its *pron* dess

itself [it'self] sig; **by ~**
automatiskt

ivory ['aivəri] *n* elfenben nt

ivy ['aivi] *n* murgröna c

J

jack [dʒæk] *n* domkraft c

jacket ['dʒækit] *n* kavaj c,
jacka c; bokomslag nt

jade [dʒeid] *n* jade c

jail [dʒeil] *n* fängelse c

jam [dʒæm] *n* sylt c;
trafikstockning c

janitor ['dʒænitə] *n* portvakt
c

January ['dʒænjuəri] januari

Japan [dʒə'pæn] Japan

Japanese [,dʒæpə'niːz] *adj*
japansk; *n* japan c

jar [dʒɑː] *n* kruka c; skakning
c

jaundice ['dʒɔːndis] *n* gulsot
c

jaw [dʒɔː] *n* käke c

jealous ['dʒeləs] *adj*
svartsjuk

jealousy ['dʒeləsi] *n*
svartsjuka c

jeans [dʒiːnz] *pl* jeans *pl*

jelly ['dʒeli] *n* gelé c

jellyfish ['dʒelifi∫] *n* manet c

jersey ['dʒəːzi] *n* jerseytyg nt;
ylletröja c

jet [dʒet] *n* stråle c; jetplan nt

jet lag ['jet‿læg] *n* jet lag c

jetty ['dʒeti] *n* hamnpir c

Jew [dʒuː] *n* jude c

jewel ['dʒuːəl] *n* smycke nt

jeweller ['dʒuːələ] *n*
juvelerare c; guldsmedsaffär
c

jewellery ['dʒuːəlri] *n*
smycken; juveler

Jewish ['dʒuːi∫] *adj* judisk

job [dʒɔb] *n* jobb nt; plats c,
arbete nt

jobless ['dʒɔbles] *adj*
arbetslös

jockey ['dʒɔki] *n* jockey c

join [dʒɔin] *v* *förbinda;
*ansluta sig till; förena,
sammanfoga

joint [dʒɔint] *n* led c;
sammanfogning c; *adj*
gemensam, förenad

jointly ['dʒɔintli] *adv*
gemensamt

joke [dʒouk] *n* vits c, skämt nt

jolly ['dʒɔli] *adj* lustig; glad;
trevlig; livad

kill

Jordan ['dʒɔ:dən] Jordanien
Jordanian [dʒɔ:'deiniən] *adj*
jordansk; *n* jordanier *c*
journal ['dʒɔ:nəl] *n* journal *c*,
tidskrift *c*
journalism ['dʒɔ:nəlizəm] *n*
journalism *c*
journalist ['dʒɔ:nəlist] *n*
journalist *c*
journey ['dʒɔ:ni] *n* resa *c*
joy [dʒɔi] *n* fröjd *c*, glädje *c*
joyful ['dʒɔiful] *adj* förtjust,
glad; glädjande
jubilee ['dʒu:bili:] *n* jubileum
nt
judge [dʒʌdʒ] *n* domare; *v*
döma; bedöma
judgment ['dʒʌdʒmənt] *n*
dom *c*
jug [dʒʌg] *n* tillbringare *c*
juice [dʒu:s] *n* saft *c*, juice *c*
juicy ['dʒu:si] *adj* saftig

July [dʒu'lai] juli
jump [dʒʌmp] *v* hoppa; *n*
språng *nt*, hopp *nt*
jumper ['dʒʌmpə] *n* jumper *c*
junction ['dʒʌŋkʃən] *n*
vägkorsning *c*; knutpunkt *c*
June [dʒu:n] juni
jungle ['dʒʌŋgəl] *n* djungel *c*,
urskog *c*
junior ['dʒu:njə] *adj* junior
junk [dʒʌŋk] *n* skräp *nt*;
djonk *c*
jury ['dʒuəri] *n* jury *c*
just [dʒʌst] *adj* rättvis,
berättigad; riktig; *adv* just;
precis
justice ['dʒʌstis] *n* rätt *c*;
rättvisa *c*
justify ['dʒʌstifai] *v* försvara
juvenile ['dʒu:vənail] *adj*
ungdomlig

K

kangaroo [ˌkæŋgə'ru:] *n*
känguru *c*
keel [ki:l] *n* köl *c*
keen [ki:n] *adj* livlig,
angelägen; skarp
***keep** [ki:p] *v* *hålla; bevara;
*fortsätta; ~ **away from**
hålla sig på avstånd från; ~
off *låta vara; ~ **on**
*fortsätta; ~ **quiet** *tiga; ~
up *hålla ut; ~ **up with**
hänga med
kennel ['kenəl] *n* hundkoja *c*,
kennel *c*

Kenya ['kenjə] Kenya
kerosene ['kerosi:n] *n*
fotogen *c*
kettle ['ketəl] *n* kittel *c*
key [ki:] *n* nyckel *c*
keyhole ['ki:houl] *n*
nyckelhål *nt*
khaki ['ka:ki] *n* kaki *c*
kick [kik] *v* sparka; *n* spark *c*
kickoff [ˌki'kɔf] *n* avspark *c*
kid [kid] *n* barn *nt*, unge *c*;
getskinn *nt*; *v* *driva med
kidney ['kidni] *n* njure *c*
kill [kil] *v* slå ihjäl, döda

kilogram ['kiləgræm] n kilo
nt
kilometre ['kilə,mi:tə] n
kilometer c
kind [kaind] adj snäll, vänlig;
god; n sort c
kindergarten ['kində,ɡɑːtən]
n lekskola c
king [kiŋ] n kung c
kingdom ['kiŋdəm] n
kungarike nt; rike nt
kiosk ['kiːɔsk] n kiosk c
kiss [kis] n kyss c, puss c; v
kyssa
kit [kit] n utrustning c
kitchen ['kitʃin] n kök nt; ~
garden köksträdgård c; ~
towel kökshandduk c
knapsack ['næpsæk] n

ryggsäck c
knee [niː] n knä nt
kneecap ['niːkæp] n knäskål
c
*****kneel** [niːl] v knäböja
knew [njuː] v (p know)
knife [naif] n (pl knives) kniv
c
knight [nait] n riddare c
*****knit** [nit] v sticka
knob [nɔb] n handtag nt
knock [nɔk] v knacka; n
knackning c; ~ against stöta
emot; ~ down *slå omkull
knot [nɔt] n knut c; v *knyta
*****know** [nou] v *veta, känna
knowledge ['nɔlidʒ] n
kunskap c
knuckle ['nʌkəl] n knoge c

L

label ['leibəl] n etikett c; v
etikettera
laboratory [lə'bɔrətəri] n
laboratorium nt
labour ['leibə] n arbete nt;
förlossningsarbete nt; v
anstränga sig; **labor permit**
Am arbetstillstånd nt
labourer ['leibərə] n arbetare
c
labour-saving ['leibə,seiviŋ]
adj arbetsbesparande
labyrinth ['læbərinθ] n
labyrint c
lace [leis] n spets c; skosnöre
nt
lack [læk] n saknad c, brist c;

v sakna
lactose ['læktous] n laktos c;
lactose-free adj laktosfri
lactose intolerant
['læktous_in'tɔlərənt] adj
laktosintolerant
lacquer ['lækə] n lack c
lad [læd] n pojke c, gosse c
ladder ['lædə] n stege c
lady ['leidi] n dam c; **ladies'
room** damtoalett c
lagoon [lə'guːn] n lagun c
lake [leik] n sjö c
lamb [læm] n lamm nt;
lammkött nt
lame [leim] adj ofärdig, halt,
förlamad

lamentable ['læməntəbəl]
  adj bedrövlig
lamp [læmp] n lampa c
lampshade ['læmpʃeid] n
  lampskärm c
land [lænd] n land nt; v landa;
  *gå i land
landlady ['lænd,leidi] n
  hyresvärdinna c
landlord ['lændlɔːd] n
  hyresvärd c
landmark ['lændmɑːk] n
  landmärke nt
landscape ['lændskeip] n
  landskap nt
lane [lein] n gränd c, smal
  gata; körfil c
language ['læŋgwidʒ] n
  språk nt; ~ laboratory
  språklaboratorium c
lantern ['læntən] n lykta c
lapel [lə'pel] n rockslag nt
lap [læp] n knä nt
laptop ['læp,tɔp] n bärbar
  dator c
large [lɑːdʒ] adj stor; rymlig
lark [lɑːk] n lärka c
laryngitis [,lærin'dʒaitis] n
  strupkatarr c
last [lɑːst] adj sist; förra; v
  vara; at ~ till sist; till slut
lasting ['lɑːstiŋ] adj varaktig
latchkey ['lætʃkiː] n
  portnyckel c
late [leit] adj sen; för sent
lately ['leitli] adv på sista
  tiden, nyligen
lather ['lɑːðə] n lödder nt
Latin America ['lætin
  ə'merikə] Latinamerika

Latin-American
  [,lætinə'merikən] adj
  latinamerikansk
latitude ['lætitjuːd] n
  breddgrad c
laugh [lɑːf] v skratta; n skratt
  nt
laughter ['lɑːftə] n skratt nt
launch [lɔːntʃ] v lansera;
  *sjösätta; *avskjuta; n slup c
launching ['lɔːntʃiŋ] n
  sjösättning c
launderette [,lɔːndə'ret] n
  tvättomat c
laundry ['lɔːndri] n
  tvättinrättning c; tvätt c
lavatory ['lævətəri] n toalett
  c
lavish ['læviʃ] adj slösaktig
law [lɔː] n lag c; juridik c; ~
  court domstol c
lawful ['lɔːfəl] adj laglig
lawn [lɔːn] n gräsmatta c
lawsuit ['lɔːsuːt] n rättegång
  c, process c
lawyer ['lɔːjə] n advokat c;
  jurist c
laxative ['læksətiv] n
  avföringsmedel nt
*lay [lei] v placera, *lägga,
  *sätta; ~ bricks mura
layer [leiə] n lager nt
layman ['leimən] n lekman c
lazy ['leizi] adj lat
*lead [liːd] v leda
lead¹ [liːd] n försprång nt;
  ledning c; koppel nt
lead² [led] n bly nt
leader ['liːdə] n ledare c
leadership ['liːdəʃip] n

ledarskap *nt*
leading ['li:diŋ] *adj* förnämst, ledande
leaf [li:f] *n* (pl leaves) löv *nt*, blad *nt*
league [li:g] *n* förbund *nt*
leak [li:k] *v* läcka; *n* läcka *c*
leaky ['li:ki] *adj* otät
lean [li:n] *adj* mager
***lean** [li:n] *v* luta sig
leap [li:p] *n* hopp *nt*
***leap** [li:p] *v* skutta, hoppa
leap year ['li:pjiə] *n* skottår *nt*
***learn** [lə:n] *v* lära sig
learner ['lə:nə] *n* nybörjare *c*
lease [li:s] *n* hyreskontrakt *nt*; arrende *nt*; *v* hyra, arrendera ut; arrendera
leash [li:ʃ] *n* koppel *nt*
least [li:st] *adj* minst; **at ~** åtminstone
leather ['leðə] *n* läder *nt*; läder-, skinn-
leave [li:v] *n* ledighet *c*
***leave** [li:v] *v* lämna, *ge sig av, resa bort, *låta; ~ **behind** efterlämna; ~ **out** utelämna
Lebanese [ˌlebə'ni:z] *adj* libanesisk; *n* libanes *c*
Lebanon ['lebənən] Libanon
lecture ['lektʃə] *n* föreläsning *c*, föredrag *nt*
left[1] [left] *adj* vänster
left[2] [left] *v* (p, pp leave)
left-hand ['lefthænd] *adj* vänster
left-handed [ˌleft'hændid] *adj* vänsterhänt
leg [leg] *n* ben *nt*

legacy ['legəsi] *n* legat *nt*
legal ['li:gəl] *adj* legal, laglig; juridisk
legalization [ˌli:gəlai'zeiʃən] *n* legalisering *c*
legation [li'geiʃən] *n* legation *c*
legible ['ledʒibəl] *adj* läslig
legitimate [li'dʒitimət] *adj* rättmätig, legitim
leisure ['leʒə] *n* ledighet *c*
lemon ['lemən] *n* citron *c*
lemonade [ˌlemə'neid] *n* läskedryck *c*
***lend** [lend] *v* låna ut
length [leŋθ] *n* längd *c*
lengthen ['leŋθən] *v* förlänga
lengthways ['leŋθweiz] *adv* på längden
lens [lenz] *n* lins *c*; **telephoto ~** teleobjektiv *nt*; **zoom ~** zoomlins *c*
leprosy ['leprəsi] *n* spetälska *c*
less [les] *adv* mindre
lessen ['lesən] *v* förminska
lesson ['lesən] *n* läxa *c*, lektion *c*
***let** [let] *v* *låta; hyra ut; ~ **down** *svika
letter ['letə] *n* brev *nt*; bokstav *c*; ~ **of credit** kreditiv *nt*; ~ **of recommendation** rekommendationsbrev *nt*
letterbox ['letəbɔks] *n* brevlåda *c*
lettuce ['letis] *n* grönsallad *c*
level ['levəl] *adj* slät; plan, jämn; *n* plan *nt*, nivå *c*;

vattenpass nt; v jämna, utjämna; ~ crossing järnvägsövergång c

lever ['li:və] n hävstång c, spak c

liability [ˌlaiə'biləti] n skyldighet c

liable ['laiəbəl] adj ansvarig, benägen; ~ **to** utsatt för

liar ['laiə] n lögnare c

liberal ['libərəl] adj liberal; frikostig, rundhänt, givmild

liberation [ˌlibə'reiʃən] n frigörelse c, befrielse c; frigivande c

Liberia [lai'biəriə] Liberia

Liberian [lai'biəriən] adj liberiansk; n liberian c

liberty ['libəti] n frihet c

library ['laibrəri] n bibliotek nt

licence ['laisəns] n licens c; tillståndsbevis nt; **driving ~** körkort nt; **~ number** nAm registreringsnummer nt; **~ plate** nAm registreringsskylt c

license ['laisəns] v *ge rättighet, auktorisera

lick [lik] v slicka; övertrumfa

lid [lid] n lock nt

lie [lai] v *ljuga; n lögn c

*lie [lai] v *ligga; **~ down** *lägga sig

life [laif] n (pl lives) liv nt; **~ insurance** livförsäkring c; **~ jacket** flytväst c

life support ['laif ˌsəˌpɔːt] n livsuppehållande (maskin) c

lifebelt ['laifbelt] n livbälte nt

lifetime ['laiftaim] n livstid c

lift [lift] v lyfta, höja; n hiss c; skjuts c

light [lait] n ljus nt; adj lätt; ljus; **~ bulb** glödlampa c

*light [lait] v tända

lighter ['laitə] n tändare c

lighthouse ['laithaus] n fyr c

lighting ['laitiŋ] n belysning c

lightning ['laitniŋ] n blixt c

like [laik] v tycka om; adj lik; conj såsom; prep liksom

likely ['laikli] adj sannolik

like-minded [ˌlaik'maindid] adj likasinnad

likewise ['laikwaiz] adv likaså, likaledes

lily ['lili] n lilja c

limb [lim] n lem c

lime [laim] n kalk c; lind c; grön citron

limetree ['laimtri:] n lind c

limit ['limit] n gräns c; v begränsa

limp [limp] v halta; adj slapp

line [lain] n rad c; streck nt; lina c; linje c; **stand in ~** Am köa

linen ['linin] n linne nt

liner ['lainə] n linjefartyg nt

lingerie ['lɔ̃ʒəri:] n damunderkläder pl

lining ['lainiŋ] n foder nt

link [liŋk] v *sammanbinda, n länk c

link [liŋk] n (computer) länk c

lion ['laiən] n lejon nt

lip [lip] n läpp c

liposuction ['lipou,sʌkʃən] n fettsugning c

lipstick ['lipstik] *n* läppstift *nt*

liqueur [li'kjuə] *n* likör *c*

liquid ['likwid] *adj* flytande; *n* vätska *c*

liquor ['likə] *n* sprit *c*

liquorice ['likəris] *n* lakrits *c*

list [list] *n* lista *c*; *v* *inskriva

listen ['lisən] *v* lyssna

listener ['lisnə] *n* lyssnare *c*

literary ['litrəri] *adj* litterär, litteratur-

literature ['litrətʃə] *n* litteratur *c*

litre ['li:tə] *n* liter *c*

litter ['litə] *n* avfall *nt*; kull *c*

little ['litəl] *adj* liten; föga

live[1] [liv] *v* leva; bo

live[2] [laiv] *adj* levande

livelihood ['laivlihud] *n* uppehälle *nt*

lively ['laivli] *adj* livfull

liver ['livə] *n* lever *c*

living ['livin] *n* levnadssätt *nt*; ~ **room** vardagsrum *nt*

lizard ['lizəd] *n* ödla *c*

load [loud] *n* last *c*; börda *c*; *v* lasta

loaf [louf] *n* (pl loaves) limpa *c*

loan [loun] *n* lån *nt*

lobby ['lɔbi] *n* vestibul *c*; foajé *c*

lobster ['lɔbstə] *n* hummer *c*

local ['loukəl] *adj* lokal-, lokal; ~ **call** lokalsamtal *nt*; ~ **train** lokaltåg *nt*

locality [lou'kæləti] *n* samhälle *nt*

locate [lou'keit] *v* lokalisera

location [lou'keiʃən] *n* läge *nt*

lock [lɔk] *v* låsa; *n* lås *nt*; sluss *c*; ~ **up** låsa in

locker ['lɔkə] *n* förvaringsbox *c*

locomotive [,loukə'moutiv] *n* lok *nt*

lodge [lɔdʒ] *n* inkvartera; *n* jaktstuga *c*

lodger ['lɔdʒə] *n* inackordering *c*

lodgings ['lɔdʒiŋz] *pl* inkvartering *c*

log [lɔg] *n* stock *c*; ~ **in** *v* logga in; ~ **off** *v* logga ut

logic ['lɔdʒik] *n* logik *c*

logical ['lɔdʒikəl] *adj* logisk

lonely ['lounli] *adj* ensam

long [lɔŋ] *adj* lång; långvarig; ~ **for** längta efter; **no longer** inte längre

longing ['lɔŋiŋ] *n* längtan *c*

longitude ['lɔndʒitju:d] *n* längdgrad *c*

look [luk] *v* titta; tyckas, *se ut; *n* blick *c*; utseende *nt*; ~ **after** sköta, passa, *ta hand om; ~ **at** *se på, titta på; ~ **for** leta efter; ~ **out** *se upp; ~ **up** *slå upp

looking-glass ['lukiŋglɑ:s] *n* spegel *c*

loop [lu:p] *n* ögla *c*

loose [lu:s] *adj* lös

loosen ['lu:sən] *v* lossa

lord [lɔ:d] *n* lord *c*

lorry ['lɔri] *n* lastbil *c*

*lose [lu:z] *v* mista, förlora

loser ['lu:sə] *n* förlorare *c*

loss [lɔs] *n* förlust *c*

lost [lɔst] *adj* vilsegången; försvunnen; **~ and found office** hittegodsmagasin *nt*

lot [lɔt] *n* lott *c*; mängd *c*, hög *c*

lottery ['lɔtəri] *n* lotteri *nt*

loud [laud] *adj* högljudd, gäll

loudspeaker [,laud'spi:kə] *n* högtalare *c*

lounge [laundʒ] *n* sällskapsrum *nt*

louse [laus] *n* (pl lice) lus *c*

love [lʌv] *v* älska, *hålla av; kärlek *c*; **in ~** förälskad

lovely ['lʌvli] *adj* söt, förtjusande, ljuvlig

lover ['lʌvə] *n* älskare *c*

love story ['lʌv,stɔːri] *n* kärlekshistoria *c*

low [lou] *adj* låg; djup; nedstämd; **~ tide** ebb *c*

lower ['louə] *v* sänka; minska; *adj* lägre, undre

lowlands ['louləndz] *pl* lågland *nt*

loyal ['lɔiəl] *adj* lojal

lubricate ['lu:brikeit] *v* *smörja, olja

lubrication [,lu:bri'keiʃən] *n* smörjning *c*; **~ oil** smörjolja *c*; **~ system** smörjsystem *nt*

luck [lʌk] *n* tur *c*; **bad ~** otur *c*; **good ~!** lycka till!

lucky ['lʌki] *adj* lyckosam, tursam; **~ charm** amulett *c*

ludicrous ['lu:dikrəs] *adj* löjeväckande, löjlig

luggage ['lʌgidʒ] *n* bagage *nt*; **hand ~** handbagage *nt*; **left ~ office** bagageinlämning *c*; **~ rack** bagagehylla *c*; **~ van** resgodsfinka *c*

lukewarm ['lu:kwɔːm] *adj* ljum

lumbago [lʌm'beigou] *n* ryggskott *nt*

luminous ['lu:minəs] *adj* lysande

lump [lʌmp] *n* klump *c*, bit *c*; bula *c*; **~ of sugar** sockerbit *c*; **~ sum** klumpsumma *c*

lumpy ['lʌmpi] *adj* klimpig

lunacy ['lu:nəsi] *n* vansinne *nt*

lunatic ['lu:nətik] *adj* vansinnig; *n* sinnessjuk *c*

lunch [lʌntʃ] *n* lunch *c*

luncheon ['lʌntʃən] *n* lunch *c*

lung [lʌŋ] *n* lunga *c*

lust [lʌst] *n* åtrå *c*

luxurious [lʌg'ʒuəriəs] *adj* luxuös

luxury ['lʌkʃəri] *n* lyx *c*

M

machine [mə'ʃi:n] n maskin c, apparat c

machinery [mə'ʃi:nəri] n maskineri nt

mackerel ['mækrəl] n (pl ~) makrill c

mackintosh ['mækintɔʃ] n regnrock c

mad [mæd] adj sinnesförvirrad, vanvettig, tokig; rasande

madness ['mædnəs] n vansinne nt

magazine [,mægə'zi:n] n tidskrift c; magasin nt

magic ['mædʒik] n magi c, trollkonst c; adj magisk

magician [mə'dʒiʃən] n trollkarl c

magistrate ['mædʒistreit] n rådman c

magnetic [mæg'netik] adj magnetisk

magneto [mæg'ni:tou] n (pl ~s) magnetapparat c

magnificent [mæg'nifisənt] adj ståtlig; magnifik, praktfull

magnify ['mægnifai] v förstora

maid [meid] n hembiträde n

maiden name ['meidən neim] flicknamn nt

mail [meil] n post c; v posta; ~ order Am postanvisning c

mailbox ['meilbɔks] nAm

brevlåda c

main [mein] adj huvud-; störst; ~ deck överdäck nt; ~ line huvudlinje c; ~ road huvudväg c; ~ street huvudgata c

mainland ['meinlənd] n fastland nt

mainly ['meinli] adv huvudsakligen

mains [meinz] pl huvudledning c

maintain [mein'tein] v *upprätthålla

maintenance ['meintənəns] n underhåll nt

maize [meiz] n majs c

major ['meidʒə] adj större; störst; n major c

majority [mə'dʒɔrəti] n majoritet c

*make [meik] v *göra; tjäna; *hinna med; ~ do with klara sig med; ~ good *gottgöra; ~ up *sätta upp; *göra upp

make-up ['meikʌp] n smink c

malaria [mə'lɛəriə] n malaria c

Malay [mə'lei] n malaysier c

Malaysia [mə'leiziə] Malaysia

Malaysian [mə'leiziən] adj malaysisk

male [meil] adj han-, mans-, manlig

malicious [mə'liʃəs] adj

marry

illvillig
malignant [məˈlignənt] *adj*
elakartad
mall [mɔːl] *nAm* köpcenter *nt*
mallet [ˈmælit] *n* klubba *c*
malnutrition
[ˌmælnjuˈtriʃən] *n*
undernäring *c*
mammal [ˈmæməl] *n*
däggdjur *nt*
man [mæn] *n* (pl men) man *c*;
människa *c*; **men's room**
herrtoalett *c*
manage [ˈmænidʒ] *v* styra;
lyckas
manageable [ˈmænidʒəbəl]
adj hanterlig
management
[ˈmænidʒmənt] *n* styrelse *c*;
direktion *c*
manager [ˈmænidʒə] *n*
direktör *c*, chef *c*
mandarin [ˈmændərin] *n*
mandarin *c*
mandate [ˈmændeit] *n*
mandat *nt*
manger [ˈmeindʒə] *n*
foderbehållare *c*
manicure [ˈmænikjuə] *n*
manikyr *c*; *v* manikyrera
mankind [mænˈkaind] *n*
mänsklighet *c*
mannequin [ˈmænəkin] *n*
skyltdocka *c*
manner [ˈmænə] *n* sätt *nt*, vis
nt; **manners** *pl* uppförande
nt
man-of-war [ˌmænəvˈwɔː] *n*
örlogsfartyg *nt*
manor house [ˈmænəhaus] *n*

herrgård *c*
mansion [ˈmænʃən] *n*
patricierhus *nt*
manual [ˈmænjuəl] *adj* hand-
manufacture
[ˌmænjuˈfæktʃə] *v* tillverka
manufacturer
[ˌmænjuˈfæktʃərə] *n*
fabrikant *c*
manure [məˈnjuə] *n* gödsel *c*
manuscript [ˈmænjuskript]
n manuskript *nt*
many [ˈmeni] *adj* många
map [mæp] *n* karta *c*; 〃 *c*
maple [ˈmeipəl] *n* 〃 *c*
marble [ˈmaːbl] *n* marmor *c*;
spelkula *c*
March [maːtʃ] mars
march [maːtʃ] *v* marschera; *n*
marsch *c*
mare [mɛə] *n* sto *nt*
margarine [ˌmaːdʒəˈriːn] *n*
margarin *nt*
margin [ˈmaːdʒin] *n* marginal
c
maritime [ˈmæritaim] *adj*
maritim
mark [maːk] *v* märka;
markera; utmärka; *n* märke
nt; betyg *nt*; skottavla *c*
market [ˈmaːkit] *n* marknad
c, saluhall *c*
marketplace [ˈmaːkitpleis] *n*
torg *nt*; marknadsplats *c*
marmalade [ˈmaːməleid] *n*
marmelad *c*
marriage [ˈmæridʒ] *n*
äktenskap *nt*
marrow [ˈmærou] *n* märg *c*
marry [ˈmæri] *v* gifta sig

marsh [mɑːʃ] n sumpmark c

martyr ['mɑːtə] n martyr c

marvel ['mɑːvəl] n under nt;
v förundra sig

marvellous ['mɑːvələs] adj
underbar

mascara [mæ'skɑːrə] n
maskara c

masculine ['mæskjulin] adj
manlig

mash [mæʃ] v mosa; mashed
potatoes pl potatismos nt

mask [mɑːsk] n mask c

Mass [mæs] n mässa c

mass [mæs] n mängd c,
massa c; klump c; ~
production
massproduktion c

massage ['mæsɑːʒ] n
massage c; v massera

masseur [mæ'səː] n massör c

massive ['mæsiv] adj massiv

mast [mɑːst] n mast c

master ['mɑːstə] n mästare c;
arbetsgivare c; lektor c,
lärare c; v bemästra

masterpiece ['mɑːstəpiːs] n
mästerverk nt

mat [mæt] n matta c; adj matt

match [mætʃ] n tändsticka c;
jämlike c, match c, parti nt;
v passa ihop

matchbox ['mætʃbɔks] n
tändsticksask c

material [mə'tiəriəl] n
material nt; tyg nt; adj
materiell

mathematical
[,mæθə'mætikəl] adj
matematisk

mathematics
[,mæθə'mætiks] n
matematik c

matrimony ['mætriməni] n
äktenskap nt

matter ['mætə] n materia c,
ämne nt; angelägenhet c,
fråga c; v *vara viktigt; as a
~ of fact faktiskt, i själva
verket

matter-of-fact
[,mætərəv'fækt] adj torr
och saklig

mattress ['mætrəs] n
madrass c

mature [mə'tjuə] adj mogen

maturity [mə'tjuərəti] n
mogen ålder, mognad c

mausoleum [,mɔːsə'liːəm] n
mausoleum c

mauve [mouv] adj rödlila

May [mei] maj

*may [mei] v *kunna; *få

maybe ['meibi] adv kanske

mayor [mɛə] n borgmästare c

maze [meiz] n labyrint c;
virrvarr nt

me [miː] pron mig

meadow ['medou] n äng c

meal [miːl] n måltid c, mål nt

mean [miːn] adj gemen;
medel-; n genomsnitt c

*mean [miːn] v betyda; mena

meaning ['miːniŋ] n mening
c

meaningless [,miːniŋləs] adj
meningslös

means [miːnz] n medel nt; by
no ~ inte alls

in the meantime [in ðə

303

mercury

'miːntaim] under tiden
meanwhile ['miːnwail] *adv*
under tiden
measles ['miːzəlz] *n*
mässling *c*
measure ['meʒə] *v* mäta; *n*
mått *nt*; åtgärd *c*
meat [miːt] *n* kött *nt*
mechanic [mi'kænik] *n*
mekaniker *c*, montör *c*
mechanical [mi'kænikəl] *adj*
mekanisk
mechanism ['mekənizəm] *n*
mekanism *c*
medal ['medəl] *n* medalj *c*
media ['miːdiə] *pl* media *pl*
mediaeval [,medi'iːvəl] *adj*
medeltida
mediate ['miːdieit] *v* medla
mediator ['miːdieitə] *n*
medlare *c*
medical ['medikəl] *adj*
medicinsk
medicine ['medsin] *n*
medicin *c*; läkarvetenskap *c*
meditate ['mediteit] *v*
meditera
Mediterranean
[,meditə'reiniən]
Medelhavet
medium ['miːdiəm] *adj*
genomsnittlig, medel-,
medelmåttig
**meet [miːt] *v* träffa, möta
meeting ['miːtiŋ] *n*
sammanträde *nt*; möte *nt*
meeting place ['miːtiŋpleis]
n mötesplats *c*
melancholy ['meləŋkəli] *n*
vemod *nt*

mellow ['melou] *adj* mjuk,
fyllig
melodrama ['melə,drɑːmə] *n*
melodrama *nt*
melody ['melədi] *n* melodi *c*
melon ['melən] *n* melon *c*
melt [melt] *v* smälta
member ['membə] *n* medlem
c; **Member of Parliament**
riksdagsman *c*
membership ['membəʃip] *n*
medlemskap *nt*
memo ['memou] *n* (pl ~s)
memorandum *nt*
memorable ['memərəbəl] *adj*
minnesvärd
memorial [mə'mɔːriəl] *n*
minnesmärke *nt*
memorize ['meməraiz] *v* lära
sig utantill
memory ['meməri] *n* minne
nt
mend [mend] *v* laga, reparera
menstruation
[,menstru'eiʃən] *n*
menstruation *c*
mental ['mentəl] *adj* mental
mention ['menʃən] *v* nämna,
omnämna; *n* omnämnande
nt
menu ['menjuː] *n* matsedel *c*,
meny *c*
merchandise ['mɜːtʃəndaiz]
n handelsvaror *pl*
merchant ['mɜːtʃənt] *n*
köpman *c*
merciful ['mɜːsifəl] *adj*
barmhärtig
mercury ['mɜːkjuri] *n*
kvicksilver *nt*

mercy ['mə:si] *n*
barmhärtighet *c*

mere [miə] *adj* blott och bar

merely ['miəli] *adv* endast

merge [mə:dʒ] *v* slå ihop

merger ['mə:dʒə] *n*
sammanslagning *c*

merit ['merit] *v* förtjäna; *n*
förtjänst *c*

merry ['meri] *adj* munter

merry-go-round
['merigou,raund] *n* karusell
c

mesh [meʃ] *n* maska *c*

mess [mes] *n* oordning *c*,
oreda *c*; ~ up spoliera

message ['mesidʒ] *n*
meddelande *nt*

message board
['mesedʒ,bɔ:d] *n*
meddelandeforum *c*

messenger ['mesindʒə] *n*
bud *nt*

metal ['metəl] *n* metall *c*;
metall-

meter ['mi:tə] *n* mätare *c*

method ['meθəd] *n* metod *c*,
förfaringssätt *nt*; ordning *c*

methodical [mə'θɔdikəl] *adj*
metodisk

metre ['mi:tə] *n* meter *c*

metric ['metrik] *adj* metrisk

Mexican ['meksikən] *adj*
mexikansk; *n* mexikanare *c*

Mexico ['meksikou] Mexiko

mice [mais] *pl* möss *pl*

microphone ['maikrəfoun] *n*
mikrofon *c*

midday ['middei] *n* mitt på
dagen

middle ['midəl] *n* mitt *c*; *adj*
mellersta; Middle Ages
Medeltiden; ~ class
medelklass *c*; middle-class
adj borgerlig

midnight ['midnait] *n*
midnatt *c*

midst [midst] *n* mitt *c*

midsummer ['mid,sʌmə] *n*
midsommar *c*

midwife ['midwaif] *n* (pl
-wives) barnmorska *c*

might [mait] *n* makt *c*

*might [mait] v *kunna

mighty ['maiti] *adj* mäktig

migraine ['migrein] *n* migrän
c

mild [maild] *adj* mild

mildew ['mildju] *n* mögel *nt*

milestone ['mailstoun] *n*
milstolpe *c*

milieu ['mi:ljə:] *n* miljö *c*

military ['militəri] *adj*
militär-; ~ force krigsmakt *c*

milk [milk] *n* mjölk *c*

milkman ['milkmən] *n* (pl
-men) mjölkbud *nt*

milkshake ['milkʃeik] *n*
milkshake *c*

milky ['milki] *adj* mjölkig

mill [mil] *n* kvarn *c*; fabrik *c*

miller ['milə] *n* mjölnare *c*

million ['miljən] *n* miljon *c*

millionaire [,miljə'neə] *n*
miljonär *c*

mince [mins] *v* finhacka

mind [maind] *n* begåvning *c*;
v *ha något emot; bry sig
om, akta, akta sig för

mine [main] *n* gruva *c*

miner ['mainə] n
gruvarbetare c

mineral ['minərəl] n mineral
nt; ~ water mineralvatten c

mingle ['miŋgl] v mingla

miniature ['minjətʃə] n
miniatyr c

minimum ['miniməm] n
minimum nt

mining ['mainiŋ] n gruvdrift
c

minister ['ministə] n minister
c; präst c; Prime Minister
statsminister c

ministry ['ministri] n
departement nt

mink [miŋk] n mink c

minor ['mainə] adj liten,
mindre; underordnad; n
minderårig c

minority [mai'nɔrəti] n
minoritet c

mint [mint] n mynta v

minus ['mainəs] prep minus

minute¹ ['minit] n minut c;
minutes protokoll nt

minute² [mai'njuːt] adj
ytterst liten

miracle ['mirəkəl] n mirakel
nt

miraculous [mi'rækjuləs]
adj otrolig

mirror ['mirə] n spegel c

misbehave [,misbi'heiv] v
uppföra sig illa

miscarriage [mis'kæridʒ] n
missfall nt

miscellaneous
[,misə'leiniəs] adj blandad

mischief ['mistʃif] n ofog nt;

skada c, förtret c, åverkan c

mischievous ['mistʃivəs] adj
odygdig, skadlig

miserable ['mizərəbəl] adj
olycklig, eländig

misery ['mizəri] n elände nt;
nöd c

misfortune [mis'fɔːtʃən] n
otur c, olycka c

mishap ['mishæp] n missöde
nt

*mislay [mis'lei] v *förlägga

misplaced [mis'pleist] adj
malplacerad

mispronounce
[,misprə'nauns] v uttala fel

miss¹ [mis] fröken c

miss² [mis] v missa

missing ['misiŋ] adj
försvunnen; ~ person
försvunnen person

mist [mist] n dimma c

mistake [mi'steik] n fel nt,
misstag nt

*mistake [mi'steik] v
förväxla, *missförstå

mistaken [mi'steikən] adj
felaktig; *be ~ *missta sig

mister ['mistə] herr

mistress ['mistrəs] n husmor
c; föreståndarinna c;
älskarinna c

mistrust [mis'trʌst] v misstro

misty ['misti] adj disig

*misunderstand
[,misʌndə'stænd] v
*missförstå

misunderstanding
[,misʌndə'stændiŋ] n
missförstånd nt

misuse [mis'juːs] n missbruk nt

mittens ['mitənz] pl tumvantar pl

mix [miks] v blanda; ~ with *umgås med

mixed [mikst] adj blandad

mixer ['miksə] n mixer c

mixture ['mikstʃə] n blandning c

moan [moun] v jämra sig

moat [mout] n vallgrav c

mobile ['moubail] n mobil c; adj mobil; ~ phone mobil(telefon) c

mock [mɔk] v håna

mockery ['mɔkəri] n hån nt

model ['mɔdəl] n modell c; mannekäng c; v modellera, forma

modem ['moudem] n modem nt

moderate ['mɔdərət] adj måttlig, moderat; medelmåttig

modern ['mɔdən] adj modern

modest ['mɔdist] adj blygsam, anspråkslös

modesty ['mɔdisti] n blygsamhet c

modify ['mɔdifai] v ändra

moist [mɔist] adj fuktig

moisten ['mɔisən] v fukta

moisture ['mɔistʃə] n fuktighet c; moisturizing cream fuktighetsbevarande kräm

molar ['moulə] n kindtand c

moment ['moumənt] n ögonblick nt

momentary ['mouməntəri] adj tillfällig

monarch ['mɔnək] n monark c

monarchy ['mɔnəki] n monarki c

monastery ['mɔnəstri] n kloster nt

Monday ['mʌndi] måndag c

monetary ['mʌnitəri] adj monetär; ~ unit myntenhet c

money ['mʌni] n pengar pl; ~ exchange växelkontor nt; ~ order postanvisning c

monk [mʌŋk] n munk c

monkey ['mʌŋki] n apa c

monologue ['mɔnəlɔg] n monolog c

monopoly [mə'nɔpəli] n monopol nt

monotonous [mə'nɔtənəs] adj monoton

month [mʌnθ] n månad c

monthly ['mʌnθli] adj månatlig; ~ magazine månadstidning c

monument ['mɔnjumənt] n monument nt, minnesmärke nt

mood [muːd] n humör nt

moon [muːn] n måne c

moonlight ['muːnlait] n månsken nt

moose [muːs] n (pl ~, ~s) älg c

moped ['mouped] n moped c

moral ['mɔrəl] n moral c; adj sedlig, moralisk

morality [mə'ræləti] n morallära c

more [mɔ:] *adj* fler; **once ~** en gång till

moreover [mɔ:'rouvə] *adv* dessutom, för övrigt

morning ['mɔ:niŋ] *n* morgon *c*, förmiddag *c*; **~ paper** morgontidning *c*; **~ i morse**

Morocco [mə'rɔkən] *adj* marockansk; *n* marockan *c*

Morocco [mə'rɔkou] Marocko

morphine ['mɔ:fi:n] *n* morfin *nt*

morsel ['mɔ:səl] *n* bit *c*

mortal ['mɔ:təl] *adj* dödlig

mortgage ['mɔ:gidʒ] *n* hypotek *nt*, inteckning *c*

mosaic [mə'zeiik] *n* mosaik *c*

mosque [mɔsk] *n* moské *c*

mosquito [mə'ski:tou] *n* (pl ~es) mygga *c*; moskit *c*

mosquito net [mə'ski:tounet] *n* myggnät *nt*

moss [mɔs] *n* mossa *c*

most [moust] *adj* (de) flesta; **at ~** på sin höjd; **~ of all** mest av allt

mostly ['moustli] *adv* för det mesta

motel [nou'tell] *n* motell *nt*

moth [mɔθ] *n* mal *c*

mother ['mʌðə] *n* mor *c*; **~ tongue** modersmål *nt*

mother-in-law ['mʌðərinlɔ:] *n* (pl mothers-) svärmor *c*

mother of pearl [,mʌðərəv'pə:l] *n* pärlemor *c*

motion ['mouʃən] *n* rörelse *c*; motion *c*

motivate ['moutiveit] *v* motivera

motive ['moutiv] *n* motiv *nt*

motor ['moutə] *n* motor *c*; *v* bila; **~ body** *Am* karosseri *nt*; **starter ~** startmotor *c*

motorbike ['moutəbaik] *nAm* moped *c*

motorboat ['moutəbout] *n* motorbåt *c*

motorcar ['moutəka:] *n* bil *c*

motorcycle ['moutə,saikəl] *n* motorcykel *c*

motorist ['moutərist] *n* bilist *c*

motorway ['moutəwei] *n* motorväg *c*

motto ['motou] *n* (pl ~es, ~s) motto *nt*

mouldy ['mouldi] *adj* möglig

mound [maund] *n* kulle *c*

mount [maunt] *v* *bestiga; montera; *n* berg *nt*; montering *c*

mountain ['mauntin] *n* berg *nt*; **~ pass** bergspass *nt*; **~ range** bergskedja *c*

mountaineering [,maunti'niəriŋ] *n* bergsbestigning *c*

mountainous ['mauntinəs] *adj* bergig

mourning ['mɔ:niŋ] *n* sorg *c*

mouse [maus] *n* (pl mice) mus *c*

moustache [mə'sta:ʃ] *n* mustasch *c*

mouth [mauθ] *n* mun *c*; gap

nt, käft c; mynning c
mouthwash [ˈmaʊθwɒʃ] n
munvatten nt
movable [ˈmuːvəbəl] adj
flyttbar
move [muːv] v *sätta i
rörelse; flytta; röra sig; röra;
n drag nt, steg nt; flyttning c
movement [ˈmuːvmənt] n
rörelse c
movie [ˈmuːvi] n film c;
movies Am bio c; ~ theater
bio c
much [mʌtʃ] adj många; adv
mycket; as ~ lika mycket;
likaså
mud [mʌd] n gyttja c
muddle [ˈmʌdəl] n oreda c,
röra c, virrvarr nt; v förvirra
muddy [ˈmʌdi] adj lerig
muffler [ˈmʌflə] nAm
ljuddämpare c
mug [mʌg] n mugg c
mule [mjuːl] n mulåsna c
multicultural
[ˌmʌltiˈkʌltʃərəl] adj
multikulturell
multiplex [ˈmʌltiˌpleks] n
multiplex c
multiplication
[ˌmʌltipliˈkeiʃən] n
multiplikation c
multiply [ˈmʌltiplai] v
multiplicera
mumps [mʌmps] n påssjuka
c
municipal [mjuːˈnisipəl] adj
kommunal-
municipality
[mjuːˌnisiˈpæləti] n

kommun c
murder [ˈməːdə] n mord nt; v
mörda
murderer [ˈməːdərə] n
mördare c
muscle [ˈmʌsəl] n muskel c
muscular [ˈmʌskjulə] adj
muskulös
museum [mjuːˈziːəm] n
museum nt
mushroom [ˈmʌʃruːm] n
svamp c
music [ˈmjuːzik] n musik c; ~
academy konservatorium
nt
musical [ˈmjuːzikəl] adj
musikalisk; n musikal c
music hall [ˈmjuːzikhɔːl] n
revyteater c
musician [mjuːˈziʃən] n
musiker c
muslin [ˈmazlin] n muslin c
mussel [ˈmʌsəl] n blåmussla
c
***must** [mʌst] v *måste
mustard [ˈmʌstəd] n senap c
mute [mjuːt] adj stum
mutiny [ˈmjuːtini] n myteri nt
mutton [ˈmʌtən] n fårkött nt
mutual [ˈmjuːtʃuəl] adj
inbördes, ömsesidig
my [mai] adj min
myself [maiˈself] pron mig;
själv
mysterious [miˈstiəriəs] adj
gåtfull, mystisk
mystery [ˈmistəri] n
mysterium nt
myth [miθ] n myt c

N

nag [næg] v tjata
nail [neil] n nagel c; spik c
nail file ['neilfail] n nagelfil c
nail polish [neil,polif] n
nagellack nt
nail scissors ['neil,sizəz] pl
nagelsax c
naïve [nɑː'iːv] adj naiv
naked ['neikid] adj naken;
kal
name [neim] n namn nt; v
uppkalla; in the ~ of i ...
namn
namely ['neimli] adv
nämligen
nap [næp] n tupplur c
napkin ['næpkin] n servett c
nappy ['næpi] n blöja c
narcosis [nɑː'kousis] n (pl
-ses) narkos c
narcotic [nɑː'kɔtik] n
narkotika c; narkoman c
narrow ['nærou] adj trång,
snäv, smal
narrow-minded
[,nærou'maindid] adj
inskränkt
nasty ['nɑːsti] adj smutsig,
obehaglig; otäck
nation ['neiʃən] n nation c;
folk nt
national ['næʃənəl] adj
nationell; folk-; stats-; ~
anthem nationalsång c; ~
dress nationaldräkt c; ~
park nationalpark c

nationality [,næʃə'næləti] n
nationalitet c
nationalize ['næʃənəlaiz] v
nationalisera
native ['neitiv] n infödding c;
adj infödd, inhemsk; ~
country fosterland nt,
hemland nt; ~ language
modersmål nt
natural ['nætʃərəl] adj
naturlig; medfödd
naturally ['nætʃərəli] adv
naturligtvis
nature ['neitʃə] n natur c
naughty ['nɔːti] adj ouygdig,
stygg
nausea ['nɔːsiə] n
illamående nt
naval ['neivəl] adj flott-
navel ['neivəl] n navel c
navigable ['næviɡəbəl] adj
segelbar
navigate ['næviɡeit] v
navigera; segla
navigation [,nævi'ɡeiʃən] n
navigation c; sjöfart c
navy ['neivi] n flotta c
near [niə] adj nära,
närbelägen
nearby ['niəbai] adj
närliggande
nearly ['niəli] adv närapå,
nästan
neat [niːt] adj prydlig;
oblandad, ren; klar, koncis
necessary ['nesəsəri] adj

nödvändig
necessity [nə'sesəti] *n*
nödvändighet *c*
neck [nek] *n* hals *c*; **nape of the ~** nacke *c*
necklace ['nekləs] *n*
halsband *c*
necktie ['nektai] *n* slips *c*
need [ni:d] *v* behöva, *måste; *n* behov *nt*; nödvändighet *c*; **~ to** *måste
needle ['ni:dəl] *n* nål *c*
needlework ['ni:dəlwə:k] *n*
handarbete *nt*
negative ['negətiv] *adj*
nekande, negativ; *n* negativ *nt*
neglect [ni'glekt] *v*
försumma; *n* slarv *nt*
neglectful [ni'glektfəl] *adj*
försumlig
negligee ['negliʒei] *n* negligé *c*
negotiate [ni'gouʃieit] *v*
förhandla
negotiation [ni,gouʃi'eiʃən] *n* förhandling *c*
neighbour ['neibə] *n* granne *c*
neighbourhood ['neibəhud] *n* grannskap *nt*
neighbouring ['neibəriŋ] *adj*
angränsande
neither ['naiðə] *pron*
ingendera; **neither ... nor**
varken ... eller
nephew ['nefju:] *n* systerson *c*, brorson *c*
nerve [nə:v] *n* nerv *c*;
fräckhet *c*

nervous ['nə:vəs] *adj* nervös
nest [nest] *n* bo *nt*
net [net] *n* nät *nt*; *adj* netto-
the Netherlands
['neðələndz] Nederländerna
network ['netwə:k] *n* nätverk *nt*
networking ['net,wə:kiŋ] *n*
nätverksarbete *c*
neuralgia [njuə'rældʒə] *n*
neuralgi *c*
neurosis [njuə'rousis] *n*
neuros *c*
neuter ['nju:tə] *adj* neutrum
neutral ['nju:trəl] *adj* neutral
never ['nevə] *adv* aldrig
nevertheless [,nevəðə'les]
adv inte desto mindre
new [nju:] *adj* ny; **New Year**
nyår *nt*
news [nju:z] *n* nyhet *c*,
dagsnyheter *pl*
newsagent ['nju:,zeidʒənt]
n tidningsförsäljare *c*
newspaper ['nju:z,peipə] *n*
dagstidning *c*
newsreel ['nju:zri:l] *n*
journalfilm *c*
newsstand ['nju:zstænd] *n*
tidningskiosk *c*
New Zealand [nju: 'zi:lənd]
Nya Zeeland
next [nekst] *adj* nästa,
följande; **~ to** bredvid
next-door [,nekst'dɔ:] *adv*
näst intill
nice [nais] *adj* snäll, söt,
trevlig; god; sympatisk
nickel ['nikəl] *n* nickel *c*
nickname ['nikneim] *n*

smeknamn *nt*
nicotine ['nikəti:n] *n* nikotin *nt*
niece [ni:s] *n* systerdotter *c*, brorsdotter *c*
Nigeria [nai'dʒiəriə] Nigeria
Nigerian [nai'dʒiəriən] *adj* nigeriansk; *n* nigerian *c*
night [nait] *n* natt *c*; kväll *c*; **by ~** om natten; **~ flight** nattflyg *nt*; **~ rate** nattaxa *c*; **~ train** nattåg *nt*
nightclub ['naitklʌb] *n* nattklubb *c*
night cream ['naitkri:m] *n* nattkräm *c*
nightingale ['naitiŋgeil] *n* näktergal *c*
nightly ['naitli] *adj* nattlig
nightmare ['naitmeə] *n* mardröm *c*
nil [nil] ingenting, noll
nine [nain] *num* nio
nineteen [,nain'ti:n] *num* nitton
nineteenth [,nain'ti:nθ] *num* nittonde
ninety ['nainti] *num* nittio
ninth [nainθ] *num* nionde
nitrogen ['naitrədʒən] *n* kväve *nt*
no [nou] nej; *adj* ingen; **~ one** ingen
nobility [nou'biləti] *n* adel *c*
noble ['noubəl] *adj* adlig; ädel
nobody ['noubədi] *pron* ingen
nod [nɔd] *n* nick *c*; *v* nicka
noise [nɔiz] *n* ljud *nt*; oväsen

nt, buller *nt*
noisy ['nɔizi] *adj* bullrig; högljudd
nominal ['nɔminəl] *adj* nominell, obetydlig
nominate ['nɔmineit] *v* nominera, utnämna
nomination [,nɔmi'neiʃən] *n* nominering *c*; utnämning *c*
none [nʌn] *pron* ingen
nonsense ['nɔnsəns] *n* dumheter *pl*
non-smoker [,nɔn'smoukə] *n* icke-rökare *c*
noon [nu:n] *n* klockan tolv
nor [nɔ:]; inte heller
normal ['nɔ:məl] *adj* vanlig, normal
north [nɔ:θ] *n* nord *c*; *adj* nordlig; **North Pole** Nordpolen
north-east [,nɔ:θ'i:st] *n* nordost *c*
northern ['nɔ:ðən] *adj* norra
north-west [,nɔ:θ'west] *n* nordväst *c*
Norway ['nɔ:wei] Norge
Norwegian [nɔ:'wi:dʒən] *adj* norsk; *n* norrman *c*
nose [nouz] *n* näsa *c*
nosebleed ['nouzbli:d] *n* näsblod *nt*
nostril ['nɔstril] *n* näsborre *c*
nosy ['nouzi] *adj colloquial* nyfiken
not [nɔt] *adv* inte
notary ['noutəri] *n* juridiskt ombud
note [nout] *n* anteckning *c*; fotnot *c*; ton *c*; *v* anteckna;

observera, notera
notebook ['noutbuk] *n*
anteckningsbok *c*
noted ['noutid] *adj* välkänd
notepaper ['nout,peipə] *n*
brevpapper *nt*
nothing ['nʌθiŋ] *n* ingenting,
intet *nt*
notice ['noutis] *v* *lägga
märke till, uppmärksamma,
märka; *se; *n* meddelande
nt, uppsägning *c*;
uppmärksamhet *c*
noticeable ['noutisəbəl] *adj*
märkbar; anmärkningsvärd
notify ['noutifai] *v* meddela;
underrätta
notion ['nouʃən] *n* aning *c*,
begrepp *nt*
notorious [nou'tɔːriəs] *adj*
beryktad
nought [nɔːt] *n* nolla *c*
noun [naun] *n* substantiv *nt*
nourishing ['nʌriʃiŋ] *adj*
närande
novel ['nɔvəl] *n* roman *c*
novelist ['nɔvəlist] *n*
romanförfattare *c*
November [nou'vembə]
november
now [nau] *adv* nu; ~ **and then**
då och då
nowadays ['nauədeiz] *adv*
nuförtiden
nowhere ['nouwɛə] *adv*
ingenstans

nozzle ['nɔzəl] *n* munstycke
nt
nuance [nju:'ɑ:s] *n* nyans *c*
nuclear ['nju:kliə] *adj* kärn-;
~ **energy** kärnkraft *c*
nucleus ['nju:kliəs] *n* kärna
c
nude [nju:d] *adj* naken; *n* akt
c
nuisance ['nju:səns] *n*
besvär *nt*
numb [nʌm] *adj* utan känsel;
domnad, förlamad
number ['nʌmbə] *n* nummer
nt; tal *nt*, antal *nt*
numeral ['nju:mərəl] *n*
räkneord *nt*
numerous ['nju:mərəs] *adj*
talrik
nun [nʌn] *n* nunna *c*
nurse [nəːs] *n* sjuksköterska
c; barnsköterska *c*; *v* vårda;
amma
nursery ['nəːsəri] *n*
barnkammare *c*; daghem *nt*;
plantskola *c*
nut [nʌt] *n* nöt *c*; mutter *c*
nutcrackers ['nʌt,krækəz] *pl*
nötknäppare *c*
nutmeg ['nʌtmeg] *n*
muskotnöt *c*
nutritious [nju:'triʃəs] *adj*
närande
nutshell ['nʌtʃel] *n* nötskal *nt*
nylon ['nailɔn] *n* nylon *nt*

O

oak [ouk] n ek c
oar [ɔ:] n åra c
oasis [ou'eisis] n (pl oases) oas c
oath [ouθ] n ed c
oats [outs] pl havre c
obedience [ə'bi:diəns] n lydnad c
obedient [ə'bi:diənt] adj lydig
obey [ə'bei] v lyda
object¹ ['ɔbdʒikt] n objekt nt; föremål nt; syfte nt
object² [əb'dʒekt] v invända, protestera
objection [əb'dʒekʃən] n invändning c
objective [əb'dʒektiv] adj objektiv; n mål nt
obligatory [ə'bligətəri] adj obligatorisk
oblige [ə'blaidʒ] v förplikta; *be obliged to *vara tvungen att; *måste
obliging [ə'blaidʒiŋ] adj tillmötesgående
oblong ['ɔblɔŋ] adj avlång, rektangulär; *rektangel c
obscene [ɔb'si:n] adj oanständig
obscure [əb'skjuə] adj dunkel, skum, oklar, mörk
observation [,ɔbzə'veiʃən] n iakttagelse c, observation c
observatory [əb'zə:vətri] n observatorium nt

observe [əb'zə:v] v observera, *iaktta
obsession [əb'seʃən] n besatthet c
obstacle ['ɔbstəkəl] n hinder nt
obstinate ['ɔbstinət] adj envis; hårdnackad
obtain [əb'tein] v *erhålla, skaffa sig
obtainable [əb'teinəbəl] adj anskaffbar
obvious ['ɔbviəs] adj tydlig
occasion [ə'keiʒən] n tillfälle nt; anledning c
occasionally [ə'keiʒənəli] adv då och då
occupant ['ɔkjupənt] n innehavare c
occupation [,ɔkju'peiʃən] n sysselsättning, ockupation c
occupy ['ɔkjupai] v *kupera, *uppta, *besätta; occupied adj ockuperad, upptagen
occur [ə'kə:] v ske, hända, *förekomma
occurrence [ə'karəns] n händelse c
ocean ['ouʃən] n världshav nt
October [ɔk'toubə] oktober
octopus ['ɔktəpəs] n bläckfisk c
oculist ['ɔkjulist] n ögonläkare c

314

odd [ɔd] adj underlig,
konstig; udda
odour ['oudə] n lukt c
of [ɔv, əv] prep av
off [ɔf] adv av; iväg; prep från
offence [ə'fens] n förseelse c;
kränkning c, anstöt c
offend [ə'fend] v såra,
kränka; *förgå sig
offensive [ə'fensiv] adj
offensiv; anstötlig,
kränkande; n offensiv c
offer ['ɔfə] v *erbjuda;
*bjuda; n erbjudande nt
office ['ɔfis] n kontor nt;
ämbete nt; ~ hours
kontorstid c
officer ['ɔfisə] n officer c
official [ə'fiʃəl] adj officiell
off-licence ['ɔf,laisəns] n,
liquor store nAm
systembolag nt
often ['ɔfən] adv ofta
oil [ɔil] n olja c; fuel ~
brännolja c; ~ filter oljefilter
nt; ~ pressure oljetryck c
oil painting [,ɔil'peintiŋ] n
oljemålning c
oil refinery [,ɔilri,fainəri] n
oljeraffinaderi nt
oil well ['ɔilwel] n oljekälla c,
oljefyndighet c
oily ['ɔili] adj oljig
ointment ['ɔintmənt] n salva
c
okay! ['ou'kei] fint!
old [ould] adj gammal; ~ age
ålderdom c
old-fashioned
[,ould'fæʃənd] adj

gammaldags, gammalmodig
olive ['ɔliv] n oliv c; ~ oil
olivolja c
omelette ['ɔmlət] n omelett c
ominous ['ɔminəs] adj
olycksbådande
omit [ə'mit] v utelämna
omnipotent [ɔm'nipətənt]
adj allsmäktig
on [ɔn] prep på; vid
once [wʌns] adv en gång; at ~
på en gång; for ~ för en
gångs skull; ~ more en gång
till
oncoming ['ɔn,kʌmiŋ] adj
förestående, mötande
one [wʌn] num en; pron man
oneself [wʌn'self] pron själv
onion ['ʌnjən] n lök c
only ['ounli] adj enda; adv
endast, bara, blott; conj men
onwards ['ɔnwədz] adv
framåt, vidare
onyx ['ɔniks] n onyx c
opal ['oupəl] n opal c
open ['oupən] v öppna; adj
öppen
opener ['oupnə] n öppnare c
opening ['oupniŋ] n
öppning c
opera ['ɔpərə] n opera c; ~
house operahus nt
operate ['ɔpəreit] v fungera;
operera
operation [,ɔpə'reiʃən] n
funktion c; operation c
operator ['ɔpəreitə] n
telefonist c
opinion [ə'pinjən] n
uppfattning c, åsikt c

opponent [ə'pounənt] n
motståndare c

opportunity [,ɔpə'tju:nəti] n
tillfälle nt

oppose [ə'pouz] v opponera
sig

opposite ['ɔpəzit] prep
mittemot; adj motstående,
motsatt

opposition [,ɔpə'ziʃən] n
opposition c

oppress [ə'pres] v förtrycka,
tynga

optician [ɔp'tiʃən] n optiker
c

optimism ['ɔptimizəm] n
optimism c

optimist ['ɔptimist] n
optimist c

optimistic [,ɔpti'mistik] adj
optimistisk

optional ['ɔpʃənəl] adj valfri

or [ɔ:] conj eller

oral ['ɔ:rəl] adj muntlig

orange ['ɔrindʒ] n apelsin c;
adj brandgul

orbit ['ɔ:bit] n omlopp nt

orchard ['ɔ:tʃəd] n
fruktträdgård c

orchestra ['ɔ:kistrə] n
orkester c; ~ seat Am
parkett c

order ['ɔ:də] v befalla;
beställa; n ordningsföljd c,
ordning c; befallning c,
order c; beställning c, in ~
ordning; in ~ to för att;
made to ~ gjord på
beställning, out of ~
funktionsoduglig; postal ~

postanvisning c

order form ['ɔ:dəfɔ:m] n
orderblankett c

ordinary ['ɔ:dənri] adj vanlig,
alldaglig

ore [ɔ:] n malm c

organ ['ɔ:gən] n organ nt;
orgel c

organic [ɔ:'gænik] adj
organisk

organization
[,ɔ:gənai'zeiʃən] n
organisation c

organize ['ɔ:gənaiz] v
organisera

Orient ['ɔ:riənt] n Orienten c

oriental [,ɔ:ri'entəl] adj
orientalisk

orientate ['ɔ:riənteit] v
orientera sig

origin ['ɔridʒin] n ursprung
nt, härstamning c, härkomst
c

original [ə'ridʒinəl] adj
ursprunglig, originell

originally [ə'ridʒinəli] adv
ursprungligen

ornament ['ɔ:nəmənt] n
utsmyckning c

ornamental [,ɔ:nə'mentəl]
adj prydnads-, dekorativ

orphan ['ɔ:fən] n föräldralöst
barn

orthodox ['ɔ:θədɔks] adj
ortodox

ostrich ['ɔstritʃ] n struts c

other ['ʌðə] adj annan

otherwise ['ʌðəwaiz] conj
annars; adv annorlunda

ought [ɔ:t] v bör

*ought to [ɔːt] ***böra**
ounce ['auns] n uns nt
our [auə] adj vår
ours ['auəz] pron vår
ourselves [auə'selvz] pron
oss; själva
out [aut] adv ute, ut; ~ **of**
utanför, från
outbreak ['autbreik] n
utbrott nt
outcome ['autkʌm] n följd c,
resultat nt
*outdo [ˌaut'duː] v överträffa
outdoors [ˌaut'dɔːz] adv
utomhus
outfit ['autfit] n utrustning c
outing ['autiŋ] n utflykt c
outline ['autlain] n ytterlinje
c; v teckna konturerna av,
skissera
outlook ['autluk] n utsikt c;
syn c
output ['autput] n
produktion c
outrage ['autreidʒ] n
illgärning c, våldsdåd nt
outside [ˌaut'said] adv
utomhus; prep utanför; n
utsida c
outsize ['autsaiz] n
extrastorlek c
outskirts ['autskəːts] pl
utkant c
outsource ['autˌsɔːs] v lägga
ut på entreprenad
outstanding [ˌaut'stændiŋ]
adj framstående,
framträdande, utestående
outward ['autwəd] adj yttre
outwards ['autwədz] adv

utåt
oval ['ouvəl] adj oval
oven ['ʌvn] n ugn c;
microwave ~ mikrovågsugn
c
over ['ouvə] prep över,
ovanför; adv över; adj över;
~ **there** där borta
overall ['ouvərɔːl] adj
sammanlagd
overalls ['ouvərɔːlz] pl
overall c
overcast ['ouvəkɑːst] adj
mulen
overcoat ['ouvəkout] n
överrock c
*overcome [ˌouvə'kʌm] v
*övervinna
overdo [ˌouvə'duː] v
överdriva
overdraft ['ouvədrɑːft] n
övertrassering c
overdraw [ˌouvə'drɔː] v
övertrassera
overdue [ˌouvə'djuː] adj
försenad; förfallen till
betalning
overgrown [ˌouvə'groun] adj
igenvuxen
overhaul [ˌouvə'hɔːl] v
undersöka, *genomgå;
*hinna ifatt
overhead [ˌouvə'hed] adv
ovan
overlook [ˌouvə'luk] v
*förbise
overnight [ˌouvə'nait] adv
över natten
overseas [ˌouvə'siːz] adj
över haven

pair

oversight ['ouvəsait] *n*
förbiseende *nt*; uppsikt *c*

*oversleep [,ouvə'sli:p] *v*
*försova sig

overstrung [,ouvə'strʌŋ] *adj*
överspänd

*overtake [,ouvə'teik] *v* köra
om; **no overtaking**
omkörning förbjuden

over-tired [,ouvə'taiəd] *adj*
uttröttad

overture ['ouvətʃə] *n*
ouvertyr *c*

overweight ['ouvəweit] *n*
övervikt *c*

overwhelm [,ouvə'welm] *v*
överväldiga

overwork [,ouvə'wə:k] *v*
överanstränga sig

owe [ou] *v* *vara skyldig; *ha
att tacka för; **owing to** med
anledning av

owl [aul] *n* uggla *c*

own [oun] *v* äga; *adj* egen

owner ['ounə] *n* ägare *c*,
innehavare *c*

ox [ɔks] *n* (pl oxen) oxe *c*

oxygen ['ɔksidʒən] *n* syre *nt*

oyster ['ɔistə] *n* ostron *nt*

ozone ['ouzoun] *n* ozon *nt*

P

pace [peis] *n* sätt att *gå; steg
nt; tempo *nt*

Pacific Ocean [pə'sifik
'ouʃən] Stilla havet

pacifism ['pæsifizəm] *n*
pacifism *c*

pacifist ['pæsifist] *n* pacifist
c; pacifistisk

pack [pæk] *v* packa; ~ **up**
packa in

package ['pækidʒ] *n* paket *nt*

packet ['pækit] *n* paket *nt*

packing ['pækiŋ] *n* packning
c, förpackning *c*

pact [pækt] *n* pakt *c*

pad [pæd] *n* dyna *c*;
anteckningsblock *nt*

paddle ['pædəl] *n* paddel *c*

padlock ['pædlɔk] *n* hänglås
nt

pagan ['peigən] *adj* hednisk;

n hedning *c*

page [peidʒ] *n* sida *c*

pail [peil] *n* ämbar *nt*

pain [pein] *n* smärta *c*; **pains**
möda *c*

painful ['peinfəl] *adj*
smärtsam

painkiller ['peinkilə] *n*
smärtstillande medel *nt*

painless ['peinləs] *adj*
smärtfri

paint [peint] *n* målarfärg *c*; *v*
måla

paintbox ['peintbɔks] *n*
färglåda *c*

paintbrush ['peintbrʌʃ] *n*
pensel *c*

painter ['peintə] *n* målare *c*

painting ['peintiŋ] *n* målning
c

pair [peə] *n* par *nt*

Pakistan [,pɑ:ki'stɑ:n]
Pakistan

Pakistani [,pɑ:ki'stɑ:ni] *adj*
pakistansk; *n* pakistanier *c*

palace ['pæləs] *n* palats *nt*

pale [peil] *adj* blek; ljus-

palm [pɑ:m] *n* palm *c*;
handflata *c*

palpable ['pælpəbəl] *adj*
kännbar, påtaglig

palpitation [,pælpi'teiʃən] *n*
hjärtklappning *c*

pan [pæn] *n* panna *c*

pane [pein] *n* ruta *c*

panel ['pænəl] *n* panel *c*

panelling ['pænəliŋ] *n* panel
c

panic ['pænik] *n* panik *c*

pant [pænt] *v* flämta

panties ['pæntiz] *pl* trosor *pl*

pants [pænts] *pl* underbyxor
pl; *plAm* byxor *pl*

pant suit ['pæntsu:t] *n*
byxdräkt *c*

panty hose ['pæntihouz] *n*
strumpbyxor *pl*

paper ['peipə] *n* papper *nt*;
tidning *c*; pappers-; **carbon**
~ karbonpapper *nt*; ~ **bag**
papperspåse *c*; ~ **napkin**
pappersservett *c*; **typing** ~
skrivmaskinspapper *nt*;
wrapping ~ omslagspapper
nt

paperback ['peipəbæk] *n*
pocketbok *c*

paper knife ['peipənaif] *n*
papperskniv *c*

parade [pə'reid] *n* parad *c*

paradise ['pærədais] *n*

paradis *nt*

paraffin ['pærəfin] *n* fotogen
c

paragraph ['pærəgrɑ:f] *n*
paragraf *c*

parakeet ['pærəki:t] *n*
papegoja *c*

paralise ['pærəlaiz] *v*
paralysera

parallel ['pærəlel] *adj*
jämlöpande, parallell; *n*
parallell *c*

paralyse ['pærəlaiz] *v*
paralysera

parcel ['pɑ:səl] *n* paket *nt*

pardon ['pɑ:dən] *n* förlåtelse
c; benådning *c*

parent ['peərənt] *n* förälder *c*

parents ['peərənts] *pl*
föräldrar *pl*

parents-in-law
['peərəntsinlɔ:] *pl*
svärföräldrar *pl*

parish ['pæriʃ] *n* församling *c*

park [pɑ:k] *n* park *c*; *v*
parkera

parking ['pɑ:kiŋ] *n* parkering
c; **no** ~ parkering förbjuden;
~ **fee** parkeringsavgift *c*; ~
light parkeringsljus *nt*; ~ **lot**
Am parkeringsplats *c*; ~
meter parkeringsmätare *c*; ~
zone parkeringszon *c*

parliament ['pɑ:ləmənt] *n*
riksdag *c*, parlament *nt*

parliamentary
[,pɑ:lə'mentəri] *adj*
parlamentarisk

parrot ['pærət] *n* papegoja *c*

parsley ['pɑ:sli] *n* persilja *c*

pawn

parson ['pɑːsən] n präst c
parsonage ['pɑːsənidʒ] n
prästgård c
part [pɑːt] n del c; stycke nt; v
skilja; **spare ~** reservdel c
partial ['pɑːʃəl] adj
ofullständig; partisk
participant [pɑːˈtisipənt] n
deltagare c
participate [pɑːˈtisipeit] v
*delta
particular [pəˈtikjulə] adj
särskild; noga; **in ~** särskilt
partition [pɑːˈtiʃən] n
skiljevägg c; delning c, del c
partly ['pɑːtli] adv delvis
partner ['pɑːtnə] n partner c;
kompanjon c
partridge ['pɑːtridʒ] n
rapphöna c
party ['pɑːti] n parti nt; kalas
nt, fest c; sällskap nt
pass [pɑːs] v *förflyta,
passera; *ge; *bli godkänd;
vAm köra om; n bergspass
nt; pass nt; **no passing** Am
omkörning förbjuden; **~ by**
*gå förbi; **~ through** *gå
igenom
passage ['pæsidʒ] n passage
c; överfart c; avsnitt nt;
genomresa c
passenger ['pæsindʒə] n
passagerare c; **~ car** Am
järnvägsvagn c
passer-by [,pɑːsəˈbai] n
förbipasserande c
passion ['pæʃən] n lidelse c,
passion c; raseri nt
passionate ['pæʃənət] adj
lidelsefull
passive ['pæsiv] adj passiv
passport ['pɑːspɔːt] n pass
nt; **~ control** passkontroll c;
~ photograph passfoto nt
password ['pɑːswəːd] n
lösenord nt
past [pɑːst] n det förflutna;
adj förfluten, förra; prep
förbi
paste [peist] n pasta c; v
klistra
pastime ['pɑːstaim] n
tidsfördriv nt
pastry ['peistri] n bakelser
pl; **~ shop** konditori nt
pasture ['pɑːstʃə] n
betesmark c
pasty ['peisti] n pirog c
patch [pætʃ] v lappa
patent ['peitənt] n patent nt,
patentbrev nt
path [pɑːθ] n stig c
patience ['peiʃəns] n
tålamod nt
patient ['peiʃənt] adj
tålmodig; n patient c
patriot ['peitriət] n patriot c
patrol [pəˈtroul] n patrull c; v
patrullera; övervaka
pattern ['pætən] n mönster nt
pause [pɔːz] n paus c; v
pausa
pave [peiv] v *stenlägga
pavement ['peivmənt] n
trottoar c; gatubeläggning c
pavilion [pəˈviljən] n
paviljong c
paw [pɔː] n tass c
pawn [pɔːn] v *pantsätta; n

schackbonde

pawnbroker ['pɔːn,broukə] n
pantlånare c

pay [pei] n avlöning c, lön c

***pay** [pei] v betala; löna sig; ~
attention to
uppmärksamma; **paying**
lönande; ~ **off** slutbetala; ~
on account avbetala

pay desk ['peidesk] n kassa c

payee [pei'iː] n
betalningsmottagare c

payment ['peimənt] n
betalning c

pea [piː] n ärta c

peace [piːs] n fred c

peaceful ['piːsfəl] adj fridfull

peach [piːtʃ] n persika c

peacock ['piːkɔk] n påfågel c

peak [piːk] n topp c;
höjdpunkt c; ~ **hour**
rusningstid c; ~ **season**
högsäsong c

peanut ['piːnʌt] n jordnöt c

pear [pɛə] n päron nt

pearl [pɔːl] n pärla c

peasant ['pezənt] n bonde c

pebble ['pebəl] n strandsten c

peculiar [pi'kjuːljə] adj
egendomlig, säregen

peculiarity [pi,kjuːli'ærəti] n
egendomlighet c

pedal ['pedəl] n pedal c

pedestrian [pi'destriən] n
fotgängare c; **no**
pedestrians förbjudet för
fotgängare; ~ **crossing**
övergångsställe för
fotgängare

peel [piːl] v skala; n skal nt

peep [piːp] v kika

peg [peg] n pinne c, hängare
c, sprint c

pelican ['pelikən] n pelikan c

pelvis ['pelvis] n bäcken nt

pen [pen] n penna c

penalty ['penəlti] n böter pl;
straff nt; ~ **kick** straffspark c

pencil ['pensəl] n
blyertspenna c

pencil sharpener
['pensəl,ʃɑːpnə] n
pennvässare c

pendant ['pendənt] n
hängsmycke nt

penetrate ['penitreit] v
genomtränga

penguin ['peŋgwin] n
pingvin c

penicillin [,peni'silin] n
penicillin nt

peninsula [pə'ninsjulə] n
halvö c

penknife ['pennaif] n (pl
-knives) pennkniv c

penny ['peni] n penny c

pension¹ ['pãːsiɔ̃ː] n
pensionat nt

pension² ['penʃən] n
pension c

Pentecost ['pentikəst] n
pingst c

people ['piːpəl] pl folk pl; n
folk nt

pepper ['pepə] n peppar c

peppermint ['pepəmint] n
pepparmint n

per [pɔː] prep per; ~ **cent**
procent c

perceive [pə'siːv] v

petition

*förnimma

percentage [pə'sentidʒ] n
procent c

perceptible [pə'septibəl] adj
märkbar

perception [pə'sepʃən] n
förnimmelse c

perch [pɔːtʃ] (pl ~) n abborre c

percolator ['pəːkəleitə] n
kaffebryggare c

perfect ['pəːfikt] adj perfekt,
fullkomlig

perfection [pə'fekʃən] n
fullkomlighet c

perform [pə'fɔːm] v utföra

performance [pə'fɔːməns] n
föreställning c

perfume ['pəːfjuːm] n
parfym c

perhaps [pə'hæps] adv
kanske; kanhända

peril ['peril] n fara c

perilous ['periləs] adj
livsfarlig

period ['piəriəd] n period c;
punkt c

periodical [,piəri'ɔdikəl] n
tidskrift c; adj periodisk

perish ['periʃ] v *omkomma

perishable ['periʃəbəl] adj
ömtålig

perjury ['pəːdʒəri] n mened c

permanent ['pəːmənənt] adj
varaktig, beständig, ständig,
fast, stadigvarande; ~ **wave**
permanent c

permission [pə'miʃən] n
tillåtelse c, tillstånd nt; lov
nt, tillståndsbevis nt

permit¹ [pə'mit] v *tillåta

permit² ['pəːmit] n
tillståndsbevis nt, tillstånd nt

peroxide [pə'rɔksaid] n
vätesuperoxid c

perpendicular
[,pəːpən'dikjulə] adj lodrät

Persia ['pəːʃə] Persien

Persian ['pəːʃən] adj persisk;
n perser c

person ['pəːsən] n person c;
per ~ per person

personal ['pəːsənəl] adj
personlig; **personal
identification number** n
PIN c

personality [,pəːsə'næləti] n
personlighet c

personnel [,pəːsə'nel] n
personal c

perspective [pə'spektiv] n
perspektiv nt

perspiration [,pəːspə'reiʃən]
n transpiration c, svettning
c, svett c

perspire [pə'spaiə] v
transpirera, svettas

persuade [pə'sweid] v
övertala; övertyga

persuasion [pə'sweiʒən] n
övertygelse c

pessimism ['pesimizəm] n
pessimism c

pessimist ['pesimist] n
pessimist c

pessimistic [,pesi'mistik]
adj pessimistisk

pet [pet] n sällskapsdjur nt;
kelgris c; älsklings-

petal ['petəl] n kronblad c

petition [pi'tiʃən] n petition c

petrol ['petrəl] *n* bensin *c*; ~
pump bensinpump *c*; ~
station bensinmack *c*; ~
tank bensintank *c*;
unleaded ~ blyfri bensin *c*
petroleum [pi'trouliəm] *n*
råolja *c*
petty ['peti] *adj* oväsentlig,
obetydlig, liten; ~ **cash**
kontorskassa *c*
pewter ['pju:tə] *n*
tennlegering *c*
phantom ['fæntəm] *n* fantom
c
pharmacist ['fɑ:məsist] *n*
apotekare *c*
pharmacology
[,fɑ:mə'kɔlədʒi] *n*
farmakologi *c*
pharmacy ['fɑ:məsi] *n*
apotek *nt*
phase [feiz] *n* fas *c*
pheasant ['fezənt] *n* fasan *c*
Philippine ['filipain] *adj*
filippinsk
Philippines ['filipi:nz] *pl*
Filippinerna
philosopher [fi'lɔsəfə] *n*
filosof *c*
philosophy [fi'lɔsəfi] *n*
filosofi *c*
phone [foun] *n* telefon *c*; *v*
telefonera, ringa upp
phone card [foun_,kɑ:d] *n*
telefonkort *nt*
phonetic [fə'netik] *adj*
fonetisk
photo ['foutou] *n* (pl ~s) foto
nt
photocopy ['fəutəukɔpi] *n*

fotokopia *c*; *v* fotokopiera
photograph ['foutəgrɑ:f] *n*
fotografi *nt*; *v* fotografera
photographer [fə'tɔgrəfə] *n*
fotograf *c*
photography [fə'tɔgrəfi] *n*
fotografering *c*
photo message
['foutou_,mesədʒ] *n*
fotomeddelande *nt*
phrase [freiz] *n* fras *c*
phrase book ['freizbuk] *n*
parlör *c*
physical ['fizikəl] *adj* fysisk
physician [fi'ziʃən] *n* läkare
c
physicist ['fizisist] *n* fysiker
c
physics ['fiziks] *n* fysik *c*,
naturvetenskap *c*
physiology [,fizi'ɔlədʒi] *n*
fysiologi *c*
pianist ['pi:ənist] *n* pianist *c*
piano [pi'ænou] *n* piano *nt*;
grand ~ flygel *c*
pick [pik] *v* plocka; *välja; *n*
val *nt*; ~ **up** plocka upp;
hämta; **pick-up van**
skåpvagn *c*
pickles ['pikəlz] *pl* pickels *pl*
picnic ['piknik] *n* picknick *c*;
v picknicka
picture ['piktʃə] *n* tavla *c*;
film *c*, illustration *c*; bild *c*; ~
postcard vykort *nt*;
pictures bio *c*
picturesque [,piktʃə'resk]
adj pittoresk
piece [pi:s] *n* bit *c*, stycke *nt*
pier [piə] *n* pir *c*

pierce [piəs] *v* *göra hål, genomborra

pig [pig] *n* gris *c*

pigeon ['pidʒən] *n* duva *c*

piggy bank ['pigibæŋk] *n* spargris *c*

pig-headed [,pig'hedid] *adj* tjurskallig

piglet ['piglət] *n* spädgris *c*

pigskin ['pigskin] *n* svinläder *nt*

pike [paik] (pl ~) gädda *c*

pile [pail] *n* hög *c*; *v* stapla;
piles *pl* hemorrojder *pl*

pilgrim ['pilgrim] *n* pilgrim *c*

pilgrimage ['pilgrimidʒ] *n* pilgrimsfärd *c*

pill [pil] *n* piller *nt*

pillar ['pilə] *n* pelare *c*, stolpe *c*

pillarbox ['piləbɔks] *n* brevlåda *c*

pillow ['pilou] *n* huvudkudde *c*, kudde *c*

pillowcase ['piloukeis] *n* örngott *nt*

pilot ['pailət] *n* pilot *c*; lots *c*

pimple ['pimpəl] *n* finne *c*

pin [pin] *n* knappnål *c*; *v* fästa med nål; **bobby ~** *Am* hårklämma *c*

PIN [pin] *n* PIN *c*

pincers ['pinsəz] *pl* kniptång *c*

pinch [pintʃ] *v* *nypa

pine [pain] *n* tall *c*; furu *c*

pineapple ['pai,næpəl] *n* ananas *c*

ping-pong ['piŋpɔŋ] *n* bordtennis *c*

plant

pion... ...i skär

pious ['paiəs] *n* pionjär

pip [pip] *n* kärna...

pipe [paip] *n* pipa *c*;
cleaner piprensare *c*; ~; ~
tobacco piptobak *c*

pirate ['paiərət] *n* sjörövare *c*

pistol ['pistəl] *n* pistol *c*

piston ['pistən] *n* kolv *c*; ~ **ring** kolvring *c*

pit [pit] *n* grop *c*; gruva *c*

pitcher ['pitʃə] *n* krus *nt*

pity ['piti] *n* medlidande *nt*; *v* *ha medlidande med, beklaga; **what a pity!** så synd!

placard ['plækɑːd] *n* plakat *nt*

place [pleis] *n* ställe *nt*; *v* placera, *sätta; ~ **of birth** födelseort *c*; ***take ~** äga rum

plague [pleig] *n* plåga *c*

plaice [pleis] (pl ~) rödspätta *c*

plain [plein] *adj* tydlig; enkel, vanlig; *n* slätt *c*

plan [plæn] *n* plan *c*; *v* planera

plane [plein] *adj* plan; *n* flygplan *nt*; ~ **crash** flygolycka *c*

planet ['plænit] *n* planet *c*

planetarium [,plæni'tɛəriən] *n* planetarium *n*

plank [plæŋk] *n* planka *c*

plant [plɑːnt] *n* planta *c*; fabrik *c*; *v* plantera

plantation [ˌ.jən] n

plantation [ˌ.rəʃ] n rappning

plant [plɑ:st]plåster nt
c, ~ plåstik] adj plast-; nt
plastic

~ate [pleit] n tallrik c; platta
c

plateau ['plætou] n (pl ~x, ~s)
platå c

platform ['plætfɔ:m] n
plattform c; ~ ticket
perrongbiljett c

platinum ['plætinəm] n
platina c

play [plei] v leka; spela; n lek
c; pjäs c; one-act~ enaktare
c; ~ truant skolka

player [pleiə] n spelare c

playground ['pleigraund] n
lekplats c

playing card ['pleiiŋkɑ:d] n
spelkort c

playwright ['pleirait] n
skådespelsförfattare c

plea [pli:] n svaromål nt;
anhållan c; ursäkt c

plead [pli:d] v plädera

pleasant ['plezənt] adj
angenäm, trevlig

please [pli:z] var god!; v
*glädja; pleased nöjd;
pleasing angenäm

pleasure ['pleʒə] n nöje nt,
glädje c

plentiful ['plentifəl] adj riklig

plenty ['plenti] n riklighet c;
överflöd nt

pliers [plaiəz] pl tång c

plimsolls ['plimsəlz] pl

gymnastikskor pl

plot [plɔt] n komplott c,
sammansvärjning c;
handling c; jordlott c

plough [plau] n plog c; v
plöja

plucky ['plʌki] adj käck

plug [plʌg] n plugg c,
stickkontakt c; ~ in *sticka
in, *ansluta

plum [plʌm] n plommon nt

plumber ['plʌmə] n
rörmokare c

plump [plʌmp] adj knubbig

plural ['pluərəl] n plural c

plus [plʌs] prep plus

pneumatic [nju:'mætik] adj
luft-

pneumonia [nju:'mouniə] n
lunginflammation c

poach [poutʃ] v *tjuvskjuta

pocket ['pɔkit] n ficka c

pocketbook ['pɔkitbuk] n
plånbok c; anteckningsbok
c

pocketknife ['pɔkitnaif] n (pl
-knives) fickkniv c

poem ['pouim] n dikt c

poet ['pouit] n skald c

poetry ['pouitri] n poesi c

point [pɔint] n punkt c; spets
c; v peka; ~ of view
synpunkt c; ~ out visa,
utpeka

pointed ['pɔintid] adj spetsig

poison ['pɔizən] n gift nt; v
förgifta

poisonous ['pɔizənəs] adj
giftig

Poland ['poulənd] Polen

pole [poul] *n* påle *c*; pol *c*

police [pə'li:s] *pl* polis *c*

policeman [pə'li:smən] *n* (pl -men) poliskonstapel *c*, polis *c*

police station [pə'li:s,steiʃən] *n* polisstation *c*

policy ['pɔlisi] *n* politik *c*; försäkringsbrev *nt*

polio ['pouliou] *n* polio *c*, barnförlamning *c*

Polish ['pouliʃ] *adj* polsk

polish ['pɔliʃ] *v* polera

polite [pə'lait] *adj* artig

political [pə'litikəl] *adj* politisk

politician [,pɔli'tiʃən] *n* politiker *c*

politics ['pɔlitiks] *n* politik *c*

poll [poul] *n* röstning *c*; **go to the polls** gå till val

pollute [pə'lu:t] *v* förorena

pollution [pə'lu:ʃən] *n* förorening *c*

pond [pɔnd] *n* damm *c*

pony ['pouni] *n* ponny *c*

pool [pu:l] *n* bassäng *c*; ~ **attendant** badvakt *c*

poor [puə] *adj* fattig; usel

pope [poup] *n* påve *c*

pop music [pɔp 'mju:zik] popmusik *c*

poppy ['pɔpi] *n* vallmo *c*

popular ['pɔpjulə] *adj* populär; folk-

population [,pɔpju'leiʃən] *n* befolkning *c*

populous ['pɔpjuləs] *adj* folkrik

porcelain ['pɔ:səlin] *n* porslin *nt*

porcupine ['pɔ:kjupain] *n* piggsvin *nt*

pork [pɔ:k] *n* griskött *nt*

port [pɔ:t] *n* hamn *c*; babord

portable ['pɔ:təbəl] *adj* bärbar

porter ['pɔ:tə] *n* bärare *c*; dörrvaktmästare *c*

porthole ['pɔ:thoul] *n* hyttventil *c*

portion ['pɔ:ʃən] *n* portion *c*

portrait ['pɔ:trit] *n* porträtt *nt*

Portugal ['pɔ:tjugəl] Portugal

Portuguese [,pɔ:tju'gi:z] *adj* portugisisk; *n* portugis *c*

posh [pɔʃ] *adj colloquial* stilig

position [pə'ziʃən] *n* position *c*; läge *nt*; inställning *c*; ställning *c*

positive ['pɔzətiv] *adj* positiv

possess [pə'zes] *v* äga; **possessed** *adj* besatt

possession [pə'zeʃən] *n* ägo, innehav *nt*; **possessions** ägodelar *pl*

possibility [,pɔsə'biləti] *n* möjlighet *c*

possible ['pɔsəbəl] *adj* möjlig; eventuell

post [poust] *n* stolpe *c*; tjänst *c*; post *c*; *v* posta; **post- -office** postkontor *nt*

postage ['poustidʒ] *n* porto *nt*; ~ **paid** portofri; ~ **stamp** frimärke *nt*

postcard ['poustkɑ:d] *n*

brevkort nt; vykort nt

poster ['pousta] n affisch c

poste restante [poust re'stɑ:t] poste restante

postman ['poustman] n (pl -men) brevbärare c

post-paid [,poust'peid] adj franko

postpone [pa'spoun] v *uppskjuta

pot [pɔt] n gryta c

potato [pa'teitou] n (pl ~es) potatis c

pottery ['pɔtəri] n keramik c; lergods nt

pouch [pautʃ] n pung c

poulterer ['poultərə] n vilthandlare c

poultry ['poultri] n fjäderfä nt

pound [paund] n pund nt

pour [pɔ:] v hälla

poverty ['pɔvəti] n fattigdom c

powder ['paudə] n puder nt; ~ compact puderdosa c; talc ~ talk c

powder room ['paudəru:m] n damtoalett c

power [pauə] n styrka c, kraft c; energi c; makt c

powerful ['pauəful] adj mäktig; stark

powerless ['pauələs] adj maktlös

power station ['pauə,steiʃən] n kraftverk nt

practical ['præktikəl] adj praktisk

practically ['præktikli] adv nästan

practice ['præktis] n utövande nt, praktik c

practise ['præktis] v praktisera; öva sig

praise [preiz] v berömma; n beröm nt

pram [præm] n barnvagn c

prawn [prɔ:n] n räka c

pray [prei] v *bedja

prayer [prɛə] n bön c

preach [pri:tʃ] v predika

precarious [pri'kɛəriəs] adj vansklig

precaution [pri'kɔ:ʃən] n försiktighet c; försiktighetsåtgärd c

precede [pri'si:d] v *föregå

preceding [pri'si:diŋ] adj föregående

precious ['preʃəs] adj dyrbar

precipice ['presipis] n stup nt

precipitation [pri,sipi'teiʃən] n nederbörd c

precise [pri'sais] adj precis, noga; noggrann

predecessor ['pri:disesə] n föregångare c

predict [pri'dikt] v förutspå

prefer [pri'fə:] v *föredra

preferable ['prefərəbəl] adj att föredra

preference ['prefərəns] n förkärlek c

prefix ['pri:fiks] n förstavelse c

pregnant ['pregnənt] adj havande, gravid

prejudice ['predʒədis] n

fördom *c*

preliminary [pri'liminəri] *adj*
inledande; preliminär

premature [ˈpremətʃuə] *adj*
förhastad, förtidig

premier [ˈpremiə] *n*
premiärminister *c*

premises [ˈpremisiz] *pl*
fastighet *c*

premium [ˈpriːmiəm] *n*
försäkringspremie *c*;
belöning *c*

prepaid [ˌpriːˈpeid] *adj*
betald i förskott

preparation [ˌprepəˈreiʃən] *n*
förberedelse *c*

prepare [priˈpeə] *v*
förbereda; *göra i ordning

prepared [priˈpeəd] *adj*
beredd

preposition [ˌprepəˈziʃən] *n*
preposition *c*

prescribe [priˈskraib] *v*
ordinera

prescription [priˈskripʃən] *n*
recept *nt*

presence [ˈprezəns] *n*
närvaro *c*

present[1] [ˈprezənt] *n* gåva *c*,
present *c*; nuld *c*; *adj*
nuvarande; närvarande

present[2] [priˈzent] *v*
presentera; *framlägga

presently [ˈprezəntli] *adv*
snart, strax

preservation [ˌprezəˈveiʃən]
n bevarande *nt*,
konservering *c*

preserve [priˈzəːv] *v* bevara;
konservera

president [ˈprezidənt] *n*
president *c*; ordförande *c*

press [pres] *n* trängsel *c*,
press *c*; *v* trycka; pressa; ~
conference presskonferens
c

pressing [ˈpresiŋ] *adj*
brådskande, trängande

pressure [ˈpreʃə] *n* tryck *nt*;
påtryckning *c*; **atmospheric**
~ lufttryck *nt*

pressure cooker
[ˈpreʃəˌkukə] *n* tryckkokare
c

prestige [preˈstiːʒ] *n* prestige
c

presumable [priˈzjuːməbəl]
adj trolig

presumptuous
[priˈzʌmptʃəs] *adj*
övermodig; anspråksfull

pretence [priˈtens] *n*
förevändning *c*

pretend [priˈtend] *v* låtsa,
simulera

pretext [ˈpriːtekst] *n*
svepskäl *nt*

pretty [ˈpriti] *adj* söt, vacker;
adv ganska, tämligen

prevent [priˈvent] *v*
förhindra; förebygga

preventive [priˈventiv] *adj*
förebyggande

preview [ˈpriːvjuː] *n*
förhandsvisning *c*

previous [ˈpriːviəs] *adj*
föregående, tidigare

price [prais] *n* pris *nt*; *v*
*prissätta

priceless [ˈpraisləs] *adj*

price list

328

ovärderlig
price list ['prais,list] *n*
 prislista *c*
prick [prik] *v* *sticka
pride [praid] *n* stolthet *c*
priest [pri:st] *n* katolsk präst
primary ['praimǝri] *adj*
 primär; huvudsaklig;
 elementär
prince [prins] *n* prins *c*
princess [prin'ses] *n*
 prinsessa *c*
principal ['prinsǝpǝl] *adj*
 huvud-; *n* rektor *c*
principle ['prinsǝpǝl] *n*
 princip *c*, grundsats *c*
print [print] *v* trycka; *n*
 avtryck *nt*; tryck *nt*; printed
 matter trycksak *c*
prior [praiǝ] *adj* föregående
priority [prai'ɔrǝti] *n*
 företräde *nt*, prioritet *c*
prison ['prizǝn] *n* fängelse *nt*
prisoner ['prizǝnǝ] *n* intern *c*,
 fånge *c*; ~ of war krigsfånge
 c
privacy ['praivǝsi] *n*
 avskildhet *c*, privatliv *nt*
private ['praivit] *adj* privat;
 personlig
privilege ['privilidʒ] *n*
 privilegium *nt*
prize [praiz] *n* pris *nt*;
 belöning *c*
probable ['prɔbǝbǝl] *adj*
 sannolik, trolig
probably ['prɔbǝbli] *adv*
 sannolikt
problem ['prɔblǝm] *n*
 problem *nt*; spörsmål *nt*

pro-choice ['prou‿'tʃois] *adj*
 pro-choice
procedure [prǝ'si:dʒǝ] *n*
 procedur *c*
proceed [prǝ'si:d] *v*
 *fortsätta; *gå tillväga
process ['prouses] *n* process
 c, förlopp *nt*
procession [prǝ'seʃǝn] *n*
 procession *c*
proclaim [prǝ'kleim] *v*
 *kungöra, utropa
produce[1] [prǝ'dju:s] *v*
 framställa
produce[2] ['prɔdju:s] *n*
 produkt *c*
producer [prǝ'dju:sǝ] *n*
 producent *c*
product ['prɔdʌkt] *n* produkt
 c
production [prǝ'dʌkʃǝn] *n*
 produktion *c*
profession [prǝ'feʃǝn] *n*
 yrke *nt*
professional [prǝ'feʃǝnǝl]
 adj yrkes-, yrkesskicklig
professor [prǝ'fesǝ] *n*
 professor *c*
profit ['prɔfit] *n* vinst *c*,
 behållning *c*; nytta *c*; *v* *ha
 nytta; *dra fördel
profitable ['prɔfitǝbǝl] *adj*
 vinstbringande
profound [prǝ'faund] *adj*
 djup, djupsinnig
programme ['prougræm] *n*
 program *nt*
progress[1] ['prougres] *n*
 framsteg *nt*
progress[2] [prǝ'gres] *v* *göra

framsteg
progressive [prə'gresiv] *adj*
framstegsvänlig, progressiv;
tilltagande
prohibit [prə'hibit] *v*
*förbjuda
prohibition [,proui'biʃən] *n*
förbud *nt*
prohibitive [prə'hibitiv] *adj*
oöverkomlig
project ['prɔdʒekt] *n* projekt
nt, plan *c*
pro-life ['prou'laif] *adj* pro-
-life
promenade [,promə'nɑːd] *n*
promenad *c*
promise ['promis] *n* löfte *nt*;
v lova
promote [prə'mout] *v*
befordra, främja
promotion [prə'mouʃən] *n*
befordran *c*
prompt [prompt] *adj*
omgående
pronoun ['prounaun] *n*
pronomen *nt*
pronounce [prə'nauns] *v*
uttala
pronunciation
[,prənʌnsi'eiʃən] *n* uttal *nt*
proof [pruːf] *n* bevis *nt*;
provtryck *nt*
propaganda [,propə'gændə]
n propaganda *c*
propel [prə'pel] *v* *driva
framåt
propeller [prə'pelə] *n*
propeller *c*
proper ['propə] *adj* passande;
riktig, lämplig, anständig,

tillbörlig
property ['propəti] *n*
egendom *c*, ägodelar *pl*;
egenskap *c*
prophet ['profit] *n* profet *c*
proportion [prə'pɔːʃən] *n*
proportion *c*
proportional [prə'pɔːʃənəl]
adj proportionell
proposal [prə'pouzəl] *n*
förslag *nt*
propose [prə'pouz] *v*
*föreslå
proposition [,propə'ziʃən] *n*
förslag *nt*
proprietor [prə'praiətə] *n*
ägare *c*
prospect ['prospekt] *n* utsikt
c
prospectus [prə'spektəs] *n*
prospekt *nt*
prosperity [prɔ'sperəti] *n*
framgång *c*, välstånd *nt*;
välgång *c*
prosperous ['prospərəs] *adj*
blomstrande, framgångsrik
prostitute ['prostitjuːt] *n*
prostituerad *c*
protect [prə'tekt] *v* skydda
protection [prə'tekʃən] *n*
skydd *nt*
protein ['proutiːn] *n* protein
nt
protest¹ ['proutest] *n* protest
c
protest² [prə'test] *v*
protestera
Protestant ['protistənt] *adj*
protestantisk
proud [praud] *adj* stolt;

högmodig

prove [pru:v] *v* bevisa; visa
sig vara

proverb ['prɔvə:b] *n*
ordspråk *nt*

provide [prə'vaid] *v* *förse,
skaffa; **provided that**
förutsatt att

province [prɔvins] *n* län *nt*;
landskap *nt*

provincial [prə'vinʃəl] *adj*
provinsiell

provisional [prə'viʒənəl] *adj*
provisorisk

provisions [prə'viʒənz] *pl*
proviant *c*

prune [pru:n] *n*
katrinplommon *nt*

psychiatrist [sai'kaiətrist] *n*
psykiater *c*

psychic ['saikik] *adj* psykisk

psychoanalyst
[,saikou'ænəlist] *n*
psykoanalytiker *c*

psychological
[,saikə'lɔdʒikəl] *adj*
psykologisk

psychologist [sai'kɔlədʒist]
n psykolog *c*

psychology [sai'kɔlədʒi] *n*
psykologi *c*

public ['pʌblik] *adj* offentlig;
allmän; *n* publik *c*; ~ **garden**
offentlig park; ~ **house** pub
c

publication [,pʌbli'keiʃən] *n*
offentliggörande *nt*;
publikation *c*

publicity [pʌ'blisəti] *n*
publicitet *c*

publish ['pʌbliʃ] *v*
*offentliggöra, *ge ut,
publicera

publisher ['pʌbliʃə] *n*
förläggare *c*

puddle ['pʌdəl] *n* pöl *c*

pull [pul] *v* *dra; ~ **out** *ta
fram, *dra upp, *avgå; ~ **up**
stanna

pulley ['puli] *n* (pl ~s) block
nt

Pullman ['pulmən] *n* sovvagn
c

pullover ['pu,louvə] *n*
pullover *c*

pulpit ['pulpit] *n* predikstol *c*,
talarstol *c*

pulse [pʌls] *n* puls *c*

pump [pʌmp] *n* pump *c*; *v*
pumpa

pun [pʌn] *n* ordlek *c*

punch [pʌntʃ] *v* *slå; *n*
knytnävsslag *nt*

punctual ['pʌŋktʃuəl] *adj*
punktlig

puncture ['pʌŋktʃə] *n*
punktering *c*

punctured ['pʌŋktʃəd] *adj*
punkterad

punish ['pʌniʃ] *v* straffa

punishment ['pʌniʃmənt] *n*
straff *nt*

pupil ['pju:pəl] *n* elev *c*

puppet-show ['pʌpitʃou] *n*
dockteater *c*

purchase ['pə:tʃəs] *v* köpa; *n*
köp *nt*, uppköp *nt*; ~ **price**
köpesumma *c*

purchaser ['pə:tʃəsə] *n*
köpare *c*

pure [pjuə] adj ren

purple ['pɜːpəl] adj purpur

purpose ['pɜːpəs] n ändamål nt, avsikt c, syfte nt; on ~ med vilja

purse [pɜːs] n portmonnä c, kassa c

pursue [pə'sjuː] v förfölja; eftersträva

pus [pʌs] n var nt

push [puʃ] n knuff c; v *skjuta; knuffa, *driva på

push button ['puʃ,bʌtən] n

knapp c, strömbrytare c

*put [put] v *lägga, ställa, placera; stoppa; ~ away ställa på plats; ~ off *uppskjuta; ~ on klä på sig; ~ out släcka

puzzle ['pʌzəl] n pussel nt; huvudbry nt; v förbrylla; jigsaw ~ pussel nt

puzzling ['pʌzliŋ] adj förbryllande

pyjamas [pə'dʒɑːməz] pl pyjamas c

Q

quack [kwæk] n charlatan c, kvacksalvare c

quail [kweil] n (pl ~, ~s) vaktel c

quaint [kweint] adj egendomlig; gammaldags

qualification [,kwɔlifi'keiʃən] n kvalifikation c; förbehåll nt; inskränkning c, förbehåll nt

qualified ['kwɔlifaid] adj kvalificerad; kompetent

qualify ['kwɔlifai] v kvalificera sig

quality ['kwɔləti] n kvalitet c; egenskap c

quantity ['kwɔntəti] n kvantitet c; antal nt

quarantine ['kwɔrəntiːn] n karantän c

quarrel ['kwɔrəl] v kivas, gräla; n gräl nt, kiv nt

quarry ['kwɔri] n stenbrott nt

quarter ['kwɔːtə] n kvart c; kvartal nt; kvarter nt; ~ of an hour kvart c

quarterly ['kwɔːtəli] adj kvartals-

quay [kiː] n kaj c

queen [kwiːn] n drottning c

queer [kwiə] adj underlig, konstig; besynnerlig

query ['kwiəri] n förfrågan c; v betvivla

question ['kwestʃən] n fråga c; problem nt, spörsmål nt; v fråga ut; ifrågasätta; ~ mark frågetecken nt

queue [kjuː] n kö c; v köa

quick [kwik] adj kvick

quick-tempered [,kwik'tempəd] adj lättretlig

quiet ['kwaiət] adj stillsam, stilla, lugn; n ro c, stillhet c

quilt [kwilt] n täcke nt

quit [kwit] v upphöra, *ge

upp

quite [kwait] *adv* fullkomligt, helt; någorlunda, ganska, alldeles

quiz [kwiz] *n* (pl ~zes) frågesport *c*

quota ['kwoutə] *n* kvot *c*

quotation [kwou'teiʃən] *n* citat *nt*; ~ **marks** citationstecken *pl*

quote [kwout] *v* citera

R

rabbit ['ræbit] *n* kanin *c*

rabies ['reibiz] *n* rabies *c*

race [reis] *n* kapplöpning *c*, lopp *nt*; ras *c*

racecourse ['reiskɔ:s] *n* hästkapplöpningsbana *c*

racehorse ['reishɔ:s] *n* kapplöpningshäst *c*

racetrack ['reistræk] *n* tävlingsbana *c*

racial ['reiʃəl] *adj* ras-

racket ['rækit] *n* oväsen *nt*; *n* (*tennis*) racket *c*

radiator ['reidieitə] *n* värmeelement *nt*

radical ['rædikəl] *adj* radikal

radio ['reidiou] *n* radio *c*

radish ['rædiʃ] *n* rädisa *c*

radius ['reidiəs] *n* (pl radii) radie *c*

raft [rɑ:ft] *n* flotte *c*

rag [ræg] *n* trasa *c*

rage [reidʒ] *n* ursinne *nt*, raseri *nt*; *v* rasa, *vara rasande

raid [reid] *n* räd *c*

rail [reil] *n* ledstång *c*, räcke *nt*

railing ['reiliŋ] *n* räcke *nt*

railroad ['reilroud] *nAm* järnväg *c*

railway ['reilwei] *n* järnväg *c*

rain [rein] *n* regn *nt*; *v* regna

rainbow ['reinbou] *n* regnbåge *c*

raincoat ['reinkout] *n* regnrock *c*

rainy ['reini] *adj* regnig

raise [reiz] *v* höja; öka; uppfostra, uppföda, odla; *pålägga; *nAm* löneförhöjning *c*

raisin ['reizən] *n* russin *nt*

rake [reik] *n* kratta *c*

rally ['ræli] *n* massmöte *nt*

ramp [ræmp] *n* ramp *c*

ramshackle ['ræm,ʃækəl] *adj* fallfärdig

rancid ['rænsid] *adj* härsken

rang [ræŋ] *v* (p ring)

range [reindʒ] *n* räckvidd *c*

range finder ['reindʒ,faində] *n* avståndsmätare *c*

rank [ræŋk] *n* rang *c*; rad *c*

ransom ['rænsəm] *n* lösen *c*

rap [ræp] *n* rapp *c*

rape [reip] *v* *våldta

rapid ['ræpid] *adj* snabb, hastig

rapids ['ræpidz] *pl* fors *c*

rare [rɛə] *adj* sällsynt

recital

rarely ['reəli] adv sällan

rascal ['rɑːskəl] n lymmel c, skälm c

rash [ræʃ] n hudutslag nt; adj obetänksam, förhastad

raspberry ['rɑːzbəri] n hallon nt

rat [ræt] n råtta c

rate [reit] n taxa c, pris nt; fart c; at any ~ i varje fall; ~ of exchange valutakurs c

rather ['rɑːðə] adv ganska, någorlunda, rätt; hellre, snarare

ration ['ræʃən] n ranson c

rattan [ræ'tæn] n rotting c

raven ['reivən] n korp c

raw [rɔː] adj rå; ~ material råmaterial nt

ray [rei] n stråle c

rayon ['reiən] n konstsiden c

razor ['reizə] n rakkniv c

razor blade ['reizəbleid] n rakblad c

reach [riːtʃ] v nå; n räckhåll nt

react [ri'ækt] v reagera

reaction [ri'ækʃən] n reaktion c

*read [riːd] v läsa

reading ['riːdiŋ] n läsning c

reading lamp ['riːdiŋlæmp] n läslampa c

reading room ['riːdiŋruːm] n läsesal c

ready ['redi] adj klar, färdig

ready-made [ˌredi'meid] adj konfektionssydd

real [riəl] adj verklig

reality [ri'æləti] n verklighet c

realizable ['riəlaizəbəl] adj utförbar

realize ['riəlaiz] v *inse; realisera, förverkliga

really ['riəli] adv verkligen, faktiskt; egentligen

rear [riə] n baksida c; v uppfostra, uppföda

rear light [riə'lait] n baklykta c

reason ['riːzən] n orsak c, skäl nt; förnuft nt, förstånd nt; v resonera

reasonable ['riːzənəbəl] adj förnuftig; rimlig

reassure [ˌriːə'ʃuə] v lugna

rebate ['riːbeit] n rabatt c

rebellion [ri'beljən] n uppror nt

recall [ri'kɔːl] v erinra sig; återkalla; upphäva

receipt [ri'siːt] n kvitto nt, mottagningsbevis nt; mottagande nt

receive [ri'siːv] v *motta

receiver [ri'siːvə] n telefonlur c; hälare c

recent ['riːsənt] adj ny, färsk

recently ['riːsəntli] adv häromdagen, nyligen

reception [ri'sepʃən] n mottagande nt, mottagning c; ~ office reception c

receptionist [ri'sepʃənist] n receptionist c

recession [ri'seʃən] n tillbakagång c

recipe ['resipi] n recept c

recital [ri'saitəl] n solistframträdande nt

reckon ['rekən] *v* räkna;
*anse; förmoda

recognition [ˌrekəg'niʃən] *n*
erkännande *nt*

recognize ['rekəgnaiz] *v*
känna igen; erkänna

recollect [ˌrekə'lekt] *v*
minnas

recommence [ˌriːkə'mens] *v*
börja om

recommend [ˌrekə'mend] *v*
rekommendera, förorda;
tillråda

recommendation
[ˌrekəmen'deiʃən] *n*
rekommendation *c*

reconciliation
[ˌrekənsili'eiʃən] *n*
försoning *c*

reconstructive surgery
[ˌriːkən'strʌktiv ˌ'səːdʒəri]
n rekonstruktiv kirurgi *c*

record[1] ['rekɔːd] *n*
grammofonskiva *c*; rekord
nt; protokoll *nt*; **long-
-playing ~ LP-skiva** *c*

record[2] [ri'kɔːd] *v* anteckna,
inregistrera; inspela

recorder [ri'kɔːdə] *n*
bandspelare *c*

recording [ri'kɔːdiŋ] *n*
inspelning *c*

record player ['rekɔːdˌpleiə]
n skivspelare *c*, grammofon
c

recover [ri'kʌvə] *v* *återfå;
tillfriskna

recovery [ri'kʌvəri] *n*
tillfrisknande *nt*

recreation [ˌrekri'eiʃən] *n*

förströelse *c*, avkoppling *c*; ~
centre fritidscenter *nt*; ~
ground bollplan *c*

recruit [ri'kruːt] *n* rekryt *c*

rectangle ['rektæŋgəl] *n*
rektangel *c*

rectangular [rek'tæŋgjulə]
adj rektangulär

rectum ['rektəm] *n* ändtarm
c

recyclable [ˌriːˈsaikləbl] *adj*
återvinningsbar

recycle [ˌriːˈsaikl] *v*
återvinna

red [red] *adj* röd

redeem [ri'diːm] *v* frälsa,
återköpa

reduce [ri'djuːs] *v* reducera,
minska, förvandla, *skära
ned

reduction [ri'dʌkʃən] *n*
prisnedsättning *c*, reduktion
c

redundant [ri'dʌndənt] *adj*
överflödig

reed [riːd] *n* vass *c*

reef [riːf] *n* rev *nt*

referee [ˌrefə'riː] *n*
skiljedomare *c*

reference ['refrəns] *n*
hänvisning *c*, referens *c*;
sammanhang *nt*; **with ~ to**
beträffande

refer to [ri'fəː] hänvisa till

refill ['riːfil] *n*
påfyllningsförpackning *c*

refinery [ri'fainəri] *n*
raffinaderi *nt*

reflect [ri'flekt] *v* reflektera

reflection [ri'flekʃən] *n*

reliable

reflex c; spegelbild c
reflector [ri'flektə] n
reflektor c
reformation [,refə'meiʃən] n
Reformationen
refresh [ri'freʃ] v fräscha
upp, svalka
refreshment [ri'freʃmənt] n
förfriskning c
refrigerator [ri'fridʒəreitə] n
kylskåp nt
refugee [,refju'dʒi:] n
flykting c
refund¹ [ri'fʌnd] v återbetala
refund² ['ri:fʌnd] n
återbetalning c
refusal [ri'fju:zəl] n vägran c
refuse¹ [ri'fju:z] v vägra
refuse² ['refju:s] n avfall nt
regard [ri'gɑ:d] v *anse;
betrakta; n hänsyn c; **as
regards** med hänsyn till,
angående
regarding [ri'gɑ:diŋ] prep
angående, beträffande,
rörande
regatta [ri'gætə] n
kappsegling c
régime [rei'ʒi:m] n regim c
region [ri'dʒən] n region c;
område nt
regional ['ri:dʒənəl] adj
regional
register ['redʒistə] v
*inskriva sig;
rekommendera; **registered
letter** rekommenderat brev
registration [,redʒi'streiʃən]
n registrering c; ~ **form**
inskrivningsblankett c; ~

number
registreringsnummer nt; ~
plate nummerplåt c
regret [ri'gret] v beklaga;
ångra; n beklagande nt
regular ['regjulə] adj
regelbunden, regelmässig;
normal, reguljär
regulate ['regjuleit] v reglera
regulation [,regju'leiʃən] n
regel c, reglemente nt;
reglering c
rehabilitation
[,ri:hə,bili'teiʃən] n
rehabilitering c
rehearsal [ri'hə:səl] n
repetition c
rehearse [ri'hə:s] v repetera
reign [rein] n regeringstid c; v
regera
reimburse [,ri:im'bə:s] v
återbetala
reindeer ['reindiə] n (pl ~)
ren c
reject [ri'dʒekt] v *avslå,
avvisa; förkasta
relate [ri'leit] v berätta
related [ri'leitid] adj
besläktad
relation [ri'leiʃən] n
förhållande nt, relation c;
släkting c
relative ['relətiv] n släkting c;
adj relativ
relax [ri'læks] v koppla av,
slappna av
relaxation [,rilæk'seiʃən] n
avkoppling c
reliable [ri'laiəbəl] adj
pålitlig

relic ['relik] n relik c
relief [ri'li:f] n lättnad c; hjälp
c; relief c
relieve [ri'li:v] v lätta, lindra;
avlösa
religion [ri'lidʒən] n religion
c
religious [ri'lidʒəs] adj
religiös
rely on [ri'lai] lita på
remain [ri'mein] v *förbli;
*återstå
remainder [ri'meində] n rest
c, återstod c
remaining [ri'meiniŋ] adj
övrig, resterande
remark [ri'mɑ:k] n
anmärkning c; v påpeka,
anmärka
remarkable [ri'mɑ:kəbəl] adj
anmärkningsvärd
remedy ['remədi] n
läkemedel nt; botemedel nt
remember [ri'membə] v
*komma ihåg; minnas
remembrance
[ri'membrəns] n hågkomst
c, minne nt
remind [ri'maind] v påminna
remit [ri'mit] v översända
remittance [ri'mitəns] n
penningförsändelse c
remnant ['remnənt] n rest c,
kvarleva c
remote [ri'mout] adj avsides,
avlägsen
remote control
[ri'mout_kən'troul] n
fjärrkontroll c
removal [ri'mu:vəl] n

undanröjning c
remove [ri'mu:v] v avlägsna
remunerate [ri'mju:nəreit] v
belöna; *ersätta
remuneration
[ri,mju:nə'reiʃən] n
belöning c
renew [ri'nju:] v förnya;
förlänga
renewable [ri'nju:əbəl] adj
förnybar
rent [rent] v hyra; n hyra c
repair [ri'pɛə] v reparera; n
reparation c
reparation [,repə'reiʃən] n
reparation c
*repay [ri'pei] v återbetala
repayment [ri'peimənt] n
återbetalning c
repeat [ri'pi:t] v upprepa
repellent [ri'pelənt] adj
frånstötande, motbjudande
repentance [ri'pentəns] n
ånger c
repertory ['repətəri] n
repertoar c
repetition [,repə'tiʃən] n
upprepning c
replace [ri'pleis] v *ersätta
reply [ri'plai] v svara; n svar
nt; in ~ som svar
report [ri'pɔ:t] v rapportera;
meddela; anmäla sig; n
redogörelse c, rapport c
reporter [ri'pɔ:tə] n reporter
c
represent [,repri'zent] v
representera; föreställa
representation
[,reprizen'teiʃən] n

representation c;
framställning c

representative
[ˌrepriˈzentətiv] adj
representativ

reprimand [ˈreprimɑːnd] v
tillrättavisa

reproach [riˈproutʃ] n
förebråelse c; v förebrå

reproduce [ˌriːprəˈdjuːs] v
*återge

reproduction
[ˌriːprəˈdʌkʃən] n
återgivning c, reproduktion
c; fortplantning c

reptile [ˈreptail] n kräldjur nt

republic [riˈpʌblik] n
republik c

republican [riˈpʌblikən] adj
republikansk

repulsive [riˈpʌlsiv] adj
frånstötande

reputation [ˌrepjuˈteiʃən] n
renommé nt; anseende nt

request [riˈkwest] n begäran
c; förfrågan c; v begära

require [riˈkwaiə] v kräva

requirement [riˈkwaiəmənt]
n krav nt

requisite [ˈrekwizit] adj
erforderlig

rescue [ˈreskjuː] v rädda;
n räddning c

research [riˈsəːtʃ] n
forskning c

resemblance [riˈzembləns] n
likhet c

resemble [riˈzembəl] v likna

resent [riˈzent] v *ta illa upp

reservation [ˌrezəˈveiʃən] n

reservation c

reserve [riˈzəːv] v reservera;
beställa; n reserv c

reserved [riˈzəːvd] adj
reserverad

reservoir [ˈrezəvwɑː] n
reservoar c

reside [riˈzaid] v bo

residence [ˈrezidəns] n
bostad c; ~ permit
uppehållstillstånd nt

resident [ˈrezidənt] n
invånare c; adj bofast;
inneboende

resign [riˈzain] v *avgå

resignation [ˌrezigˈneiʃən] n
avsked nt, avskedsansökan c

resist [riˈzist] v *göra
motstånd mot

resistance [riˈzistəns] n
motstånd nt

resolute [ˈrezəluːt] adj
resolut, beslutsam

respect [riˈspekt] n respekt c,
aktning c, vördnad c; v
respektera

respectable [riˈspektəbəl]
adj respektabel,
aktningsvärd

respectful [riˈspektfəl] adj
respektfull

respective [riˈspektiv] adj
respektive

respiration [ˌrespəˈreiʃən] n
andning c

respite [ˈrespait] n uppskov
nt

responsibility
[riˌspɔnsəˈbiləti] n ansvar nt

responsible [riˈspɔnsəbəl]
nt

rest   338

adj ansvarig
rest [rest] *n* vila *c*; rest *c*; *v* vila
rest room ['restru:m] *nAm* toalett *c*
rest home ['resthoum] *n* vilohem *nt*
restaurant ['restərɔ̃:] *n* restaurang *c*
restful ['restfəl] *adj* lugn
restless ['restləs] *adj* rastlös
restrain [ri'strein] *v* *hålla tillbaka, tygla
restriction [ri'strikʃən] *n* inskränkning *c*, begränsning *c*
result [ri'zʌlt] *n* resultat *nt*; följd *c*; utgång *c*; *v* resultera
resume [ri'zju:m] *v* *återupptta
résumé ['rezjumei] *n* sammanfattning *c*
retail ['ri:teil] *v* *sälja i detalj
retailer ['ri:teilə] *n* detaljist *c*
retina ['retinə] *n* näthinna *c*
retire [ri'taiə] *v* dra sig tillbaka
retired [ri'taiəd] *adj* pensionerad
retirement [ri'taiəment] *n* pensionering *c*
return [ri'tə:n] *v* återvända, *komma tillbaka; *n* återkomst *c*; ~ **flight** returflyg *nt*; ~ **journey** återresa *c*
reunite [,ri:ju:'nait] *v* återförena
reveal [ri'vi:l] *v* uppenbara, avslöja

revelation [,revə'leiʃən] *n* avslöjande *nt*; uppenbarelse *c*
revenge [ri'vendʒ] *n* hämnd *c*
revenue ['revənju:] *n* inkomst *c*
reverse [ri'və:s] *n* motsats *c*; avigsida *c*; backväxel *c*; motgång *c*; *adj* omvänd; *v* backa
review [ri'vju:] *n* recension *c*; tidskrift *c*
revise [ri'vaiz] *v* revidera
revision [ri'viʒən] *n* revision *c*
revival [ri'vaivəl] *n* återupplivande *nt*; förnyelse *c*
revolt [ri'voult] *v* *göra uppror; *n* revolt *c*
revolting [ri'voultiŋ] *adj* motbjudande, upprörande, äcklig
revolution [,revə'lu:ʃən] *n* revolution *c*; varv *nt*
revolutionary [,revə'lu:ʃənəri] *adj* revolutionär
revolver [ri'vɔlvə] *n* revolver *c*
revue [ri'vju:] *n* revy *c*
reward [ri'wɔ:d] *n* belöning *c*; *v* belöna
rheumatism ['ru:mətizəm] *n* reumatism *c*
rhinoceros [rai'nɔsərəs] *n* (pl ~, ~es) noshörning *c*
rhubarb ['ru:ba:b] *n* rabarber *c*
rhyme [raim] *n* rim *nt*

rhythm ['riðəm] n rytm c

rib [rib] n revben nt

ribbon ['ribən] n band nt

rice [rais] n ris nt

rich [ritʃ] adj rik

riches ['ritʃiz] pl rikedom c

rid [rid] v befria;

get ~ of göra sig av med

riddle ['ridəl] n gåta c

ride [raid] n körning c

*ride [raid] v åka; *rida

rider ['raidə] n ryttare c

ridge [ridʒ] n rygg c, upphöjning c, kam c

ridicule ['ridikju:l] v förlöjliga

ridiculous [ri'dikjuləs] adj löjlig

riding ['raidiŋ] n ridning c

riding school ['raidiŋsku:l] n ridskola c

rifle ['raifəl] n gevär nt

right [rait] n rättighet c; adj riktig, rätt; höger; rättvis; all right! bra!; *be ~ *ha rätt; ~ of way förkörsrätt c

righteous ['raitʃəs] adj rättfärdig

right-hand ['raithænd] adj höger

rightly ['raitli] adv med rätta

rim [rim] n fälg c; kant c

ring [riŋ] n ring c; cirkusarena c

*ring [riŋ] v ringa; ~ up ringa upp

rinse [rins] v skölja; n sköljning c

riot ['raiət] n upplopp nt

rip [rip] v *riva sönder

ripe [raip] adj mogen

rise [raiz] n löneförhöjning c; upphöjning c; stigning c; uppsving nt

*rise [raiz] v *stiga upp; *gå upp; *stiga

rising ['raiziŋ] n uppror nt

risk [risk] n risk c; fara c; v riskera

risky ['riski] adj vågad, riskfylld

rival ['raivəl] n rival c; konkurrent c; v rivalisera, konkurrera

rivalry ['raivəlri] n rivalitet c; konkurrens c

river ['rivə] n å c, flod c; ~ bank flodstrand c

riverside ['rivəsaid] n flodstrand c

roach [routʃ] n (pl ~) mört c

road [roud] n gata c, väg c; ~ fork vägskäl nt; ~ map vägkarta c; ~ system vägnät nt; ~ up vägarbete nt

roadhouse ['roudhaus] n värdshus nt

roadrage ['roud,reidʒ] n aggressivt beteende hos bilförare c

roadside ['roudsaid] n vägkant c; ~ restaurant värdshus nt

roadway ['roudwei] nAm körbana c

roam [roum] v ströva

roar [rɔː] v *tjuta, *ryta; n vrål nt, dån nt

roast [roust] v grilla, halstra

rob [rɔb] v råna

robber ['rɔbə] n rånare c

robbery ['rɔbəri] n rån nt, stöld c

robe [roub] n klänning c; ämbetsdräkt c

robin ['rɔbin] n rödhake c

robust [rou'bʌst] adj robust

rock [rɔk] n klippa c; v gunga

rocket ['rɔkit] n raket c

rocky ['rɔki] adj klippig

rod [rɔd] n stång c

roe [rou] n rom c

roll [roul] v rulla; n rulle c; kuvertbröd nt

Rollerblade ['roulə,bleid] n Rollerblade® c

roller-skating ['roulə,skeitiŋ] n rullskridskoåkning c

Roman Catholic ['roumən 'kæθəlik] romersk katolsk

romance [rə'mæns] n romans c

romantic [rə'mæntik] adj romantisk

roof [ru:f] n tak nt; **thatched ~** halmtak nt

room [ru:m] n rum nt; utrymme nt, plats c; **~ and board** mat och logi; **~ service** rumsbetjäning c; **~ temperature** rumstemperatur c

roomy ['ru:mi] adj rymlig

root [ru:t] n rot c

rope [roup] n rep nt

rosary ['rouzəri] n radband nt

rose [rouz] n ros c; adj rosa

rotten ['rɔtən] adj rutten

rouge [ru:ʒ] n rouge c

rough [rʌf] adj ojämn, hård

roulette [ru:'let] n rulett c

round [raund] adj rund; prep runt om, omkring; n rond c; **~ trip** Am tur och retur

roundabout ['raundəbaut] n rondell c

rounded ['raundid] adj rundad

route [ru:t] n rutt c

routine [ru:'ti:n] n rutin c

row¹ [rou] n rad c; v ro

row² [rau] n bråk nt

rowdy ['raudi] adj busig

rowing boat ['rouiŋbout] n roddbåt c

royal ['rɔiəl] adj kunglig

rub [rʌb] v *gnida

rubber ['rʌbə] n gummi c; suddgummi nt; **~ band** gummiband nt

rubbish ['rʌbiʃ] n skräp nt; trams nt, strunt nt; **talk ~** prata strunt

rubbish bin ['rʌbiʃbin] n sophink c

ruby ['ru:bi] n rubin c

rucksack ['rʌksæk] n ryggsäck c

rudder ['rʌdə] n roder nt

rude [ru:d] adj ohövlig

rug [rʌg] n liten matta; pläd c

ruin ['ru:in] v *ödelägga, ruinera; n undergång c; **ruins** ruin c

rule [ru:l] n regel c; makt c, regering c, styrelsesätt nt; v regera, styra; **as a ~** vanligen, som regel

ruler ['ru:lə] n härskare c, regent c; linjal c

Rumania [ru:'meiniə] Rumänien

Rumanian [ru:'meiniən] adj rumänsk; n rumän c

rumour ['ru:mə] n rykte nt

*run [rʌn] v *springa; ~ into råka träffa

runaway ['rʌnəwei] n rymling c

rung [rʌŋ] v (pp ring)

runner ['rʌnə] n löpare c

runway ['rʌnwei] n start-, landningsbana

rural ['ruərəl] adj lantlig

ruse [ru:z] n list c

rush [rʌʃ] v rusa; n säv c

rush hour ['rʌʃauə] n rusningstid c

Russia ['rʌʃə] Ryssland

Russian ['rʌʃən] adj rysk; n ryss c

rust [rʌst] n rost c

rustic ['rʌstik] adj rustik

rusty ['rʌsti] adj rostig

S

sack [sæk] n säck c

sacred ['seikrid] adj helig

sacrifice ['sækrifais] n offer nt; v offra

sacrilege ['sækrilidʒ] n helgerån nt

sad [sæd] adj sorgsen; vemodig, bedrövad

saddle ['sædəl] n sadel c

sadness ['sædnəs] n sorgsenhet c

safe [seif] adj säker; n kassaskåp nt

safety ['seifti] n säkerhet c

safety belt ['seiftibelt] n säkerhetsbälte nt

safety pin ['seiftipin] n säkerhetsnål c

safety razor ['seifti,reizə] n rakhyvel c

sail [seil] v segla; n segel nt

sailing boat ['seiliŋbout] n segelbåt c

sailor ['seilə] n sjöman c

saint [seint] n helgon nt

salad ['sæləd] n sallad c

salad-oil ['sælədɔil] n salladsolja c

salary ['sæləri] n avlöning c, lön c

sale [seil] n försäljning c, clearance ~ realisation c; for ~ till salu; sales realisation c

saleable ['seiləbəl] adj säljbar

salesgirl ['seilzgə:l] n försäljerska c

salesman ['seilzmən] n (pl -men) försäljare c; expidit c

salmon ['sæmən] n (pl ~) lax c

salon ['sælɔ:] n salong c

saloon [sə'lu:n] n bar c

salt [sɔ:lt] n salt nt

salt cellar ['sɔ:lt,selə] n, salt

shaker *nAm* saltkar *nt*
salty ['sɔːlti] *adj* salt
salute [sə'luːt] *v* hälsa
same [seim] *adj* samma
sample ['sɑːmpəl] *n*
varuprov *nt*
sand [sænd] *n* sand *c*
sandal ['sændəl] *n* sandal *c*
sandpaper ['sænd,peipə] *n*
sandpapper *nt*
sandwich ['sænwidʒ] *n*
smörgås *c*
sandy ['sændi] *adj* sandig
sanitary ['sænitəri] *adj*
sanitär; ~ towel dambinda *c*
sapphire ['sæfaiə] *n* safir *c*
sardine [sɑː'diːn] *n* sardin *c*
satchel ['sætʃəl] *n* skolväska
c
satellite ['sætəlait] *n* satellit *c*
satellite dish ['sætəlait ˌdiʃ]
n parabol *c*
satellite radio
['satəlait ˌreidiou] *n*
satellitradio *c*
satin ['sætin] *n* satäng *c*
satisfaction [ˌsætis'fækʃən]
n tillfredsställelse *c*,
belåtenhet *c*
satisfactory [ˌsætis'fæktəri]
adj tillfredsställande
satisfy ['sætisfai] *v*
tillfredsställa; satisfied
tillfredsställd, belåten
sat nav ['sætnæv] *n*
navigationssystem *nt*, GPS *c*
Saturday ['sætədi] lördag *c*
sauce [sɔːs] *n* sås *c*
saucepan ['sɔːspən] *n*
kastrull *c*

saucer ['sɔːsə] *n* tefat *nt*
Saudi Arabia [ˌsaudiə'reibiə]
Saudiarabien
Saudi Arabian
[ˌsaudiə'reibiən] *adj*
saudiarabisk
sauna ['sɔːnə] *n* bastu *c*
sausage ['sɔsidʒ] *n* korv *c*
savage ['sævidʒ] *adj* vild
save [seiv] *v* rädda; spara
savings ['seiviŋz] *pl*
besparingar *pl*; ~ bank
sparbank *c*
saviour ['seivjə] *n* frälsare *c*
savoury ['seivəri] *adj*
välsmakande
saw¹ [sɔː] *v* (p see)
saw² [sɔː] *n* såg *c*
sawdust ['sɔːdʌst] *n* sågspån
nt
sawmill ['sɔːmil] *n* sågverk *nt*
*say [sei] *v* *säga
scaffolding ['skæfəldiŋ] *n*
byggnadsställning *c*
scale [skeil] *n* skala *c*;
tonskala *c*; fiskfjäll *nt*;
vågskål *c*; scales *pl* våg *c*
scan [skæn] *v* skanna;
skanning *c*
scandal ['skændəl] *n* skandal
c
Scandinavia
[ˌskændi'neiviə]
Skandinavien
Scandinavian
[ˌskændi'neiviən] *adj*
skandinavisk; *n* skandinav *c*
scanner ['skænə] *n* skanner *c*
scapegoat ['skeipgout] *n*
syndabock *c*

343   **seabird**

scar [skɑ:] n ärr nt
scarce [skeəs] adj knapp
scarcely ['skeəsli] adv
  knappast
scarcity ['skeəsəti] n
  knapphet c
scare [skeə] v skrämma; n
  skräck c
scarf [skɑ:f] n (pl ~s, scarves)
  halsduk c
scarlet ['skɑ:lət] adj
  scharlakansröd
scary ['skeəri] adj
  oroväckande, skrämmande
scatter ['skætə] v strö,
  *sprida, skingra
scene [si:n] n scen c
scenery ['si:nəri] n landskap
  nt
scenic ['si:nik] adj naturskön
scent [sent] n doft c
schedule ['ʃedju:l] n
  tidtabell c, tidsschema nt
scheme [ski:m] n schema nt;
  plan c
scholar ['skɔlə] n lärd c;
  stipendiat c
scholarship ['skɔləʃip] n
  stipendium nt
school [sku:l] n skola c
schoolboy ['sku:lbɔi] n
  skolpojke c
schoolgirl ['sku:lgə:l] n
  skolflicka c
schoolmaster
  ['sku:l,mɑ:stə] n skollärare
  c, lärare c
schoolteacher ['sku:l,ti:tʃə]
  n lärare c
science ['saiəns] n vetenskap

c
scientific [ˌsaiən'tifik] adj
  vetenskaplig
scientist ['saiəntist] n
  vetenskapsman c
scissors ['sizəz] pl sax c
scold [skould] v skälla, gräla
  på; skälla ut
scooter ['sku:tə] n vespa c;
  sparkcykel c
score [skɔ:] n poängsumma
  c; v *få poäng
scorn [skɔ:n] n hån nt, förakt
  nt; v förakta
Scotland ['skɔtlənd]
  Skottland
Scottish ['skɔtiʃ] adj skotsk
scout [skaut] n boyscout c
scrap [skræp] n bit c
scrapbook ['skræpbuk] n
  klippbok c
scrape [skreip] v skrapa
scratch [skrætʃ] v rispa,
  skrapa; n repa c, skråma c
scream [skri:m] v *tjuta,
  *skrika; n skrik nt, skri nt
screen [skri:n] n skärm c;
  bildskärm c, filmduk c
screw [skru:] n skruv c; v
  skriva
screwdriver ['skru:,draivə] n
  skruvmejsel c
scrub [skrʌb] v skura; n
  snårmark c
sculptor ['skʌlptə] n
  skulptör c
sculpture ['skʌlptʃə] n
  skulptur c
sea [si:] n hav nt
seabird ['si:bə:d] n sjöfågel c

seashore ['si:koust] n kust c

seagull ['si:gʌl] n fiskmås c

seal [si:l] n sigill nt; säl c

seam [si:m] n söm c

seaman ['si:mən] n (pl -men) matros c

seamless ['si:mləs] adj utan söm

seaport ['si:pɔ:t] n hamnstad c

search [sə:tʃ] v söka; genomsöka, visitera; n visitering n

searchlight ['sə:tʃlait] n strålkastare c

seascape ['si:skeip] n marinmålning c

seashell ['si:ʃel] n snäcka c

seashore ['si:ʃɔ:] n havsstrand c

seasick ['si:sik] adj sjösjuk

seasickness ['si:,siknəs] n sjösjuka c

seaside ['si:said] n kust c; ~ resort badort c

season ['si:zən] n årstid c, säsong c; high ~ högsäsong c; low ~ lågsäsong c; off ~ lågsäsong c

season ticket ['si:zən,tikit] n abonnemangskort nt

seat [si:t] n säte nt; plats c, sittplats c

seat belt ['si:tbelt] n säkerhetsbälte c

sea urchin ['si:,ə:tʃin] n sjöborre c

sea water ['si:,wɔ:tə] n havsvatten nt

second ['sekənd] num andra; n sekund c; ögonblick nt

secondary ['sekəndəri] adj sekundär; ~ school läroverk nt

second-hand [,sekənd'hænd] adj begagnad

secret ['si:krət] n hemlighet c; adj hemlig

secretary ['sekrətri] n sekreterare c

section ['sekʃən] n sektion c; avdelning c

secure [si'kjuə] adj säker; v *göra säker; *binda fast; *göra säker; *binda fast; trygga

security [si'kjuərəti] n säkerhet c; borgen c

sedative ['sedətiv] n lugnande medel

seduce [si'dju:s] v förföra

*see [si:] v *se; *inse, *förstå; ~ to sörja för

seed [si:d] n frö nt

*seek [si:k] v söka

seem [si:m] v synas, verka

seen [si:n] v (pp see)

seesaw ['si:sɔ:] n gungbräda c

seize [si:z] v *gripa

seldom ['seldəm] adv sällan

select [si'lekt] v utplocka, *utvälja; adj utvald

selection [si'lekʃən] n urval nt

self [self] n jag nt

self-centred [,self'sentəd] adj självupptagen

self-evident [,sel'fevidənt] adj självklar

345 **session**

self-government
[ˌself'gʌvəmənt] *n*
självstyre *nt*
selfie ['selfi] *n* selfie *c*
selfish ['selfiʃ] *adj* självisk
selfishness ['selfiʃnəs] *n*
egoism *c*
self-service [ˌself'sə:vis] *n*
självbetjäning *c*; ~
restaurant självservering *c*
*sell [sel] *v* *sälja
semblance ['sembləns] *n*
utseende *nt*
semi- ['semi] halv-
semicircle [ˌsemiˌsə:kəl] *n*
halvcirkel *c*
semicolon [ˌsemi'koulən] *n*
semikolon *nt*
senate ['senət] *n* senat *c*
senator ['senətə] *n* senator *c*
*send [send] *v* skicka, sända;
~ back skicka tillbaka,
returnera; ~ for skicka efter;
~ off skicka iväg
sender ['sendə] *n* avsändare
c
senile ['si:nail] *adj* senil
sensation [sen'seiʃən] *n*
sensation *c*; känsla *c*,
förnimmelse *c*
sensational [sen'seiʃənəl]
adj sensationell,
uppseendeväckande
sense [sens] *n* sinne *nt*;
förnuft *nt*, betydelse *c*,
mening *c*; *v* *förnimma,
märka; ~ of honour
hederskänsla *c*
senseless ['sensləs] *adj*
vanvettig, orimlig

sensible ['sensəbəl] *adj*
förnuftig
sensitive ['sensitiv] *adj*
känslig
sentence ['sentəns] *n*
mening *c*; dom *c*; *v* döma
sentimental [ˌsenti'mentəl]
adj sentimental
separate¹ ['sepəreit] *v* skilja
separate² ['sepərət] *adj*
åtskild, särskild
separately ['sepərətli] *adv*
separat
September [sep'tembə]
september
septic ['septik] *adj* septisk;
*become ~ *bli
inflammerad
sequel ['si:kwəl] *n* följd *c*
sequence ['si:kwəns] *n*
ordningsföljd *c*
serene [sə'ri:n] *adj* fridfull;
klar
serial ['siəriəl] *n* följetong *c*
series ['siəri:z] *n* (pl ~) serie *c*
serious ['siəriəs] *adj*
allvarlig, seriös
seriousness ['siəriəsnəs] *n*
allvar *nt*
sermon ['sə:mən] *n* predikan
c
servant ['sə:vənt] *n* betjänt *c*
serve [sə:v] *v* servera
service ['sə:vis] *n* tjänst *c*;
betjäning *c*; ~ charge
betjäningsavgift *c*; ~ station
bensinstation *c*
serviette [ˌsə:vi'et] *n* servett
c
session ['seʃən] *n* session *c*

set [set] *n* grupp *c*,
uppsättning *c*

***set** [set] *v* *sätta; ~ **menu**
fast meny; ~ **out** *ge sig av

setting ['setiŋ] *n* infattning *c*,
omgivning *c*; ~ **lotion**
läggningsvätska *c*

settle ['setəl] *v* ordna, *göra
upp; ~ **down** *slå sig ned,
lugna sig

settlement ['setəlmənt] *n*
förlikning *c*, uppgörelse *c*,
överenskommelse *c*

seven ['sevən] *num* sju

seventeen [,sevən'ti:n] *num*
sjutton

seventeenth [,sevən'ti:nθ]
num sjuttonde

seventh ['sevənθ] *num*
sjunde

seventy ['sevənti] *num*
sjuttio

several ['sevərəl] *adj* flera,
åtskilliga

severe [si'viə] *adj* sträng,
häftig

***sew** [sou] *v* sy; ~ **up** sy ihop

sewer ['su:ə] *n* kloak *c*

sewing machine
['souiŋmə,ʃi:n] *n* symaskin *c*

sex [seks] *n* kön *nt*

sexual ['sekʃuəl] *adj* sexuell

sexuality [,sekʃu'æləti] *n*
sexualitet *c*

shade [ʃeid] *n* skugga *c*;
nyans *c*

shadow ['ʃædou] *n* skugga *c*

shady ['ʃeidi] *adj* skuggig

***shake** [ʃeik] *v* skaka

shaky ['ʃeiki] *adj* ostadig,
skakig

***shall** [ʃæl] *v* *ska

shallow ['ʃælou] *adj* grund

shame [ʃeim] *n* skam *c*;
shame! fy!

shampoo [ʃæm'pu:] *n*
schampo *nt*

shape [ʃeip] *n* form *c*; *v*
forma

share [ʃɛə] *v* dela; *n* del *c*;
aktie *c*

shark [ʃɑ:k] *n* haj *c*

sharp [ʃɑ:p] *adj* vass

sharpen ['ʃɑ:pən] *v* vässa,
slipa

shave [ʃeiv] *v* raka sig

shaver ['ʃeivə] *n* rakapparat
c

shaving brush ['ʃeiviŋbrʌʃ]
n rakborste *c*

shaving cream
['ʃeiviŋkri:m] *n* rakkräm *c*

shaving soap ['ʃeiviŋsoup]
n raktvål *c*

shawl [ʃɔ:l] *n* schal *c*

she [ʃi:] *pron* hon

shed [ʃed] *n* skjul *nt*

***shed** [ʃed] *v* *utgjuta;
*sprida

sheep [ʃi:p] *n* (pl ~) får *nt*

sheer [ʃiə] *adj* pur, ren;
genomskinlig, skir, brant

sheet [ʃi:t] *n* lakan *nt*; ark *nt*;
plåt *c*

shelf [ʃelf] *n* (pl shelves) hylla
c

shell [ʃel] *n* snäckskal *nt*; skal
nt

shellfish ['ʃelfiʃ] *n* skaldjur
nt

shelter ['ʃeltə] n skydd nt; v skydda

shepherd ['ʃepəd] n herde c

shift [ʃift] n ombyte nt, skift nt, förändring c

*shine [ʃain] v *skina; glänsa, blänka

ship [ʃip] n fartyg nt; v skeppa; shipping line linjerederi c

shipowner ['ʃi,paunə] n skeppsredare c

shipyard ['ʃipjɑːd] n skeppsvarv nt

shirt [ʃəːt] n skjorta c

shiver ['ʃivə] v huttra, skälva; n rysning c

shock [ʃɔk] n chock c, v chockera; ~ absorber stötdämpare c

shocking ['ʃɔkiŋ] adj chockerande

shoe [ʃuː] n sko c; ~ polish skokräm c

shoelace ['ʃuːleis] n skosnöre nt

shoemaker ['ʃuːmeikə] n skomakare c

shoe shop ['ʃuːʃɔp] n skoaffär c

shook [ʃuk] v (p shake)

*shoot [ʃuːt] v *skjuta

shop [ʃɔp] n butik c; v handla; ~ assistant affärsbiträde nt

shopkeeper ['ʃɔp,kiːpə] n affärsinnehavare c

shopping bag kasse c; shopping centre affärscentrum nt; shopping

trolley kundvagn c

shopwindow [,ʃɔp'windou] n skyltfönster nt

shore [ʃɔː] n strand c

short [ʃɔːt] adj kort; liten; ~ circuit kortslutning c

shortage ['ʃɔːtidʒ] n brist c

shorten ['ʃɔːtən] v förkorta

shortly ['ʃɔːtli] adv snart, inom kort

shorts [ʃɔːts] pl shorts pl; plAm kalsonger pl

short-sighted [,ʃɔːt'saitid] adj närsynt

shot [ʃɔt] n skott nt; spruta c; bild c

*should [ʃud] v *böra

shoulder ['ʃouldə] n axel c

shout [ʃaut] v *skrika; n skrik nt

shovel ['ʃʌvəl] n skovel c

show [ʃou] n uppförande nt, föreställning c; utställning c

*show [ʃou] v visa; utställa, framvisa; bevisa

showcase ['ʃoukeis] n monter c

shower [ʃauə] n dusch c; regnskur c, störtskur c; ~ gel n duschgelé c or nt

showroom ['ʃouruːm] n utställningslokal c

shriek [ʃriːk] v *skrika; n illtjut nt

shrimp [ʃrimp] n räka c

shrine [ʃrain] n reliksrin nt, helgedom c

*shrink [ʃriŋk] v krympa

shrinkproof ['ʃriŋkpruːf] adj krympfri

shrub [ʃrʌb] n buske c
shudder ['ʃʌdə] n rysning c
shuffle ['ʃʌfəl] v blanda
*shut [ʃʌt] v stänga; ~ in
  stänga in
shutter ['ʃʌtə] n fönsterlucka
  c, persienn c
shy [ʃai] adj skygg, blyg
shyness ['ʃainəs] n blyghet c
Siamese [,saiə'mi:z] adj
  siamesisk; n siames c
sick [sik] adj sjuk; illamående
sickness ['siknəs] n sjukdom
  c; illamående nt
side [said] n sida c; parti nt;
  onesided adj ensidig
sideburns ['saidbə:nz] pl
  polisonger pl
sidelight ['saidlait] n sidoljus
  nt
side street ['saidstri:t] n
  sidogata c
sidewalk ['saidwɔ:k] nAm
  gångbana c, trottoar c
sideways ['saidweiz] adv åt
  sidan
siege [si:dʒ] n belägring c
sieve [siv] n sil c; v sila
sift [sift] v sikta
sight [sait] n synhåll nt; syn c,
  åsyn c; sevärdhet c
sign [sain] n tecken nt; gest c;
  v underteckna
signal ['signəl] n signal c;
  tecken nt; v signalera
signature ['signətʃə] n
  signatur c
significant [sig'nifikənt] adj
  betydelsefull
signpost ['sainpoust] n

vägvisare c
silence ['sailəns] n tystnad c;
  v tysta
silencer ['sailənsə] n
  ljuddämpare c
silent ['sailənt] adj tyst; *be ~
  *tiga
silk [silk] n siden nt
silly ['sili] adj dum
silver ['silvə] n silver nt;
  silver-
silversmith ['silvəsmiθ] n
  silversmed c
silverware ['silvəwɛə] n
  silver nt
similar ['similə] adj liknande,
  dylik
similarity [,simi'lærəti] n
  likhet c
simple ['simpəl] adj enkel,
  okonstlad; vanlig
simply ['simpli] adv enkelt,
  helt enkelt
simulate ['simjuleit] v låtsa
simultaneous
  [,siməl'teiniəs] adj
  samtidig; simultaneously
  adv samtidigt
sin [sin] n synd c
since [sins] prep sedan; adv
  sedan dess; conj sedan;
  eftersom
sincere [sin'siə] adj
  uppriktig
sincerely [sin'siəli] adv
  uppriktigt
sinew ['sinju:] n sena c
*sing [siŋ] v *sjunga
singer ['siŋə] n sångare c;
  sångerska c

slanting

single ['siŋgəl] adj en enda;
ogift; ~ room enkelrum nt

singular ['siŋgjulə] n
singularis nt; adj säregen

sinister ['sinistə] adj
olycksbådande

sink [siŋk] n vask c

*sink [siŋk] v *sjunka

sip [sip] n liten klunk

sir [sə:] min herre

siren ['saiərən] n siren c

sister ['sistə] n syster c

sister-in-law ['sistərinlɔ:] n
(pl sisters-) svägerska c

*sit [sit] v *sitta; ~ down
*sätta sig

site [sait] n tomt c; läge nt

sitting room ['sitiŋru:m] n
vardagsrum nt

situated ['sitʃueitid] adj
belägen

situation [,sitʃu'eiʃən] n
situation c; läge nt,
anställning c

six [siks] num sex

sixteen [,siks'ti:n] num
sexton

sixteenth [,siks'ti:nθ] num
sextonde

sixth [siksθ] num sjätte

sixty ['siksti] num sextio

size [saiz] n storlek c,
dimension c; format nt

skate [skeit] v åka skridskor;
n skridsko c

skating ['skeitiŋ] n
skridskoåkning c

skating rink ['skeitiŋriŋk] n
skridskobana c

skeleton ['skelitən] n skelett

sketch [sketʃ] n skiss c,
teckning c; v teckna,
skissera

ski[1] [ski:] v åka skidor

ski[2] [ski:] n (pl ~, ~s) skida c;
~ boots pjäxor pl; ~ pants
skidbyxor pl; ~ poles Am
skidstavar pl; ~ sticks
skidstavar pl

skid [skid] v slira, sladda

skier ['ski:ə] n skidåkare c

skiing ['ski:iŋ] n skidåkning c

ski jump ['ski:dʒʌmp] n
backhoppning c

skilful ['skilfəl] adj händig,
duktig, skicklig

ski lift ['ski:lift] n skidlift c

skill [skil] n skicklighet c

skilled [skild] adj skicklig,
yrkesutbildad

skin [skin] n hud c, djurskinn
nt; skal nt; ~ cream
hudkräm c

skip [skip] v skutta; hoppa
över

skirt [skə:t] n kjol c

skull [skʌl] n skalle c

sky [skai] n himmel c; luft c

skyscraper ['skai,skreipə] n
skyskrapa c

slack [slæk] adj slak

slacks [slæks] pl långbyxor
pl

slam [slæm] v *slå igen

slander ['sla:ndə] n förtal nt

slang [slæŋ] n slang c

slant [sla:nt] v slutta

slanting ['sla:ntiŋ] adj
lutande, sned, sluttande

slap 350

slap [slæp] v *slå; n örfil c
slate [sleit] n skiffer nt
slave [sleiv] n slav c
sledge [sledʒ] n släde c, kälke c
sleep [sli:p] n sömn c
*sleep [sli:p] v *sova
sleeping bag ['sli:piŋbæg] n sovsäck c
sleeping car ['sli:piŋka:] n sovvagn c
sleeping pill ['sli:piŋpil] n sömntablett c
sleepless ['sli:pləs] adj sömnlös
sleepy ['sli:pi] adj sömnig
sleeve [sli:v] n ärm c; skivfodral nt
sleigh [slei] n släde c, kälke c
slender ['slendə] adj slank
slice [slais] n skiva c
slide [slaid] n glidning c; rutschbana c; diapositiv nt
*slide [slaid] v *glida
slight [slait] adj lätt; svag
slim [slim] adj slank; v magra
slip [slip] v halka, slira; n felsteg nt; underklänning c
slipper ['slipə] n toffel c
slippery ['slipəri] adj slipprig, hal
slogan ['slougən] n slogan c, partiparoll c
slope [sloup] n sluttning c; v slutta
sloping ['sloupiŋ] adj sluttande
sloppy ['slɔpi] adj oordentlig
slot [slɔt] n myntöppning c
slot machine ['slɔt,məʃi:n] n

spelautomat c
slow [slou] adj trögtänkt, långsam; ~ down fördröja, sakta ned
slum [slʌm] n fattigkvarter nt
slump [slʌmp] n prisfall nt
slush [slʌʃ] n snöslask nt
sly [slai] adj slug
smack [smæk] v *ge en örfil; n klatsch c
small [smɔ:l] adj liten
smallpox ['smɔ:lpɔks] n smittkoppor pl
smart [sma:t] adj chic; klipsk, duktig
smartphone ['sma:tfoun] n smartmobil c, smarttelefon c
smash [smæʃ] n slag nt; v krossa
smell [smel] n lukt c
*smell [smel] v lukta; lukta illa
smelly ['smeli] adj illaluktande
smile [smail] v *le; n leende nt
smith [smiθ] n smed c
smoke [smouk] v röka; n rök c; no smoking rökning förbjuden
smoker ['smoukə] n rökare c; rökkupé c
smoke-free ['smouk'fri:] adj rökfritt
smoking compartment ['smoukiŋkəm,pa:tmənt] n rökkupé c
smooth [smu:ð] adj slät, jämn; mjuk
smuggle ['smʌgəl] v

smuggla

snack [snæk] n mellanmål nt

snack bar ['snækbɑ:] n
snackbar c

snail [sneil] n snigel c

snake [sneik] n orm c

snapshot ['snæpʃɔt] n
ögonblicksbild c, kort nt

sneakers ['sni:kəz] plAm
gymnastikskor pl

sneeze [sni:z] v *nysa

sniper ['snaipə] n prickskytt
c

snooty ['snu:ti] adj mallig,
överlägsen

snore [snɔ:] v snarka

snorkel ['snɔ:kəl] n snorkel c

snout [snaut] n nos c

snow [snou] n snö c; v snöa

snowstorm ['snoustɔ:m] n
snöstorm c

snowy ['snoui] adj snöig

so [sou] conj så; adv så, till
den grad; and ~ on och så
vidare; ~ far hittills; ~ that så
att, så

soak [souk] v blöta

soap [soup] n tvål c, ~
powder tvättmedel nt

sober ['soubə] adj nykter;
sansad

so-called [,sou'kɔ:ld] adj så
kallad

soccer ['sɔkə] n fotboll c; ~
team fotbollslag nt

social ['souʃəl] adj social,
samhälls-

socialism ['souʃəlizəm] n
socialism c

socialist ['souʃəlist] adj

socialistisk; n socialist c

society [sə'saiəti] n samfund
nt; sammanslutning c,
sällskap nt; förening c

sock [sɔk] n socka c

socket ['sɔkit] n
glödlampshållare c; urtag nt

soda ['soudə] nAm läsk c

~ water sodavatten nt

sofa ['soufə] n soffa c

soft [sɔft] adj mjuk; ~ drink
alkoholfri dryck

soften ['sɔfən] v mjuka upp

software ['sɔftweə] n
programvara c

soil [sɔil] n jord c; jordmån c

soiled [sɔild] adj nedsmutsad

solar ['soulə] adj sol-
~ system n solsystem nt

sold [sould] v (p, pp sell), ~
out utsåld

soldier ['souldʒə] n soldat c

sole[1] [soul] adj ensam

sole[2] [soul] n sula c; sjötunga
c

solely ['soulli] adv
uteslutande

solemn ['sɔləm] adj högtidlig

solicitor [sə'lisitə] n advokat
c, jurist c

solid ['sɔlid] adj gedigen,
massiv; n fast kropp

soluble ['sɔljubəl] adj löslig

solution [sə'lu:ʃən] n lösning
c

solve [sɔlv] v lösa

sombre ['sɔmbə] adj dyster

some [sʌm] adj några; pron
somliga; något; ~ day någon
gång; ~ more lite mer; ~

352

time en gång, någon gång
somebody ['sʌmbədi] *pron* någon
somehow ['sʌmhau] *adv* på något sätt
someone ['sʌmwʌn] *pron* någon
something ['sʌmθiŋ] *pron* något
sometimes ['sʌmtaimz] *adv* ibland
somewhat ['sʌmwɔt] *adv* tämligen
somewhere ['sʌmweə] *adv* någonstans
son [sʌn] *n* son *c*
song [sɔŋ] *n* sång *c*
son-in-law ['sʌninlɔ:] *n* (pl sons-) svärson *c*
soon [su:n] *adv* inom kort, fort, snart; **as ~ as** så snart som
sooner ['su:nə] *adv* hellre
sore [sɔ:] *adj* öm; *n* ömt ställe; sår *nt*; **~ throat** halsont *nt*
sorrow ['sɔrou] *n* sorg *c*, bedrövelse *c*
sorry ['sɔri] *adj* ledsen; **sorry!** ursäkta!, förlåt!
sort [sɔ:t] *v* ordna, sortera; *n* sort *c*, slag *nt*; **all sorts of** all slags
soul [soul] *n* själ *c*
sound [saund] *n* ljud *nt*; *v* *låta; adj* pålitlig
soundproof ['saundpru:f] *adj* ljudisolerad
soup [su:p] *n* soppa *c*
soup plate ['su:ppleit] *n*

sopptallrik *c*
soup spoon ['su:pspu:n] *n* soppsked *c*
sour [sauə] *adj* sur
source [sɔ:s] *n* källa *c*
south [sauθ] *n* söder *c*; **South Pole** Sydpolen
South Africa [sauθ 'æfrikə] Sydafrika
southeast [,sauθ'i:st] *n* sydost *c*
southerly ['sʌðəli] *adj* sydlig
southern ['sʌðən] *adj* södra
southwest [,sauθ'west] *n* sydväst *c*
souvenir ['su:vəniə] *n* souvenir *c*; **~ shop** souvenirbutik *c*
sovereign ['sɔvrin] *n* härskare *c*
Soviet ['souviət] *adj* sovjetisk
sow [sou] v så
spa [spɑ:] *n* kurort *c*
space [speis] *n* rymd *c*; **~ shuttle** rymdraket *c*
spacious ['speiʃəs] *adj* rymlig
spade [speid] *n* spade *c*
Spain [spein] Spanien
Spaniard ['spænjəd] *n* spanjor *c*
Spanish ['spæniʃ] *adj* spansk
spanking ['spæŋkiŋ] *n* smäll *c*
spare [speə] *adj* reserv-, extra; *v* *vara utan; **~ part** reservdel *c*; **~ room** gästrum *nt*; **~ time** fritid *c*; **~ tyre** reservdäck *nt*; **~ wheel** reservhjul *nt*

spark [spɑːk] n gnista c

sparking plug ['spɑːkiŋplʌg] n tändstift nt

sparkling ['spɑːkliŋ] adj gnistrande; mousserande

sparrow ['spærou] n sparv c

*speak [spiːk] v tala

speaker phone ['spiːkə͟ˌfoun] n högtalartelefon c

spear [spiə] n spjut nt

special ['speʃəl] adj speciell, särskild; ~ delivery expressutdelning c

specialist ['speʃəlist] n specialist c

speciality [ˌspeʃiˈæləti] n specialitet c

specialize ['speʃəlaiz] v specialisera sig

specially ['speʃəli] adv i synnerhet

species ['spiːʃiːz] n (pl ~) art c

specific [spəˈsifik] adj specifik

specimen ['spesimən] n exemplar nt, specimen nt

speck [spek] n fläck c

spectacle ['spektəkəl] n skådespel nt; spectacles glasogon pl

spectator [spekˈteitə] n åskådare c

speculate ['spekjuleit] v spekulera

speech [spiːtʃ] n talförmåga c; anförande nt, tal nt; språk nt

speechless ['spiːtʃləs] adj

mållös

speed [spiːd] n hastighet c; fart c; cruising ~ marschfart c; ~ limit fartbegränsning c, hastighetsbegränsning c

*speed [spiːd] v köra (för) fort

speed dial(ing) ['spiːdˌdail(iŋ)] n snabbuppringning c

speeding ['spiːdiŋ] n fortkörning c

speedometer [spiːˈdɔmitə] n hastighetsmätare c

spell [spel] n förtrollning c

*spell [spel] v stava

spelling ['speliŋ] n stavning c

*spend [spend] v förbruka, spendera; tillbringa

sphere [sfiə] n klot nt; sfär c

spice [spais] n krydda c

spiced [spaist] adj kryddad

spicy [spaisi] adj kryddstark

spider ['spaidə] n spindel c; spider's web spindelnät nt

spill [spil] v spilla

*spin [spin] v *spinna; snurra

spinach ['spinidʒ] n spenat c

spine [spain] n ryggrad c

spire [spaiə] n spira c

spirit ['spirit] n ande c; spöke nt; spirits spritdrycker pl; sinnesstämning c, ~ stove spritkök nt

spiritual ['spiritʃuəl] adj andlig

spit [spit] n spott nt, saliv c; spett nt

*spit [spit] v spotta

spite [spait] n ondska c; in ~

of trots
spiteful ['spaitfəl] *adj*
ondskefull
splash [splæʃ] *v* stänka
splendid ['splendid] *adj*
strålande, praktfull
splendour ['splendə] *n* prakt
c
splint [splint] *n* spjäla *c*
splinter ['splintə] *n* splitter *nt*
*split [split] *v* *klyva
*spoil [spoil] *v* fördärva;
skämma bort
spoke¹ [spouk] *v* (p speak)
spoke² [spouk] *n* eker *c*
sponge [spʌndʒ] *n*
tvättsvamp *c*
spool [spu:l] *n* spole *c*
spoon [spu:n] *n* sked *c*
spoonful ['spu:nful] *n* sked *c*
sport [spɔ:t] *n* sport *c*; ~
utility vehicle SUV *c*
sports car ['spɔ:tska:] *n*
sportbil *c*
sports jacket
['spɔ:ts,dʒækit] *n*
sportjacka *c*
sportsman ['spɔ:tsmən] *n*
(pl -men) idrottsman *c*
sportswear ['spɔ:tswɛə] *n*
sportkläder *pl*
sportswoman
['spɔ:tswumən] *n* (pl
-women) idrottskvinna *c*
spot [spɔt] *n* fläck *c*; ställe *nt*,
plats *c*
spotless ['spɔtləs] *adj*
fläckfri
spotlight ['spɔtlait] *n*
strålkastare *c*

spotted ['spɔtid] *adj* fläckig
spout [spaut] *n* stråle *c*; pip *c*,
ränna *c*
spray [sprei] *n* spray *c*
sprain [sprein] *v* stuka;
stukning *c*
*spread [spred] *v* *sprida
spring [spriŋ] *n* vår *c*; fjäder
c; källa *c*
springtime ['spriŋtaim] *n* vår
c
sprouts [sprauts] *pl*
brysselkål *c*
spy [spai] *n* spion *c*
squadron ['skwɔdrən] *n*
skvadron *c*
square [skwɛə] *adj*
kvadratisk; *n* kvadrat *c*;
öppen plats, torg *nt*
squash [skwɔʃ] *n* fruktsaft *c*;
squash *c*
squeeze [skwi:z] *v* klämma
squirrel ['skwirəl] *n* ekorre *c*
squirt [skwə:t] *n* stråle *c*
stable ['steibəl] *adj* stabil; *n*
stall *nt*
stack [stæk] *n* stack *c*, stapel
c
stadium ['steidiəm] *n*
stadion *nt*
staff [stɑ:f] *n* personal *c*
stage [steidʒ] *n* scen *c*;
stadium *nt*, fas *c*; etapp *c*
stain [stein] *v* fläcka ned; *n*
fläck *c*; **stained glass** färgat
glas; ~ **remover**
fläckborttagningsmedel *nt*
stainless ['steinləs] *adj*
fläckfri; ~ **steel** rostfritt stål
staircase ['stɛəkeis] *n* trappa

c

stairs [steəz] *pl* trappa *c*

stale [steil] *adj* gammal

stall [stɔːl] *n* stånd *nt*; parkett *c*

stamp [stæmp] *n* frimärke *nt*; stämpel *c*; *v* frankera; stampa; ~ **machine** frimärksautomat *c*

stand [stænd] *n* ställ *nt*, stånd *nt*; läktare *c*

***stand** [stænd] *v* *stå

standard [ˈstændəd] *n* norm *c*; standard-; ~ **of living** levnadsstandard *c*

stanza [ˈstænzə] *n* strof *c*

staple [ˈsteipəl] *n* häftklammer *c*; stapelvara *c*

star [stɑː] *n* stjärna *c*

starboard [ˈstɑːbəd] *n* styrbord

stare [steə] *v* stirra

starling [ˈstɑːliŋ] *n* stare *c*

start [stɑːt] *v* börja; *n* början *c*

starting point [ˈstɑːtiŋpɔint] *n* utgångspunkt *c*

starve [stɑːv] *v* *svälta

state [steit] *n* stat *c*; tillstånd *nt*; *v* fastställa

the States [ðə steits] Förenta Staterna

statement [ˈsteitmənt] *n* uppgift *c*, redogörelse *c*

statesman [ˈsteitsmən] *n* (*pl* -men) statsman *c*

station [ˈsteiʃən] *n* järnvägsstation *c*; position *c*

stationary [ˈsteiʃənəri] *adj* stillastående

stationer's [ˈsteiʃənəz] *n* pappershandel *c*

stationery [ˈsteiʃənəri] *n* kontorsartiklar *pl*

statistics [stəˈtistiks] *pl* statistik *c*

statue [ˈstætʃuː] *n* staty *c*

stay [stei] *v* *förbli, stanna kvar; vistas; *uppehålla sig; *n* vistelse *c*

steadfast [ˈstedfɑːst] *adj* orubblig

steady [ˈstedi] *adj* stadig

steak [steik] *n* biff *c*

***steal** [stiːl] *v* *stjäla

steam [stiːm] *n* ånga *c*

steamer [ˈstiːmə] *n* ångare *c*

steel [stiːl] *n* stål *nt*

steep [stiːp] *adj* brant

steeple [ˈstiːpəl] *n* tornspira *c*

steer [stiə] *v* styra

steering column [ˈstiəriŋˌkɔləm] *n* rattstång *c*

steering wheel [ˈstiəriŋwiːl] *n* ratt *c*

steersman [ˈstiəzmən] *n* (*pl* -men) rorsman *c*

stem [stem] *n* stjälk *c*

stem cell [ˈstemˌsel] *n* stamcell *c*

step [step] *n* steg *nt*; *v* trampa

stepchild [ˈsteptʃaild] *n* (*pl* -children) styvbarn *nt*

stepfather [ˈstepˌfɑːðə] *n* styvfar *c*

stepmother [ˈstepˌmʌðə] *n* styvmor *c*

sterile [ˈsterail] *adj* steril

sterilize [ˈsterilaiz] *v*

...erilisera

...reo ['steriou] n stereo c

...ward ['stju:əd] n steward

stewardess ['stju:ədes] n
flygvärdinna c

stick [stik] n pinne c, käpp c

*****stick** [stik] v fästa, klistra

sticker ['stikə] n
klistermärke nt

sticky ['stiki] adj klibbig

stiff [stif] adj stel

still [stil] adv ännu; likväl; adj
stilla

stimulant ['stimjulənt] n
stimulans c; stimulantia pl

stimulate ['stimjuleit] v
stimulera

sting [stiŋ] n sting nt, stick nt

*****sting** [stiŋ] v *sticka

stingy ['stindʒi] adj småaktig

*****stink** [stiŋk] v *stinka

stipulate ['stipjuleit] v
stipulera, bestämma

stipulation [,stipju'leiʃən] n
bestämmelse c

stir [stə:] v röra sig; röra om

stitch [stitʃ] n stygn nt, håll nt

stock [stɔk] n lager nt; v
lagra; ~ **exchange** fondbörs
c; ~ **market** fondmarknad c;
stocks and shares
värdepapper pl

stocking ['stɔkiŋ] n strumpa
c

stole[1] [stoul] v (p steal)

stole[2] [stoul] n stola c

stomach ['stʌmək] n mage c

stomach ache ['stʌməkeik]
n magont nt

stone [stoun] n sten c;
ädelsten c; kärna c; sten-;
pumice ~ pimpsten c

stood [stud] v (p, pp stand)

stop [stɔp] v stoppa,
upphöra; *hålla upp med; n
hållplats c; **stop!** stopp!

stopper ['stɔpə] n propp c

storage ['stɔ:ridʒ] n lagring c

store [stɔ:] n lager nt; affär c;
v lagra

store house ['stɔ:haus] n
magasin nt

storey ['stɔ:ri] n våning c

stork [stɔ:k] n stork c

storm [stɔ:m] n storm c

stormy ['stɔ:mi] adj stormig

story ['stɔ:ri] n historia c

stout [staut] adj korpulent,
tjock; kraftig

stove [stouv] n ugn c;
köksspis c

straight [streit] adj rak;
hederlig; adv rakt; ~ **ahead**
rakt fram; ~ **away**
omedelbart, genast; ~ **on**
rakt fram

strain [strein] n ansträngning
c; påfrestning c; v
överanstränga; sila

strainer ['streinə] n durkslag
nt

strange [streindʒ] adj
främmande; besynnerlig

stranger ['streindʒə] n
främling c; okänd person

strangle ['stræŋgəl] v
*strypa

strap [stræp] n rem c

straw [strɔ:] n strå nt, halm c;

sugrör *nt*

strawberry ['strɔːbəri] *n*
jordgubbe *c*; **wild ~**
smultron *nt*

stream [striːm] *n* bäck *c*;
ström *c*; *v* strömma

street [striːt] *n* gata *c*

streetcar ['striːtkɑː] *nAm*
spårvagn *c*

strength [streŋθ] *n* kraft *c*,
styrka *c*

stress [stres] *n* stress *c*;
betoning *c*; *v* betona

stretch [stretʃ] *v* tänja; *n*
sträcka *c*

stretcher ['stretʃə] *n* bår *c*

strict [strikt] *adj* sträng;
strikt

strike [straik] *n* strejk *c*

*****strike** [straik] *v* *slå; *slå till;
strejka

striking ['straikiŋ] *adj*
slående, märkbar,
påfallande

string [striŋ] *n* snöre *nt*;
sträng *c*

strip [strip] *n* remsa *c*

stripe [straip] *n* rand *c*

striped [straipt] *adj* randig

stroke [strouk] *n* slaganfall *nt*

stroll [stroul] *v* flanera; *n*
promenad *c*

strong [strɔŋ] *adj* stark;
kraftig

stronghold ['strɔŋhould] *n*
fästning *c*

structure ['strʌktʃə] *n*
struktur *c*; byggnadsverk *nt*

struggle ['strʌgəl] *n* strid *c*,
kamp *c*; *v* *slåss, kämpa

stub [stʌb] *n* talong *c*

stubborn ['stʌbən] *adj* envis

student ['stjuːdənt] *n*
student *c*; studentska *c*;
studerande *c*

studies ['stʌdiz] *pl* studier *pl*

study ['stʌdi] *v* studera; *n*
studium *nt*; arbetsrum *nt*

stuff [stʌf] *n* material *nt*;
grejor *pl*

stuffed [stʌft] *adj* fylld

stuffing ['stʌfiŋ] *n* fyllning *c*

stuffy ['stʌfi] *adj* kvav

stumble ['stʌmbəl] *v* snubbla

stung [stʌŋ] *v* (p, pp sting)

stupid ['stjuːpid] *adj* dum

style [stail] *n* stil *c*

subject ['sʌbdʒikt] *n*
subjekt *nt*; undersåte *c*; **~ to**
utsatt för

subject² [səb'dʒekt] *v*
underkuva

submarine [ˌsʌbməriːn] *n*
u-båt *c*

submit [səb'mit] *v*
underkasta sig

subordinate [sə'bɔːdinət]
adj underordnad

subscriber [səb'skraibə] *n*
prenumerant *c*

subscription [səb'skripʃən]
n prenumeration *c*;
abonnemang *nt*; insamling *c*

subsequent ['sʌbsikwənt]
adj följande

subsidy ['sʌbsidi] *n*
understöd *nt*

substance ['sʌbstəns] *n*
substans *c*

substantial [səb'stænʃəl] *adj*

substitute   358

verklig; ansenlig
substitute ['sʌbstitjuːt] v
*ersätta; n surrogat nt;
ställföreträdare c
subtitle ['sʌb,taitəl] n
undertitel c
subtle ['sʌtəl] adj subtil
subtract [səb'trækt] v
minska, *dra ifrån
suburb ['sʌbəːb] n förstad c,
förort c
suburban [sə'bəːbən] adj
förstads-
subway ['sʌbwei] nAm
tunnelbana c
succeed [sək'siːd] v lyckas;
efterträda
success [sək'ses] n succé c
successful [sək'sesfəl] adj
framgångsrik
succumb [sə'kʌm] v duka
under
such [sʌtʃ] adj sådan,
liknande; adv så; ~ **as** sådan
som
suck [sʌk] v *suga
sudden ['sʌdən] adj plötslig
suddenly ['sʌdənli] adv
plötsligt
suede [sweid] n mockaskinn
nt
suffer ['sʌfə] v *lida; tåla
suffering ['sʌfəriŋ] n lidande
nt
suffice [sə'fais] v räcka
sufficient [sə'fiʃənt] adj
tillräcklig
suffrage ['sʌfridʒ] n rösträtt
c
sugar ['ʃugə] n socker nt

suggest [sə'dʒest] v *föreslå
suggestion [sə'dʒestʃən] n
förslag nt
suicide ['suːisaid] n
självmord nt
suicide attack
['sjuːəsaid,ə,tæk] n
självmordsattack c
suicide bomber
['sjuːəsaid,,bɔmə] n
självmordsbombare c
suit [suːt] v passa; avpassa; n
dräkt c, kostym c
suitable ['suːtəbəl] adj
passande
suitcase ['suːtkeis] n
resväska c
suite [swiːt] n svit c
sum [sʌm] n summa c
summary ['sʌməri] n
sammandrag nt, översikt c
summer ['sʌmə] n sommar c;
~ **time** sommartid c
summit ['sʌmit] n topp c
sun [sʌn] n sol c
sunbathe ['sʌnbeið] v
solbada
Sunday ['sʌndi] söndag c
sunglasses ['sʌn,glɑːsiz] pl
solglasögon pl
sunlight ['sʌnlait] n solljus nt
sunny ['sʌni] adj solig
sunrise ['sʌnraiz] n
soluppgång c
sunset ['sʌnset] n
solnedgång c
sunshade ['sʌnʃeid] n
solparasoll nt
sunshine ['sʌnʃain] n
solsken nt

suspect

sunstroke ['sʌnstrouk] n
solsting nt
suntan oil ['sʌntænɔil]
sololja c
super ['sju:pə] adj colloquial
super
superb [su'pə:b] adj
storartad, utsökt
superficial [ˌsu:pə'fiʃəl] adj
ytlig
superfluous [su'pə:fluəs]
adj överflödig
superior [su'piəriə] adj
större, bättre, överlägsen
superlative [su'pə:lətiv] adj
superlativ; n superlativ c
supermarket ['su:pəˌma:kit]
n snabbköp n
superstition [ˌsu:pə'stiʃən]
n vidskepelse c
supervise ['su:pəvaiz] v
övervaka
supervision [ˌsu:pə'viʒən] n
kontroll c, uppsikt c
supervisor ['su:pəvaizə] n
arbetsledare c,
uppsyningsman c
supper ['sʌpə] n kvällsmat c
supple ['sʌpl] adj böjlig,
mjuk, smidig
supplement ['sʌplimənt] n
tidningsbilaga c
supply [sə'plai] n leverans c;
förråd nt; utbud nt; v *förse
support [sə'pɔ:t] v *hålla
uppe, stödja, understödja; n
stöd nt; ~ hose
stödstrumpor pl
supporter [sə'pɔ:tə] n
anhängare c

suppose [sə'pouz] v
förmoda, *anta; supposing
that *anta att
suppository [sə'pɔzitəri] n
stolpiller c
suppress [sə'pres] v
undertrycka
surcharge ['sə:tʃa:dʒ] n
tillägg nt; överbelastning c
sure [ʃuə] adj säker
surely ['ʃuəli] adv säkerligen
surf (the Net) [sə:f] v surfa
(på Nätet)
surface ['sə:fis] n yta c
surfboard ['sə:fbɔ:d] n
surfingbräda c
surgeon ['sə:dʒən] n kirurg
c; veterinary ~ veterinär c
surgery ['sə:dʒəri] n kirurgi
c; läkarmottagning c
surname ['sə:neim] n
efternamn nt
surplus ['sə:pləs] n överskott
nt
surprise [sə'praiz] n
överraskning c; v överraska;
förvåna
surrender [sə'rendə] v *ge
sig; n kapitulation c
surround [sə'raund] v
omringa, *omge
surrounding [sə'raundiŋ]
adj kringliggande
surroundings [sə'raundiŋz]
pl omgivningar
survey ['sə:vei] n översikt c
survival [sə'vaivəl] n
överlevnad c
survive [sə'vaiv] v överleva
suspect[1] [sə'spekt] v

misstänka; *anta

suspect² [ˈsʌspekt] *n*
misstänkt *c*

suspend [səˈspend] *v*
suspendera

suspenders [səˈspendəz]
plAm hängslen *pl*; ~ **bridge**
hängbro *c*

suspension [səˈspenʃən] *n*
upphängningsanordning *nt*,
fjädring *c*

suspicion [səˈspiʃən] *n*
misstanke *c*;
misstänksamhet *c*, misstro *c*

suspicious [səˈspiʃəs] *adj*
misstänkt; misstrogen,
misstänksam

sustain [səˈstein] *v* *utstå

SUV [ˈesyuːˈviː] *n* SUV *c*

Swahili [swəˈhiːli] *n* swahili

swallow [ˈswɔlou] *v* sluka,
*svälja; *n* svala *c*

swam [swæm] *v* (p swim)

swamp [swɔmp] *n* träsk *nt*

swan [swɔn] *n* svan *c*

swap [swɔp] *v* byta

*****swear** [sweə] *v* *svära

sweat [swet] *n* svett *c*; *v*
svettas

sweater [ˈswetə] *n* tröja *c*

Swede [swiːd] *n* svensk *c*

Sweden [ˈswiːdən] Sverige

Swedish [ˈswiːdiʃ] *adj*
svensk

*****sweep** [swiːp] *v* sopa

sweet [swiːt] *adj* söt; snäll; *n*
karamell *c*; dessert *c*;
sweets sötsaker *pl*

sweeten [ˈswiːtən] *v* söta

sweetheart [ˈswiːthɑːt] *n*

älskling *c*, raring *c*

sweetshop [ˈswiːtʃɔp] *n*
gottaffär *c*

swell [swel] *adj* tjusig

*****swell** [swel] *v* svälla; svullna;
öka

swelling [ˈsweliŋ] *n* svullnad
c

swift [swift] *adj* rask

*****swim** [swim] *v* simma

swimmer [ˈswimə] *n*
simmare *c*

swimming [ˈswimiŋ] *n*
simning *c*; ~ **pool**
simbassäng *c*

swimmingtrunks
[ˈswimiŋtraŋks] *pl*
badbyxor *pl*

swimsuit [ˈswimsuːt]*n*,
swimming suit *nAm*
baddräkt *c*

swindle [ˈswindəl] *v* svindla;
n svindel *c*

swindler [ˈswindlə] *n*
svindlare *c*

swing [swiŋ] *n* gunga *c*

*****swing** [swiŋ] *v* svänga;
gunga

Swiss [swis] *adj* schweizisk;
n schweizare *c*

switch [switʃ] *n* växel *c*;
strömbrytare *c*, spö *nt*; *v*
växla; ~ **off** koppla av,
stänga av; ~ **on** koppla på

switchboard [ˈswitʃbɔːd] *n*
kopplingsbord *nt*

Switzerland [ˈswitsələnd]
Schweiz

sword [sɔːd] *n* svärd *nt*

swum [swʌm] *v* (pp swim)

tangible

syllable ['siləbəl] n stavelse c
symbol ['simbəl] n symbol c
sympathetic [,simpə'θetik]
  adj deltagande
sympathy ['simpəθi] n
  sympati c; medkänsla c
symphony ['simfəni] n
  symfoni c
symptom ['simtəm] n
  symptom nt
synagogue ['sinəgɔg] n
  synagoga c
synonym ['sinənim] n
  synonym c

synthetic [sin'θetik] adj
  syntetisk
Syria ['siriə] Syrien
Syrian ['siriən] adj syrisk; n
  syrier c
syringe [si'rindʒ] n
  injektionsspruta c
syrup ['sirəp] n sockerlag c,
  saft c
system ['sistəm] n system nt;
  decimal ~ decimalsystem nt
systematic [,sistə'mætik]
  adj systematisk

T

table ['teibəl] n bord nt;
  tabell c; ~ of contents
  innehållsförteckning c; ~
  tennis bordtennis c
tablecloth ['teiblklɔθ] n
  bordduk c
tablespoon ['teibəlspu:n] n
  matsked c
tablet ['tæblit] n tablett c;
  pekdator c; surfplatta c
taboo [tə'bu:] n tabu nt
tactics ['tæktiks] pl taktik c
tag [tæg] n prislapp c,
  adresslapp c
tall [teil] n svans c
taillight ['teillait] n baklykta
  c
tailor ['teilə] n skräddare c
tailor-made ['teiləmeid] adj
  skräddarsydd
*take [teik] v *ta; *gripa;
  *begripa, *förstå, fatta; ~

away *ta bort; ~ off *ta av;
  *ge sig iväg; ~ out *ta ut; ~
  over *överta; ~ place äga
  rum; ~ up *uppta
take-off ['teikɔf] n start c
tale [teil] n berättelse c, saga c
talent ['tælənt] n talang c
  begåvning c
talented ['tæləntid] adj
  begåvad
talk [tɔ:k] v tala, prata; n
  samtal nt
talkative ['tɔ:kətiv] adj
  pratsam
tall [tɔ:l] adj hög; lång
tame [teim] adj tam; v tämja
tampon ['tæmpən] n
  tampong c
tangerine [,tændʒə'ri:n] n
  mandarin c
tangible ['tændʒibəl] adj
  gripbar

tank

tank [tæŋk] n tank c

tanker ['tæŋkə] n tankfartyg nt

tanned [tænd] adj solbränd

tap [tæp] n kran c; slag nt; v knacka

tape [teip] n ljudband nt; snöre nt; **adhesive ~** klisterremsa c, tejp c

tape measure ['teip,meʒə] n måttband nt

tap water ['tæpwɔ:tə] n kranvatten nt

tar [ta:] n tjära c

target ['ta:git] n måltavla c

tariff ['tærif] n tariff c

task [tɑ:sk] n uppgift c

taste [teist] n smak c; v smaka

tasteless ['teistləs] adj smaklös

tasty ['teisti] adj välsmakande

taught [tɔ:t] v (p, pp teach)

tavern ['tævən] n taverna c

tax [tæks] n skatt c; v beskatta

taxation [tæk'seiʃən] n beskattning c

tax-free ['tæksfri:] adj skattefri

taxi ['tæksi] n taxi c; ~ rank taxistation c; ~ stand Am taxistation c

taxi driver ['tæksi,draivə] n taxichaufför c

taximeter ['tæksi,mi:tə] n taxameter c

tea [ti:] n te nt; eftermiddagste nt

*teach [ti:tʃ] v undervisa, lära

teacher ['ti:tʃə] n lärare c; lärarinna c

teachings ['ti:tʃiŋz] pl lära c

tea cloth ['ti:klɔθ] n kökshandduk c

teacup ['ti:kʌp] n tekopp c

team [ti:m] n lag nt

teapot ['ti:pɔt] n tekanna c

*tear [tɛə] v *riva

tear¹ [tiə] n tår c

tear² [tɛə] n reva c

tease [ti:z] v reta

tea set ['ti:set] n teservis c

tea-shop ['ti:ʃɔp] n tesalong c

teaspoon ['ti:spu:n] n tesked c

teaspoonful ['ti:spu:n,ful] n tesked c

technical ['teknikəl] adj teknisk

technical support ['teknikəl,sə'pɔ:t] n teknisk support c

technician [tek'niʃən] n tekniker c

technique [tek'ni:k] n teknik c

technological [,teknə'lɔdʒikəl] adj teknologisk

technology [tek'nɔlədʒi] n teknologi c

teenager ['ti:,neidʒə] n tonåring c

telecommunications [,telikəmju:ni'keiʃənz] n telekommunikation c

telegram ['teligræm] n
telegram nt

telegraph ['teligra:f] v
telegrafera

telepathy [ti'lepəθi] n
telepati c

telephone ['telifoun] n
telefon c; ~ book Am
telefonkatalog c; ~ booth
telefonhytt c; ~ call
telefonsamtal nt; ~
directory telefonkatalog c;
~ operator telefonist c

television ['telivi3ən] n
television c; cable ~ kabel-
-TV c; satellite ~ satellit-TV
c; ~ set televisionsapparat c

telex ['teleks] n telex nt

*tell [tel] v tala om; berätta,
*säga

telly ['teli] n colloquial TV c

temper ['tempə] n humör nt

temperature ['temprətʃə] n
temperatur c

tempest ['tempist] n oväder
nt

temple ['tempəl] n tempel nt,
tinning c

temporary ['tempərəri] adj
tillfällig, provisorisk

tempt [tempt] v fresta

temptation [temp'teiʃən] n
frestelse c

ten [ten] num tio

tenant ['tenənt] n hyresgäst c

tend [tend] v tendera; vårda;
~ to tendera åt

tendency ['tendənsi] n
benägenhet c, tendens c

tender ['tendə] adj öm; mör

tendon ['tendən] n sena c

tennis ['tenis] n tennis c; ~
shoes tennisskor c

tennis court ['tenisko:t] n
tennisplan c, tennisbana c

tense [tens] adj spänd

tension ['tenʃən] n spänning
c

tent [tent] n tält nt

tenth [tenθ] num tionde

tepid ['tepid] adj ljum

term [tə:m] n term c; period
c, termin c; villkor nt

terminal ['tə:minəl] n
ändstation c

terrace ['terəs] n terrass c

terrain [te'rein] n terräng c

terrible ['teribəl] adj
förskräcklig, hemsk,
förfärlig

terrific [tə'rifik] adj
storartad

terrify ['terifai] v förskräcka,
terrifying skrämmande

territory ['teritəri] n område
nt, territorium nt

terror ['terə] n skräck c

terrorism ['terərizəm] n
terrorism c, terror c

terrorist ['terərist] n terrorist
c

test [test] n prov nt, prövning
c; v pröva, testa

testify ['testifai] v vittna

text [tekst] n text c

textbook ['teksbuk] n
lärobok c

texture ['tekstʃə] n struktur c

Thai [tai] adj thailändsk; n
thailändare c

Thailand ['tailænd] Thailand

than [ðæn] *conj* än

thank [θæŋk] *v* tacka; ~ **you** tack *nt*

thankful ['θæŋkfəl] *adj* tacksam

that [ðæt] *adj* den, den där; *pron* den där; som; *conj* att

thaw [θɔ:] *v* smälta, töa; *n* töväder *nt*

the [ðə,ði] *art* -en *suf;* **the ... the ...** ju ... desto

theatre ['θiətə] *n* teater *c*

theft [θeft] *n* stöld *c*

their [ðeə] *adj* deras

them [ðem] *pron* dem

theme [θi:m] *n* tema *nt*, ämne *nt*

themselves [ðəm'selvz] *pron* sig; själva

then [ðen] *adv* då; sedan, därefter

theology [θi'ɔlədʒi] *n* teologi *c*

theoretical [θiə'retikəl] *adj* teoretisk

theory ['θiəri] *n* teori *c*

therapy ['θerəpi] *n* terapi *c*

there [ðeə] *adv* där; dit

therefore ['ðeəfɔ:] *conj* därför

thermometer [θə'mɔmitə] *n* termometer *c*

thermostat ['θə:məstæt] *n* termostat *c*

these [ði:z] *adj* de här

thesis ['θi:sis] *n* (pl theses) tes *c*

they [ðei] *pron* de

thick [θik] *adj* tät; tjock

thicken ['θikən] *v* tjockna, *göra tjock

thickness ['θiknəs] *n* tjocklek *c*

thief [θi:f] *n* (pl thieves) tjuv *c*

thigh [θai] *n* lår *nt*

thimble ['θimbəl] *n* fingerborg *c*

thin [θin] *adj* tunn; mager

thing [θiŋ] *n* sak *c*

*think [θiŋk] *v* tycka; tänka; ~ **of** tänka på; ~ **over** fundera på

thinker ['θiŋkə] *n* tänkare *c*

third [θə:d] *num* tredje

thirst [θə:st] *n* törst *c*

thirsty ['θə:sti] *adj* törstig

thirteen [,θə:'ti:n] *num* tretton

thirteenth [,θə:'ti:nθ] *num* trettonde

thirty ['θə:ti] *num* trettio

this [ðis] *adj* den här; *pron* denna

thistle ['θisəl] *n* tistel *c*

thorn [θɔ:n] *n* tagg *c*

thorough ['θʌrə] *adj* grundlig, ordentlig

thoroughfare ['θʌrəfeə] *n* huvudväg *c*, huvudgata *c*

those [ðouz] *pron* de, de där, dessa

though [ðou] *conj* även om, fastän, ehuru; *adv* emellertid

thought¹ [θɔ:t] *v* (p, pp think)

thought² [θɔ:t] *n* tanke *c*

thoughtful ['θɔ:tfəl] *adj* tankfull; omtänksam

thousand ['θauzənd] *num* tusen

thread [θred] *n* tråd *c*; *v* trä upp

threadbare ['θredbeə] *adj* trådsliten

threat [θret] *n* hot *nt*

threaten ['θretən] *v* hota

three [θri:] *num* tre

three-quarter [,θri:'kwɔ:tə] *adj* trefjärdedels-

threshold ['θreʃould] *n* tröskel *c*

threw [θru:] *v* (p throw)

thrifty ['θrifti] *adj* ekonomisk

throat [θrout] *n* strupe *c*; hals *c*

throne [θroun] *n* tron *c*

through [θru:] *prep* genom

throughout [θru:'aut] *adv* överallt

throw [θrou] *n* re

*throw [θrou] *v* slänga, kasta

thrush [θrʌʃ] *n* trast *c*

thumb [θʌm] *n* tumme *c*

thumbtack ['θʌmtæk] *nAm* häftstift *nt*

thump [θʌmp] *v* dunka

thunder ['θʌndə] *n* åska *c*; *v* åska

thunderstorm ['θʌndəstɔ:m] *n* åskväder *nt*

thundery ['θʌndəri] *adj* åsk-

Thursday ['θə:zdi] *n* torsdag *c*

thus [ðʌs] *adv* således

thyme [taim] *n* timjan *c*

tick [tik] *n* bock *c*; ~ off pricka av

ticket ['tikit] *n* biljett *c*; böter

pl; ~ **collector** konduktör *c*; ~ **machine** biljettautomat *c*

tickle ['tikəl] *v* kittla

tide [taid] *n* tidvatten *nt*; high ~ högvatten *c*; low ~ lågvatten *nt*

tidy ['taidi] *adj* städad; ~ up städa

tie [tai] *v* *binda, *knyta; *n* slips *c*

tiger ['taigə] *n* tiger *c*

tight [tait] *adj* stram; trång; *adv* fast

tighten ['taitən] *v* *dra åt, *dra åt; åtstrama

tights [taits] *n* strumpbyxor *pl*

tile [tail] *n* kakel *nt*; tegelpanna *c*

till [til] *prep* tills, till, *conj* dess att, ända till

timber ['timbə] *n* timmer *nt*

time [taim] *n* tid *c*; gång *c*; all the ~ hela tiden; in ~ i tid; ~ of arrival ankomsttid *c*; ~ of departure avgångstid *c*

time-saving ['taim,seivin] *adj* tidsbesparande

timetable ['taim,teibəl] *n* tidtabell *c*

timid ['timid] *adj* blyg

timidity [ti'midəti] *n* blyghet *c*

tin [tin] *n* tenn *nt*; konservburk *c*, burk *c*; tinned food konserver *pl*

tinfoil ['tinfɔil] *n* folie *c*

tin opener ['ti,noupənə] *n* konservöppnare *n*

tiny ['taini] *adj* pytteliten

tip [tip] *n* spets *c*; dricks *c*

tire¹ [taiə] *n* däck *nt*

tire² [taiə] *v* trötta

tired [taiəd] *adj* trött

tiring ['taiəriŋ] *adj* tröttsam

tissue ['tiʃuː] *n* vävnad *c*;
ansiktsservett *c*,
pappersnäsduk *c*

title ['taitəl] *n* titel *c*

to [tuː] *prep* till, i; åt; för att

toad [toud] *n* padda *c*

toadstool ['toudstuːl] *n*
svamp *c*

toast [toust] *n* rostat bröd;
skål *c*

tobacco [tə'bækou] *n* (pl ~s)
tobak *c*; ~ **pouch**
tobakspung *c*

tobacconist [tə'bækənist] *n*
tobakshandlare *c*;
tobacconist's tobaksaffär *c*

today [tə'dei] *adv* idag

toddler ['tɔdlə] *n* litet barn

toe [tou] *n* tå *c*

toffee ['tɔfi] *n* kola *c*

together [tə'geðə] *adv*
tillsammans

toilet ['tɔilət] *n* toalett *c*; ~
case necessär *c*

toilet paper ['tɔilət,peipə] *n*
toalettpapper *c*

toiletry ['tɔilətri] *n*
toalettartiklar *pl*

token ['toukən] *n* tecken *nt*;
bevis *nt*; pollett *c*

told [tould] *v* (p, pp tell)

tolerable ['tɔlərəbəl] *adj*
uthärdlig

toll [toul] *n* vägavgift *c*

tomato [tə'mɑːtou] *n* (pl ~es)
tomat *c*

tomb [tuːm] *n* grav *c*

tombstone ['tuːmstoun] *n*
gravsten *c*

tomorrow [tə'mɔrou] *adv* i
morgon

ton [tʌn] *n* ton *nt*

tone [toun] *n* ton *c*; klang *c*

tongs [tɔnz] *pl* tång *c*

tongue [tʌŋ] *n* tunga *c*

tonic ['tɔnik] *n* stärkande
medel

tonight [tə'nait] *adv* i natt, i
kväll

tonsilitis [,tɔnsə'laitis] *n*
halsfluss *c*

tonsils ['tɔnsəlz] *pl*
halsmandlar *pl*

too [tuː] *adv* alltför; också

took [tuk] *v* (p take)

tool [tuːl] *n* redskap *nt*,
verktyg *nt*; ~ **kit** vertygssats *c*

toot [tuːt] *vAm* tuta

tooth [tuːθ] *n* (pl teeth) tand *c*

toothache ['tuːθeik] *n*
tandvärk *c*

toothbrush ['tuːθbrʌʃ] *n*
tandborste *c*

toothpaste ['tuːθpeist] *n*
tandkräm *c*

toothpick ['tuːθpik] *n*
tandpetare *c*

toothpowder ['tuːθ,paudə] *n*
tandpulver *nt*

top [tɔp] *n* topp *c*; översida *c*;
lock *nt*; övre; **on ~ of**
ovanpå; ~ **side** översida *c*

topic ['tɔpik] *n* samtalsämne
nt

train

topical ['tɔpikəl] adj aktuell

torch [tɔ:tʃ] n fackla c; ficklampa c

torment¹ [tɔ:'ment] v plåga

torment² [tɔ:'ment] n pina c

torture ['tɔ:tʃə] n tortyr c; v tortera

toss [tɔs] v kasta

tot [tɔt] n litet barn

total ['toutəl] adj total, fullständig; n summa c

totalitarian [,toutæli'tɛəriən] adj totalitär

touch [tʌtʃ] v vidröra, röra; beröra; n beröring c; känsel c

touching ['tʌtʃiŋ] adj rörande

tough [tʌf] adj seg

tour [tuə] n rundresa c

tourism ['tuərizəm] n turism c

tourist ['tuərist] n turist c; ~ class turistklass c; ~ office turistbyrå c

tournament ['tuənəmənt] n turnering c

tow [tou] v *ta på släp, bogsera

towards [tə'wɔ:dz] prep mot; gentemot; åt

towel [tauəl] n handduk c

towelling ['tauəliŋ] n handdukstyg nt

tower [tauə] n torn nt

town [taun] n stad c; ~ centre stadscentrum nt; ~ hall stadshus nt

townspeople ['taunz,pi:pəl] pl stadsbor pl

toxic ['tɔksik] adj giftig

toy [tɔi] n leksak c

toyshop ['tɔiʃɔp] n leksaksaffär c

trace [treis] n spår nt; v spåra

track [træk] n järnvägsspår nt; bana c

tractor ['træktə] n traktor c

trade [treid] n handel c; yrke nt; v *driva handel

trade union [,treid'ju:njən] n fackförening c

trademark ['treidma:k] n varumärke nt

trader ['treidə] n affärsman c

tradesman ['treidzmən] n (pl -men) handelsman c

tradeswoman ['treidzwumən] n handelsidkare (kvinnlig) c

tradition [trə'diʃən] n tradition c

traditional [trə'diʃənəl] adj traditionell

traffic ['træfik] n trafik c; ~ jam trafikstockning c; ~ light trafikljus nt

trafficator ['træfikeitə] n körriktningsvisare c

tragedy ['trædʒədi] n tragedi c

tragic ['trædʒik] adj tragisk

trail [treil] n spår nt, stig c

trailer ['treilə] n släpvagn c; nAm husvagn c

train [trein] n tåg nt, v träna, dressera; stopping ~ persontåg nt; through ~ snälltåg nt; ~ ferry tågfärja c

trainee [trei'ni:] *n* praktikant
c

trainer ['treinə] *n* tränare *c*

training ['treiniŋ] *n* träning *c*

trait [treit] *n* drag *nt*

traitor ['treitə] *n* förrädare *c*

tram [træm] *n* spårvagn *c*

tramp [træmp] *n* luffare *c*; *v*
vandra

tranquil ['træŋkwil] *adj* lugn

tranquillizer ['træŋkwilaizə]
n lugnande medel

transaction [træn'zækʃən] *n*
transaktion *c*

transatlantic
[,trænzət'læntik] *adj*
transatlantisk

transfer [træns'fə:] *v*
överföra

transform [træns'fɔ:m] *v*
förvandla, omvandla

transformer [træns'fɔ:mə] *n*
transformator *c*

transition [træn'siʃən] *n*
övergång *c*

translate [træns'leit] *v*
*översätta

translation [træns'leiʃən] *n*
översättning *c*

translator [træns'leitə] *n*
översättare *c*

transmission [trænz'miʃən]
n sändning *c*

transmit [trænz'mit] *v*
sända

transmitter [trænz'mitə] *n*
sändare *c*

transparent [træn'spɛərənt]
adj genomskinlig

transport[1] ['trænspɔ:t] *n*

transport *c*

transport[2] [træn'spɔ:t] *v*
transportera

transportation
[,trænspɔ:'teiʃən] *n*
transport *c*

trap [træp] *n* fälla *c*

trash [træʃ] *n* smörja *c*; ~ **can**
Am soptunna *c*

travel ['trævəl] *v* resa; ~
agency resebyrå *c*; ~
insurance reseförsäkring *c*;
travelling expenses
resekostnader *pl*

traveller ['trævələ] *n* resenär
c; **traveller's cheque**
resecheck *c*

tray [trei] *n* bricka *c*

treason ['tri:zən] *n* förräderi
nt

treasure ['treʒə] *n* skatt *c*

treasurer ['treʒərə] *n*
skattmästare *c*

treasury ['treʒəri] *n*
föreningskassa *c*,
skattkammare *c*

treat [tri:t] *v* behandla

treatment ['tri:tmənt] *n*
behandling *c*

treaty ['tri:ti] *n* traktat *c*

tree [tri:] *n* träd *nt*

tremble ['trembəl] *v* skälva,
darra

tremendous [tri'mendəs] *adj*
oerhörd

trendy ['trendi] *adj colloquial*
trendig

trespass ['trespəs] *v*
inkräkta

trespasser ['trespəsə] *n*

inkräktare c

trial [traiəl] n rättegång c;
prov nt

triangle ['traiæŋgəl] n
triangel c

triangular [trai'æŋgjulə] adj
trekantig

tribe [traib] n stam c

tributary ['tribjutəri] n biflod
c

tribute ['tribju:t] n hyllning c

trick [trik] n spratt nt;
konststycke nt, trick nt

trigger ['trigə] n avtryckare
c

trim [trim] v trimma

trip [trip] n tripp c, resa c,
utflykt c

triumph ['traiəmf] n triumf c;
v triumfera

triumphant [trai'ʌmfənt] adj
segerrik

troops [tru:ps] pl trupper pl

tropical ['trɔpikəl] adj
tropisk

tropics ['trɔpiks] pl
tropikerna pl

trouble ['trʌbəl] n möda c,
besvär nt, bekymmer nt; v
besvära

troublesome ['trʌbəlsəm]
adj besvärlig

trousers ['trauzəz] pl
långbyxor pl

trout [traut] n (pl ~) forell c

truck [trʌk] nAm lastbil c

true [tru:] adj sann; äkta,
verklig; trofast, trogen

trumpet ['trʌmpit] n trumpet
c

trunk [trʌŋk] n koffert c; stam
c; nAm bagageutrymme nt;
trunks gymnastikbyxor pl

long-distance call
['trʌŋkɔ:l] n rikssamtal nt

trust [trʌst] v lita på; n
förtroende nt

trustworthy ['trʌst,wə:ði]
adj pålitlig

truth [tru:θ] n sanning c

truthful ['tru:θfəl] adj
sannfärdig

try [trai] v försöka, bemöda
sig; n försök nt; ~ **on** prova

tube [tju:b] n rör nt; tub c

tuberculosis
[tju:,bə:kju'lousis] n
tuberkulos c

Tuesday ['tju:zdi] tisdag c

tug [tʌg] v bogsera; n
bogserbåt c; ryck nt

tuition [tju:'iʃən] n
undervisning c

tulip ['tju:lip] n tulpan c

tumour ['tju:mə] n tumör c

tuna ['tju:nə] n (pl ~, ~s)
tonfisk c

tune [tju:n] n melodi c, visa c;
~ **in** ställa in

tuneful ['tju:nfəl] adj
melodisk

tunic ['tju:nik] n tunika c

Tunisia [tju:'niziə] Tunisien

Tunisian [tju:'niziən] adj
tunisisk; n tunisier c

tunnel ['tʌnəl] n tunnel c

turbine ['tə:bain] n turbin c

turbojet [,tə:bou'dʒet] n
turbojet c

Turkey ['tə:ki] Turkiet

turkey ['tə:ki] n kalkon c

Turkish ['tə:kiʃ] adj turkisk; ~
bath turkiskt bad

turn [tə:n] v vända, svänga,
*vrida om; n varv nt,
vändning c; tur c; ~ **back**
vända tillbaka; ~ **down**
förkasta; ~ **into** förvandlas
till; ~ **off** stänga av; ~ **on**
*sätta på, tända, skruva på;
~ **over** vända upp och ner; ~
round vända på; vända sig
om

turning ['tə:niŋ] n kurva c

turning point ['tə:niŋpoint] n
vändpunkt c

turnover ['tə:,nouvə] n
omsättning c; ~ **tax**
omsättningsskatt c

turnpike ['tə:npaik] nAm
motorväg c

turpentine ['tə:pəntain] n
terpentin nt

turtle ['tə:təl] n sköldpadda c

tutor ['tju:tə] n informator c;
förmyndare c

tuxedo [tʌk'si:dou] nAm (pl
~s, ~es) smoking c

TV [,ti:'vi:] n colloquial TV c;
on ~ på TV

tweed [twi:d] n tweed c

tweezers ['twi:zəz] pl pincett

c

twelfth [twelfθ] num tolfte

twelve [twelv] num tolv

twentieth ['twentiəθ] num
tjugonde

twenty ['twenti] num tjugo

twice [twais] adv två gånger

twig [twig] n kvist c

twilight ['twailait] n
skymning c

twine [twain] n snodd c

twins [twinz] pl tvillingar
pl; **twin beds**
dubbelsängar pl

twist [twist] v *vrida;
vridning c

two [tu:] num två

two-piece [,tu:'pi:s] adj
tvådelad

type [taip] v *skriva maskin;
n typ c

typewriter ['taipraitə] n
skrivmaskin c

typhoid ['taifoid] n tyfus c

typical ['tipikəl] adj
karakteristisk, typisk

typist ['taipist] n
maskinskriverska c

tyrant ['taiərənt] n tyrann c

tyre [taiə] n däck nt; ~
pressure slangtryck nt

U

ugly ['ʌgli] adj ful

ulcer ['ʌlsə] n sår nt

ultimate ['ʌltimət] adj sista

ultraviolet [,ʌltrə'vaiələt] adj

ultraviolett

umbrella [ʌm'brelə] n
paraply nt

umpire ['ʌmpaiə] n domare c

unable [ʌ'neibəl] *adj*
oförmögen

unacceptable
[,ʌnək'septəbəl] *adj*
oantagbar

unaccountable
[,ʌnə'kauntəbəl] *adj*
oförklarlig

unaccustomed
[,ʌnə'kʌstəmd] *adj* ovan

unanimous [ju:'næniməs]
adj enstämmig

unanswered [,ʌ'nɑ:nsəd] *adj*
obesvarad

unauthorized [,ʌ'nɔ:θəraizd]
adj oberättigad

unavoidable [,ʌnə'vɔidəbəl]
adj oundviklig

unaware [,ʌnə'weə] *adj*
omedveten

unbearable [ʌn'beərəbəl] *adi*
outhärdlig

unbreakable [ʌn'breikəbəl]
adj okrossbar

unbroken [,ʌn'broukən] *adj*
intakt

unbutton [ʌn'bʌtən] *v*
knäppa upp

uncertain [ʌn'sɔːtən] *adj*
oviss, osäker

uncle ['ʌŋkəl] *n* farbror *c*,
morbror *c*

unclean [ʌn'kli:n] *adj* oren

uncomfortable
[ʌn'kʌmfətəbəl] *adj*
obekväm

uncommon [ʌn'kəmən] *adj*
sällsynt, ovanlig

unconditional
[,ʌnkən'diʃənəl] *adj*
ovillkorlig

unconscious [ʌn'kənʃəs]
adj medvetslös

uncork [,ʌn'kɔ:k] *v* korka
upp

uncover [ʌn'kʌvə] *v* avtäcka

uncultivated
[,ʌn'kʌltiveitid] *adj*
ouppodlad, okultiverad

under ['ʌndə] *prep* under,
nedanför

undercurrent ['ʌndə,kʌrənt]
n underström *c*

underestimate
[,ʌndə'restimeit] *v*
underskatta

underground ['ʌndəgraund]
adj underjordisk; *n*
tunnelbana *c*

underline [,ʌndə'lain] *v*
*stryka under

underneath [,ʌndə'ni:θ] *adv*
under

underpants ['ʌndəpænts]
plAm kalsonger *pl*

undershirt ['ʌndəʃɔ:t] *n*
undertröja *c*

***understand** [,ʌndə'stænd] *v*
*förstå

understanding
[,ʌndə'stændiŋ] *n* förståelse
c

understatement
[,ʌndə'steitmənt] *n*
underdrift *c*

***undertake** [,ʌndə'teik] *v*
*företa

undertaking [,ʌndə'teikiŋ] *n*
företag *nt*

underwater ['ʌndə,wɔ:tə]

adj undervattens-
underwear [ˈʌndəweə] *n*
underkläder *pl*
undesirable
[ˌʌndiˈzaiərəbəl] *adj*
ovälkommen; ej önskvärd
***undo** [ˌʌnˈduː] *v* lösa upp
undoubtedly [ʌnˈdautidli]
adv otvivelaktigt
undress [ˌʌnˈdres] *v* klä av
sig
unearned [ˌʌˈnəːnd] *adj*
oförtjänt
uneasy [ʌˈniːzi] *adj* olustig
uneducated [ˌʌˈnedjukeitid]
adj obildad
unemployed [ˌʌnimˈplɔid]
adj arbetslös
unemployment
[ˌʌnimˈplɔimənt] *n*
arbetslöshet *c*
unequal [ˌʌˈniːkwəl] *adj*
olika
uneven [ˌʌˈniːvən] *adj* ojämn
unexpected [ˌʌnikˈspektid]
adj oanad, oväntad
unfair [ˌʌnˈfeə] *adj* ojust,
orättvis
unfaithful [ʌnˈfeiθfəl] *adj*
otrogen
unfamiliar [ˌʌnfəˈmiljə] *adj*
obekant
unfasten [ˌʌnˈfɑːsən] *v* lossa
unfavourable
[ˌʌnˈfeivərəbəl] *adj*
ogynnsam
unfit [ˌʌnˈfit] *adj* olämplig
unfold [ʌnˈfould] *v* veckla ut
unfortunate [ʌnˈfɔːtʃənət]
adj olycklig

unfortunately
[ʌnˈfɔːtʃənətli] *adv* tyvärr,
dessvärre
unfriendly [ˌʌnˈfrendli] *adj*
ovänlig
ungrateful [ʌnˈgreitfəl] *adj*
otacksam
unhappy [ʌnˈhæpi] *adj*
olycklig
unhealthy [ʌnˈhelθi] *adj*
ohälsosam
unhurt [ˌʌnˈhəːt] *adj* oskadad
uniform [ˈjuːnifɔːm] *n*
uniform *c*; *adj* likformig,
konstant
unimportant [ˌʌnimˈpɔːtənt]
adj oviktig
uninhabitable
[ˌʌninˈhæbitəbəl] *adj*
obeboelig
uninhabited [ˌʌninˈhæbitid]
adj obebodd
unintentional
[ˌʌninˈtenʃənəl] *adj*
oavsiktlig
union [ˈjuːnjən] *n*
fackförening *c*; förening *c*;
union *c*
unique [juːˈniːk] *adj* unik
unit [ˈjuːnit] *n* enhet *c*
unite [juːˈnait] *v* förena
united [juˈnaitid] *adj*
förenad
United States [juːˈnaitid
steits] Förenta Staterna
unity [ˈjuːnəti] *n* enhet *c*
universal [ˌjuːniˈvəːsəl] *adj*
universell, allmän
universe [ˈjuːnivəːs] *n*
universum *nt*

university [ˌjuːniˈvəːsəti] *n*
universitet *nt*

unjust [ˌʌnˈdʒʌst] *adj*
orättvis

unkind [ʌnˈkaind] *adj* ovänlig

unknown [ˌʌnˈnoun] *adj*
okänd

unlawful [ˌʌnˈlɔːfəl] *adj*
olaglig

unlearn [ˌʌnˈləːn] *v* lära sig av
med

unless [ənˈles] *conj* såvida
inte

unlike [ˌʌnˈlaik] *adj* olik

unlikely [ʌnˈlaikli] *adj*
osannolik

unlimited [ʌnˈlimitid] *adj*
obegränsad

unload [ˌʌnˈloud] *v* lasta av

unlock [ʌnˈlɔk] *v* låsa upp

unlucky [ʌnˈlʌki] *adj* otursam,
olycklig

unnecessary [ʌnˈnesəsəri]
adj onödig

unoccupied [ʌˈnɔkjupaid]
adj ledig

unofficial [ˌʌnəˈfiʃəl] *adj*
inofficiell

unpack [ˌʌnˈpæk] *v* packa
upp

unpleasant [ʌnˈplezənt] *adj*
otrevlig, obehaglig
oangenäm

unpopular [ˌʌnˈpɔpjulə] *adj*
illa omtyckt, impopulär

unprotected [ˌʌnprəˈtektid]
adj oskyddad

unqualified [ˌʌnˈkwɔlifaid]
adj okvalificerad

unreal [ˌʌnˈriəl] *adj* overklig

unreasonable
[ʌnˈriːzənəbəl] *adj* orimlig,
oresonlig

unreliable [ˌʌnriˈlaiəbəl] *adj*
opålitlig

unrest [ˌʌnˈrest] *n* oro *c*;
rastlöshet *c*

unsafe [ˌʌnˈseif] *adj* riskabel

unsatisfactory
[ˌʌnsætisˈfæktəri] *adj*
otillfredsställande

unscrew [ˌʌnˈskruː] *v* skruva
av

unselfish [ˌʌnˈselfiʃ] *adj*
osjälvisk

unsound [ˌʌnˈsaund] *adj*
osund

unstable [ˌʌnˈsteibəl] *adj*
instabil

unsteady [ˌʌnˈstedi] *adj*
ostadig, vacklande; vildrådig

unsuccessful
[ˌʌnsəkˈsesfəl] *adj*
misslyckad

unsuitable [ˌʌnˈsuːtəbəl] *adj*
opassande

unsurpassed [ˌʌnsəˈpɑːst]
adj oöverträffad

untidy [ʌnˈtaidi] *adj*
oordentlig

untie [ˌʌnˈtai] *v* *knyta upp

until [ənˈtil] *prep* tills, till

untrue [ʌnˈtruː] *adj* osann

untrustworthy
[ˌʌnˈtrʌstˌwəːði] *adj*
opålitlig

unusual [ʌnˈjuːʒuəl] *adj*
ovanlig

unwell [ˌʌnˈwel] *adj* krasslig

unwilling [ʌnˈwiliŋ] *adj*

ovillig

unwise [ˌʌn'waiz] *adj*
oförståndig

unwrap [ˌʌn'ræp] *v* veckla
upp, öppna

up [ʌp] *adv* upp, uppåt

upholster [ʌp'houlstə] *v*
stoppa möbler; inreda

upkeep [ˈʌpkiːp] *n* underhåll
nt

uplands [ˈʌpləndz] *pl*
högland *nt*

upload [ˈʌp,loud] *v* ladda
upp

upon [ə'pɒn] *prep* på

upper [ˈʌpə] *adj* över-, övre

upright [ˈʌprait] *adj* upprätt;
adv upprätt

upscale [ˈʌp,skeil] *adj*
exklusiv

upset [ˌʌp'set] *adj* upprörd

*upset [ˌʌp'set] *v* kullkasta;
förvirra, såra

upside down [ˌʌpsaid'daun]
adv upp och ner

upstairs [ˌʌp'steəz] *adv* upp;
uppför trappan; en trappa
upp

upstream [ˌʌp'striːm] *adv*
uppför strömmen

upwards [ˈʌpwədz] *adv* upp,
uppåt

urban [ˈəːbən] *adj* stads-

urge [əːdʒ] *v* uppmana; *n*
starkt behov

urgency [ˈəːdʒənsi] *n*
nödtvång *nt*

urgent [ˈəːdʒənt] *adj*

brådskande

urine [ˈjuərin] *n* urin *nt*

Uruguay [ˈjuərəgwai]
Uruguay

Uruguayan [ˌjuərəˈgwaiən]
adj uruguaysk; *n* uruguayare
c

us [ʌs] *pron* oss

usable [ˈjuːzəbəl] *adj*
användbar

usage [ˈjuːzidʒ] *n* sedvänja *c*

use¹ [juːz] *v* använda; ***be
used to** **vara van vid; ~ up
förbruka

use² [juːs] *n* användning *c*;
nytta *c*; ***be of ~** **vara till
nytta

useful [ˈjuːsfəl] *adj*
användbar, nyttig

useless [ˈjuːsləs] *adj* lönlös,
oanvändbar, oduglig

user [ˈjuːzə] *n* förbrukare *c*

usher [ˈʌʃə] *n* platsanvisare *c*

usherette [ˌʌʃəˈret] *n*
platsanviserska *c*

usual [ˈjuːʒuəl] *adj* vanlig

usually [ˈjuːʒuəli] *adv*
vanligtvis

utensil [juːˈtensəl] *n* redskap
nt, verktyg *nt*; köksredskap
nt

utility [juːˈtiləti] *n* nyttighet *c*

utilize [ˈjuːtilaiz] *v* utnyttja,
använda

utmost [ˈʌtmoust] *adj*
yttersta

utter [ˈʌtə] *adj* fullständig,
total; *v* yttra

V

vacancy ['veikənsi] n vakans c

vacant ['veikənt] adj ledig

vacate [və'keit] v utrymma

vacation [və'keifən] n (o) nt

vaccinate ['væk/nelt] v vaccinera

vaccination [,væksi'neifən] n vaccination c

vacuum ['vækjuəm] n vakuum nt; vAm *dammsuga; ~ cleaner dammsugare c; ~ flask termosflaska c

vague [veig] adj vag

vain [vein] adj fåfäng; tom, fruktlös; in ~ förgäves

valet ['vælit] n betjänt c; v passa upp

valid ['vælid] adj giltig

valley ['væli] n dal c, dalsänka c

valuable ['væljuʰ○] adj värdefull, dyrbar; valuables pl värdesaker pl

value ['vælju:] n värde nt; v värdera

valve [vælv] n ventil c

van [væn] n transportbil c

vanilla [və'nilə] n vanilj c

vanish ['vænif] v *försvinna

vapour ['veipə] n ånga c

variable ['veəriəbəl] adj växlande

variation [,veəri'eifən] n

förändring c

varied ['veərid] adj varierad

variety [və'raiəti] n art c, omväxling c

various ['veəriəs] adj åtskilliga, olika

varnish ['vɑːnif] n lack nt, fernissa c; v fernissa, lacka

vary ['veəri] v variera; ändra; *vara olik

vase [vɑːz] n vas c

vast [vɑːst] adj vidsträckt, ofantlig

valve [vɔːlt] n valv nt; kassavalv nt

veal [viːl] n kalvkött nt

vegan ['viːgən] n vegan c; adj vegansk

vegetable ['vedʒətəbəl] n grönsak c; ~ merchant grönsakshandlare c

vegetarian [,vedʒi'teəriən] n vegetarian c

vegetation [,vedʒi'teifən] n vegetation c

vehicle ['viːəkəl] n fordon nt

veil [veil] n slöja c

vein [vein] n åder c; varicose ~ åderbrock nt

velvet ['velvit] n sammet c

velveteen [,velvi'tiːn] n bomullssammet c

venerable ['venərəbəl] adj vördnadsvärd

venereal disease [vi'niəriəl di'ziːz] könssjukdom c

Venezuela

Venezuela

Venezuela [ˌveni'zweilə] *n*
Venezuela

Venezuelan [ˌveni'zweilən]
adj venezuelansk; *n*
venezuelan *c*

ventilate ['ventileit] *v*
ventilera, lufta, vädra

ventilation [ˌventi'leiʃən] *n*
ventilation *c*

ventilator ['ventileitə] *n*
ventilator *c*

venture ['ventʃə] *v* våga

veranda [və'rændə] *n*
veranda *c*

verb [vəːb] *n* verb *nt*

verbal ['vəːbəl] *adj* muntlig

verdict ['vəːdikt] *n* dom *c*,
domslut *nt*

verge [vəːdʒ] *n* kant *c*; gräns
c

verify ['verifai] *v* verifiera,
kontrollera; bekräfta

verse [vəːs] *n* vers *c*

version ['vəːʃən] *n* version *c*;
översättning *c*

versus ['vəːsəs] *prep* kontra

vertical ['vəːtikəl] *adj* lodrät

very ['veri] *adv* mycket; *adj*
verklig, sann; absolut

vessel ['vesəl] *n* fartyg *nt*;
kärl *nt*

vest [vest] *n* undertröja *c*;
nAm väst *c*

veterinary surgeon
['vetrinəri 'səːdʒən]
veterinär *c*

via [vaiə] *prep* via

viaduct ['vaiədʌkt] *n* viadukt
c

vibrate [vai'breit] *v* vibrera

vibration [vai'breiʃən] *n*
vibration *c*

vicinity [vi'siniti] *n* närhet *c*,
omgivningar

vicious ['viʃəs] *adj*
ondskefull

victim ['viktim] *n* offer *nt*

victory ['viktəri] *n* seger *c*

video ['vidiəu] *n* video; ~
camera videokamera *c*; ~
cassette videokassett *c*; ~
game videospel *nt*; ~
recorder videospelare *c*; ~
recording videoinspelning *c*

view [vjuː] *n* utsikt *c*; åsikt *c*,
uppfattning *c*; *v* betrakta

viewfinder ['vjuːˌfaində] *n*
sökare *c*

vigilant ['vidʒilənt] *adj*
vaksam

villa ['vilə] *n* villa *c*

village ['vilidʒ] *n* by *c*

villain ['vilən] *n* skurk *c*

vine [vain] *n* vinranka *c*

vinegar ['vinigə] *n* vinäger *c*

vineyard ['vinjəd] *n* vingård
c

vintage ['vintidʒ] *n* vinskörd
c

violation [vaiə'leiʃən] *n*
kränkning *c*

violence ['vaiələns] *n* våld *nt*

violent ['vaiələnt] *adj*
våldsam, häftig

violet ['vaiələt] *n* viol *c*; *adj*
violett

violin [vaiə'lin] *n* fiol *c*

VIP [ˌviː ai'piː] *n* VIP *c*

virgin ['vəːdʒin] *n* jungfru *c*

virtue ['vəːtʃuː] *n* dygd *c*

walk

virus ['vaɪərəs] n virus c

visa ['viːzə] n visum nt

visibility [ˌvɪzəˈbɪləti] n sikt c

visible ['vɪzəbəl] adj synlig

vision ['vɪʒən] n vision c

visit ['vɪzit] v besöka; n besök nt, visit c; **visiting hours** besökstid c

visitor ['vɪzitə] n besökare c

vital ['vaɪtəl] adj livsviktig

vitamin ['vɪtəmin] n vitamin nt

vivid ['vɪvid] adj livlig

vocabulary [vəˈkæbjuləri] n ordförråd nt; ordlista c

vocal ['voukəl] adj vokal-

vocalist ['voukəlist] n vokalist c

voice [vɔis] n röst c

voice mail ['vɔisˌmeil] n röstbrevlåda c

void [vɔid] adj ogiltig

volcano [vɔlˈkeinou] n (pl ~es, ~s) vulkan c

volt [voult] n volt c

voltage ['voultidʒ] n spänning c

volume ['vɔljum] n volym c; bokband nt

voluntary ['vɔləntəri] adj frivillig

volunteer [ˌvɔlənˈtiə] n frivillig c

vomit ['vɔmit] v kräkas, spy

vote [vout] v rösta; n röst c; röstning c

voter ['voutə] n väljare c

voucher ['vautʃə] n kupong c, bong c

vow [vau] n löfte nt, ed c; v *svära

vowel [vauəl] n vokal c

voyage ['vɔiidʒ] n resa c

vulgar ['vʌlgə] adj vulgär, vanlig

vulnerable ['vʌlnərəbəl] adj sårbar

vulture ['vʌltʃə] n gam c

W

wade [weid] v vada

wafer ['weifə] n rån nt

waffle ['wɔf] n våffla c

wages ['weidʒiz] pl lön c

wagon ['wægən] n vagn c

waist [weist] n midja c

waistcoat ['weiskout] n väst c

wait [weit] v vänta; ~ **on** uppassa

waiter ['weitə] n kypare c,

vaktmästare c

waiting ['weitiŋ] n väntan c

waiting list ['weitiŋlist] n väntelista c

waiting room ['weitiŋruːm] n väntrum c

waitress ['weitris] n servitris c

***wake** [weik] v väcka; ~ **up** vakna

walk [wɔːk] v *gå;

promenera; *n* promenad *c*;
sätt att gå; **walking** till fots
walker ['wɔːkə] *n* vandrare *c*
walking stick ['wɔːkiŋstik] *n*
promenadkäpp *c*
wall [wɔːl] *n* mur *c*; vägg *c*
wallet ['wɔlit] *n* plånbok *c*
wallpaper ['wɔːl,peipə] *n*
tapet *c*
walnut ['wɔːlnʌt] *n* valnöt *c*
waltz [wɔːls] *n* vals *c*
wander ['wɔndə] *v* ströva
omkring, vandra
want [wɔnt] *v* *vilja; önska; *n*
behov *nt*; brist *c*
war [wɔː] *n* krig *nt*
warden ['wɔːdən] *n*
intendent *c*, föreståndare *c*
wardrobe ['wɔːdroub] *n*
garderob *c*, klädskåp *nt*
warehouse ['wɛəhaus] *n*
förrådsbyggnad *c*, magasin
nt
wares [wɛəz] *pl* varor *pl*
warm [wɔːm] *adj* varm; *v*
värma
warmth [wɔːmθ] *n* värme *c*
warn [wɔːn] *v* varna
warning ['wɔːniŋ] *n* varning
c
wary ['wɛəri] *adj* varsam
was [wɔz] *v* (p be)
wash [wɔʃ] *v* tvätta; ~ **and
wear** strykfri; ~ **up** diska
washable ['wɔʃəbəl] *adj*
tvättbar
washbasin ['wɔʃ,beisən] *n*
handfat *nt*
washing ['wɔʃiŋ] *n* tvätt *c*
washing machine

['wɔʃiŋmə,ʃiːn] *n*
tvättmaskin *c*
washing powder
['wɔʃiŋ,paudə] *n* tvättmedel
nt
washroom ['wɔʃruːm] *nAm*
toalett *c*
wasp [wɔsp] *n* geting *c*
waste [weist] *v* slösa bort; *n*
slöseri *nt*; *adj* öde
wasteful ['weistfəl] *adj*
slösaktig
wastepaper basket
[weist'peipə,bɑːskit] *n*
papperskorg *c*
watch [wɔtʃ] *v* *iakttaga,
betrakta; övervaka; *n* klocka
c; ~ **for** *hålla utkik; ~ **out**
*se upp
watchmaker ['wɔtʃ,meikə] *n*
urmakare *c*
watchstrap ['wɔtʃstræp] *n*
klockarmband *nt*
water ['wɔːtə] *n* vatten *nt*;
iced ~ isvatten *nt*; **running** ~
rinnande vatten; ~ **pump**
vattenpump *c*; ~ **ski**
vattenskida *c*
watercolo(u)r ['wɔːtə,kʌlə] *n*
vattenfärg *c*; akvarell *c*
watercress ['wɔːtəkres] *n*
vattenkrasse *c*
waterfall ['wɔːtəfɔːl] *n*
vattenfall *nt*
watermelon ['wɔːtə,melən]
n vattenmelon *c*
waterproof ['wɔːtəpruːf] *adj*
vattentät
water softener
[,wɔːtə,sɔfnə] *n*

avkalkningsmedel *nt*
waterway ['wɔːtəwei] *n*
farled *c*
watt [wɔt] *n* watt *c*
wave [weiv] *n* våg *c*; *v* vinka
wavelength ['weivleŋθ] *n*
våglängd *c*
wavy ['weivi] *adj* vågig
wax [wæks] *n* vax *nt*
waxworks ['wækswɔːks] *pl*
vaxkabinett *nt*
way [wei] *n* vis *nt*, sätt *nt*; väg
c; håll *nt*, riktning *c*; avstånd
nt; any ~ hur som helst; by
the ~ förresten; one-way
traffic enkelriktad trafik;
out of the ~ avsides; the
other ~ round tvärtom; ~
back tillbakaväg *c*; ~ in
ingång *c*; ~ out utgång *c*
wayside ['weisaid] *n* vägkant
c
we [wiː] *pron* vi
weak [wiːk] *adj* svag; tunn
weakness ['wiːknəs] *n*
svaghet *c*
wealth [welθ] *n* rikedom *c*
wealthy ['welθi] *adj*
förmögen
weapon ['wepən] *n* vapen *nt*;
weapons of mass
destruction *n*
massförstörelsevapen *c*
**wear [weə] v *vara klädd i,
**bära; ~ out *slita ut
weary ['wiəri] *adj* trött,
modlös; tröttsam
weather ['weðə] *n* väder *nt*;
~ forecast
väderleksrapport *c*

*weave [wiːv] v väva
weaver ['wiːvə] *n* vävare *c*
website ['web,sait] *n*
webbplats *c*
wedding ['wediŋ] *n* bröllop
nt
wedding ring ['wediŋriŋ] *n*
vigselring *c*
wedge [wedʒ] *n* klyfta *c*, kil *c*
Wednesday ['wenzdi]
onsdag *c*
weed [wiːd] *n* ogräs *nt*
week [wiːk] *n* vecka *c*
weekday ['wiːkdei] *n* vardag
c
weekly ['wiːkli] *adj* vecko-
**weep [wiːp] v *gråta
weigh [wei] *v* väga
weighing machine
['weiiŋmə,ʃiːn] *n* våg *c*
weight [weit] *n* vikt *c*
welcome ['welkəm] *adj*
välkommen, *n* välkomnande
nt; *v* välkomna
weld [weld] *v* svetsa
welfare ['welfeə] *n*
välbefinnande *nt*,
socialhjälp *c*
well[1] [wel] *adv* bra; *adj* frisk;
as ~ likaså; as ~ as såväl
som; well! ja ja!
well[2] [wel] *n* brunn *c*
well-founded [,wel'faundid]
adj välgrundad
well-known ['welnoun] *adj*
välkänd
well-to-do [,weltə'duː] *adj*
välbärgad
went [went] *v* (p go)
were [wəː] *v* (p be)

west 380

west [west] *n* väst *c*, väster *c*

westerly ['westəli] *adj* västlig

western ['westən] *adj* västlig

wet [wet] *adj* våt

whale [weil] *n* val *c*

wharf [wɔ:f] *n* (pl ~s, wharves) lastkaj *c*

what [wɔt] *pron* vad; ~ **for** varför

whatever [wɔ'tevə] *pron* vad som än

wheat [wi:t] *n* vete *nt*

wheel [wi:l] *n* hjul *nt*

wheelbarrow ['wi:l,bærou] *n* skottkärra *c*

wheelchair ['wi:ltʃeə] *n* rullstol *c*

when [wen] *adv* när; *conj* då, när

whenever [we'nevə] *conj* närhelst

where [weə] *adv* var; *conj* var

wherever [weə'revə] *conj* varhelst

whether ['weðə] *conj* om; **whether ... or** vare sig ... eller

which [witʃ] *pron* vilken; som

whichever [wi'tʃevə] *adj* vilken ... än

while [wail] *conj* medan; *n* stund *c*

whilst [wailst] *conj* medan

whim [wim] *n* nyck *c*, infall *nt*

whip [wip] *n* piska *c*; *v* vispa, piska

whiskers ['wiskəz] *pl* polisonger *pl*

whisper ['wispə] *v* viska; *n* viskning *c*

whistle ['wisəl] *v* vissla; *n* visselpipa *c*

white [wait] *adj* vit

whiting ['waitiŋ] *n* (pl ~) vitling *c*

who [hu:] *pron* vem; som

whoever [hu:'evə] *pron* vem som än

whole [houl] *adj* fullständig, hel; oskadad; *n* helhet *c*

wholesale ['houlseil] *n* grosshandel *c*; ~ **dealer** grossist *c*

wholesome ['houlsəm] *adj* hälsosam

wholly ['houli] *adv* helt och hållet

whom [hu:m] *pron* till vem

whore [hɔ:] *n* hora *c*

whose [hu:z] *pron* vars; vems

why [wai] *adv* varför

wicked ['wikid] *adj* ond

wide [waid] *adj* vid, bred

widen ['waidən] *v* vidga

widow ['widou] *n* änka *c*

widower ['widouə] *n* änkling *c*

width [widθ] *n* bredd *c*

wife [waif] *n* (pl wives) maka *c*, hustru *c*

wi-fi, WiFi® ['waifai] *n* Wi-Fi (*nt*), WLAN *nt*; **wi-fi hotspot** *n* Wi-Fi hotspot *c*

wig [wig] *n* peruk *c*

wild [waild] *adj* vild

will [wil] n vilja c; testamente nt

*will [wil] v *vilja; *ska

willing ['wiliŋ] adj villig

willpower ['wilpauə] n viljekraft c

*win [win] v *vinna

wind [wind] n vind c

*wind [waind] v slingra sig; *vrida, linda, *dra upp

winding ['waindiŋ] adj slingrande

windmill ['windmil] n väderkvarn c

window ['windou] n fönster nt

windowsill ['windousil] n fönsterbräde nt

windscreen ['windskri:n] n vindruta c; ~ wiper vindrutetorkare c

windshield ['windʃi:ld] nAm vindruta c; ~ wiper nAm vindrutetorkare c

windy ['windi] adj blåsig

wine [wain] n vin nt

wine cellar ['wain,selə] n vinkällare c

wine list ['wainlist] n vinlista c

wine merchant ['wain,mə:tʃənt] n vinhandlare c

wing [wiŋ] n vinge c

winkle ['wiŋkəl] n strandsnäcka c

winner ['winə] n segrare c

winning ['winiŋ] adj vinnande; winnings pl vinst c

winter ['wintə] n vinter c; ~ sports vintersport c

wipe [waip] v torka av, torka bort

wire [waiə] n tråd c; ståltråd c

wireless ['waiələs] adj trådlös

wisdom ['wizdəm] n visdom c

wise [waiz] adj vis

wish [wiʃ] v önska, *vilja ha; n längtan c, önskan c

wit [wit] n vett nt

witch [witʃ] n häxa c

with [wið] prep med; av

*withdraw [wið'drɔ:] v *dra tillbaka

within [wi'ðin] prep inom; adv inuti

without [wi'ðaut] prep utan

witness ['witnəs] n vittne c

wits [wits] pl förstånd n

witty ['witi] adj spirituell

wolf [wulf] n (pl wolves) varg c

woman ['wumən] n (pl women) kvinna c

womb [wu:m] n livmoder c

won [wʌn] v (p, pp win)

wonder ['wʌndə] n under nt; förundran c; v undra

wonderful ['wʌndəfəl] adj härlig, underbar

wood [wud] n trä nt; skog c

wood carving ['wud,kɑ:viŋ] n snideriarbete nt

wooded ['wudid] adj skogig

wooden ['wudən] adj trä-; ~ shoe träsko c

woodland ['wudlənd] n

skogstrakt c
wool [wul] n ull c; **darning ~**
stoppgarn nt
woollen ['wulən] adj ylle-
word [wə:d] n ord nt
wore [wɔ:] v (p wear)
work [wə:k] n arbete nt;
syssla c; v arbeta; fungera;
working day arbetsdag c; **~**
of art konstverk nt; **~ permit**
arbetstillstånd nt
workaholic [,wə:kə'hɔlik] n
arbetsnarkoman c
worker ['wə:kə] n arbetare c
working ['wə:kiŋ] n funktion
c
working day ['wə:kiŋ] n
arbetsdag c
workman ['wə:kmən] n (pl
-men) arbetare c
works [wə:ks] pl fabrik c
workshop ['wə:kʃɔp] n
verkstad c
world [wə:ld] n värld c; **~ war**
världskrig nt
world-famous
[,wə:ld'feiməs] adj
världsberömd
world-wide ['wə:ldwaid] adj
världsomspännande
worm [wə:m] n mask c
worn [wɔ:n] adj (pp wear)
sliten
worn-out [,wə:n'aut] adj
utsliten
worried ['wʌrid] adj ängslig
worry ['wʌri] v oroa sig; n oro
c, bekymmer nt
worse [wə:s] adj värre; adv
värre

worship ['wə:ʃip] v dyrka; n
andakt c, gudstjänst c
worst [wə:st] adj värst; adv
värst
worth [wə:θ] n värde nt; *be ~
*vara värd; *be worth-while
*vara lönande
worthless ['wə:θləs] adj
värdelös
worthy of ['wə:ði əv]
värdig
would [wud] v (p will)
wound¹ [wu:nd] n sår nt; v
såra
wound² [waund] v (p, pp
wind)
wrap [ræp] v *slå in
wreck [rek] n vrak nt; v
*ödelägga
wrench [rentʃ] n skiftnyckel
c; ryck nt; v *vrida
wrinkle ['riŋkəl] n rynka c
wrist [rist] n handled c
wristwatch ['ristwɔtʃ] n
armbandsur nt
*write [rait] v *skriva; in
writing skriftligen; ~ down
*skriva ner
writer ['raitə] n författare c
writing pad ['raitiŋpæd] n
skrivblock nt,
anteckningsblock nt
writing paper ['raitiŋ,peipə]
n brevpapper nt
written ['ritən] adj (pp write)
skriftlig
wrong [rɔŋ] adj orätt, fel; n
orätt c; v *göra orätt; *be ~
*ha fel
wrote [rout] v (p write)

X

Xmas ['krisməs] *n* jul *c*

X-ray ['eksrei] *n* röntgenbild
c; *v* röntga

Y

yacht [jɔt] *n* lustjakt *c*
yacht club ['jɔtklʌb] *n*
segelsällskap *nt*
yachting ['jɔtiŋ] *n* segelsport *c*
yard [jɑ:d] *n* gård *c*
yarn [jɑ:n] *n* garn *nt*
yawn [jɔ:n] *v* gäspa
year [jiə] *n* år *nt*
yearly ['jiəli] *adj* årlig
yeast [ji:st] *n* jäst *c*
yell [jel] *v* *tjuta; *n* tjut *nt*
yellow ['jelou] *adj* gul
yes [jes] ja
yesterday ['jestədi] *adv*
igår
yet [jet] *adv* ännu; *conj* dock,
likväl

yield [ji:ld] *v* *ge avkastning;
*ge efter
yoghurt ['jɔgət] *n* yoghurt *c*
yoke [jouk] *n* ok *nt*
yolk [jouk] *n* äggula *c*
you [ju:] *pron* du; dig; ni;
er
young [jʌŋ] *adj* ung
your [jɔ:] *adj* din; er
yours [jɔ:z] *pron* din; er
yourself [jɔ:'self] *pron* dig
själv
yourselves [jɔ:'selvz] *pron*
er; själva
youth [ju:θ] *n* ungdom *c*; ~
hostel ungdomshärbärge
nt
yuppie ['jʌpi] *n* yuppie *c*

Z

zap [zæp] *v* knäppa
zeal [zi:l] *n* iver *c*
zealous ['zeləs] *adj* ivrig
zebra ['zi:brə] *n* sebra *c*
zebra crossing ['zi:brə
krɔsiŋ] *n*, **crosswalk** *nAm*
övergångsställe *n*
zenith ['zeniθ] *n* zenit,

höjdpunkt *c*
zero ['ziərou] *n* (pl ~s) nolla
c
zest [zest] *n* lust *c*
zinc [ziŋk] *n* zink *c*
zip [zip] *n* blixtlås *nt*; ~ **code**
nAm postnummer *nt*
zipper ['zipə] *n* blixtlås *nt*

zodiac ['zoudiæk] *n*
djurkretsen
zone [zoun] *n* zon *c*; område
nt

zoo [zuː] *n* (pl ~s) zoo *nt*
zoology [zou'ɔlədʒi] *n*
zoologi *c*

Some Basic Phrases

Please.	Var så god.
Thank you very much.	Tack så mycket.
Don't mention it.	Ingen orsak.
Good morning.	God morgon.
Good afternoon.	Hej. / God dag.
Good evening.	God kväll.
Good night.	God natt.
Good-bye.	Hejdå.
See you later.	Vi ses.
Where is/Where are…?	Var är…?
What do you call this?	Vad heter det här?
What does that mean?	Vad betyder det?
Do you speak English?	Talar du engelska?
Do you speak German?	Talar du tyska?
Do you speak French?	Talar du franska?
Do you speak Spanish?	Talar du spanska?
Do you speak Italian?	Talar du italienska?
Could you speak more slowly, please?	Kan du vara snäll och tala lite långsammare?
I don't understand.	Jag förstår inte.
Can I have…?	Kan jag få…?
Can you show me…?	Kan du visa mig…?
Can you tell me…?	Kan du säga mig…?
Can you help me, please?	Kan du hjälpa mig?
I'd like…	Jag skulle vilja ha…
We'd like…	Vi skulle vilja ha…
Please give me…	Var snäll och ge mig…
Please bring me…	Var snäll och hämta…
I'm hungry.	Jag är hungrig.
I'm thirsty.	Jag är törstig.
I'm lost.	Jag har gått vilse.
Hurry up!	Skynda på!
There is/There are…	Det finns…
There isn't/There aren't…	Det finns inte…

Några vanliga uttryck

Arrival

Your passport, please.
Do you have anything to
declare?
No, nothing at all.
Can you help me with my
luggage, please?
Where's the bus to the centre
of town, please?
This way, please.
Where can I get a taxi?
What's the fare to…?
Take me to this address,
please.
I'm in a hurry.

Hotel

My name is…
Do you have a reservation?
I'd like an ensuite room.

What's the price per night?

May I see the room?
What's my room number,
please?
There's no hot water.
May I see the manager,
please?
Did anyone call?
Is there any mail for me?
May I have my bill (check),
please?

Eating out

Do you have a fixed-price
menu?
May I see the menu?

Ankomst

Passet, tack.
Har du någonting att förtulla?

Nej, ingenting alls.
Kan du vara snäll och hjälpa
mig med mitt bagage?
Var står bussen till centrum?

Den här vägen.
Var kan jag få tag på en taxi?
Vad kostar det till…?
Var snäll och kör mig till den
här adressen, tack.
Jag har bråttom.

Hotell

Mitt namn är…
Har du reserverat?
Jag skulle vilja ha ett rum
med badrum eller dusch.
Hur mycket kostar det per
natt?
Kan jag få se på rummet?
Vilket rumsnummer har jag?

Det finns inget varmvatten.
Kan jag få tala med
hotelldirektören, tack?
Har någon ringt mig?
Finns det någon post till mig?
Kan jag få räkningen, tack?

Äta ute

Har ni någon fast meny?

Kan jag få se på menyn?

May we have an ashtray, please?	Kan vi få en askkopp, tack?
Where's the toilet, please?	Var är toaletten?
I'd like a starter.	Jag skulle vilja ha en förrätt.
Do you have any soup?	Har ni någon soppa?
I'd like some fish.	Jag skulle vilja ha fisk.
What kind of fish do you have?	Vad har ni för fisk?
I'd like a steak.	Jag skulle vilja ha biff.
What vegetables have you got?	Vad finns det för grönsaker?
Nothing more, thanks.	Ingenting mer, tack.
What would you like to drink?	Vad vill du ha att dricka?
I'll have a beer, please.	Jag tar en öl, tack.
I'd like a bottle of wine.	Jag skulle vilja ha en flaska vin.
May I have the bill (check), please?	Får jag be om notan, tack?
Is service included?	Ingår dricks?
Thank you, that was very good.	Tack, det var mycket gott.

Travelling

På resa

Where's the railway station, please?	Var ligger järnvägsstationen?
Where's the ticket office, please?	Var är biljettluckan?
I'd like a ticket to...	Jag skulle vilja ha en biljett till...
First or second class?	Första eller andra klass?
First class, please.	Första klass, tack.
Single or return (one way or roundtrip)?	Enkel eller tur och retur?
Do I have to change trains?	Måste jag byta tåg?
What platform does the train for... leave from?	Från vilken perrong avgår tåget till...?
Where's the nearest underground (subway) station?	Var ligger närmaste tunnelbanestation?

Where's the bus station, please? | Var ligger busstationen?
When's the first bus to…? | När går första bussen till…?
Please let me off at the next stop. | Kan du släppa av mig vid nästa hållplats?

Nöjen

Relaxing

Vad går det på bio? | What's on at the cinema (movies)?
När börjar filmen? | What time does the film (movie) begin?
Finns det några biljetter till i kväll? | Are there any tickets for tonight?
Var kan vi gå och dansa? | Where can we go dancing?

Träffa folk

Meeting people

Hej. | (formal) How do you do?
Hur står det till? | How are you?
Tack bra. Och själv? | Very well, thank you. And you?

Får jag presentera…? | May I introduce…?
Jag heter… | My name is…
Roligt att träffas. | I'm very pleased to meet you.
Hur länge har du varit här? | How long have you been here?

Det var trevligt att träffas. | It was nice meeting you.
Har du något emot att jag röker? | Do you mind if I smoke?
Förlåt, har du eld? | Do you have a light, please?
Vill du ha något att dricka? | May I get you a drink?
Får jag bjuda dig på middag i kväll? | May I invite you for dinner tonight?
Var ska vi träffas? | Where shall we meet?

Handel och service

Var ligger närmaste bank?

Var kan jag lösa in resecheckar?

Kan jag få lite växel, tack?

Var finns närmaste apotek?

Hur kommer jag dit?
Kan man gå dit?
Kan du hjälpa mig?
Hur mycket kostar den här?
Och den där?
Det är inte riktigt vad jag vill ha.
Den här tycker jag om.
Kan du rekommendera någonting mot solsveda?
Jag skulle vilja klippa mig.
Jag skulle vilja ha manikyr.

Fråga om vägen

Kan du visa mig på kartan var jag är?
Du är på fel väg.
Kör/Gå rakt fram.
Det är till vänster/till höger.

Nödsituationer

Ring genast efter en läkare.
Ring efter en ambulans.
Var snäll och ring polisen.

Shops, stores and services

Where's the nearest bank, please?
Where can I cash some travellers' cheques?
Can you give me some small change, please?
Where's the nearest chemist's (pharmacy)?
How do I get there?
Is it within walking distance?
Can you help me, please?
How much is this? And that?

It's not quite what I want.

I like it.
Can you recommend something for sunburn?
I'd like a haircut, please.
I'd like a manicure, please.

Street directions

Can you show me on the map where I am?
You are on the wrong road.
Go/Walk straight ahead.
It's on the left/on the right.

Emergencies

Call a doctor quickly.
Call an ambulance.
Please call the police.

Swedish Abbreviations

AB	*aktiebolag*	Ltd., Inc.
adr.	*adress*	address
ang.	*angående*	regarding
ank.	*ankomst, ankommande*	arrival, arriving
anm.	*anmärkning*	remark
avd.	*avdelning*	department
avg.	*avgång, avgående*	departure, departing
avs.	*avseende; avsändare*	respect; sender
bet.	*betydelse; betalt*	meaning; paid
bil.	*bilaga*	enclosure, enclosed
bl.a.	*bland annat*	among other things
ca	*cirka*	approximately
doc.	*docent*	senior lecturer, associate professor
dvs.	*det vill säga*	i. e.
eftr.	*efterträdare*	successor (firm)
e.Kr.	*efter Kristus*	A.D.
el.	*eller; elektrisk*	or; electrical
em.	*eftermiddag*	(in the) afternoon
f.d.	*före detta*	former, ex-
f.Kr.	*före Kristus*	B.C.
fm.	*förmiddag*	(in the) morning
f.n.	*för närvarande*	at present
FN	*Förenta Nationerna*	UN
forts.	*fortsättning*	continued
fr.o.m.	*från och med*	as of
f.v.b.	*för vidare befordran*	please forward
ggr	*gånger*	times
HKH	*Hans/Hennes Kunglig Höghet*	His/Her Royal Highness
ind.omr.	*industriområde*	industrial area
inv.	*invånare*	inhabitants, population
JK	*justitiekansler*	Attorney General
JO	*justitieombudsman*	Ombudsman for the Judiciary and Civil Administration
kl.	*klockan; klass*	o'clock; class
kr.	*krona (kronor)*	crown(s) (currency)

LO	Landsorganisationen	Association of Swedish Trade Unions
moms	mervärdeskatt	VAT, value added tax
n.b.	nedre botten; nota bene (märk väl)	ground floor (exit); nota bene
ngn	någon	any(one), some(one)
ngt	något	any(thing), some(thing)
obs.	observera	note
o.s.a.	om svar anhålles	please reply
osv.	och så vidare	etc.
p.g.a.	på grund av	because of
RÅ	riksåklagare	Director of Public Prosecutions
s.	sidan	page
sa/s:a	summa	the sum, total
sek.	sekund	second (clock)
SJ	Statens Järnvägar	Swedish National Railways
skr.	svenska kronor	Swedish crowns
SR	Sveriges Radio	Swedish Broadcasting Corporation
st.	styck	piece
STF	Svenska Turistföreningen	Swedish Tourist Association
t.h.	till höger	to the right
tim.	timme	hour
t.o.m.	till och med	up to (and including)
tr.	trappa (trappor)	stairs; floor
t.v.	till vänster; tills vidare	to the left; until further notice
UD	Utrikesdepartementet	Swedish Foreign Office
vard.	vardagar	working days
VD	verkställande direktör	managing director
v.g.	var god	please
v.g.v.	var god vänd	P.T.O., please turn over
ö.g.	över gården	across/in the courtyard
ö.h.	över havet	above sea level

Engelska förkortningar

AA	Automobile Association	brittisk motororganisation
AAA	American Automobile Association	amerikansk motororganisation
ABC	American Broadcasting Company	privat amerikanskt radio- och TV-bolag
A.D.	anno Domini	e.Kr.
Am.	America; American	Amerika; amerikansk
a.m.	ante meridiem (before noon)	för tid mellan kl. 00.00 och 12.00
Amtrak	American railroad corporation	sammanslutning av privata amerikanska järnvägar
AT & T	American Telephone and Telegraph Company	privat amerikanskt telefonbolag
Ave.	avenue	aveny
BBC	British Broadcasting Corporation	statligt brittiskt radio- och TV-bolag
B.C.	before Christ	f.Kr.
bldg.	building	byggnad, hus
Blvd.	boulevard	boulevard
Brit.	Britain; British	Storbritannien; brittisk
Bros.	brothers	bröder (i firmanamn)
¢	cent	1/100 dollar
Can.	Canada; Canadian	Kanada; kanadensisk
CBS	Columbia Broadcasting System	privat amerikanskt radio- och TV-bolag
CID	Criminal Investigation Department	kriminalpolisen (Scotland Yard)
c/o	(in) care of	under adress
Co.	company	bolag
Corp.	corporation	korporation, bolag
D.C.	District of Columbia	Columbiadistriktet (Washington, D.C.)
DDS	Doctor of Dental Science/Surgery	tandläkare
dept.	department	departement, avdelning
EU	European Union	Europeiska Unionen

e.g.	for instance	t.ex.
Eng.	England; English	England; engelsk
excl.	excluding; exclusive	ej inräknad, exklusive
ft.	foot/feet	fot (mått)
GB	Great Britain	Storbritannien
H.E.	His/Her Excellency; His Eminence	Hans/Hennes Excellens; Hans Höghet
H.H.	His Holiness	Hans Helighet (påven)
H.M.	His/Her Majesty	Hans/Hennes Majestät
H.M.S.	Her Majesty's ship	Hennes Majestäts fartyg (brittiskt örlogsfartyg)
hp	horsepower	hästkrafter
Hwy	highway	huvudväg, allmän landsväg
i.e.	that is to say	dvs.
in.	inch	tum
Inc.	incorporated	AB, aktiebolag
incl.	including, inclusive	inräknad, inklusive
£	pound sterling	brittiskt pund
L.A.	Los Angeles	Los Angeles
Ltd.	limited	AB, aktiebolag
M.D.	Doctor of Medicine	leg. läk.
M.P.	Member of Parliament	ledamot av parlamentet
mph	miles per hour	miles per timma
Mr.	Mister	titel före namn för en man, motsvaras närmast av 'herr' i svenskan
Mrs.	polite or formal title used in front of the name of a woman who is married	titel före namn för en gift kvinna, motsvaras närmast av 'fru' i svenskan
Ms.	polite or formal title used in front of the name of a woman's surname when you do not know whether she is married or not	titel före namn för en kvinna med okänt civilstånd, motsvaras närmast av 'fru' i svenskan
nat.	national	nationell
NBC	National Broadcasting Company	privat amerikanskt radio- och TV-bolag

394

No.	*number*	nummer
N.Y.C.	*New York City*	New York (staden)
O.B.E.	*Officer (of the Order) of the British Empire*	Riddare av brittiska imperieorden
p.	*page; penny/pence*	sida; 1/100 pund
p.a.	*per annum*	per år
Ph.D.	*Doctor of Philosophy*	fil. dr.
p.m.	*post meridiem (after noon)*	för tid mellan kl. 12.00 och 24.00
PO	*Post Office*	postkontor
POO	*post office order*	postanvisning
pop.	*population*	folkmängd, befolkning
P.T.O.	*please turn over*	var god vänd
RAC	*Royal Automobile Club*	Kungliga Brittiska Automobilklubben
RCMP	*Royal Canadian Mounted Police*	Kanadas ridande polis
Rd.	*road*	väg
ref.	*reference*	referens, hänvisning
Rev.	*reverend*	pastor
RFD	*rural free delivery*	utbärning av post på landsbygden
RR	*railroad*	järnväg
RSVP	*please reply*	o.s. a., om svar anhålles
$	*dollar*	dollar
Soc.	*society*	förening
St.	*saint; street*	sankt(a); gata
UN	*United Nations*	FN
UPS	*United Parcel Service*	privat företag som levererar paket
US	*United States*	Förenta staterna
VAT	*value added tax*	moms, mervärdeskatt
VIP	*very important person*	vip, betydelsefull person
Xmas	*Christmas*	jul
yd.	*yard*	yard (mått)
YMCA	*Young Men's Christian Association*	KFUM
YWCA	*Young Women's Christian Association*	KFUK
ZIP	*ZIP code*	postnummer

Mini Grammar

Articles

All Swedish nouns are either common or neuter in gender.

1. Indefinite article (a/an)

common:	**en** man	a man
neuter:	**ett** barn	a child

2. Definite article (the)

Whereas in English we say "the house", the Swedes say the equivalent of "house-the", i.e. they tag the definite article onto the end of the noun. Common nouns take an -**(e)n** ending, neuter nouns an -**(e)t** ending.

common:	**mannen**	*the man*
neuter:	**barnet**	*the child*

Nouns

1. As already noted, nouns are either common or neuter. There are no easy rules for determining gender. Learn each new word with its accompanying article.

2. The plural is formed according to one of five declensions.

		singular		indefinite plurals	
Declension	1	**flicka**	girl	**flickor**	girls
	2	**bil**	car	**bilar**	cars
	3	**dam**	lady	**damer**	ladies
		sko	shoe	**skor**	shoes
	4	**äpple**	apple	**äpplen**	apples
	5	**hus**	house	**hus**	houses

	definite plurals	
	flickorna	the girls
	äpplena	the apples
	husen	the houses

There are also various irregular plurals.

3. Possession is shown by adding **-s** (singular and plural).

Note: There is no apostrophe.

Görans bror	George's brother
hotellets ägare	the owner of the hotel
veckans första dag	the first day of the week
den resandes väska	the traveller's suitcase
barnens rum	the children's room

Adjectives

1. Adjectives agree with the noun in gender and number. For the indefinite form, the neuter is formed by adding **-t**; the plural by adding **-a**.

(en) stor hund	(a) big dog	**stora hundar**	big dogs
(ett) stort hus	(a) big house	**stora hus**	big houses

2. For the definite declension of the adjective, add the ending **-a** (common, neuter and plural). This form is used when the adjective is preceded by **den, det, de** (the definite article used with adjectives) or by a demonstrative or a possessive adjective.

den stora hunden	the big dog
de stora hundarna	the big dogs
det stora huset	the big house
de stora husen	the big houses

3. Demonstrative adjectives

	common	neuter	plural
this/these	**den här/** **denna**	**det här/** **detta**	**de här/** **dessa**
that/those	**den där/** **den**	**det där/** **det**	**de där/** **de**

4. Possessive adjectives agree in number and gender with the noun they modify, i. e. with the thing possessed and not the possessor.

	common	neuter	plural
my	min	mitt	mina
your	din	ditt	dina
his			
her	sin	sitt	sina
its			
our	vår	vårt	våra
your	er	ert	era
their	sin	sitt	sina

In modern Swedish the forms **er, ert, era** correspond to the personal pronoun **ni** and refer to several possessors.

The forms **sin, sitt, sina** always refer back to the subject:

Han har sin bok.	He has his (own) book.
De har sina böcker.	They have their (own) books.

The genitive forms of the personal pronouns (see p. 398) are also used to show possession. However, the meaning changes:

Han har hans bok.	He has his (another person's) book.

5. Comparative and superlative

The comparative and superlative are normally formed by adding the endings -(a)e and -(a)st, respectively, to the adjective (and an umlaut where necessary, see stor/större/störst below), or by putting **mer** and **mest** (more, most) before the adjective.

Hans arbete är lätt.	His work is easy.
Hans arbete är lättare.	His work is easier.
Hans arbete är lättast.	His work is easiest.
Er bil är stor.	Your car is big.
Er bil är större.	Your car is bigger.
Er bil är störst.	Your car is the biggest.
Det är imponerande.	It's impressive.
Det är mer imponerande.	It's more impressive.
Det är mest imponerande.	It's most impressive.

Adverbs

Adverbs are generally formed by adding **-t** to the corresponding adjective.

Hon går snabb*t*.   She walks quickly.

Personal pronouns

	subject	object	genitive
I	**jag**	**mig**	–
you	**du**	**dig**	–
he	**han**	**honom**	**hans**
she	**hon**	**henne**	**hennes**
it	**den/det**	**den/det**	**dess**
we	**vi**	**oss**	–
you	**ni**	**er**	–
they	**de**	**dem**	**deras**

Like many other languages, Swedish has two forms for "you". The formal word **ni**, traditionally the correct form of address between all but close friends and children, has now been replaced by the informal **du**.

Verbs

Here we are concerned only with the infinitive, imperative, and present tense. The present tense is simple, because it has the same form throughout. The infinitive of most Swedish verbs ends in **-a** (a few verbs of one syllable end in other vowels). Here are three useful auxiliary verbs:

	to be	to have	to be able to
Infinitive	(att) **vara**	(att) **ha**	(att) **kunna**
Present tense (same form throughout)	**är**	**har**	**kan**
Imperative	**var**	**ha**	–

399

The present tense of Swedish verbs ends in **-r**:

	to ask	to buy	to believe	to do/make
Infinitive	(att) fråga	(att) köpa	(att) tro	(att) göra
Present tense (same form throughout)	frågar	köper	tror	gör
Imperative	fråga	köp	tro	gör

There is no equivalent of the English present continuous tense. Thus:

Jag reser. — I travel/I am travelling.

Negatives

Negation is expressed by using the adverb **inte** (not). It is usually placed immediately after the verb in a main clause. In compound tenses **inte** comes between the auxiliary and the main verb.

Jag talar svenska. — I speak Swedish.
Jag talar inte svenska. — I do not speak Swedish.
Hon har inte skrivit. — She has not written.

Questions

Questions are formed by reversing the order of the subject and the verb:

Bussen stannar här. — The bus stops here.
Stannar bussen här? — Does the bus stop here?

Jag kommer i kväll. — I am coming tonight.
Kommer du i kväll? — Are you coming tonight?

400

Irregular Verbs

The following list contains the most common irregular Swedish verbs. Only one form of the verb is shown below as the form is conjugated the same throughout within a given tense. There is a large number of prefixes in Swedish, like *an-, av-, be-, efter-, fram-, från-, för-, in-, med-, ned-, ner-, om-, und-, under-, upp-, ut-, vid-, åter-, över-*, etc. A prefixed verb is conjugated in the same way as the stem verb. The supine form is a special form of the past participle; the past participle itself is only used as an adjective. The perfect tense is formed by using the auxiliary *att ha* (to have) together with the supine.

Infinitive	Present	Imperfect	Supine	
be(dja)	ber	bad	bett	*ask, pray*
binda	binder	band	bundit	*bind, tie*
bita	biter	bet	bitit	*bite*
bjuda	bjuder	bjöd	bjudit	*offer; invite; bid*
bli(va)	blir	blev	blivit	*become; remain*
brinna	brinner	brann	brunnit	*burn*
brista	brister	brast	brustit	*burst*
bryta	bryter	bröt	brutit	*break*
bära	bär	bar	burit	*carry*
böra	bör	borde	bort	*ought to*
dra(ga)	drar	drog	dragit	*pull*
dricka	dricker	drack	druckit	*drink*
driva	driver	drev	drivit	*propel, drive*
dyka	dyker	dök/dykte	dykt	*dive*
dö	dör	dog	dött	*die*
dölja	döljer	dolde	dolt	*conceal*
falla	faller	föll	fallit	*fall*
fara	far	for	farit	*go away, leave*
finna	finner	fann	funnit	*find*
flyga	flyger	flög	flugit	*fly*
flyta	flyter	flöt	flutit	*float, flow*
frysa	fryser	frös	frusit	*be cold; freeze*
få	får	fick	fått	*get, may*
förnimma	förnimmer	förnam	förnummit	*perceive*
försvinna	försvinner	försvann	försvunnit	*disappear*

ge (giva)	ger	gav	gett/givit	*give*
gjuta	gjuter	göt	gjutit	*cast (iron)*
glida	glider	gled	glidit	*glide, slide*
glädja	gläder	gladde	glatt	*delight, please*
gnida	gnider	gned	gnidit	*rub*
gripa	griper	grep	gripit	*seize, grasp*
gråta	gråter	grät	gråtit	*weep, cry*
gå	går	gick	gått	*go, walk*
göra	gör	gjorde	gjort	*do, make*
ha	har	hade	haft	*have*
hinna	hinner	hann	hunnit	*have time, catch*
hugga	hugger	högg	huggit	*hew, cut*
hålla	håller	höll	hållit	*hold, keep*
kliva	kliver	klev	klivit	*stride, climb*
klyva	klyver	klöv	kluvit	*split*
knipa	kniper	knep	knipit	*pinch*
knyta	knyter	knöt	knutit	*tie*
komma	kommer	kom	kommit	*come*
krypa	kryper	kröp	krupit	*crawl, creep*
kunna	kan	kunde	kunnat	*can*
le	ler	log	lett	*smile*
lida	lider	led	lidit	*suffer*
ligga	ligger	låg	legat	*lie*
ljuda	ljuder	ljöd	ljudit	*sound*
ljuga	ljuger	ljög	ljugit	*tell a lie*
låta	låter	lät	låtit	*let; sound*
lägga	lägger	lade	lagt	*lay, put*
måste*	måste	–	–	*must*
niga	niger	neg	nigit	*curtsy*
njuta	njuter	njöt	njutit	*enjoy*
nypa	nyper	nöp	nupit	*pinch someone*
nysa	nyser	nös/nyste	nyst/nysit	*sneeze*
pipa	piper	pep	pipit	*chirp*
rida	rider	red	ridit	*ride*
rinna	rinner	rann	runnit	*run, flow*
riva	river	rev	rivit	*tear, demolish*
ryta	ryter	röt	rutit	*roar*
se	ser	såg	sett	*see*

* present tense

402

sitta	sitter	satt	suttit	sit
sjuda	sjuder	sjöd	sjudit	seethe
sjunga	sjunger	sjöng	sjungit	sing
sjunka	sjunker	sjönk	sjunkit	sink
ska*	ska	skulle	–	shall
skina	skiner	sken	skinit	shine
skjuta	skjuter	sköt	skjutit	shoot; push
skrida	skrider	skred	skridit	stride, stalk
skrika	skriker	skrek	skrikit	shout
skriva	skriver	skrev	skrivit	write
skryta	skryter	skröt	skrutit	boast
skära	skär	skar	skurit	cut
slippa	slipper	slapp	sluppit	not need to
slita	sliter	slet	slitit	wear out; tear
sluta	sluter	slöt	slutit	close
slå	slår	slog	slagit	beat; strike
smita	smiter	smet	smitit	slip away
smyga	smyger	smög	smugit	sneak, snuggle
smörja	smörjer	smorde	smort	grease
snyta (sig)	snyter	snöt	snutit	blow one's nose
sova	sover	sov	sovit	sleep
spinna	spinner	spann	spunnit	spin; purr
spricka	spricker	sprack	spruckit	burst, crack
sprida	sprider	spred	spritt	spread
springa	springer	sprang	sprungit	run
sticka	sticker	stack	stuckit	sting
stiga	stiger	steg	stigit	rise
stinka	stinker	stank	–	stink
stjäla	stjäl	stal	stulit	steal
strida	strider	stred	stridit	fight
stryka	stryker	strök	strukit	iron
strypa	stryper	ströp/strypte	strypt	strangle
stå	står	stod	stått	stand
suga	suger	sög	sugit	suck
supa	super	söp	supit	booze
svida	svider	sved	svidit	smart
svika	sviker	svek	svikit	betray; let down
svälja	sväljer	svalde	svalt	swallow
svär(j)a	svär	svor	svurit	swear; curse

* present tense

säga	säger	sa(de)	sagt	*say*
sälja	säljer	sålde	sålt	*sell*
sätta	sätter	satte	satt	*place, set*
ta(ga)	tar	tog	tagit	*take*
tiga	tiger	teg	tigit	*be silent*
tjuta	tjuter	tjöt	tjutit	*yell*
tvinga	tvingar	tvingade/	tvingat/	*force*
		tvang	tvungit	
umgås	umgås	umgicks	umgåtts	*associate with*
vara	är	var	varit	*be*
veta	vet	visste	vetat	*know*
vika	viker	vek	vikit/vikt	*fold*
vilja	vill	ville	velat	*want, will*
vina	viner	ven	vinit	*howl, whine (storm)*
vinna	vinner	vann	vunnit	*win*
vrida	vrider	vred	vridit	*twist, wrench*
välja	väljer	valde	valt	*choose; elect*
vänja	vänjer	vande	vant	*accustom, get used to*
äta	äter	åt	ätit	*eat*

Minigrammatik

Artiklar

Den bestämda artikeln har samma form i sing. och plur.: **the**

the room, the rooms	rummet, rummen

Den obestämda artikeln har två former: **a** som används framför ord som börjar på konsonant och **an** som används framför vokal eller stumt h.

a coat	en kappa
an umbrella	ett paraply
an hour	en timme
a small village	en liten by
an old town	en gammal stad

Some anger obestämd mängd eller obestämt antal. Det används framför substantiv i både sing. och plur. och motsvarar på svenska någon, något, lite, några.

I'd like some tea, please.	Jag skulle vilja ha lite te.
Give me some stamps, please.	Var snäll och ge mig några frimärken.

Any betyder någon eller vilken som helst och används mest i nekande och frågande satser.

There isn't any soap.	Det finns inte någon tvål.
Do you have any stamps?	Har ni (du) några frimärken?
Is there any mail for me?	Finns det någon post till mig?

Substantiv

Pluralis bildas som regel genom att lägga **-(e)s** till singularformen.

cup – cups	kopp – koppar
dress – dresses	klänning – klänningar

405

Obs! Om ett substantiv slutar på **-y** i sing. ändras stavningen i plur. till **-ies** om **y** föregås av en konsonant. Om det föregås av en vokal används den normala pluraländelsen **-s**.

lady – ladies	dam – damer
day – days	dag – dagar

Men ingen regel utan undantag ...

man – men	man – män
woman – women	kvinna – kvinnor
child – children	barn – barn
foot – feet	fot – fötter

Genitiv

1. Då ägaren är en person och då substantivet inte slutar på **-s** lägger man till **'s**.

the boy's room	pojkens rum
the children's clothes	barnens kläder

Om substantivet slutar på **-s** lägger man endast till apostrofen (**'**).

the boys' room	pojkarnas rum

2. Då ägaren inte är en person används prepositionen of.

the end of the journey	resans slut (slutet på resan)

Adjektiv

Adjektivet förblir oförändrat både framför substantivet och när det står ensamt.

a large brown suitcase	en stor brun resväska

Det finns två sätt att bilda **komparativ** och **superlativ**.

1. Adjektiv med en stavelse och de flesta med två stavelser får ändelsen **-(e)r** och **-(e)st**.

small – smaller – smallest	liten - mindre – minst
pretty – prettier – prettiest	söt - sötare – sötast

Obs! **-y** efter konsonant ändras till **i** framför **-er** och **-est**.

2. Adjektiv med fler än två stavelser och vissa adjektiv med två stavelser (t.ex. de som slutar på **-ful** eller **-less**) bildar komparativ och superlativ med hjälp av **more** och **most**.

expensive (dyr) – **more expensive** – **most expensive**
careful (försiktig) – **more careful** – **most careful**

Följande adjektiv är oregelbundna:

good (bra) – **better** – **best**
bad (dålig) – **worse** – **worst**
little (lite) – **less** – **least**
much (mycket) }
many (många) } – **more** – **most**

Pronomen

	personliga		possessiva	
	subjekts-form	objekts-form	förenade	själv-ständiga
jag	I	me	my	mine
du	you	you	your	yours
han	he	him	his	his
hon	she	her	her	hers
den/det	it	it	its	–
vi	we	us	our	ours
ni	you	you	your	yours
de	they	them	their	theirs

Exempel på förenat possessivt pronomen:

Where's my key? Var är min nyckel?

Exempel på självständigt possessivt pronomen:

It's not mine.   Det är inte min.
It's yours.   Det är er (din).

Obs! Engelskan har inte skilda former för "du" och "ni".
Båda heter **you**.

Oregelbundna verb

Nedanstående lista innehåller de vanligaste engelska oregelbundna verben. Sammansatta verb och de verb som har en förstavelse (prefix) böjs som de enkla verben: t.ex. *withdraw* böjs som *draw* och *mistake* som *take*.

Infinitiv	Imperfektum	Perfekt particip	
arise	arose	arisen	*uppstå*
awake	awoke	awoken/ awaked	*vakna*
be	was	been	*vara*
bear	bore	borne	*bära*
beat	beat	beaten	*slå*
become	became	become	*bli*
begin	began	begun	*börja*
bend	bent	bent	*böja*
bet	bet	bet	*slå vad*
bid	bade/bid	bidden/bid	*bjuda*
bind	bound	bound	*binda*
bite	bit	bitten	*bita*
bleed	bled	bled	*blöda*
blow	blew	blown	*blåsa*
break	broke	broken	*bryta*
breed	bred	bred	*uppföda*
bring	brought	brought	*medföra*
build	built	built	*bygga*
burn	burnt/burned	burnt/burned	*bränna, brinna*
burst	burst	burst	*brista*
buy	bought	bought	*köpa*
can*	could	–	*kunna*
cast	cast	cast	*kasta; gjuta*
catch	caught	caught	*fånga*
choose	chose	chosen	*välja*
cling	clung	clung	*klänga sig fast*
clothe	clothed/clad	clothed/clad	*klä*
come	came	come	*komma*
cost	cost	cost	*kosta*

* presens indikativ

creep	crept	crept	*krypa*
cut	cut	cut	*skära*
deal	dealt	dealt	*handla med; dela ut*
dig	dug	dug	*gräva*
do (he does*)	did	done	*göra*
draw	drew	drawn	*rita; dra*
dream	dreamt/ dreamed	dreamt/ dreamed	*drömma*
drink	drank	drunk	*dricka*
drive	drove	driven	*köra*
dwell	dwelt	dwelt	*vistas*
eat	ate	eaten	*äta*
fall	fell	fallen	*falla*
feed	fed	fed	*(ut)fodra, mata*
feel	felt	felt	*känna (sig)*
fight	fought	fought	*slåss*
find	found	found	*finna*
flee	fled	fled	*fly*
fling	flung	flung	*kasta*
fly	flew	flown	*flyga*
forsake	forsook	forsaken	*överge*
freeze	froze	frozen	*frysa*
get	got	got	*få*
give	gave	given	*ge*
go (he goes*)	went	gone	*resa*
grind	ground	ground	*mala*
grow	grew	grown	*växa*
hang	hung	hung	*hänga*
have (he has*)	had	had	*ha*
hear	heard	heard	*höra*
hew	hewed	hewed/hewn	*hugga*
hide	hid	hidden	*gömma*
hit	hit	hit	*slå*
hold	held	held	*hålla*
hurt	hurt	hurt	*såra; värka*
keep	kept	kept	*behålla*
kneel	knelt	knelt	*knäböja*

* presens indikativ

knit	knitted/knit	knitted/knit	*sticka*
know	knew	known	*veta; kunna*
lay	laid	laid	*lägga*
lead	led	led	*leda*
lean	leant/leaned	leant/leaned	*luta (sig)*
leap	leapt/leaped	leapt/leaped	*hoppa*
learn	learnt/learned	learnt/learned	*lära sig*
leave	left	left	*lämna*
lend	lent	lent	*låna (ut)*
let	let	let	*låta, tillåta*
lie	lay	lain	*ligga*
light	lit/lighted	lit/lighted	*tända*
lose	lost	lost	*förlora*
make	made	made	*göra*
may*	might	–	*få, kanske)* *kunna*
mean	meant	meant	*mena*
meet	met	met	*möta*
mow	mowed	mowed/mown	*meja*
must*	must	–	*vara tvungen*
ought* (to)	ought	–	*böra*
pay	paid	paid	*betala*
put	put	put	*sätta*
read	read	read	*läsa*
rid	rid	rid	*befria*
ride	rode	ridden	*rida*
ring	rang	rung	*ringa*
rise	rose	risen	*stiga upp*
run	ran	run	*springa*
saw	sawed	sawn	*såga*
say	said	said	*säga*
see	saw	seen	*se*
seek	sought	sought	*söka*
sell	sold	sold	*sälja*
send	sent	sent	*sända*
set	set	set	*sätta*
sew	sewed	sewed/sewn	*sy*
shake	shook	shaken	*skaka*

---

* presens indikativ

shall*	should	–	*skola*
shed	shed	shed	*fälla*
shine	shone	shone	*skina*
shoot	shot	shot	*skjuta*
show	showed	shown	*visa*
shrink	shrank	shrunk	*krympa*
shut	shut	shut	*stänga*
sing	sang	sung	*sjunga*
sink	sank	sunk	*sjunka*
sit	sat	sat	*sitta*
sleep	slept	slept	*sova*
slide	slid	slid	*glida*
sling	slung	slung	*slunga*
slink	slunk	slunk	*smita*
slit	slit	slit	*sprätta upp*
smell	smelled/smelt	smelled/smelt	*lukta*
sow	sowed	sown/sowed	*så*
speak	spoke	spoken	*tala*
speed	sped/speeded	sped/speeded	*hasta*
spell	spelt/spelled	spelt/spelled	*stava*
spend	spent	spent	*tillbringa; ge ut*
spill	spilt/spilled	spilt/spilled	*spilla*
spin	spun	spun	*spinna*
spit	spat	spat	*spotta*
split	split	split	*klyva*
spoil	spoilt/spoiled	spoilt/spoiled	*skämma (bort); förstöra*
spread	spread	spread	*sprida*
spring	sprang	sprung	*rusa upp*
stand	stood	stood	*stå*
steal	stole	stolen	*stjäla*
stick	stuck	stuck	*fästa*
sting	stung	stung	*sticka, stinga*
stink	stank/stunk	stunk	*stinka*
strew	strewed	strewed/strewn	*strö*
stride	strode	stridden	*kliva*
strike	struck	struck/stricken	*slå (till)*
string	strung	strung	*trä (upp)*

* presens indikativ

strive	strove	striven	*sträva*
swear	swore	sworn	*svär(j)a*
sweep	swept	swept	*sopa*
swell	swelled	swollen/ swelled	*svälla*
swim	swam	swum	*simma*
swing	swung	swung	*svänga, gunga*
take	took	taken	*ta*
teach	taught	taught	*lära (ut)*
tear	tore	torn	*slita sönder*
tell	told	told	*berätta*
think	thought	thought	*tänka*
throw	threw	thrown	*kasta*
thrust	thrust	thrust	*stöta*
tread	trod	trodden	*trampa*
wake	woke/waked	woken/waked	*vakna; väcka*
wear	wore	worn	*ha på sig*
weave	wove	woven	*väva*
weep	wept	wept	*gråta*
will*	would	–	*vilja*
win	won	won	*vinna*
wind	wound	wound	*veva (upp)*
wring	wrung	wrung	*vrida (ur)*
write	wrote	written	*skriva*

---

* presens indikativ

Numerals

Cardinal numbers		Ordinal numbers	
0	noll	1:a	första
1	en/ett	2:a	andra
2	två	3:e	tredje
3	tre	4:e	fjärde
4	fyra	5:e	femte
5	fem	6:e	sjätte
6	sex	7:e	sjunde
7	sju	8:e	åttonde
8	åtta	9:e	nionde
9	nio	10:e	tionde
10	tio	11:e	elfte
11	elva	12:e	tolfte
12	tolv	13:e	trettonde
13	tretton	14:e	fjortonde
14	fjorton	15:e	femtonde
15	femton	16:e	sextonde
16	sexton	17:e	sjuttonde
17	sjutton	18:e	artonde
18	arton	19:e	nittonde
19	nitton	20:e	tjugonde
20	tjugo	21:a	tjugoförsta
21	tjugoen/tjugoett	22:a	tjugoandra
30	trettio	23:e	tjugotredje
31	trettioen/trettioett	24:e	tjugofjärde
40	fyrtio	25:e	tjugofemte
41	fyrtioen/fyrtioett	26:e	tjugosjätte
50	femtio	27:e	tjugosjunde
51	femtioen/femtioett	28:e	tjugoåttonde
60	sextio	29:e	tjugonionde
61	sextioen/sextioett	30:e	trettionde
70	sjuttio	31:a	trettioförsta
80	åttio	40:e	fyrtionde
90	nittio	50:e	femtionde
100	ett hundra	60:e	sextionde
101	hundraen/hundraett	70:e	sjuttionde
200	två hundra	80:e	åttionde
1 000	ett tusen	90:e	nittonde
2 000	två tusen	100:e	hundrade
1 000 000	en miljon	1 000:e	tusende
2 000 000	två miljoner	10 000:e	tiotusende

Räkneord

Grundtal		Ordningstal	
0	zero	1st	first
1	one	2nd	second
2	two	3rd	third
3	three	4th	fourth
4	four	5th	fifth
5	five	6th	sixth
6	six	7th	seventh
7	seven	8th	eighth
8	eight	9th	ninth
9	nine	10th	tenth
10	ten	11th	eleventh
11	eleven	12th	twelfth
12	twelve	13th	thirteenth
13	thirteen	14th	fourteenth
14	fourteen	15th	fifteenth
15	fifteen	16th	sixteenth
16	sixteen	17th	seventeenth
17	seventeen	18th	eighteenth
18	eighteen	19th	nineteenth
19	nineteen	20th	twentieth
20	twenty	21st	twenty-first
21	twenty-one	22nd	twenty-second
22	twenty-two	23rd	twenty-third
23	twenty-three	24th	twenty-fourth
24	twenty-four	25th	twenty-fifth
25	twenty-five	26th	twenty-sixth
30	thirty	27th	twenty-seventh
40	forty	28th	twenty-eighth
50	fifty	29th	twenty-ninth
60	sixty	30th	thirtieth
70	seventy	40th	fortieth
80	eighty	50th	fiftieth
90	ninety	60th	sixtieth
100	a/one hundred	70th	seventieth
230	two hundred and thirty	80th	eightieth
1,000	a/one thousand	90th	ninetieth
10,000	ten thousand	100th	hundredth
100,000	a/one hundred thousand	230th	two hundred and thirtieth
1,000,000	a/one million	1,000th	thousandth

Time

Although official time in Sweden is based on the 24-hour clock, the 12-hour system is used in conversation.

If you have to indicate that it is a.m. or p.m., add *på morgonen, på förmiddagen, på eftermiddagen, på kvällen, på natten.*

Thus:

klockan sju på morgonen	7 a.m.
klockan elva på förmiddagen	11 a.m.
klockan två på eftermiddagen	2 p.m.
klockan sju på kvällen	7 p.m.
klockan två på natten	2 a.m.

Days of the week

söndag	Sunday	*torsdag*	Thursday
måndag	Monday	*fredag*	Friday
tisdag	Tuesday	*lördag*	Saturday
onsdag	Wednesday		

Klockan

Engelsmännen och amerikanerna använder 12-timmarssystemet vid tidsangivelser. För att ange vilken tid på dygnet det är, lägger man till *a.m.* för tiden mellan midnatt och kl. 12 och *p.m.* för tiden mellan kl. 12 och midnatt. I Storbritannien börjar man mer och mer att använda 24-timmarssystemet vid officiella tidsangivelser.

I'll come at seven a.m.	Jag kommer kl. 7 på morgonen.
I'll come at three p.m.	Jag kommer kl. 3 på eftermiddagen.
I'll come at eight p.m.	Jag kommer kl. 8 på kvällen.

Veckodagar

Sunday	söndag	*Thursday*	torsdag
Monday	måndag	*Friday*	fredag
Tuesday	tisdag	*Saturday*	lördag
Wednesday	onsdag		

Conversion Tables/Omvandlingstabeller

Metres and feet

The figure in the middle stands for both metres and feet, e.g.
1 metre = 3.281 ft. and 1 foot = 0.30 m.

Meter och fot

Siffran i mitten gäller för både meter och fot,
dvs. 1 meter = 3,281 fot och 1 fot = 0,30 meter.

C°	F°	Metres/Meter		Feet/Fot
100	**212**	0.30	1	3.281
		0.61	2	6.563
		0.91	3	9.843
40	105	1.22	4	13.124
36,9	**98,6**	1.52	5	16.403
35		1.83	6	19.686
	90	2.13	7	22.967
30		2.44	8	26.248
	80	2.74	9	29.529
25		3.05	10	32.810
	70	3.66	12	39.372
20		4.27	14	45.934
	60	6.10	20	65.620
15		7.62	25	82.023
	50	15.24	50	164.046
10		22.86	75	246.069
	40	30.48	100	328.092
5				
0	**32**			
	30			
-5				
	20			
-10				
	10			
-15				
-20	0			

Temperature

To convert Centigrade to Fahrenheit, multiply by 1.8 and add 32.
To convert Fahrenheit to Centigrade, subtract 32 from Fahrenheit and divide by 1.8.

Temperatur

För att räkna om Celsius till Fahrenheit multiplicerar man med 1,8 och lägger till 32.
För att räkna om Fahrenheit till Celsius, drar man ifrån 32 och dividerar med 1,8.